Paul Raphaelson
und Hans Jonas

Ein jüdischer Kapo und ein bewaffneter Philosoph im Holocaust

Holger Hintzen

Paul Raphaelson und Hans Jonas

Ein jüdischer Kapo und
ein bewaffneter Philosoph
im Holocaust

GREVEN VERLAG KÖLN

© Greven Verlag Köln GmbH 2012

Das Foto auf dem Schutzumschlag zeigt das Kuvert, in dem die
Justizverwaltung die Schlinge archivierte, mit der Paul Raphaelson
erhängt wurde: Kabinet dokumentace a historie Vězeňské služby ČR
Lektorat: Joachim Szodrzynski, Hamburg
Gestaltung: Thomas Neuhaus, Billerbeck
Satz: Thomas Volmert, Köln
Gesetzt aus der Excelsior LT
Druck und Bindung: CPI, Leck
Alle Rechte vorbehalten.
ISBN 978-3-7743-0496-3

Detaillierte Informationen über alle unsere Bücher finden Sie unter:
www.Greven-Verlag.de

Inhalt

Einleitung   7

I.   Raphaelson bis 1914:
Das jähe Ende einer begüterten Kindheit   15

II.   Jonas bis 1921:
Ein Fabrikantensohn wird Zionist   30

III.   Raphaelson 1914 bis 1934:
Fürsorgezögling und Kohlenschlepper   50

IV.   Jonas 1921 bis 1935:
Student und Emigrant   67

V.   Raphaelson 1934 bis 1938:
Verfolgt von Gestapo und *Stürmer*   82

VI.   Jonas 1935 bis 1942:
Hilfloser Zuschauer des Familiendramas   102

VII.   Raphaelson 1938 bis 1942:
Die Schlinge zieht sich zu   118

VIII.   Jonas 1939 bis 1945:
Ein Philosoph zieht in den Krieg   139

IX.   Raphaelson 1942:
Sonderzug DA 71 nach Theresienstadt   151

X.	Raphaelson 1942: Leben und Sterben im Ghetto	167
XI.	Raphaelson 1942–1945: Kapo in Wulkow und Schnarchenreuth	186
XII.	Raphaelson und Jonas 1945–1946: Ein gemeinsames Mahl in der Heimat	223
XIII.	Raphaelson 1945–1946: Im Visier der Ermittler und in Haft	251
XIV.	Raphaelson 1946–1947: Auf dem Weg zum Galgen	263
XV.	Raphaelson und Jonas nach 1947: Ein anonymes Grab und eine Heimkehr	289
Schluss		299

Anmerkungen	315
Abkürzungsverzeichnis	343
Quellenverzeichnis	345
Literaturverzeichnis	349

Einleitung

Welche Moral gilt in der Hölle? Wie viel Schuld darf ein Mensch auf sich laden, der in die Vernichtungsmaschinerie des Holocaust geraten ist und darin überleben will? Vielleicht haben Paul Raphaelson solche Fragen beschäftigt, als er Anfang 1947 im Gefängnis des Prager Stadtteils Pankrác auf seinen Prozess wartete. Dass es bei dem bevorstehenden Urteil um Leben und Tod gehen würde, war dem Spross einer einst wohlhabenden jüdischen Fabrikantenfamilie aus Mönchengladbach[1] sicherlich klar. Mehrere ehemalige Häftlinge des Theresienstädter Ghettos hatten vor einem Außerordentlichen Volksgerichtshof schwere Anschuldigungen gegen den 41-Jährigen erhoben: Raphaelson, der im Juli 1942 nach Theresienstadt deportiert worden war, habe sich dem Wachpersonal der SS als Handlanger angedient, als Kapo[2] eines Arbeitskommandos Mithäftlinge brutal misshandelt und einige in den Tod geschickt.

Sollte Raphaelson in seiner Zelle über den Lebensweg nachgedacht haben, der ihn in das Prager Gefängnis geführt hatte, dürften in seiner Erinnerung nur wenige gute Jahre aufgetaucht sein. Unbeschwert war wohl allein seine Kindheit gewesen. Doch diese glückliche Zeit hatte früh geendet: 1914, sieben Monate vor Beginn des Ersten Weltkrieges, war Pauls Vater im Alter von 46 Jahren gestorben. Elisabeth, die Witwe des Textilfabrikanten Louis Raphaelson, und ihre sechs Kinder erlebten einen sozialen Abstieg, der Paul offenbar am härtesten traf. Der Heranwachsende wurde in Erziehungsanstalten eingewiesen, verdingte sich später als Knecht und Kohlenschlepper und musste schließlich Sozialfürsorge in Anspruch nehmen. Schon bald nach der Machtübernahme der Nationalsozialisten geriet Raphaelson ins Visier der Gestapo. 1942 wurden seine Mutter und er nach Theresienstadt deportiert. Paul Raphaelson überlebte. Nach zwei Jahren im Ghetto und in Arbeitslagern kehrte er nach Mönchengladbach zurück. Doch am 30. April 1947 ereilte ihn gleichwohl noch ein gewaltsamer Tod. In Prag trat er vor seinen Henker – verurteilt als Helfer der SS.

Ein jüdischer Häftling angeklagt als Folterknecht – ein Opfer des Nationalsozialismus und zugleich ein Mittäter? Wie konnte ein Gefangener eines Ghettos, das für zehntausende Juden zur Durchgangsstation in die Gaskammern der Todeslager wurde, selbst derart schuldig werden? Der Außerordentliche Volksgerichtshof, der über Raphaelsons Schicksal befand, beurteilte die Schuld des Angeklagten ausschließlich nach juristischen Gesichtspunkten. Maßgeblich für das Urteil der Richter war allein, ob Raphaelson gegen das im Juni 1945 vom tschechoslowakischen Präsidenten erlassene Retributionsdekret verstoßen hatte, das zur „Bestrafung von NS-Verbrechern, Verrätern sowie deren Helfern" gedacht war. Raphaelsons Richter wendeten es ausschließlich auf Taten an, die an tschechoslowakischen Bürgern verübt worden waren. Vom Vorwurf, auch Angehörige anderer Staaten schwer verletzt zu haben, wurde Raphaelson ausdrücklich freigesprochen, weil diese Taten nicht auf dem Territorium der tschechoslowakischen Republik verübt worden waren und nach Ansicht des Gerichtes nicht als erwiesen galt, dass sie gegen die tschechoslowakische Republik oder deren Bürger gerichtet gewesen waren. Die Schuldfrage war in diesem Prozess sogar eine geographisch wie national begrenzte.

Die tiefer gehende Frage, die Fälle wie den des Paul Raphaelson noch heute so interessant macht, stellte der Volksgerichtshof nicht: Welche moralischen Maßstäbe gelten in einer Welt, in der durch Hunger, Krankheit, Folter oder Gas qualvoll zugrunde gehen kann, wer nach den gewohnten Normen handelt? Muss man einem Menschen, der in die Hölle des Holocaust geraten ist, nicht mildernde Umstände zubilligen, wenn er in dieser verzweifelten Lage Verfehlungen begeht? Eine Frage, die in jene „Grauzone" führt, die Primo Levi in seinem Buch *Die Untergegangenen und die Geretteten* auszuloten versuchte. Levi, einer der wenigen Überlebenden des Konzentrationslagers Auschwitz, schickte seinem Urteil eine aus eigener Erfahrung gewonnene Einsicht voraus:

„Die Vermutung, ein abgefeimtes System, wie es der Nationalsozialismus war, spreche seine Opfer heilig, ist naiv, absurd und historisch falsch; im Gegenteil: es degradiert sie und verleibt sie sich ein, und zwar um so mehr, je disponibler die Opfer sind, je ahnungsloser, je weniger politisches oder moralisches Rüstzeug sie besitzen. Viele Anzeichen deuten darauf hin, daß die Zeit gekommen ist, den Raum näher zu erforschen, der die Opfer von den Verfolgern trennt (...). Nur eine schematische Rhetorik kann die Ansicht vertreten, daß dieser Raum leer sei (...)."[3]

Die von Levi zur Aufgabe erklärte Forderung, die „Grauzone" näher zu erforschen, ist erst in jüngerer Zeit und in Deutschland nur innerhalb der historischen

Zunft angegangen worden. Der interessierte Laie, der im Buchhandel Werke zur Geschichte des Holocaust sucht, wird vieles finden über die Rolle der SS in der Vernichtungsmaschinerie, über die Mit- und Zuarbeit der Gestapo bei der Organisation der Juden-Deportationen aus Deutschland oder über die Sonderkommandos, die gleich nach Kriegsbeginn im Osten mit Massenexekutionen den Mord an den Juden einleiteten. Studien über prominente und kaum bekannte willige Helfer Hitlers fehlen ebenso wenig wie Selbstzeugnisse aus den Lagern. Zeugnisse gewöhnlicher Häftlinge sind dabei in der Überzahl, Berichte von sogenannten Funktionshäftlingen, die von der SS als Helfer herangezogen wurden, sind hingegen selten.

Ausnahmen stellen die Autobiographien von Calel Perechodnik[4] und Anatol Chari[5] dar, die in Polen als jüdische Ghettopolizisten Dienst taten. Bis zu seinem Tod 1944 in Warschau quälte sich Perechodnik mit der Frage, ob er seine Frau und sein Kind in den Tod hätte begleiten müssen, als diese aus dem Otwocker Ghetto in ein Vernichtungslager deportiert wurden. Während ein anderer Ghettopolizist mit seiner Familie ging, gehörte Perechodnik zu denen, die in Otwock zurückblieben und halfen, die Juden in die Deportationszüge zu treiben. Auch Chari beschäftigte sich mit dem Problem, ob er in seiner Funktion als Ghettopolizist Verfehlungen begangen hatte. Auch bei ihm ging es um Unterlassungssünden: Hätte er in manchen Fällen anderen Häftlingen helfen können? Davon, dass sie ihre Mithäftlinge brutal misshandelten, gar aus eigenem Antrieb in den Tod schickten – Taten also, wie sie Paul Raphaelson vorgeworfen wurden –, berichteten Perechodnik und Chari nichts. Bei ihnen ist die „Grauzone" nicht bis in ihre dunkelsten Winkel ausgeleuchtet.

Diese „Grauzone" zu betreten, führt auch nachfolgende Generationen an Abgründe. Aus Respekt vor den Opfern des Holocaust schrecken wir instinktiv zurück. Besteht nicht die Gefahr, mit der Ignoranz eines Nachgeborenen einen Menschen zu Unrecht oder zu hart zu verurteilen, der nicht nur Täter, sondern auch – oder vielleicht sogar: vorwiegend – Opfer war? Und umgekehrt: Entlasten wir mit einem milden Urteil oder Freispruch womöglich fälschlich einen (Mit-)Täter, dem auch noch das Odium anhaftet, die gebotene Solidarität mit seinen Mitgefangenen verraten zu haben? Bereits für die Zeitgenossen, für die Betroffenen und Beteiligten, waren mögliche und reale Verfehlungen der Opfer ein heikles Thema. Diebstahl unter Häftlingen, also ein weit geringeres Vergehen als die Raphaelson zur Last gelegten, nahm Philipp Manes in seinen Aufzeichnungen über das Leben im Theresienstädter Ghetto zum Anlass für die folgende Klage:

„Man möchte glauben, daß im Ghetto jeder Jude sich dem anderen gegenüber als verantwortlich fühlt, in ihm nur den Glaubensbruder sieht, dem zu mühen und zu helfen, ihm mit Freundschaft zu begegnen und sich seiner anzunehmen, das Alter zu ehren, ihm den Vortritt zu lassen, kurz sich überall und immer als Mensch zu betätigen, und dies als obersten Grundsatz anerkennt und durchführt. Nein, Irrtum. Die (...) Erfahrungen jeden Tages lauten anders."[6]

Auch wir Angehörige nachfolgender Generationen möchten in unserem Entsetzen über den Holocaust gern glauben, dass sich unschuldige und geschundene Häftlinge stets edel und tadellos verhielten. Indizien dafür, dass es mitunter anders war, sind uns unangenehm. Dies zeigt auch der Fall Raphaelson. Dass ein Jude wegen Misshandlung seiner Mithäftlinge verhaftet wurde, ist

1946 unter den wenigen in Mönchengladbach verbliebenen Juden gewiss ein Skandal gewesen. Doch noch in den 1980er Jahren hat Günter Erckens in seinem mehr als tausendseitigen Werk *Juden in Mönchengladbach* Raphaelsons Rolle als Kapo eines Arbeitskommandos nicht näher untersucht. Erst 2008 erschien ein Aufsatz der tschechischen Historiker Pavla Plachá und Jiří Plachý, der Raphaelsons Verurteilung durch das Prager Volksgericht skizziert.

Die Person Paul Raphaelson und die Erfahrungen, die bereits hinter ihm lagen, als er nach Theresienstadt deportiert wurde, konnten in einem fünfzehnseitigen Text ebenso wenig erschöpfend erhellt werden wie die „Grauzone", in der er als Kapo agierte. Plachá und Plachý konzentrierten sich daher darauf, Fakten aus Raphaelsons Zeit in Ghetto und Arbeitslager, zur Arbeit der tschechoslowakischen Ermittler und über den Prozess zu schildern. Günter Erckens leiteten wohl andere Motive, als er auf eine ausführlichere Beschäftigung mit Paul Raphaelson verzichtete. Es waren Scham und Empörung über die Verbrechen an den Juden, die seiner Darstellung eine Richtung gaben. „Nicht der Schrecken und die unfassbaren Geschehnisse des Holocaust sollten Hauptthema dieser Dokumentation sein, sondern die positive Darstellung der Lebensleistung der hiesigen Juden in den letzten beiden Jahrhunderten", schrieb Erckens im Vorwort zu seinem Werk. In dieses Programm passte Paul Raphaelson nicht.

Doch gebietet es der Respekt vor den Opfern tatsächlich, heikle Fragen auszuklammern? Wer dies verneint, braucht sich bei der Suche nach Gründen nicht hinter Levis Auftrag zu verstecken, die „Grauzone" zu erkunden. Es genügt, sich auf einen Grundsatz zu berufen, der vor jedem ordentlichen Gericht praktiziert wird: Nach der Wahrheit zu fragen, und sei diese noch so unangenehm, ist keine Verfehlung, sondern eine Pflicht. Die Gefahr, sich auf dem Weg zur Wahrheit zu verirren, besteht für den Richter wie für den Historiker. Deshalb auf die Suche zu verzichten, hieße, vor schmerzhaften Wahrheiten prinzipiell die Augen zu verschließen. Ähnliches gilt für die Gefahr, dass eine unbequeme Wahrheit von anderen böswillig verzerrt und missbraucht werden kann. Wer aus Angst vor möglichem Missbrauch unangenehme Wahrheiten verschweigt, gibt die Auseinandersetzung verloren, bevor sie begonnen hat. Eine schwierige Wahrheit über die Menschen in der „Grauzone" etwa aus Sorge vor dem Missbrauch durch Neo-Nazis zu unterdrücken, hieße, eben diese Neo-Nazis bestimmen zu lassen, worüber und wie im Zusammenhang mit dem Holocaust gesprochen werden kann.

Bedürfte es einer weiteren Legitimation, sich mit Paul Raphaelsons Fall auseinanderzusetzen, wäre kein Geringerer als der Philosoph Hans Jonas als Pate dieses Unterfangens zu nennen. Der Autor des Werks *Prinzip Verantwortung* ist nicht nur in moralischen Fragen eine Instanz. Hans Jonas ist auch eine Instanz im Fall Raphaelson, denn der ebenfalls in Mönchengladbach aufgewachsene jüdische Philosoph hat den Fabrikantensohn gekannt. Mehr noch: Er war in Raphaelsons Geschichte verwickelt und hat noch Jahrzehnte später um ein Urteil in diesem Fall gerungen. Wie nahe beieinander die Biographien dieser beiden Männer begannen und wie sie sich dann auseinander bewegten, ist erstaunlich: Das Haus der Familie Jonas an der Mozartstraße lag kaum fünf Minuten Fußweg entfernt vom Haus der Familie Raphaelson an der Kaiserstraße und war ähnlich standesgemäß. Hans' Vater, Gustav Jonas, war wie Louis Raphaelson Textilfabrikant. Wie dieser gehörte er zu den gut situierten jüdischen Bürgern Mönchengladbachs. Doch anders als Paul Raphaelson, dem sein Judentum anscheinend nicht viel bedeutete, war Hans Jonas überzeugter Zionist, lange bevor er sich 1935 in Palästina niederließ. Und anders als Raphaelson hat Jonas als Freiwilliger in der Jewish Brigade der Britischen Armee die Deutschen bekämpft.

Wie oft sich die Wege von Hans und Paul in ihren Kindertagen und während ihrer Jugend gekreuzt haben, ist ungewiss. Doch in seinen 2003 posthum veröffentlichten Erinnerungen berichtete Jonas, wie er dem nur drei Jahre Jüngeren kurz nach Kriegsende 1945 in Mönchengladbach begegnet war. Damals trafen der Sergeant der Jewish Brigade und der aus Theresienstadt heimgekehrte Paul Raphaelson in ihrer von Bomben zerstörten Heimatstadt bei einem für damalige Verhältnisse opulenten Mittagessen zusammen. Eine Begegnung, an die sich Jonas noch mehr als 40 Jahre später erinnerte – in der Sorge, er könne zur späteren Hinrichtung Raphaelsons beigetragen haben. Denn die britischen Behörden waren dem aus Theresienstadt Heimgekehrten auf den Fersen und fragten auch Sergeant Jonas nach Raphaelson.

Der Jude, der Opfer des Holocaust und zugleich Handlanger der SS wurde; der jüdische Philosoph, der mit der Waffe in der Hand den Nationalsozialismus bekämpfte – was hat diese beiden außergewöhnlichen Biographien bestimmt? Wie kam es, dass ihre Lebenswege in so gegensätzliche Richtungen führten?

I. Raphaelson bis 1914: Das jähe Ende einer begüterten Kindheit

Blaue Augen, dunkelbraunes Haar[7] und eine „ringkämpferhafte"[8] Statur – den antisemitischen Klischees von „jüdischem Aussehen" hat Paul Raphaelson wohl nicht entsprochen. Klaus Scheurenberg, 1944 ein Mithäftling Raphaelsons in einem Arbeitslager im brandenburgischen Wulkow, erschien der Mönchengladbacher Fabrikantensohn beinahe als Hüne. Mindestens 1,86 Meter sei Raphaelson groß gewesen, schrieb Scheurenberg.[9] Ein Irrtum. Als die britischen Besatzer Raphaelson im Sommer 1946 internierten, maßen sie auch seine Körpergröße. 1,78 Meter wurden in Schreibmaschinenschrift auf dem Formular vermerkt, das den mutmaßlichen Kriegsverbrecher registrierte. Gewicht: 93,2 Kilogramm. Dass Scheurenberg Paul Raphaelson als wesentlich größer schilderte, ist verständlich und bezeichnend. Ausführlich berichtete der aus Berlin stammende Jude in seiner Autobiographie, wie brutal der Mönchengladbacher als von der SS eingesetzter Lagerleiter seine Mithäftlinge misshandelt und geprügelt haben soll. Paul Raphaelson, Scherge der SS, Peiniger seiner Mitgefangenen – in der Erinnerung des Häftlings Scheurenberg war er überlebensgroß.

Das Bild dieses „ringkämpferhaften", brutalen Mannes von fast 40 Jahren sollte jedoch nicht den Blick auf den Menschen verstellen, der Paul Raphaelson gewesen war, bevor er in die Hölle des Holocaust geriet. Hinter der übergroßen Figur des Kapos sollte nicht der kleine Junge verschwinden, dessen Welt am 23. Januar 1914 aus den Fugen geriet und der wenige Tage später – vielleicht die Hand seiner Mutter haltend – an einem Grab auf dem Jüdischen Friedhof in Herford seinen Vater betrauerte. Von diesem 23. Januar an, als Louis Raphaelson starb, sollte die Welt für seinen Sohn nicht mehr heil werden.

Wie sehr der Tod des Vaters das Leben der Fabrikantenfamilie verändern würde, konnten weder der siebenjährige Paul noch seine 36-jährige Mutter Elisabeth ahnen, als sie Ende Januar 1914 am Grab von Louis Raphaelson standen. Paul und seine älteren Geschwister Sara Frieda (14), Anna (13), Karl (11) und Ernst-Moritz (9) dürften zu der Trauergesellschaft gehört haben, die den Sarg Louis Raphaelsons begleitete. Ob die Witwe des Verstorbenen auch die erst zehn Monate alte Tochter Martha mitnahm, ist fraglich. Wenn Paul der Zeremonie am Grab nicht aufmerksam folgte und sich umschaute, konnte er seinen Familiennamen nicht nur auf dem schlichten, dunkelgrauen Grabstein seines Vaters entdecken. Zwei Gräber zur Linken war zwei Jahre zuvor, im April 1912, Pauls Großvater Aaron Raphaelson bestattet worden.

Louis Raphaelsons sterbliche Überreste kehrten 1914 in jene Stadt zurück, aus der er ein Vierteljahrhundert zuvor nach Mönchengladbach aufgebrochen und in der seine Familie schon seit Generationen ansässig gewesen war. In Herford hatte sie es zu einigem Wohlstand gebracht. 1852 ist in der westfälischen Kleinstadt ein Rudolph Raphaelson nachzuweisen, der mit Kitteln handelte und „im Umherziehen" Bestellungen sammelte.[10] Louis' Vater Aaron, Jahrgang 1836, ging bereits feineren Geschäften nach: „Bank-, Commissions- und Incasso- Geschäft, Auswanderungsagentur des Norddeutsch. Lloyd, An- und Verkauf von Grundstücken" stand 1903 im Briefkopf[11] des Aaron Raphaelson, aus dessen Ehe mit Sara Löwenstein am 31. Oktober 1867 Louis hervorgegangen war. Ob sich Aaron schon zu dieser Zeit mit Auswanderern beschäftigte, ist ungewiss. Bank- und Grundstücksgeschäfte betrieb er jedoch schon länger. Wie Paul erlebte auch Louis Raphaelson früh den Verlust eines Elternteils, als seine Mutter 1874 im Alter von 33 Jahren starb. Sein Vater heiratete erneut: Sybille Kaufmann wurde Louis' Stiefmutter. Auch sie dürfte mit Elisabeth und den Kindern an Louis' Grab gestanden haben. Sie überlebte ihren Stiefsohn um zwölf Jahre und wurde 1926 neben ihm, im Grab von Aaron Raphaelson, beerdigt.[12]

In Mönchengladbach finden sich erste Spuren des Zuwanderers aus Herford im Jahr 1888. Zu dieser Zeit war Louis Raphaelson in Haus Nummer 12 an der Wilhelmstraße gemeldet, als „Commis", das heißt als Handlungsgehilfe oder kaufmännischer Angestellter. Der junge Herforder gehörte zu den Juden, die sozial aufsteigen wollten und darum in die Städte zogen. Die den Juden seit 1871 im gesamten Deutschen Reich gewährte rechtliche Emanzipation bot ihnen die Chance dazu. Louis Raphaelson kam aus der westfälischen Provinz in eine Stadt, deren Bevölkerung in den drei Jahrzehnten vor seiner Ankunft von etwa 28.000 auf etwa 50.000 Bürger angewachsen war. Die Textilindustrie florierte in den 1880er Jahren. Zu diesem Zeitpunkt hatte sich die Mechanisierung in der Branche längst durchgesetzt. Die Stadt war seit Jahrzehnten ans Schienennetz angebunden, 1881 war eine von Pferden gezogene Bahn ins benachbarte Rheydt eröffnet worden. Nachdem um die Jahrhundertwende in Mönchengladbach und Rheydt Elektrizitätswerke entstanden waren, wurde die Bahn elektrifiziert. An der heutigen Hindenburgstraße, damals Krefelder Straße, konnte der Commis Raphaelson sein Geld in mehr als 70 Läden ausgeben. 1899 eröffnete an der Einkaufsmeile das erste Warenhaus, das ebenso wie das 1905 hinzukommende Konkurrenzunternehmen von Adolf und Julius Abraham in jüdischem Besitz war.

Die Jüdische Gemeinde war assimiliert und genoss so viel Akzeptanz, dass bereits 1857 ein Jude in den Stadtrat gewählt wurde und der Kreissynagogenvorsitzende Jonas Benjamin Jonas zwischen 1874 und 1919 dem Gremium immer wieder angehörte. Die Gemeinde war zudem wohlhabend genug, an der damaligen Karlstraße (und heutigen Blücherstraße) eine Synagoge mit drei Kuppeln zu errichten, für die sich der Architekt die Synagoge an der Oranienburger Straße in Berlin zum Vorbild genommen hatte. 1883 wurde die Gladbacher Synagoge eröffnet.

Die Juden machten in Gladbach etwas mehr als ein Prozent der Bevölkerung aus, etwa 80 Prozent der Einwohner waren Katholiken. Weitaus stärker als in der Gesamtbevölkerung waren die Protestanten in der Oberschicht vertreten, insbesondere im kleinen Kreis der wohlhabendsten Industriellen. Das belegt die konfessionelle Zusammensetzung des Stadtrates: Von 30 Mitgliedern waren zur Jahrhundertwende 16 Protestanten. Die Oberschicht aus Fabrikanten, Kaufleuten, Industriedirektoren, Rechtsanwälten und Ärzten war dünn. 1883 gehörten dieser Gruppe der Spitzensteuerzahler 3,2 Prozent der Einwohner an. Der Mittelstand aus Handwerkern, kleinen Gewerbetreibenden, Beamten und Landwirten stellte 19 Prozent der Bevölkerung.[13]

Der Commis Raphaelson fand sich in dieser Umgebung gut zurecht. Schon nach wenigen Jahren war er so weit, sich auf eigene Füße zu stellen. Mit dem nichtjüdischen, aus Erkelenz stammenden Kompagnon Jakob Aretz gründete er 1894 die Textilfabrik Raphaelson und Aretz, deren dampfgetriebene Webstühle am 7. November in gemieteten Räumen an der Kranzstraße 127 die Produktion aufnahmen. Das junge Unternehmen stellte Hemdenflanell aus Baumwolle her und bemühte sich, schnell internationale Geschäftskontakte anzubahnen. In einer Phase länger anhaltenden wirtschaftlichen Aufschwungs im Deutschen Reich gegründet, konnte es nach wenigen Jahren expandieren: Kurz nach 1900 fügten Raphaelson und Aretz der Firma eine Rauherei und eine Appretur hinzu. Der Stellung des jungen Textilunternehmers gewiss nicht abträglich war eine Verbindung, die seine Stiefschwester Frieda einging. Im Dezember 1901 heiratete die 25-Jährige in Herford den Mönchengladbacher Textilfabrikanten Oskar Fröhlich. Louis' älterer Bruder Sally wurde bei dieser Gelegenheit Teilhaber an Fröhlichs Unternehmen.

Auch privat war Louis Raphaelson erfolgreich. Am 27. Oktober 1897 heiratete er in Düsseldorf die zehn Jahre jüngere Elisabeth Salomon, in Amsterdam geborene Tochter des Kaufmanns Moritz Salomon. Im September 1899 beurkundete der Standesbeamte zum ersten Mal eine Geburt im Hause Raphaelson: Das Kind bekam den Namen Sara Frieda – und in rascher Folge Geschwister. Im Dezember 1901 wurde Anna geboren, im Januar 1903 Karl Heinrich, ein Jahr später, im Mai, Ernst Moritz, und am 21. Juli 1906 Paul Alexander Raphaelson. Die Familie wohnte zunächst an der Regentenstraße, nicht nur dem Namen nach eine vornehme Adresse. Im Umkreis von wenigen hundert Metern entstanden etliche der repräsentativsten Mönchengladbacher Bauten der Jahrhundertwende: die 1903 bei einem Besuch des Prinzen Eitel Friedrich eröffnete Kaiser-Friedrich-Halle, die als Bühne für Feste der gehobenen Gesellschaft, als Theater und Konzertsaal diente; das Gebäude der Industrie- und Handelskammer sowie der neue Hauptbahnhof. Die Synagoge gehörte ebenfalls zu den Schmuckstücken des Viertels.

Raphaelsons Geschäfte an der Kranzstraße florierten so gut, dass sich seine Familie 1905 nur eine Straße weiter in dem bevorzugten Wohnviertel ein Haus bauen konnte, dessen äußeren Prunk andere Häuser wohlhabender Bürger der Jahrhundertwende vielleicht noch ein wenig übertrafen. Aber Raphaelsons neues Heim an der Kaiserstraße dokumentierte Wohlstand und war auf eine Leidenschaft Louis Raphaelsons zugeschnitten, die ihm auf dem gesellschaftlichen Parkett Mönchengladbachs Sympathien und Aufmerksamkeit eintrug: die Musik. Diesem Hobby frönte Raphaelson privat und öffentlich. Im ersten Stock seines neuen Hauses ließ er einen kleinen Saal einrichten, in dem Besucher auf dickem Eichenparkett und unter einer gewölbten, mit Stuck verzierten Decke Hauskonzerten lauschen konnten. Der Fabrikant war nicht nur passiver Genießer, sondern zugleich leidenschaftlicher Organist und so gehörte eine Orgel ebenfalls zur Ausstattung des Hauses. Schon bevor das Haus zum Treffpunkt von Musikliebhabern und Konzertgästen wurde, war der Hausherr als Dirigent eines von ihm gegründeten Orchesters aufgetreten, das 1903 von der Stadt übernommen und als „Städtisches Orchester" in Mönchengladbach der erste Vorläufer der Niederrheinischen Sinfoniker wurde, die seit 1973 die Vereinigten Bühnen von Mönchengladbach und Krefeld bespielen.

Keimzelle von Raphaelsons Orchester waren Mitglieder eines Musikkorps der Mönchengladbacher Fahrradfabrik Falke, die der Fabrikant 1899 zu einem Orchester formierte. Hinzu kamen einige Mitglieder einer Kapelle aus Rheydt. Am 9. Januar 1900 trat die Truppe mit Raphaelson als Dirigent im Kaufmännischen Verein erstmals vor Publikum auf. Das Ensemble spielte die Operette „Beckers Geschichte" von Johann Gottfried Conradi, die Darbietung schlug ein. Raphaelson sah sich ermutigt, „noch am selben Abend eine rege Werbetätigkeit zu entwickeln, die den Erfolg zeitigte, sofort weit über hundert Abonnements für zu veranstaltende Konzerte zu erhalten". Die Kosten für „Noten, Verstärkungen, Reklame usw."[14] trug der enthusiastische Orchestergründer.

Wenn es um sein Hobby ging, ließ sich Raphaelson nicht lumpen. 1902 ließ er den Orchesterverein bei Gericht eintragen, nachdem dieser im Sommer Dutzende Promenadenkonzerte im Mönchengladbacher Volksgarten gegeben und im Jahr zuvor erstmals in der vornehmen Gesellschaft „Erholung" gespielt hatte. Zwar wurde ein Kapellmeister verpflichtet, der Raphaelson das zeitraubende Engagement als Dirigent der Truppe abnahm, für die finanziellen Defizite des Projekts kam der musikbegeisterte Fabrikant jedoch weiterhin auf. Mindestens ein Mal riskierte er mit seiner Truppe sogar seinen Hals – allerdings unfreiwillig. In einem Bericht, den Raphaelson über die Gründungsgeschichte des Orchesters im Oktober 1903 verfasste, erzählte er von einem Unfall in einer Sommernacht des Jahres 1902. Das Orchester befand sich während eines Gewitters auf der Heimfahrt, als die Pferde scheuten und der Wagen mit dem gesamten Musikkorps umkippte.

I. Raphaelson bis 1914:
Das jähe Ende einer begüterten Kindheit 21

„Außer einem Sachschaden von mehreren hundert Mark wurden sieben Herren ganz erheblich verletzt, sodaß wir leider unserer, für morgen nachmittags eingegangenen Verpflichtung nicht nachkommen können. Ein Glück, daß der Unfall so gut abgelaufen ist, denn es ist fast ein Wunder, daß nicht einige Herren am Platze geblieben sind! (...) Ganz kaputt: ein Waldhorn, ein Baryton, ein Kaiserbaß. Schwer beschädigt: ein Tenorhorn, eine Posaune, eine Es-Tuba. Zerbrochen: eine Flöte, vier Pulte, ein Regenschirm. Zerrissen: eine Kette, ein Gehrock, eine Weste, zwei Hosen. Beschädigt: zwei Hüte, ein Chapeau Claque. Vermißt: eine Brille und eine Perücke."[15]

Der Orchesterverein war eine Bereicherung für Liebhaber gehobener Musik in einer Stadt, in der bis dahin Militärkapellen mit weitaus einfacheren Darbietungen den Ton angegeben hatten. Diese konnten allerdings auf ein wesentlich breiteres Publikum zählen. „Die Sache ist hier noch neu. Kommt eine Kapelle mit schönen Uniformen und möglichst hohen Stiefeln, dann geht alles hin; wird aber ein wirklicher Kunstgenuss geboten, so kommen wenige", kommentierte Oberbürgermeister Hermann Piecq im November 1903 im Stadtrat den Erfolg des Orchesters.[16]

So groß Raphaelsons Leidenschaft für den „wirklichen Kunstgenuss" auch war, er sah bald ein, dass er ihn auf Dauer nicht allein würde finanzieren können. Zumal das Ensemble auf gut drei Dutzend Musiker anwuchs. Der musikvernarrte Fabrikant wandte sich an den Oberbürgermeister und gewann dessen Unterstützung. Gemeinsam mit weiteren Honoratioren wurde ein Komitee gegründet, das einen 9.000 Reichsmark (RM) schweren Fonds auftrieb und so die Grundlage dafür schuf, dass die Stadt Mönchengladbach 1903 die Trägerschaft des Orchesters übernahm. Raphaelson erklärte sich aus diesem Anlass bereit, die für gut 8.500 RM von ihm angeschafften Noten und Instrumente zu schenken. Das Protokoll der Stadtverordnetenversammlung vermerkte Bravo und Applaus für den Fabrikanten.

Raphaelsons Mäzenatentum trug gewiss dazu bei, die gesellschaftliche Stellung seiner Familie zu festigen. Seinem Sohn Paul sollte sie einige Jahre später Arbeit und Broterwerb bieten – als Diener des nunmehr städtischen Orchesters, das sein Vater in den Glanzzeiten der Familie gegründet hatte. Doch solches Unheil zeichnete sich noch nicht ab, als Gäste im ersten Jahrzehnt nach der Jahrhundertwende im Konzertzimmer des Hauses an der Kaiserstraße ein und aus gingen. Kaum hatten sie das Haus betreten, ging es in einem großzügigen Treppenhaus breite Stiegen in den ersten Stock hinauf. Aus dem kleinen Saal fiel der Blick nach hinten auf den Garten. An Platz mangelte es der vielköpfigen Familie nicht. Auf zwei weiteren Etagen gab es genügend Zimmer für die Herrschaften und ihre Kinder, deren Kinderzimmer mit Zeichnungen an den Wänden verziert waren.

Auf die standesgemäße Bildung seiner Kinder wird der musikliebende Fabrikant Louis Raphaelson Wert gelegt haben. Seine ersten Schuljahre verbrachte Paul Raphaelson vermutlich auf den Bänken der Israelitischen Volksschule an der heutigen Blücherstraße. Zwar sind keine Schülerverzeichnisse erhalten, doch besuchten jüdische Kinder damals üblicherweise die seit 1888 als öffentliche Schule bestehende Jüdische Volksschule. Dass es keine jüdischen Kinder in christlichen Volksschulen Mönchengladbachs gab, bestätigt ein Bericht des Oberbürgermeisters an den Düsseldorfer Regierungspräsidenten aus dem Jahr 1907.[17] Die Jüdische Volksschule hatte zwei Klassenräume, die beim Bau der Synagoge an der Karlstraße errichtet worden waren. Dort verbrachten die Kinder in der Regel die ersten vier Schuljahre, um dann ab dem fünften Schuljahr auf eine höhere Schule zu wechseln. So hielten es Louis und Elisabeth Raphaelson auch mit Karl, Pauls drei Jahre älterem Bruder. Ihn schickten sie auf das Stiftisch-Humanistische Gymnasium[18], wo er mit Sicherheit auf den gleichaltrigen Hans Jonas traf.

Wie wichtig den jüdischen Familien Mönchengladbachs eine hohe Bildung ihrer Kinder war, zeigt eine Statistik des Mönchengladbacher Schulrates von 1916. In diesem Jahr besuchten 38 Jungen und 25 Mädchen die zweiklassige Jüdische Volksschule. 55 von ihnen lernten in den ersten vier Klassen. Sämtliche oberen Klassen von der fünften bis einschließlich der achten hatten zusammen nur noch acht Schüler. Ab der fünften Klasse besuchten also die meisten eine höhere Schule. Für Paul Raphaelson war die Jüdische Volksschule bequem zu erreichen. Auf dem Weg zum Unterricht musste er lediglich die Kaiserstraße ein Stück stadteinwärts gehen, die Bismarckstraße überqueren und von dort der sanft ansteigenden Straße nur wenige Meter bis zum Kaiserpark folgen, ein Weg, den selbst ein auf die Schule wenig erpichter Siebenjähriger in wenigen Minuten bewältigen konnte.

Von Pauls jüngster Schwester Martha ist ein Foto erhalten, das sie als Volksschülerin zeigt. Das Bild[19] entstand 1923 und zeigt unter anderem den langjährigen Lehrer Josef Rosenbusch, den Paul an der Volksschule ebenfalls schon kennengelernt haben dürfte. Martha, die Nachzüglerin der Familie Raphaelson, war damals neun oder zehn Jahre alt. Wäre der Blick des Fotografen an dem Kind in der vierten Reihe des vor dem Objektiv formierten Schülerensembles hängen geblieben, wäre ihm ein Kind mit schulterlangen Haaren aufgefallen, das aus großen Augen sehr ernst in seine Kamera blickte.

Hätte man Louis und Elisabeth Raphaelson bei Pauls Einschulung nach dessen Zukunft gefragt, hätten sie ihn gewiss – den Fußstapfen seines Vaters folgend – als Unternehmer gesehen, an der Seite der älteren Brüder im Familienbetrieb oder mit eigenem Unternehmen. Wahrscheinlich hätte Paul eine akademische oder kaufmännische Ausbildung genießen und eine Frau aus derselben Schicht heiraten sollen. Doch sollten sich die Zeitläufte und das Schicksal der Familie ganz anders entwickeln. Nur ein halbes Jahr nach dem Tod des Familienoberhauptes begann der Erste Weltkrieg und damit das Ende der stabilen Ordnung und des relativ sicheren Lebensstandards, die das Kaiserreich dem Bürgertum beschert hatte. Dies sollten auch die Raphaelsons zu spüren bekommen.

Die Nachricht vom Tod des Fabrikanten konnten die Mönchengladbacher nur einen Tag später der *Westdeutschen Landeszeitung* entnehmen: „Gestorben ist, wie gemeldet wird, gestern in Berlin, seinem neuen Domizil, der Kaufmann Louis Raphaelson von hier infolge einer Lungenentzündung." Die folgenden zehn Zeilen des kurzen Nachrufes erinnerten an Raphaelsons Engagement und Mäzenatentum bei der Gründung eines Orchesters, „aus dem das städtische Orchester vor 10 Jahren hervorgegangen ist". Die Zeitung vergaß nicht zu erwähnen, dass er der Stadt „Musikalien und Instrumente im Werte von 8000 M." geschenkt habe.[20] In der ebenfalls am 24. Januar in der *Westdeutschen Landeszeitung* zu lesenden Todesanzeige hieß es: „Nach kurzem schweren Leiden verschied gestern abend 9 ½ Uhr mein geliebter Mann, unser herzensguter Vater, Sohn, Schwiegersohn,

Bruder, Schwager und Onkel, Herr Louis Raphaelson im 47. Lebensjahre."

Zur Beerdigung versammelten sich die Hinterbliebenen am 27. Januar in Herford. Der Trauerzug zum Jüdischen Friedhof sollte um 15 Uhr beginnen.[21] Vermutlich trafen die sterblichen Überreste Raphaelsons mit dem Zug aus Berlin in seiner Geburtsstadt ein. Die Trauergemeinde wird sich wohl in der kleinen Bethalle gegenüber dem Friedhofseingang versammelt haben. Von dort waren es nur wenige Meter zum ausgehobenen Grab des Kaufmanns.

Paul Raphaelson und seine Geschwister verloren 1914 nicht nur ihren Vater und Ernährer. Sie verloren bald auch die vertraute Umgebung eines gehobenen bürgerlichen Haushaltes, in dem es ihnen bis dahin an nichts gefehlt haben dürfte. Die Firma Raphaelson & Aretz wurde aufgelöst, und 1915 verkaufte Elisabeth Raphaelson das Haus an der Kaiserstraße an den Fabrikanten Julius Langen. Ob vor allem dieser Entschluss den finanziellen Abstieg der Familie auslöste, ist schwer zu beurteilen. Denn es ist nicht ganz klar, wie es kurz vor dem plötzlichen Tod ihres Mannes um die Geschäfte von Raphaelson & Aretz stand. In der zweiten Hälfte des Jahres 1907 hatte die Mönchengladbacher Textilindustrie einen konjunkturellen Einbruch erlitten. Die Konkurrenz nahm zu, die Lohnkosten in den Mönchengladbacher Betrieben waren im Vergleich zu den ausländischen Wettbewerbern hoch. Zudem hatten hohe Rohmaterial- und Energiekosten in etlichen Unternehmen die Gewinne selbst in Zeiten hoher Produktion schrumpfen lassen. Etlichen Firmen fehlte es an Kapital, das sie sich häufig durch Darlehen bei Verwandten oder Hypotheken auf Firmen- und Privathäuser zu beschaffen suchten. Nicht selten waren solche Bemühungen vergeblich: 1895 hatte die im Jahr zuvor von Raphaelson und Aretz gegründete Weberei 120 Mitbewerber in der Stadt gehabt. 1907 waren noch 102 Webereien übrig, 1912 nur noch 96.[22]

Einige Indizien sprechen jedoch dafür, dass das Unternehmen des musikvernarrten Fabrikanten die Krise bis 1910 ganz gut überstand. Als sich am 26. Juli 1910 Everhard von Groote, der Bürgermeister des Stadtteils Neuwerk, beim Oberbürgermeisteramt nach den Steuermerkmalen von Louis Raphaelson erkundigte, bekam er eine aufschlussreiche Antwort. Von Groote benötigte die Angaben, um Raphaelson zur Gemeindeeinkommensteuer für das Jahr 1910 veranlagen zu können. Da Raphaelsons Fabrik in der Gemeinde Neuwerk lag, musste er dort Steuern entrichten. Auf der Rückseite der Anfrage ist eine handschriftliche Aufstellung des steuerpflichtigen Jahreseinkommens Louis Raphaelsons erhalten, das demnach 1908 insgesamt 11.640 Mark betrug; 1909 wurden 10.185 Mark angesetzt, und für das erst halb verstrichene Jahr 1910 ermittelte das Oberbürgermeisteramt 5.572 Mark.[23] Diese Zahlen sprechen für konstante Gewinne zumindest bis zu diesem Zeitpunkt, und sie lagen auch nicht wesentlich unter den Jahreseinkommen, die für die Geschäftsjahre zwischen 1905 und 1908 ermittelt worden waren.[24]

Allerdings gab es Mitte 1909 im Unternehmen eine bedeutende Veränderung, als Jacob Aretz als Teilhaber ausschied. Aretz hatte, wie Akten der Gemeinde Neuwerk zur Besteuerung der beiden Firmeninhaber zeigen, offenbar immer einen kleineren Anteil am Unternehmen gehabt, denn er zog stets ein geringeres Einkommen daraus. Am 2. Juli teilte Louis Raphaelson Bürgermeister von Groote in einem Schreiben mit, dass seit 1. Juli 1909 Felix Wolf aus Mönchengladbach neuer Teilhaber des Unternehmens sei. Allzu lange hielt diese

Partnerschaft aber auch nicht. Die Akten der Gemeinde Neuwerk schließen mit einer handschriftlichen Notiz vom 5. April 1911: „Die Firma Raphaelson & Aretz hat mit 30. 3. 11 ihren gesamten Betrieb nach M. Gladbach verlegt."[25]

Warum sich Louis Raphaelson zu diesem Schritt entschloss und was danach aus dem Betrieb wurde, war nicht zu ermitteln. Diese Entwicklung scheint jedoch das Vorspiel für den Umstand gewesen zu sein, dass sich Louis Raphaelson um 1913 in Berlin geschäftlich neu zu orientieren versuchte. Scheinbar ging es darum, die Textilproduktion und den Handel mit Kleidungsstücken zu kombinieren. Denn der neue Teilhaber Felix Wolf, ebenfalls ein Jude, hatte bereits vor 1898 am Mönchengladbacher Markt ein Herren- und Knabenkonfektionsgeschäft eröffnet, das er später an die Hindenburgstraße 10 verlegte.[26] Dieses neue Geschäftsfeld wollte Raphaelson anscheinend auch in der Hauptstadt erschließen. Im Berliner Adressbuch von 1913 war er noch nicht zu finden. Doch in der Ausgabe 1914 tauchte er als Kaufmann unter der Anschrift Holzmarktstraße 11 auf[27] – eine Viertelstunde Fußweg entfernt vom Gewühl der Passanten, Autos und Straßenbahnen auf dem Alexanderplatz. Da auch der Nachruf in der *Westdeutschen Landeszeitung* sein Berliner Domizil als „neu" bezeichnete, kann der Umzug noch nicht allzu lange zurückgelegen haben. Der Adressbucheintrag verwies auf einen neuen Kompagnon namens Hermann Flesch. Diesen wiederum führte das Adressbuch als Fabrikanten von Knaben-Waschanzügen, als Mitinhaber des Unternehmens wurde Louis Raphaelson genannt.

Was Elisabeth Raphaelson nach dem Tod ihres Mannes bewog, den Familienbesitz und die Unternehmensanteile „flüssig" zu machen,[28] und welchen Zwängen sie dabei unterlag, bleibt unklar. Sicher ist jedoch: Unternehmensanteile und die wertvolle Immobilie an der Kaiserstraße zu Geld zu machen, sollte in den Jahren des Krieges, der wirtschaftlichen Krise und der schwindelerregenden Inflation fatale Folgen haben.

II. Jonas bis 1921: Ein Fabrikantensohn wird Zionist

Am 12. Mai 1903 erschien ein gewiss stolzer Herr vor dem Mönchengladbacher Standesbeamten Prisack und zeigte die Geburt eines Sohnes an. Der Vater war Gustav Jonas und – wie die Eintragung ins Geburtsregister besagt – dem Standesbeamten „der Persönlichkeit nach bekannt". Was wenig wundert, denn Gustav Jonas hatte in der Stadt als Textilfabrikant und prominentes Mitglied des Jüdischen Gemeinde einen Namen. Jonas war gekommen, um die Geburt seines zweiten Sohnes anzumelden, der am 10. Mai „vormittags um siebeneinhalb Uhr" von Rosa Jonas entbunden worden war.[29] Der Standesbeamte konnte an diesem Tag nicht ahnen, dass er einen künftigen Ehrenbürger der Stadt und Philosophen von internationaler Geltung zu den Akten nahm.

Wie die Raphaelsons waren die Jonas aus einer Kleinstadt zugewandert.[30] Jonas Benjamin Jonas, ein Onkel von Hans Jonas' Vater Gustav, war 1869 von Borken nach Mönchengladbach übergesiedelt und hatte mit seinem Bruder Abraham noch im selben Jahr die Lederhandlung A. & J. B. Jonas eröffnet. Nach dem Tod seines Bruders 1878 führte Jonas Benjamin Jonas die Firma allein weiter. Der Zuwanderer wurde ein prominentes Mitglied nicht nur der Jüdischen Gemeinde, sondern ein ebenso geachtetes im Stadtrat. Die Lederfabrik brachte so viel Gewinn, dass Jonas das Geschäft aufgeben, von den Erträgen leben und viel Zeit in die Arbeit der Jüdischen Gemeinde investieren konnte. Als Vorstandsmitglied konnte er seine orthodoxen Anschauungen durchsetzen und beispielsweise verhindern, dass Orgelmusik im Gottesdienst eingeführt wurde oder die Feier in Deutsch statt in Hebräisch gehalten wurde. „Von ihm", sagte sein Großneffe Jahrzehnte später, „habe ich gelernt, was ein wirklich religiöses Dasein ist." Jonas Benjamin Jonas' Frömmigkeit ging so weit, dass er während des Laubhüttenfestes sieben Tage lang in einer Laubhütte wohnte, die er im Hinterhof seines Hauses hatte errichten lassen.[31]

Gemeindemitglieder nannten den frommen Jonas Benjamin Jonas „Patriarch", wahrscheinlich auch, weil er seine hervorgehobene Stellung über viele Jahrzehnte innehatte. Er starb mit 94 Jahren im September 1932. Seit 1874 hatte Jonas dem Mönchengladbacher Stadtrat angehört. Nach der Novemberrevolution war er 1918 unter den Gründern der Deutschen Volkspartei in Mönchengladbach. Bei der Wahl zur Stadtverordnetenversammlung im November 1919 trat erzum letzten Mal an, allerdings erfolglos[32]. Jonas Benjamin Jonas' Neffe Gustav wurde als ältester Sohn von Herz Jonas am 5. Januar 1864 in Borken geboren und wuchs mit neun Brüdern und Schwestern auf. Sein Vater betrieb in Borken eine Leinenweberei, in die sein Ältester eintrat, nachdem er das Gymnasium bis zur Obersekunda besucht, eine Lehre in einem Frankfurter Leinenwäsche-Geschäft absolviert und als Commis in Wiesbaden Erfahrung gesammelt hatte. In Borken arbeitete Herz Jonas' Firma nach dem altertümlichen Verlagsystem, das heißt, sie belieferte Heimweber mit Garn und verkaufte deren fertige Produkte weiter. Gustav Jonas hatte während seiner Ausbildung wohl erkannt, dass es inzwischen profitablere Methoden gab. Er und sein Bruder Alfred bewegten ihren Vater dazu, 1896 die Firma B. Jonas nach Mönchengladbach in die Hofstraße zu verlegen und als mechanische Leinenweberei zu eröffnen. In Mönchengladbach, dem wichtigen Zentrum der mechanischen Textilherstellung, waren das nötige Know-how und die nötigen Arbeitskräfte für ein solches Unternehmen vorhanden. Gustav Jonas wurde Teilhaber des Unternehmens und etablierte sich damit zwei Jahre nach Louis Raphaelson als Textilfabrikant in Mönchengladbach.

Am neuen Standort, mit neuen Produktionsmethoden und unter neuer Leitung florierte das Unternehmen. Doch rundum glücklich wurde Gustav Jonas mit der Rolle als Geschäftsmann nicht, berichtete sein Sohn in seinen Erinnerungen:

„Mein Vater (...) mußte frühzeitig ins Geschäft einsteigen und übernahm so eine Art Vaterstellung gegenüber den jüngeren Geschwistern. Er hatte oder fühlte die Pflicht, die er getreulich erfüllte, es den jüngeren Brüdern zu ermöglichen, was er selbst sich so ersehnt hatte, nämlich studieren zu können. (...) Das war der große Kummer seines Lebens, daß er den Traum von einer akademischen Ausbildung dem Dienst an der Familie und an der Firma hatte opfern müssen."[33]

Im Gegensatz zu Louis Raphaelson fehlte Gustav Jonas jedes musikalische Talent. Nicht einmal beim Singen des Deutschlandliedes habe er die richtigen Töne getroffen, berichtete sein Sohn Hans. Dennoch war Gustav Jonas ein Fabrikant, der über rein kommerzielle Interessen hinaus dem bürgerlichen Bildungsideal anhing. Er besaß eine gut 500 Bände zählende Bibliothek mit zahlreichen Klassikern, fand allerdings selten Zeit darin zu lesen. Mit Rosa Horowitz, der Tochter des Krefelder Oberrabbiners, hatte er sich eine Frau aus einem Elternhaus gewählt, in dem Bildung ebenfalls einen hohen Stellenwert besaß. Rosa Jonas brachte das musische Talent in die Familie. Sie spielte Klavier und wurde von ihrem Gatten 1915 mit einem Flügel beschenkt. Jiddische Ausdrücke waren in der Familie verpönt, die Eltern legten Wert auf reines Hochdeutsch. Hans besuchte das Stiftisch-Humanistische Gymnasium, das die Inhalte eines an einer idealisierten Antike und am Neuhumanismus orientierten bildungsbürgerlichen Ideals vermittelte. Kunst galt im Haus der Fabrikantenfamilie nicht als wertloser Zeitvertreib. 1924 engagierte sich Gustav Jonas im Gründungsvorstand der Theater Vereinigung M. Gladbach.[34] Als Hans Jonas sich mit etwa 13 Jahren für Malerei zu interessieren begann, erhielt er Malunterricht bei Karl Cohnen, einem Schüler der Düsseldorfer Kunstakademie. Eine Zeit lang habe er sogar ernsthaft erwogen, Maler zu werden, berichtete Jonas Jahrzehnte später. Sein Bruder Georg nahm ebenfalls Malstunden und zog offenbar zeitweilig in Betracht, Künstler zu werden.

Louis Raphaelson hat seine Liebe zur Musik ausgelebt und beträchtliche Summen und viel Freizeit für seine Leidenschaft aufgewandt. Gustav Jonas hat es sich dagegen versagt, seinen geistigen Interessen nachzugehen. Sein Leben lang ordnete er sie den Anforderungen des Geschäftes und den Pflichten des Familienoberhauptes unter. Pflichtbewusst, arbeitsam, einfachen Lebensgenüssen wie einem guten Braten zugeneigt, übertriebenem Luxus aber abhold und in seiner Familie „eine gewisse Herrscherrolle" einnehmend, war er nach Schilderung seines Sohnes „eigentümlicherweise trotz seiner Strenge ungeheuer weich".[35] Anfälle von Jähzorn, bei denen sich dem Wütenden buchstäblich die Haare sträubten, lassen erahnen, dass es Gustav Jonas nicht immer gelang, die Widersprüche auszugleichen, die seinem Charakter offenbar eigen waren. Allerdings glichen die Ausbrüche des Familienoberhauptes nach Ansicht seines Sohnes Hans kurzen reinigenden Gewittern, die nicht zu längeren Groll-Perioden führten.

Ganz anders schilderte Jonas seine Mutter. Die Tochter des Krefelder Oberrabbiners hatte ihrem Vater lange den Haushalt geführt. Erst mit 25 Jahren – für damalige Verhältnisse relativ spät – heiratete sie am 4. Dezember 1900 den elf Jahre älteren Gustav Jonas. Im Gegensatz zu seinem untersetzten, kurzbeinigen Vater, der aber dank eines mächtigen Oberkörpers und breiter Schultern eine robuste Erscheinung war, sei seine Mutter stets schlank gewesen und habe bis ins Alter ihre mädchenhafte Figur behalten, befand Hans Jonas. Während sein Vater in geschäftlichen wie persönlichen Dingen Optimist gewesen sei, habe seine Mutter stets zu einer pessimistischen Weltsicht tendiert. Gustav Jonas war es nicht gewohnt, Gefühle zu zeigen, und wurde verlegen, wenn sich seine emotional offenherzigere Frau auf dem Sofa zärtlich an ihren Mann schmiegte. Die Zornesausbrüche ihres Gatten ängstigten Rosa Jonas mitunter. Sie selbst, so Hans, habe sich nicht auf diese Weise Luft machen können, sondern viel länger und tiefer an Problemen gelitten.

Mithin nahm es Rosa Jonas auch noch mehr mit als ihren Mann, als ihr ältester Sohn Ludwig unheilbar erkrankte und sich trotz jahrelangen Bemühens verschiedener Ärzte abzeichnete, dass seine Gelenke immer weiter verknöchern und er zum Pflegefall werden würde. Der Tod des 14-Jährigen infolge eines Sturzes und einer schweren Gehirnerschütterung stürzte Rosa Jonas in tiefe Depression. „Meine Mutter versank in Schwermut und vegetierte ein ganzes Jahr lang in vollkommener Passivität auf dem Sofa."[36] Dass das Auge seiner Mutter in dieser Phase nicht mehr so wachsam auf ihm ruhte, hat der 13-jährige Zweitgeborene nicht als Vernachlässigung, sondern eher als Freiheitszuwachs empfunden. Sein drei Jahre jüngerer Bruder Georg, der Zeit seines Lebens eine prekäre Existenz in finanzieller Abhängigkeit vom älteren Bruder führen sollte, hat in dieser Phase mehr gelitten.

Trotz dieser schweren Belastung ging das Gefüge der Familie Jonas darüber nicht in die Brüche. Der bürgerliche Rahmen und die Normenwelt blieben intakt und wurden trotz des Krieges nicht von wirtschaftlichen Nöten bedroht. Im Gegenteil: Als im August 1914 der Krieg begann, bewies Gustav Jonas kaufmännischen Instinkt.

„Mein Vater fuhr sofort nach Köln zu dem für unsere Region zuständigen Hauptheeresbeschaffungsamt und legte seine Angebote für Zeltbahnen und andere Stoffe vor, die für die Armee wichtig sein könnten. Und er war wirklich einer der ersten, die da waren, und kam wie ich später erfuhr, mit Riesenaufträgen zurück, so daß nicht nur alle etwa 120 mechanischen Webstühle unserer Fabrik ausgelastet waren, sondern auch noch andere Webereien in Mönchengladbach für die Ausführung seiner Aufträge arbeiteten."[37]

Sein unternehmerisches Talent hatte Gustav Jonas bereits in den Vorkriegsjahren bewiesen. Und zwar so erfolgreich, dass er seine Familie am 25. September 1910 in eine neu errichtete Elf-Zimmer-Villa an der Mozartstraße 9 ummelden konnte.[38] Das Haus stand in bester Lage gleich vis-à-vis der Kaiser-Friedrich-Halle.

An dieser Stelle werden gravierende Unterschiede in der Entwicklung der Familien Raphaelson und Jonas erkennbar: Während die eine 1914 ihr Oberhaupt und den Ernährer verlor und die Witwe aus dem Textilgeschäft ausstieg, um vom Kapital zu zehren, ereilte die andere mit dem Tod des ältesten Sohnes zwar auch ein Schicksalsschlag. Aber dieser war weniger folgenschwer, weil er trotz der Depressionen der Mutter die Familienstruktur nicht zerstörte und nicht zu finanziellen Schwierigkeiten führte. Hans Jonas konnte sich weiter in den Bahnen entwickeln, die ihm seine Herkunft eröffnete. Während Paul Raphaelson im Januar 1914 den Tod seines Vaters verkraften musste, war die schmerzhafteste Erinnerung in Jonas' Bericht bis zum Tod seine Bruders 1916 eine kräftige Ohrfeige, die er bei Kriegsausbruch vom Direktor einer Badeanstalt erhielt. Der elfjährige Hans war mit der Badehose unter dem Arm im Schwimmbad erschienen – nicht ahnend und nicht begreifend, dass das Gelände der Badeanstalt zu einer Auffangstelle für westwärts marschierende Truppen umfunktioniert war und er als frischgebackener Freischwimmer mit seinem Wunsch zu schwimmen in dem Durcheinander störte.

Neben dem Untergang der *Titanic* seien die Ohrfeige und der Beginn des Ersten Weltkrieges die ersten historisch bedeutsamen Ereignisse, an die er sich erinnern könne, berichtete Hans Jonas sieben Jahrzehnte später. Im Gedächtnis waren ihm auch noch die Aufregung jener Tage im August 1914, die Soldaten, die Richtung Lüttich durch die Stadt marschierten, und vor allem die große Siegeszuversicht, die herrschte – auch bei seinem Vater und seinem Onkel. In ihrem Patriotismus unterschieden sich bei Kriegsbeginn die meisten Angehörigen der Familie Jonas nicht von der breiten Mehrheit des Bürgertums. Hans' Onkel Adolf Haas begleitete seinen kränklichen Sohn Erich sogar zur Musterung nach Köln und steckte einem Feldwebel ein Goldstück zu, damit Erich nur ja kriegstauglich gemustert werde.

Erste nationale Wallungen hatte es in Mönchengladbach am 28. Juli gegeben, als Österreich den Krieg erklärt hatte. Gymnasiasten waren in den Kaiserpark gegenüber der Synagoge geströmt, hatten patriotische Lieder gesungen und der Rede eines Reserve-Hauptmanns gelauscht. Bis zum 4. August hatten sich wie Jonas' Vetter Erich Haas bereits 2.000 Mönchengladbacher freiwillig zum Kriegsdienst gemeldet. Die *Gladbacher Zeitung* und die *Westdeutsche Landeszeitung* veröffentlichten patriotische Gedichte – unter anderem Verse aus der Feder des heimischen Dichters Heinrich Lersch. Schon in ihrer Ausgabe am 1. August, also am Tag nach der deutschen Kriegserklärung, hatte die *Westdeutsche Landeszeitung* angekündigt, dass das erste Opfer des Krieges die Wahrheit sein werde: „Im Interesse der Landesverteidigung" werde sie sich „manche Beschränkungen auferlegen über alle Vorgänge militärischer Art", erklärte sie ihren Lesern.[39] Damit reihten sich die Journalisten in den kurzlebigen „Burgfrieden" ein, den die so oft zerstrittenen Parteien im Reichstag angesichts der schicksalhaften „nationalen Stunde" glaubten wahren zu müssen. Vor allem sollte mögliche Kritik von Seiten der Linken zum Schweigen gebracht werden. Der „Burgfrieden" hielt auch noch an, als am 20. August 1914 die Todesanzeige des ersten Gefallenen aus Mönchengladbach, des 23-jährigen Jura-Studenten Ernst Tiggeler, erschien.

Allerdings gab es auch einen Skeptiker und kühleren Kopf in Jonas' Familie: seinen Onkel Leo Horowitz, einen in Düsseldorf praktizierenden Arzt mit weit gestreuten wissenschaftlichen Interessen, den Hans Jonas als den klügsten und weisesten Menschen bezeichnet, der je in sein Leben „hineingeleuchtet"[40] habe. Leo Horowitz abonnierte sofort bei Kriegsbeginn eine Schweizer Zeitung, weil er der deutschen Propaganda und Desinformation der Heeresleitung misstraute. Schon nach der verlorenen Schlacht an der Marne ahnte er, dass der Krieg nicht mehr siegreich enden konnte. Schon früh freundete sich Horowitz mit dem Gedanken an, dass nach dem militärischen Desaster die Tage des Kaisers und der alten Ordnung gezählt sein würden. Der Neffe ließ sich in den ersten Jahren des Krieges hingegen von der in bürgerlichen Kreisen verbreiteten und von nationalistischen Lehrern am Gymnasium befeuerten Begeisterung anstecken.

Zumal der Krieg in den ansonsten so geordneten bürgerlichen Alltag der Familie Jonas Turbulenzen brachte, die ein Elfjähriger gewiss aufregend fand. So sorgte ein Soldat aus Brandenburg, der mit einem Kameraden für eine Nacht bei den Jonas an der Mozartstraße einquartiert war, für eine amouröse Tragödie. In dieser Nacht hatte der Infanterist mit dem nach Jonas' Dafürhalten „überaus schönen Kinderfräulein"[41] der Familie „angebandelt" und wohl große Hoffnungen bei der jungen Frau geweckt. Die enttäuschte er wenig später per Brief – worauf das Kinderfräulein einen Nervenzusammenbruch erlitt. Ein anderes Mal kam die Polizei ins Haus, weil Dienstmädchen in einer Zeit knapper werdender Lebensmittel einen schwunghaften Schwarzhandel mit Vorräten aus der Speisekammer der Familie Jonas trieben. Gustav Jonas hatte „Unsummen" investiert, um Konserven und andere Nahrungsmittel zu horten.

Völlig ging die Not an den Jonas freilich auch nicht vorbei. Die deutsche Landwirtschaft war nicht in der Lage, die Bevölkerung unter Kriegsbedingungen ausreichend zu ernähren. Zugleich wurde es für die Regierung immer schwieriger, Lebensmittel zu importieren. Die Mönchengladbacher Stadtverwaltung richtete Suppenküchen ein, kaufte Vieh, beschaffte Waggons voller Käse aus den Niederlanden und verteilte kostenlos Brot an Schulkinder. Sie setzte eine Kommission zur Kontrolle der Kartoffelpreise ein und kümmerte sich um die Verteilung von Getreide, Saatgut, Kleidung und Kohlen.[42] Auch wenn Jonas nichts davon berichtet, dass seine Familie sich in die Schlange vor einer Suppenküche einreihen musste, war auch bei ihr in dieser Zeit Schmalhans Küchenmeister. „Und wir hungerten, waren jedenfalls unterernährt, und meinem Bruder ist das wahnsinnig schlecht bekommen. Er hatte schreckliche Hautausschläge in den letzten Kriegsjahren und ist irgendwie in seiner Entwicklung dadurch auch geschädigt worden."[43]

Hunger und Entbehrungen mussten auch dem fanatischsten Patrioten fühlbar machen, wie groß der Irrtum im August 1914 gewesen war, als Viele geglaubt hatten, der Krieg werde binnen kürzester Zeit siegreich beendet sein. Diese Desillusionierung hat wohl auch Hans Jonas gespürt und womöglich hat er sich über den Sinn des Gemetzels im Stellungskrieg an der Westfront Gedanken gemacht. Jedenfalls kamen ihm schließlich Zweifel. Um 1917 herum, so berichtete er in seinen Erinnerungen, sei er wie alle anderen Gymnasiasten von Tür zu Tür gezogen, um für die Zeichnung von Kriegsanleihen zu werben. Auf solche Kredite ihrer Bürger war die Regierung zur Finanzierung des Krieges dringend angewiesen, weil sie mit einem so langen Kampf nicht gerechnet hatte und nicht im mindesten dafür gerüstet gewesen war. Ein erster „Schock" sei es für ihn gewesen, berichtete Jonas, als sich ein jüdischer Metzger weigerte, Anleihen zu zeichnen, und unverblümt äußerte: Die deutschen Kriegsanstrengungen und die exorbitanten

Eroberungsziele seien ein Raubzug und dafür werde er kein Geld geben.

Sein Patriotismus habe Risse bekommen, so Jonas weiter, als in der Untersekunda wie jeden Morgen zunächst über die Lage an der Front gesprochen wurde und ein Mitschüler erzählte, im Ärmelkanal sei ein britisches Truppentransportschiff gesunken. Eine Mitteilung, die der Lehrer Ernst Brasse, laut Jonas Mitglied des extrem-nationalistischen Alldeutschen Verbandes, eine „sehr gute Nachricht" nannte und mit den Worten kommentierte: „hoffentlich sind dabei recht viele ertrunken". „In diesem Moment regte sich etwas in mir", berichtete Jonas:

„Ohne nachzudenken, zeigte ich auf (...) und stotterte: ‚Darf man sich das denn eigentlich wünschen?' Da sah mich der gute Brasse einen Moment lang etwas verdutzt an und sagte dann: ‚Ach so, du meinst, das wäre nicht christlich?' Worauf ich antwortete: ‚Ich meine nicht menschlich.' Darauf errötete er."[44]

Wahrscheinlich bemerkte Jonas auch den wachsenden Antisemitismus und teilte immer weniger die Zuversicht seines Vaters, als Jude zugleich auch als vollwertiger Deutscher anerkannt zu werden. Lange bevor die Propaganda begann, die Schuld an der deutschen Niederlage auch den Juden und ihrem angeblich zersetzenden Internationalismus und Bolschewismus in die Schuhe zu schieben, hatte ein Antisemitismus an Boden gewonnen, der zunehmend von völkisch-rassistischen Ideologien geprägt war. Diese neuere Spielart war noch gefährlicher als die auf uralten, teils religiös begründeten Vorurteilen beruhenden Ressentiments gegenüber Juden. Denn sie begründete ihren Hass mit einer kruden, auf Rassen angewandten Version des Darwinismus. Mit einer pseudo-wissenschaftlichen Argumentation traf sie eine „biologische" Definition, die jeden Juden unabänderlich auf sein Judentum festlegte: Juden sind nicht Angehörige einer Religionsgemeinschaft, sondern einer Rasse, deren typische Charaktereigenschaften durch das Blut vererbt werden. Mithin konnte auch eine vollständige Anpassung an die Lebensweise christlicher Deutscher, ja selbst eine christliche Taufe einen Juden nicht zum Mitglied der Volks- und Rassegemeinschaft machen.

Die Quellen dieses Ideengebräus sprudelten zwar schon in den 1890er Jahren. Bereits bei der Wahl 1893 waren zehn Abgeordnete antisemitischer Parteien in den Reichstag eingezogen. Doch gewann diese modernere und noch giftigere Form des Judenhasses während des Weltkrieges an Boden und wurde in der Weimarer Republik vollends virulent. Nachdem die preußische Armee schon seit 1885 keinem Juden das in bürgerlichen Kreisen als karriereförderndes Statussymbol begehrte Reserveoffizierspatent mehr verliehen hatte, schien sich diese Zurücksetzung in den ersten Kriegsmonaten im nationalen Überschwang zu verflüchtigen. Doch schon bald war es mit dieser Illusion vorbei. Am 11. Oktober 1916 ordnete Kriegsminister Wild von Hohenborn eine „Judenzählung" in allen Truppenteilen an, die unter anderem die Zahl der jüdischen Freiwilligen, Gefallenen und mit dem Eisernen Kreuz Ausgezeichneten ermitteln sollte – vorgeblich, um auf Beschwerden zu reagieren, dass sich viele Juden vor dem Kriegsdienst drückten.

Diese Zählung empörte jüdische Soldaten und Zivilisten gleichermaßen, denn sie wurde als diskriminierend und ehrabschneidend empfunden. Obwohl das Kriegsministerium dem Verdacht entgegenzutreten versuchte, sein Zählerlass sei antisemitisch zu verstehen, lagen die Juden in ihrer Einschätzung ziemlich richtig. Antisemitismus war im Offizierkorps und in der Armeeführung weit verbreitet. Eine öffentliche Würdigung des Kriegseinsatzes der Juden und ein Dementi der Gerüchte über das für die Juden angeblich „niederschmetternde" Ergebnis der Zählung wurde wohlweislich unterlassen. Die Resultate der Zählung wurden geheim gehalten, einzig der antisemitische „Reichshammerbund" bekam Unterlagen, die er für seine Propaganda ausschlachtete.[45] Wer wie Gustav Jonas geglaubt hatte, ein Jude könne als vollwertiger Deutscher gelten, den musste diese Affäre in ernste Zweifel stürzen. Wie hat wohl Hans Jonas' Onkel Adolf Haas, der ein Goldstück dafür gezahlt hatte, um seinen Sohn an die Front zu bekommen, auf die Judenzählung reagiert?

So verwurzelt Hans Jonas als Sohn eines sich als deutsch definierenden Elternhauses und als eifriger Leser deutscher Klassiker in der deutschen Kultur auch war – er entwickelte gleichwohl früh ein jüdisches (Selbst-)Bewusstsein. Auch wenn der Philosoph siebzig Jahre später in diesem Zusammenhang ausgiebig über seine Bibellektüre, von Werken der sogenannten Religionsgeschichtlichen Schule und seine Leseerfahrungen mit Martin Bubers *Reden über das Judentum* berichtete: Vor allem Nachdenken werden ihn Erlebnisse geprägt haben, die Kindern häufig widerfahren, wenn ihnen das Odium anhaftet, irgendwie anders zu sein. In seiner Schulklasse war Jonas die meiste Zeit der einzige Jude. Zwar wurde er von nichtjüdischen Nachbarn eingeladen, doch seine Eltern verkehrten vor allem mit jüdischen Familien. Es gab auch nichtjüdische Gäste in Jonas' Elternhaus, doch luden diese die Familie im Gegenzug nicht zu sich ein. Dass der Großonkel Jonas Benjamin Jonas als Stadtverordneter der feinen bürgerlichen Gesellschaft „Erholung" angehörte, war eine bemerkenswerte Ausnahme. Sein Großneffe bezweifelte, dass der so gnädig in den elitären Kreis Aufgenommene an den Veranstaltungen und Zusammenkünften der „Erholung" teilgenommen hat. Trotz weitgehender Assimilation und trotz des wirtschaftlichen Erfolges galt: Zwischen jüdischen Bürgern und nichtjüdischen Bürgern bestanden selbst für liberal denkende Menschen Unterschiede. Jude zu sein, blieb ein gesellschaftlicher Sonderstatus, der von Vielen toleriert wurde, nicht selten aber in der stillen Erwartung, er müsse im Lauf der Zeit durch völlige Assimilation verschwinden. Dieser besondere Status und ein reichhaltiges Reservoir an überkommenen und neuen Vorurteilen waren jederzeit verfügbar, um sie in Konfliktfällen gegen Juden zu mobilisieren oder für politische, wirtschaftliche und gesellschaftliche Zwecke zu instrumentalisieren.

Im Umgang unter Kindern und Jugendlichen wurden solche Vorurteile auch mit wenig Rücksicht auf gesellschaftliche Etikette offen geäußert.

„Wenn man in die Zeit vor den Nazis zurückdenkt, so gab es so etwas wie den gewohnheitsmäßigen Antisemitismus, der sich schon einmal in kleinen Hänseleien und Aggressionen äußerte, wie unter Jungen üblich. Aber wenn es sich um einen Witz auf Kosten von Juden handelte, überkam mich die blinde Wut",

schrieb Hans Jonas in seinen Erinnerungen.[46] Und so stürzte er sich selbst noch in seiner Studentenzeit in seinem „Makkabäerzorn" auf Beleidiger.

„Das war mir meine ganze Schulzeit hindurch bewußt: Ich gehöre einer Minderheit an, und man darf sich nichts gefallen lassen, wir gehören nicht ganz dazu. Dieser starke Abwehrstolz ist mir mein ganzes Leben geblieben."[47]

II. Jonas bis 1921:
Ein Fabrikantensohn wird Zionist   43

Das von Jonas geprägte Wort „Abwehrstolz" fasst beide Seiten der Medaille treffend in einem Begriff zusammen: Die Erfahrung, trotz aller Annäherung an die Kultur der nichtjüdischen deutschen Gesellschaft bei vielen Gelegenheiten diskriminiert zu werden, weckte den Willen, sich zu verteidigen und zu behaupten. Zugleich begann Jonas, Wertvolles gerade in der eigenen, von seiner nichtjüdischen Umwelt abgelehnten Kultur zu entdecken und als Quelle eines veränderten Selbstbewusstseins zu nutzen. Der „Makkabäerzorn" eines bildungsbeflissenen Gymnasiasten mit hohen intellektuellen Fähigkeiten blieb kein blinder. Das schlichte Empfinden, anders zu sein, akzeptierte Jonas nicht einfach nur trotzig. Durch die Lektüre religionsgeschichtlicher Werke und Martin Bubers *Reden über das Judentum* entwickelte er ein jüdisches Selbstbewusstsein, das bald den Zionismus für sich entdeckte. Der ermöglichte es Jonas, der Erfahrung, ausgegrenzt zu werden, ein Gefühl der Zugehörigkeit entgegenzusetzen. Jonas selbst beschrieb das später so:

„Kurz und gut, bei mir entwickelte sich ein jüdisches Nationalbewußtsein, wonach wir nicht einfach deutsche Staatsbürger jüdischen Glaubens, sondern eine Volksgruppe waren, die es zwar an Kenntnis deutscher Klassiker mit allen anderen aufnehmen konnte (…), die aber dennoch nicht wirklich dazugehörten. Dieses Gefühl der Differenz im Zusammenwirken mit Stolz und der Vorstellung, daß die bisherige Argumentationsweise der Emanzipations- und Assimilationsbewegung versagt hatte, brachte mich zum Zionismus."[48]

Auf einer gesteigerten Religiosität beruhte dieses jüdische Nationalbewusstsein allerdings nicht. Orthodoxe Rabbiner warfen den Zionisten im Gegenteil sogar vor, sich gegen die jüdische Religion zu versündigen. Die

Idee, einen eigenen Judenstaat in Palästina zu schaffen, erschien ihnen geradezu als blasphemisch. Schließlich sollte es ein Messias sein, der dem jüdischen Volk nach Jahrhunderten oder Jahrtausenden in der Diaspora die Erlösung bringen würde – und nicht ein Journalist namens Theodor Herzl oder andere von einem jüdischen Nationalbewusstsein geleitete Aktivisten.[49] Solche Bedenken hegte Hans Jonas nicht. Zwar war er der Sohn einer Rabbinertochter und eines ebenso gläubigen Vaters, zwar wurden im Hause Jonas Hans' Bar Mizwah und die jüdischen Feste gefeiert, zwar hielt man sich auch an grundlegende Regeln und verzichtete beispielsweise auf Schweinefleisch. Doch die Orthodoxie ging nicht so weit, dass etwa die Kaschruth, die jüdischen Speisegesetze, bis in allerkleinste Details beachtet wurden.

Als er sich als Heranwachsender mit Werken der Religionsgeschichtlichen Schule beschäftigt habe, sei er schon nicht mehr „bibelgläubig" gewesen, berichtet Jonas. Diese von protestantischen Theologen begründete historisch-kritische Schule fragte, in welchem Umfang die Inhalte der biblischen Texte von den gesellschaftlichen und kulturellen Bedingungen ihrer Entstehungszeit beeinflusst waren.

„Ich entdeckte dort die Propheten Israels in ihrem historischen Kontext. Es ging also nicht einfach um die Heilige Schrift und eine gewissermaßen zeitlose Offenbarung der göttlichen Wahrheit, sondern um etwas, was sich in der Geschichte ereignet hatte, um Gestalten aus Fleisch und Blut."[50]

Mit diesen Gestalten konnte sich Jonas in eine Traditionslinie stellen, die er Jahrzehnte später in einem Interview der Fotografin Herlinde Koelbl so beschrieb:

„Das ist ein Schicksalsbund, eine Zugehörigkeit, die man nicht willkürlich auflösen kann. Man darf die Kette nicht abreißen lassen. Es hat doch etwas Besonderes auf sich mit den Juden. Es ist doch eine rätselhafte Sache, daß wir da sind und den Monotheismus in die Welt gebracht haben, seine Zeugen gewesen sind und seine Träger und fortwährend daran gearbeitet haben (…). Darum würde ich sagen, daß sogar unabhängig vom religiösen Standpunkt das Judesein bindend ist, daß ein Jude dem nicht den Rücken kehren soll. Er soll sich nicht verleugnen. Auf irgendeine Weise soll er sich weiter dazuzählen. Und da ist eben der Zionismus entstanden, der zum Teil ein ganz säkularer Nationalismus ist, aber doch mit einer Vorstellung von einer jüdischen Substanz, die sogar die Abwerfung der Religion noch überstehen kann. Deswegen der neue Staat Israel, in dem Hebräisch gesprochen wird, in dem die biblische Tradition für viele nicht mehr als religiöser Kanon gilt, aber doch ein Teil dessen, was man selber ist, weil die Vorfahren es waren und man daraus hervorgegangen ist."[51]

Unmittelbare „Schicksalsgemeinschaft" des zionistisch gestimmten Pennälers wurde hingegen die Ortsgruppe der Gleichgesinnten, die Hans Jonas als Sechzehn- oder Siebzehnjähriger mit dem nach Mönchengladbach zugezogenen Nervenarzt Dr. Sally Löb gründete. „Der Möbelwagen stand noch vor seinem Haus, da war ich schon dort und stellte mich ihm zur Verfügung", so Jonas.[52] Bei den Treffen der Gruppe im Haus des Arztes war der Fabrikantensohn der einzige Gast aus der jüdischen Oberschicht. Die übrigen etwa zehn Mitglieder der Runde entstammten bestenfalls dem Milieu kleiner Kaufleute und galten in Kreisen der Familie Jonas als nicht gesellschaftsfähig. Zudem glaubten die wohlhabenden Juden Mönchengladbachs mehrheitlich wie Jonas' Vater Gustav an eine trotz aller Widerstände irgendwann einsetzende vollständige Integration in die deutsche Gesellschaft. Deutschland zu verlassen, ihre Firmen und Positionen aufzugeben, um in Israel einen neuen Staat zu errichten und neue Existenzen zu gründen, kam wirtschaftlich arrivierten Juden wie Gustav Jonas völlig illusorisch und nicht erstrebenswert vor. Die von Zionisten propagierten Gedanken bedrohten nach Meinung des jüdischen Bürgertums den Integrationsprozess und kamen für Gustav Jonas sogar einem „Verrat am Deutschtum"[53] gleich.

Der Centralverein deutscher Staatsbürger jüdischen Glaubens, dessen Vorsitzender in Mönchengladbach Gustav Jonas war, befürchtete zudem, zionistische Ideen seien Wasser auf die Mühlen der Antisemiten. Der Verein war 1893 als Reaktion auf eine neuerliche Welle antisemitischer Agitation gegründet worden. Er wollte beweisen, dass man als Jude nicht minder deutsch sein konnte als ein christlicher Staatsbürger. Die volle gesellschaftliche Anerkennung der deutschen Juden hofften die Mitglieder des Vereins durch Aufklärung über die antisemitischen Vorurteile, durch Broschüren, Bücher und Rednertätigkeit zu erreichen. Aber auch vor Gerichten kämpften sie gegen Diskriminierung und Diffamierungen.[54] Bereits 1913 hatte der Verein eindeutig Stellung bezogen: „Von dem Zionisten (aber), der ein deutsches Nationalgefühl leugnet, sich als Gast im fremden Wirtsvolk und national nur als Jude fühlt, müssen wir uns trennen."[55]

Folglich gab es auch in der Familie Jonas zunächst erbitterten Streit und wütende Auseinandersetzungen beim Mittagessen. Gustav Jonas wollte die „Verrücktheit" seines zionistischen Sohnes nicht verstehen. Der Streit, der da am Mittagstisch zwischen Vater und Sohn ausgetragen wurde, resultierte aus den unterschiedlichen Erfahrungen, die diese Generationen mit ihrer nichtjüdischen Umwelt gemacht hatten. Gustav Jonas war ein typischer Vertreter jener Altvorderen, die erlebt hatten, wie Juden im 1871 neu gegründeten Deutschen Reich die rechtliche Emanzipation gewährt worden war. Und er glaubte, trotz aller Widerstände sei es letztlich nur eine Frage der Zeit, bis das Zusammenleben von Juden und Nichtjuden auf allen Ebenen ein harmonisches sein werde. Der im wilhelminischen Deutschland wuchernde Antisemitismus galt dieser Generation noch als überwindbar.

Die jüngere Generation von Hans Jonas war hingegen in einer Gesellschaft aufgewachsen, in der sich allen Hoffnungen der Älteren zum Trotz das antisemitische Gift jahrzehntelang schleichend ausgebreitet hatte. Dabei hatten es die Antisemiten verstanden, gerade Jugendliche mit ihrer Agitation zu erreichen und in Schulen, Jugendgruppen, Wander- und Turnvereinen zu beeinflussen. Junge Juden erlebten die Wirkungen eines erstarkten Antisemitismus und eine weitere Eskalation dieser Entwicklung. Das Vertrauen der Eltern in den Fortschritt erschien vielen Jüngeren daher als naiv. Sich als mustergültige Deutsche zu präsentieren, empfanden sie als eine schlappe Haltung.

Ein wenig scheint sich Gustav Jonas' harte Ablehnung des Zionismus im Lauf der Zeit aber abgeschwächt zu haben. Als der Antisemitismus in der Weimarer Republik eine immer größere Rolle in der politischen Auseinandersetzung spielte, glaubte Jonas ein wachsendes Verständnis bei seinem Vater zu entdecken. An der säkularen Ausrichtung der zionistischen Bewegung nahm Gustav Jonas aber weiterhin Anstoß. Im „gelobten Land" den Staat Israel zu errichten, ohne dabei den jüdischen Glauben in den Mittelpunkt zu stellen, erschien ihm als ein unangemessenes Projekt. Trotz allen Streits mit seinem Sohn besaß er aber die Größe, zu erfüllen, was dieser sich zum Abitur gewünscht hatte: Er schenkte ihm zwölf Bäume, die für Hans in Palästina gepflanzt wurden.

Gustav Jonas konnte getrost milde sein, denn sein Sohn beabsichtigte nicht, sofort nach dem Abitur nach Palästina auszuwandern. Hans wollte studieren. Seinen Vater erfüllte es mit Stolz, dass der Sohn die akademische Bildung genießen konnte, die ihm selbst versagt geblieben war. Trotz der einsetzenden Inflation verfügten die Jonas über genügend Geld, um das Studium zu finanzieren. Gustav Jonas war sogar der Ansicht, das Vermögen und die Firma würden immer so viel abwerfen, dass Hans nach dem Studium als Privatdozent seiner Bestimmung als Akademiker würde treu bleiben und den Ruhm der Familie mehren können. Fürs Geschäft, da war sich der Fabrikant sicher, sei Hans ohnehin zu schade. Eine Einschätzung, die dieser mit der Wahl seiner Studienfächer bestätigte: Philosophie, Kunstgeschichte und Religion. Beeindruckt von der Phänomenologie Edmund Husserls entschied sich Hans Jonas für die Universität Freiburg im Breisgau, wo Husserl seit 1916 einen Lehrstuhl innehatte. Kurz vor Beginn des Sommersemesters 1921 machte er sich auf, seine akademische Karriere zu beginnen. Im Hause Raphaelson hatte es ein Jahr zuvor ebenfalls eine gravierende Änderung gegeben: Paul, der jüngste Sohn, hatte im Juli 1920 mit nur 14 Jahren das Gymnasium verlassen und seine Schulkarriere beendet.

III. Raphaelson 1914 bis 1934: Fürsorgezögling und Kohlenschlepper

Wie weit sich die Familie Raphaelson nach dem Tod ihres Oberhauptes vom Standard ihres Lebens an der Kaiserstraße entfernte, lässt sich an den Adressen ablesen, unter denen Elisabeth Raphaelson nach dem Verkauf ihres Hauses in den folgenden Jahren zu finden war. Die Witwe zog zunächst nur wenige hundert Meter weiter in die Eickener Straße um. Ob in dieser Zeit immer alle sechs Kinder bei ihr wohnten, ist fraglich. Zumindest Paul hielt sich für kurze Zeit in Paderborn auf. Laut Kartei des Mönchengladbacher Einwohnermeldeamtes reiste er am Silvestertag 1917 nach Paderborn, war jedoch am 8. Februar 1918 schon wieder zurück bei seiner Mutter. Diese wohnte nun allerdings nicht mehr in der Eickener Straße, sondern an der Straße Am Kämpchen, Hausnummer 2c.

Diese Adresse behielt die Fabrikantenwitwe drei Jahre bei. In dieser Zeit verließen die älteren Kinder die Stadt. Die 18-jährige Frieda Raphaelson zog im Januar 1918 nach Düsseldorf; Anna Raphaelson, inzwischen fast 18 Jahre alt, meldete sich im September 1919 nach Köln ab. Karl Raphaelson, der bis dahin das Stiftisch-Humanistische Gymnasium besucht hatte[56] und im Alter von 14 Jahren am 18. April 1917 nach Unna gezogen war, hielt sich 1920 noch einmal zwei Monate bei seiner Mutter in Mönchengladbach auf und zog dann Anfang Juni nach Gevelsberg. Eine Ausbildung zu beginnen oder sich durch Arbeit finanziell auf eigene Füße zu stellen, dürfte das Hauptziel dieser Umzüge gewesen sein. Eine Karriere, wie sie Louis Raphaelson gemacht hatte, sollte jedoch all seinen Kindern versagt bleiben.

Zumindest die Söhne des Textilunternehmers kehrten immer wieder für kurze Zeit in den Haushalt ihrer Mutter zurück, nachdem diese ausweislich der Einwohnermeldekarte ihres Jüngsten Paul erneut umgezogen war. Und zwar in eine Nachbarschaft, die für eine ehemalige Fabrikantengattin wenig standesgemäß war: Ab 1. April 1921 waren Paul und Elisabeth Raphaelson in Haus Nummer 39 an der Waldhausener Straße gemeldet. Laut Adressbuch von 1927 befand sich in diesem Haus eine Metzgerei, nebenan in Nummer 37 eine Lederhandlung und in Nummer 33 ging ein Friseur seiner Arbeit nach. Als Bewohner von Nummer 37 waren zu diesem Zeitpunkt ein Stuckateur und ein Bauarbeiter eingetragen. In der weiteren Nachbarschaft wohnten Arbeiter, Weber und Packer – und in Nummer 17 ein Tierausstopfer.[57] Elisabeth Raphaelsons Meldekarte ist zwar nicht erhalten, doch auf den Karten ihrer Kinder taucht diese Adresse mehrfach auf[58], sodass davon auszugehen ist, dass die Waldhausener Straße einstweilen die Anschrift der Witwe blieb.

Nicht nur das Leben der Witwe war unruhig. Anfang der 1920er Jahre verlief auch Paul Raphaelsons Weg nicht mehr in den Bahnen, die dem Sohn eines gut situierten bürgerlichen Elternhauses eigentlich vorgezeichnet waren. Wie sehr der Verlust des Vaters Paul seelisch getroffen hatte, ist schwer zu ermessen. Sicher ist, dass sich die materielle Situation der Familie während des Ersten Weltkrieges und in den Jahren der galoppierenden Inflation dramatisch verschlechterte. Ihren Anteil an der Fabrik hatte Elisabeth Raphaelson zum denkbar ungünstigsten Zeitpunkt verkauft. Der Beginn des Ersten Weltkrieges hatte etlichen Textilproduzenten zwar zunächst einen Aufschwung beschert. Der Bedarf des Heeres war sogar so groß gewesen, dass in Mönchengladbach vorübergehend Vollbeschäftigung geherrscht hatte. Eine Entwicklung, von der auch Familie Jonas dank des kaufmännischen Instinkts von Gustav Jonas profitiert hatte. Raphaelson & Aretz hätten zumindest in dieser Zeit also noch ebenso gute Gewinne erzielen können. Ab 1916 wurde es für viele Textilunternehmen allerdings bereits schwieriger, weil die Rohstofflieferungen aus dem Ausland drastisch zurückgingen.

Der Krieg bedeutete nicht nur materielle Not. Er wirkte sich auch auf die Struktur vieler Familien aus und brachte die traditionellen Normen und die überkommene Wertewelt aus der Zeit des Kaiserreichs ins Wanken. Zwar war Louis Raphaelson nicht im Krieg gefallen, doch sein Tod machte Elisabeth Raphaelson zur alleinerziehenden Mutter, die in schwierigen Zeiten mit den gleichen Problemen konfrontiert war, wie viele Kriegerwitwen oder Frauen, deren Männer an der Front standen. Diese Belastung dürfte für sie nicht nur eine finanzielle gewesen sein, sondern auch eine Herausforderung an ihr Rollenverständnis. Dass die Gestalt eines „starken" männlichen Familienoberhauptes fehlte, hatte damals gewiss noch weitaus größere Bedeutung als heute.

Kein Wunder also, dass in einer Gesellschaft, deren Erziehungsmaxime vor allem auf Autorität und Gehorsam basierte, kurz nach Kriegsausbruch über eine

„Heeresvorschulpflicht" für 13- bis 20-Jährige in paramilitärischen Jugendverbänden diskutiert wurde. Diese sollten nicht nur künftige Soldaten ausbilden, sie sollten auch die „Lücke zwischen Schulbank und Kasernentor" schließen, die manche als Bedrohung für die sittliche Entwicklung der Jugendlichen empfanden. Die materielle Not und die oft chaotischen Verhältnisse gegen Endes des Krieges und in den ersten Jahren der Weimarer Republik veränderten auch den Lebenswandel junger Menschen. Vielleicht besser noch als verbreitete Klagen über verwahrloste, in Diebstahl und Schwarzmarkthandel verstrickte Jugendbanden verdeutlicht das eine Alltagsbeobachtung: In Köln schwänzte 1917 im Schnitt fast die Hälfte aller Schüler den Unterricht.[59]

Paul Raphaelson brach seine Schullaufbahn frühzeitig ab. Im Juli 1920, mit erst 14 Jahren, verließ er wie vor ihm sein Bruder Karl das Gymnasium. Möglicherweise war der Besuch der Höheren Schule einfach zu teuer geworden. Höhere Schulen Preußens hatten im Jahr zuvor noch 130 Mark Schulgeld jährlich verlangt. Im Frühjahr 1923 mussten Eltern bereits 4.000 Mark aufbringen[60] Natürlich war der rapide Anstieg der Summe inflationsbedingt. Gleichwohl bedeutete das Schulgeld eine schwere Last für eine Mutter von sechs Kindern, die von einem Kapital lebte, das rasch an Wert verlor. Bereits im Februar 1920 waren die Lebenshaltungskosten im Reich auf das Achteinhalbfache des Vorkriegsniveaus von 1913 gestiegen, im Januar 1921 waren sie fast zwölf Mal so hoch, im Januar 1922 zwanzig Mal, um dann wiederum ein Jahr später auf das mehr als Tausendfache des Jahres 1913 emporzuschnellen. Im Dezember 1923 erreichte der Index der Lebenshaltungskosten im Vergleich zu 1913 (= 1) den aberwitzigen Wert von 1,247 Milliarden.[61]

Und so sollte auch Paul Raphaelson helfen, den Lebensunterhalt zu bestreiten, als er 1920 das Gymnasium verließ. Nach einigen Wochen als Aushilfe im Mönchengladbacher Residenz-Theater kam er als Weber in der Textilfirma Kleinsorg unter, die Hugo und Moritz Hamm, zwei Vettern seiner Mutter, gehörte. Sollte das der geplante Einstieg gewesen sein, von der Pike auf ein Geschäft zu lernen, in dem sein Vater erfolgreich gewesen war, so scheiterte dieser Plan gründlich. Nach nur vier Monaten kam es zum Streit mit den entfernt verwandten Arbeitgebern. Gegen Ende des Jahres war es mit der Arbeit bei Kleinsorg vorbei.[62] Nun brachen harte Zeiten für den fünfzehnjährigen Fabrikantensohn an: Zwei Mal wurde er für mehrere Monate in Erziehungsanstalten eingewiesen, was Eintragungen in der Kartei des Einwohnermeldeamtes belegen. Diesen zufolge war er von Juli 1921 bis Mai 1922 in der Anstalt in Waldbröl und vom 1. Januar 1924 bis 6. April 1925 in der Fürsorgeanstalt in Solingen. Zwischen diesen Anstaltsaufenthalten arbeitete Raphaelson von November 1922 bis Oktober 1923 als Knecht auf Schloss Myllendonk vor den Toren Mönchengladbachs und bei einem Landwirt in Schiefbahn.

Die spärlichen Eintragungen in die Meldekarte verraten leider nicht die Gründe, aus denen Paul Raphaelson zum Fürsorgezögling wurde. Sie zeigen aber, dass das Leben des Fabrikantensohns ebenso in Unordnung geraten war, wie im großen Maßstab die deutsche Gesellschaft in den Jahren der Niederlage, der Revolution und der Instabilität des wirtschaftlichen und politischen Systems. Die Revolution hatte Mönchengladbach am Abend des 8. November 1918 erreicht. Hätte Elisabeth Raphaelson ihr Haus an der Kaiserstraße nicht verkauft, hätten sich die Ereignisse gleichsam vor ihrer Haustür abgespielt. Denn am Abend des 8. November versammelte sich nur zweihundert Meter von der Kaiserstraße entfernt eine große Menschenmenge vor dem Hauptbahnhof. Zuvor war die Nachricht vom Aufstand der Kieler Matrosen über Köln und Düsseldorf nach Mönchengladbach gedrungen. Als sich Unruhe auch vor dem Bahnhof ausbreitete, ergriff der Vizewachtmeister Heinz Abraham, ein in der Stadt bekannter jüdischer Kaufmann, die Initiative und rief einen Soldatenrat aus.[63]

Allerdings sollte der Rat nicht der Revolution, sondern der Wahrung von Ruhe und Ordnung dienen. Zwar drangen einige Aufrührer ins Gefängnis ein, entwaffneten Polizisten und befreiten Gefangene, doch wurden die Täter schließlich verhaftet. Drei Tage später wurde im benachbarten Rheydt unter Vorsitz von Abraham ein auch für Mönchengladbach zuständiger Arbeiter- und Soldatenrat proklamiert, dem sowohl Sozialdemokraten als auch Mitglieder der USPD angehörten. Auch wenn dieser Rat keine revolutionären Aktivitäten erkennen ließ, bedeutete diese Stadtregierung immerhin einen harschen Bruch mit der Honoratiorenrunde, die den Stadtrat bis dahin gebildet hatte.

Die meisten wichtigen Ereignisse, die das Bild der chaotischen Republik von Weimar in den Augen ihrer Verächter bestimmten, spielten sich fern der Heimat der Raphaelsons ab: der mithilfe von Freikorps blutig niedergeschlagene Aufstand der ultralinken Spartakus-Gruppe in Berlin; das ebenso blutige und erneut mithilfe von Freikorps herbeigeführte Ende der Münchner Räterepublik; die großen Streiks der Arbeiter des Ruhrgebiets; der Bürgerkrieg gegen die „Rote Ruhrarmee"; die häufig ungesühnten Morde an linken und als „Erfüllungspolitiker" verhassten Politikern wie Rosa Luxemburg, Karl Liebknecht, Matthias Erzberger und Walther Rathenau; die gescheiterten Putsch-Versuche eines Wolfgang Kapp und Adolf Hitler. Man musste nicht wie Elisabeth Raphaelson dem gut situierten Bürgertum des Kaiserreichs angehört haben, um angesichts dieser Kette von Krisen und Wellen politisch motivierter Gewalt vom Gefühl beschlichen zu werden, sämtliche Sicherheiten und überkommenen Werte würden zerstört.

Die politischen Wirren in Berlin und München konnten die Raphaelsons in Mönchengladbach nur in den Zeitungen verfolgen. Gleichwohl erlebten sie Unordnung auch aus nächster Nähe. Belgische Besatzungstruppen rückten in die Stadt ein und stürzten am 12. Februar 1919 das Bismarckdenkmal am heutigen Bismarckplatz vom Sockel. Selbst Mönchengladbacher, die den ehemaligen Kanzler nicht verehrten, dürften dies als einen Akt nationaler Demütigung empfunden haben. Die für eine Loslösung des Rheinlands vom Reich eintretende Bewegung der Rheinischen Separatisten fand in Mönchengladbach jedenfalls keine nennenswerte Unterstützung, als sie im August 1923 die Kaiser-Friedrich-Halle für eine Kundgebung mieten wollte. Die Stadtverwaltung verweigerte dies. Hingegen wollten die belgischen Besatzungsbehörden die Versammlung ermöglichen. Ein in der Nacht zum 26. August verteiltes Flugblatt aus der Feder eines Redakteurs der *Westdeutschen Arbeiterzeitung* rief die Bevölkerung auf, am nächsten Tag zur Kaiser-Friedrich-Halle zu kommen. Annähernd 30.000 Mönchengladbacher stellten sich den mit dem Zug anreisenden Separatisten entgegen. Es kam zu Schlägereien, die Fahnen der Ankömmlinge wurden zerrissen und verbrannt. Als Separatisten in der Nacht zum 21. Oktober das Rathaus besetzten, war der Widerstand noch entschiedener. Polizisten und Bürger stürmten das Hauptquartier der Separatisten an der Hindenburgstraße und das Rathaus, befreiten den dort festgehaltenen Stellvertreter des Bürgermeisters und sicherten das Rathaus mit Stacheldraht und Sandsäcken gegen eine erneute Besetzung.[64]

Paul Raphaelson wird einiges vom Chaos dieser Zeit mitbekommen haben, vermutlich hat sich der Schulabgänger aber keine allzu großen Gedanken darüber gemacht. Gleichwohl war er in Vielem ein typisches Kind seiner krisengeschüttelten Zeit. Das gilt auch für das Problem, das sich ihm im Juli 1920 stellte. Nach dem Abgang von der Schule einen Einstieg in ein geregeltes Berufsleben zu finden, erwies sich für viele Angehörige der geburtenstarken Vorkriegsjahrgänge als schwierig. Die Wirren dieser ersten Nachkriegsjahre bildeten wohl den Hintergrund, vor dem sich Paul Raphaelsons Entwicklung zu einem offenbar „problematischen" Jugendlichen vollzog. Sie dürften auch maßgeblich dazu beigetragen haben, dass er zum Fürsorgezögling wurde.

Die Einweisung in die Rheinische Provinzial-Fürsorgeanstalt Waldbröl bedeutete für den Fünfzehnjährigen gewiss einen tiefen Einschnitt. Denn der Aufenthalt in einer Fürsorgeanstalt war in den 1920er Jahren alles andere als ein Zuckerschlecken. Seit 1871 hatten es sich die preußischen Behörden zur Aufgabe gemacht, straffälligen Jugendlichen, die man zur Einsicht in Fehlverhalten für fähig hielt, zwecks Besserung eine spezielle Erziehung angedeihen zu lassen. Mit dem Bürgerlichen Gesetzbuch im Jahr 1900 und einem 1901 in Kraft tretenden speziellen Gesetz über die Fürsorgeerziehung Minderjähriger wurde die Fürsorgeerziehung auch als vorbeugende Maßnahme für Jugendliche eingeführt, die als gefährdet und verwahrlost galten. Als 1924 das Reichsjugendwohlfahrtgesetz in Kraft trat, wurde jedem Kind ein „Recht auf Erziehung zur leiblichen, seelischen und gesellschaftlichen Tüchtigkeit" zugebilligt. Die Fürsorgeerziehung sollte eine Verwahrlosung verhüten oder beseitigen. In den frühen 1920er Jahren schwankte die Zahl der in Fürsorgeerziehung überwiesenen Jugendlichen im Rheinland zwischen 2.000 und 2.500 pro Jahr. 1924 waren insgesamt etwa 13.000 Kinder und Jugendliche der Rheinprovinz in Anstalten oder Pflegefamilien untergebracht.[65]

Eine Einweisung musste das Vormundschaftsgericht beschließen. Typische Gründe bei weiblichen Zöglingen waren „Unzucht", oft auch gewerbliche. Männliche Insassen waren oft wegen Diebstahls oder Körperverletzung aufgefallen. Schulschwänzen, Herumtreiberei und Trunksucht waren weitere Kennzeichen, die das Bild des durchschnittlichen Fürsorgezöglings prägten. Die meisten entstammten den unteren sozialen Schichten. Dass ein Zögling eine höhere Schule besucht hatte, war die Ausnahme. Ein großer Teil hatte nicht einmal die Volksschule beendet. Ein typischer Fürsorgezögling war Paul Raphaelson zumindest insofern, als er aus einem Elternhaus stammte, in dem der Vater als Ernährer der Familie und maßgeblicher Erziehungsberechtigter fehlte. Seine Herkunft aus einer einst vermögenden bürgerlichen Familie und sein – wenn auch kurzes – Gastspiel auf einem Gymnasium unterschieden ihn allerdings von den meisten anderen Jugendlichen in den Anstalten. Und er wird wohl auch nicht in die Kategorie der besonders schwer verwahrlosten Jugendlichen gefallen sein, über die der unbekannte Verfasser eines Berichts zu den Fürsorgestatistiken des Jahres 1901 nach Durchsicht von Personalbögen von Fürsorgezöglingen 1902 lamentierte:

„(...) ihre Durchforschung läßt Blicke in die Tiefen sozialen Elends und sittlicher Verkommenheit tun, wie es in diesem Umfange selten möglich ist. Da findet man einen 15jährigen Jungen, der zehnmal mit Gefängnis bestraft ist; einen 17jährigen, der zehn Gefängnisstrafen, im Ganzen fast zwei Jahre verbüßt hat wegen Diebstahl, gefährlicher Körperverletzung, Anstiftung zum Betruge. Mädchen von 14, 15, ja von 11 Jahren mit erworbener, andere mit angeborener Syphilis (...). Hier ist der Vater des Zöglings trunksüchtig, 15mal mit Haft, Gefängnis, Zuchthaus, Arbeitshaus bestraft, die Mutter ebenfalls trunksüchtig und mit Haft und Gefängnis bestraft (...). Dort ist der Stiefvater mit Gefängnis bestraft, die Mutter beherbergt Dirnen. Die uneheliche Mutter eines 17jährigen Mädchens ist 57mal mit Haft, 14mal mit Gefängnis bestraft und ist der Gewerbsunzucht ergeben, das Mädchen mit 15 Jahren wegen Übertretung sittenpolizeilicher Vorschriften mit Haft bestraft (...)."[66]

Ein im Düsseldorfer Stadtarchiv erhaltener gerichtlicher Überweisungsbeschluss bezüglich eines 17-jährigen Arbeiters zeigt: Nachdem die Erziehung in Fürsorgeanstalten auch als Maßnahme zur Verhütung noch größerer Verwahrlosung eingeführt worden war, genügten minder schwere Verfehlungen, in eine Anstalt eingewiesen zu werden:

„Der Minderjährige trieb sich viel umher. Er bettelte und arbeitete wenig. Er hat sich häufig von seiner Arbeitsstelle entfernt, war faul und unbrauchbar. Ermahnungen fruchteten nichts. Seine Kleider verkaufte er und verjubelte das Geld. Auch hat er in der Schule vielfach Veranlassung zu Klagen gegeben. Der erforderliche Fleiß fehlte. Er las viel Schundliteratur. (...) Hiernach ist die sittliche Verwahrlosung namentlich bei dem Hang zum Müßiggang weit fortgeschritten. Nur eine zielbewußte Erziehung unter ständiger Aufsicht kann ihn auf bessere Bahnen zurückbringen. Die Mutter ist tot, der

Vater arbeitet außerhalb des Hauses. Die Fürsorgeerziehung ist somit wegen Unzulänglichkeit der erziehlichen Einwirkung des Vaters zur Verhütung des völligen sittlichen Verderbens des Minderjährigen erforderlich."[67]

Was genau Paul Raphaelson sich hatte zuschulden kommen lassen und was zu seiner Einweisung in die Erziehungsanstalten führte, wissen wir nicht. Die oben zitierten Berichte zeigen ein Spektrum möglicher Einweisungsgründe, in dem Raphaelson wohl eher in der Nähe des 17-jährigen Arbeiters einzustufen war. Womöglich hatte er nach dem Abgang von der Schule und dem Zerwürfnis mit den Vettern seiner Mutter in der Firma Kleinsorg in den Tag hinein gelebt und sich herumgetrieben. Auf jeden Fall zeigen seine Aufenthalte in Waldbröl und Solingen, dass sich Paul zu einem „Problemkind" entwickelt hatte, das die Erziehungskompetenz seiner Mutter überforderte.

Weil die Behörden den erzieherischen Fähigkeiten der Eltern misstrauten und die Kinder aus dem schädlichen Umfeld entfernen wollten, schickten sie die Zöglinge in Anstalten fern der Heimat. Die Provinzialfürsorgeanstalt im Mönchengladbacher Stadtteil Rheindahlen kam daher für Paul Raphaelson nicht infrage. In das Haus in Waldbröl, das der Fünfzehnjährige im Sommer 1921 kennenlernte, waren erst im Februar 1921 die Zöglinge aus der Provinzialanstalt in Solingen umgezogen. Diese hatten das Solinger Haus räumen müssen, weil dort britische Besatzungstruppen einquartiert worden waren. Bis Herbst 1926 war Waldbröl Ausweichquartier der Solinger Anstalt, in der nur 50 Zöglinge und einige Betreuer untergebracht blieben. Während annähernd 200 Zöglinge samt Werkstätten umzogen, sollten die in Solingen verbliebenen die landwirtschaftlichen Betriebe weiterführen. Den Angaben auf der Meldekarte des

Mönchengladbacher Amtes zufolge gehörte Raphaelson während seines zweiten Aufenthalts ab Januar 1924 zu dieser Gruppe. Dass er im Aufnahmebuch der Solinger Anstalt nicht aufgeführt ist, spricht nicht gegen diese Feststellung. Die Aufnahmebücher wurden seit 1923 geführt. Da Raphaelson aber bereits 1921 in Waldbröl aufgenommen worden war, das damals schon als Ausweichquartier für Solingen diente, galt er nicht als „Neuaufnahme"[68], als er Anfang Januar 1924 wieder in die Anstalt kam.

Das erzieherische Repertoire in den Anstalten war nach heutigen Maßstäben äußerst streng. Die Ziele der Einrichtungen hatte der Provinzial-Landtag in einem Reglement für das neue, als Musteranstalt gedachte Haus in Krefeld-Fichtenhain 1908 so definiert:

„die Zöglinge durch Arbeit und Gewöhnung an Zucht und Ordnung, sowie durch religiöse Belehrung und durch Unterweisung in den Kenntnissen der Volks- und Fortbildungsschule in körperlicher, sittlicher und religiöser Hinsicht zu heben und durch Ausbildung in einem bestimmten Handwerk oder in der Landwirtschaft zu brauchbaren Mitgliedern der bürgerlichen Gesellschaft heranzubilden."[69]

So musste sich wohl auch Paul Raphaelson in Waldbröl und Solingen an einen streng geregelten Tagesablauf gewöhnen, der nach dem Wecken am frühen Morgen vor allem von Unterricht und Arbeit bestimmt war. Die Anstalten hatten in der Regel eigene Werkstätten, in denen die Jugendlichen als Schreiner oder Schuhmacher arbeiten konnten. Besonders verbreitet war die Arbeit in der Landwirtschaft. Diese Form körperlicher Betätigung erschien manchem im Erziehungswesen Verantwortlichen als pädagogisch besonders wertvoll. Zudem spielten praktische Erfordernisse eine Rolle: Was im

Speisesaal der Anstalten auf den Tisch kam, stammte aus eigenen landwirtschaftlichen Betrieben, und angesichts des Arbeitskräftebedarfs der Bauern waren Zöglinge in diese Branche recht einfach als Gehilfen zu vermitteln. Mithin wundert es nicht, dass Paul Raphaelson in den Monaten zwischen seinen Aufenthalten in den Fürsorgeanstalten bei Landwirten in der Umgebung Mönchengladbachs arbeitete.

Im Bestreben, Disziplin bei den ihnen Anvertrauten durchzusetzen, waren die Leiter der Anstalten und die Erzieher oft nicht zimperlich. Zu den Vergünstigungen, die ein Zögling etwa in Fichtenhain erlangen konnte, zählten neben einer Zigarre an Sonntagen und einem Spaziergang außerhalb des Anstaltsgeländes die Erlaubnis, einmal pro Monat einen Brief nach Hause zu schreiben und Besuch zu empfangen. „Heimaturlaub" war der Gipfel dessen, was ein Zögling durch Wohlverhalten erlangen konnte. Genehmigt wurde er häufig nur zu besonderen Festen und Anlässen. Bei Fehlverhalten konnten solche Belohnungen selbstverständlich entzogen werden. Einschränkung der Verpflegung, Einzelarrest und Prügel waren erlaubte Strafmaßnahmen.

Wie weit die körperliche Züchtigung gehen durfte, war jedoch umstritten. Zwischen 1909 und 1929 versuchten neun Erlasse, sie zurückzudrängen. Waren 1909 noch bis zu zehn Schläge mit einem Rohrstock auf Gesäß oder Rücken des Zöglings erlaubt gewesen – wobei der Stock nicht dicker als ein Zentimeter sein durfte – wurden Schläge den Erziehern schon bald untersagt. Das Recht zur körperlichen Züchtigung gestand man nur den Leitern und Lehrern der Anstalten zu – und zwar in dem Umfang, in dem solche Strafen auch in Schulen zulässig waren. Zu der Zeit, als Paul Raphaelson zum ersten Mal in eine Anstalt einrücken musste, forderte der Rheinische Provinzial-Landtag auf Initiative der USPD 1922 sogar die Abschaffung der Prügelstrafe. Da sich jedoch insbesondere die Leiter der Anstalten gegen ein solches Verbot ausgesprochen hatten, dürfte diese Forderung in der Praxis oft missachtet worden sein. 1923 verbot ein Erlass des preußischen Wohlfahrtsministers Heinrich Hirtsiefer die körperliche Züchtigung nur für Mädchen über 16 Jahre und „psychopathische oder in sonstiger Hinsicht anormale oder schonungsbedürftige Zöglinge".

Die Qualifikation der Erzieher in den Anstalten war oft dürftig und führte Ende der 1920er Jahre zu Diskussionen, ob durch bessere Bezahlung geeignetere Personen gefunden werden könnten. Die Solinger Anstalt, aus der Raphaelson nur wenige Jahre zuvor entlassen worden war, geriet wegen Verfehlungen des Personals in die Schlagzeilen der kommunistischen Presse. Aufseher hätten katastrophale hygienische Zustände toleriert, lautete ein Vorwurf. Aber auch Anschuldigungen wegen sexuellen Missbrauchs wurden laut. In einem Fall wurde ein Erzieher verurteilt. Der Anstaltsleiter bemühte sich, die Vorwürfe herunterzuspielen. In einem Strafverfahren wegen Missbrauchs wurden Zöglinge der „Gruppenlüge" bezichtigt. Inwieweit die Vorwürfe ein realistisches Bild der Zustände in der Solinger Anstalt zeichnen, ist schwer einzuschätzen.[70]

Auf den Pfad strikter bürgerlicher Tugend bog der junge Raphaelson auch nicht ein, als er die Jahre der Fürsorgeerziehung hinter sich gelassen hatte. Dafür spricht nicht nur eine vage Andeutung, die Hans Jonas in seinen Erinnerungen machte. „Er hatte als junger Mann keinen guten Ruf und war vor dem Krieg wegen einer Betrügerei mit der Polizei in Konflikt gekommen"[71], schrieb er über den drei Jahre Jüngeren. Zumindest was die Betrügerei anging, traf Jonas' Erinnerung anscheinend nicht zu. Anfang der 1930er Jahre war Raphaelson ausweislich seiner Gestapo-Akte innerhalb kürzester Zeit zwar drei Mal mit dem Gesetz in Konflikt geraten, allerdings nicht wegen Betrugs, sondern wegen „Forstdiebstahls", Schusswaffenbesitzes und Autofahrens ohne Führerschein. Wegen dieser drei Delikte verurteilte ihn das Amtsgericht Mönchengladbach zwischen März und Ende April 1930 zu Geldstrafen zwischen 15 und 50 RM.[72]

Unmittelbar nach seiner Entlassung aus der Solinger Anstalt verdingte sich Raphaelson bis etwa Spätsommer 1926 als Fuhrmann bei einem Odenkirchener Müller. Im September 1926 fand er eine Stelle, die das ganze Ausmaß seines sozialen Abstiegs seit Kindertagen illustriert: Er wurde Diener des städtischen Orchesters – jenes Ensembles, das einst mithilfe großzügiger Spenden seines Vaters gegründet worden war. Diesen Arbeitsplatz dürfte er dem Renommee seines Vaters zu verdanken gehabt haben. 1928 arbeitete er dann als Kohlenlader am Mönchengladbacher Bahnhof. Diese Stellung wiederum hatte er vermutlich der Tochter seines Arbeitgebers zu verdanken, die er am 11. Dezember desselben Jahres heiratete.

Für die Ehe mit der Tochter aus protestantischem Hause war es auch höchste Zeit. Sofern der aus dieser Beziehung hervorgegangene Erstgeborene am 30. Juli 1929 nicht arg verfrüht das Licht der Welt erblickte, war Auguste zum Zeitpunkt der Heirat bereits schwanger. Einen Monat später war der Ehegatte unter der gemeinsamen Adresse Karstraße 19 im Haus seines Schwiegervaters gemeldet, am 7. Oktober, ebenso wie seine Gattin, an der Waldhausener Straße 39. Knapp vier Monate später, am 20. Januar 1931, wurde Raphaelson erneut Vater – diesmal einer Tochter. Doch die Ehe war nur von kurzer Dauer. Eine außereheliche Affäre führte zur Scheidung am 22. Oktober 1932. Bei der Vernehmung durch einen Kriminalbeamten erklärte Raphaelson im März 1934, er habe seine zweite Frau, die er am 16. März 1933 heiratete, schon seit 1930 gekannt. „Ich habe sie heiraten müssen, weil ich mit ihr geschlechtlich verkehrte und dies nicht ohne Folgen blieb. Das Kind wurde am 14. 6. 1933 geboren."[73]

Auch die weitere Entwicklung schilderte das Vernehmungsprotokoll in dürren Worten: „Am 22. Oktober wurde ich geschieden, weil ich auf Scheidung klagte. Die Kinder wurden niemandem zugesprochen. Ich habe sie freiwillig ihr überlassen. Die Wohnungseinrichtung, mit Ausnahme der Küche, stammte von mir. Ich habe sie meiner Frau überlassen."[74]

Beruflich war Raphaelson ebenfalls nur für kurze Zeit etwas Glück beschieden: 1930 fand er einen Job als kaufmännischer Angestellter in der Herren- und Damenbekleidungshandlung Helios an der Hindenburgstraße 12.[75] Doch 1932 meldete das Unternehmen Konkurs an. Ein Gläubiger beauftragte Raphaelson, die Außenstände einzutreiben. Damit war der 27-Jährige bis November 1933 beschäftigt. Dann wurde er arbeitslos – und die private Situation noch schwieriger.

Seine Wohnung an der Zeppelinstraße 102, in die im Mai auch seine zweite Frau eingezogen war, konnte Raphaelson offenbar nicht mehr bezahlen, obwohl die Miete in diesem Arbeiterviertel nicht hoch gewesen sein dürfte. Zur Räumung verurteilt, übernachtete er zeitweilig mit seiner Frau bei deren Mutter in der Schlageterstraße.[76] Im Dezember mietete er ein Zimmer in der Kaiserstraße 159. Der Vermieter war Raphaelson vielleicht aus glücklicheren Tagen in der Nachbarschaft bekannt. Doch weil der Arbeitslose die Miete nicht aufbringen konnte, musste er das Zimmer Ende Januar 1934 wieder aufgeben. Zwar blieb die Familie dort gemeldet, tatsächlich aber wohnten die Raphaelsons erneut in der Schlageterstraße, wo sie ab dem 13. März 1934 auch offiziell gemeldet waren.

IV. Jonas 1921 bis 1935:
Student und Emigrant

Als eine der „schönsten deutschen Städte" und „ruhige und vornehme Rentnerstadt" beschrieb Herders Lexikon 1932 die Stadt, in der Hans Jonas 1921 eintraf, um sein erstes Semester zu beginnen: Freiburg im Breisgau. Die Studentenwohnung hatte ihm der besorgte Gustav Jonas gemietet. Über Kunden im Elsass hatte er Kontakt zu einem jüdischen Arzt namens Levy hergestellt, in dessen Obhut der Sohn quasi gegeben wurde – ein Maß an Fürsorge für den Jungakademiker, das Levy amüsierte. Zwar sollte Jonas noch im selben Jahr in die Reichshauptstadt Berlin wechseln, um sein Studium dort fortzusetzen. Doch auch dort wurde sein Leben – wie während seiner gesamten Studienzeit – von den Wirren und Nöten der Weimarer Jahre nicht allzu stark beeinträchtigt. Trotz Inflation und Krise, selbst in der tiefsten Depression zu Beginn der 1930er Jahre, litt Jonas keine finanzielle Not. Das Vermögen und die Erträge aus dem Unternehmen der Fabrikantenfamilie reichten aus, die akademischen Ambitionen des Sohns noch über dessen Promotion hinaus zu finanzieren und ihm 1933 die Emigration zu ermöglichen. Als Mönchengladbacher Finanzbeamte im August 1936 für einen Steuerbescheid das Vermögen von Gustav Jonas zum Stichtag 1. Januar

1935 ermittelten, kamen sie auf ein Inlandsvermögen von 219.000 RM.[77] Das durchschnittliche Jahreseinkommen eines einfachen Mönchengladbacher Lohnsteuerzahlers betrug 1936 etwa 1.800 RM.[78]

In Freiburg angekommen, schloss sich Jonas sogleich der zionistischen Studentenverbindung IVRIA an, deren Vorsitzender der Sohn seines „Schutzbeauftragten" Dr. Levy war. Die IVRIA war eine Verbindung neueren Typs. Fünf Jahre jünger als die erste zionistische Studentenverbindung in Deutschland, die 1902 in Berlin gegründete Hasmonäa, trat sie im Gründungsjahr 1907 dem Kartell Zionistischer Verbindungen bei, zu dem sich die Hasmonäa 1906 mit der Münchner Jordania zusammengeschlossen hatte.[79] Der Zionismus war der jüngste Zweig am Baum jüdischer Studentenverbindungen, die im Kaiserreich entstanden waren. Zwar stand die 1881 gegründete Freie Wissenschaftliche Vereinigung nur Juden offen. Sie betonte allerdings, das Judentum ihrer Mitglieder spiele keine Rolle, und trat quasi als neutrale Verbindung auf. Mit dieser Haltung unterschied sie sich nicht von vielen jüdischen Studenten, die sich keiner Verbindung anschlossen. Auch diese betonten im Umgang mit nichtjüdischen Studenten ihr Judentum nicht und betrachteten es als Privatangelegenheit. Verbindungen und Vereinigungen wie der Kartell Convent, der Bund Jüdischer Corporationen und der Bund Jüdischer Akademiker bekannten sich hingegen selbstbewusst zum Judentum.[80] Zu dieser Kategorie zählten auch zionistische Verbindungen wie die IVRIA oder die Makkabäa, der Jonas nach seinem Wechsel an die Berliner Universität beitrat und die mit ihrem Eintreten für einen jüdischen Staat in Palästina im Spektrum der betont jüdischen Studenten eine eigenständige Position einnahmen.

Über sein zionistisches Engagement hinaus hielt sich Jonas von politischer Betätigung während seines gesamten Studiums fern. Selbst in einer Zeit größter politischer Turbulenzen, der Unruhen, Umbrüche und des Widerstreits der politischen Heilslehren blieb Jonas vor allem Beobachter. Daran änderte sich auch nichts, als er nach dem Wechsel an die Universität Berlin ins Zentrum des Geschehens geriet. Noch siebzig Jahre später fielen seine Schilderungen der großen politischen Bühne der Hauptstadt denkbar knapp aus:

„Meine drei Berliner Semester (...) waren eine wilde Zeit. Da war die Ermordung Walther Rathenaus im Sommer 1922, nach der Hunderttausende protestierender Sozialdemokraten durch die Straßen Berlins zogen und zum Protest ein Generalstreik ausgerufen wurde. (...) Es war klar, daß um einen herum Hunger und Not herrschten, aber auch die Heftigkeit und Frische neuer politischer Konzeptionen und Experimente waren zu spüren.“[81]

Sich politisch zu engagieren oder sich zumindest geistig einem der politischen Lager anzuschließen, kam Jonas und seinem fast ausschließlich auf Mitglieder der Makkabäa beschränkten Bekanntenkreis trotzdem nicht in den Sinn. Dass der Jude Hugo Preuß den Entwurf für die Weimarer Verfassung geschrieben hatte, hielt Jonas für unangemessen. Das sollten Deutsche doch lieber selbst machen, und Juden sollten sich da nicht exponieren, fand er – wohl auch besorgt, dass eine von Juden maßgeblich ausgearbeitete Verfassung von Antisemiten als weiterer Beweis für die angebliche Vorherrschaft des Judentums angeführt werden würde. Den Versailler Vertrag hielt auch der Philosophie-Student wegen der Reparationsverpflichtungen und ihrer Folgen für misslungen. Aber, so Jonas: „In den zionistischen Kreisen, in denen ich mich bewegte, war der Versailler Vertrag kein Thema. Wir hatten das Gefühl, daß uns das nicht wirklich betraf, sondern das deutsche Volk.“[82] Für einen Zionisten, der an eine Zukunft für Juden in Deutschland nicht glaubte, konnte es nur wenig Sinn haben, sich für eine Lösung der politischen Probleme der Deutschen zu engagieren. Das Ziel sollte ja Palästina sein. Diese Haltung wurde erst 1929 durch das Erstarken der NSDAP im ganzen Reich radikal infrage gestellt – erst recht 1933, als Jonas’ Erwartung enttäuscht wurde, die neue Regierung werde genauso schnell stürzen wie die Präsidialkabinette vor ihr.

Da Jonas nicht nur mit zionistischem Gedankengut, sondern auch praktisch für seine Emigration gerüstet sein wollte, versuchte er sich nach drei Semestern in Berlin als Landarbeiter. Eine zionistische Bewegung namens Hachschara, die ihre Aktivisten auf ein Leben in Palästina vorbereitete, vermittelte junge Juden an Landwirte, und so legte der Fabrikantensohn im März 1923 seine Philosophiebücher beiseite, um bei einem Obstbauern in Wolfenbüttel als Erntehelfer in die Lehre zu gehen. 14 Stunden körperliche Arbeit pro Tag, eine winzige Mansarde als Unterkunft und ein Taschengeld als Lohn – nach gut acht Monaten war Jonas klar, „daß es, was immer aus meinen Palästina-Absichten würde, doch eine gewisse Verschwendung wäre, wenn ich in die Landwirtschaft ginge, und daß ich mit meinem Kopf etwas mehr leisten könnte als mit den Gliedern.“[83]

Zur Kopfarbeit meldete Jonas sich im Wintersemester zunächst in Freiburg zurück, doch ließ ihn sein Interesse an Martin Heidegger 1924 an dessen Wirkungsstätte nach Marburg wechseln. Dort lernte er nicht nur seinen späteren Doktorvater kennen, sondern auch dessen junge Geliebte Hannah Arendt, in die Jonas ebenfalls verliebt war. Arendt, Tochter einer liberalen jüdischen Familie aus Königsberg, war gerade einmal 18 Jahre alt, als Jonas sie in einem Seminar des Neu-Testamentlers Rudolf Bultmann kennenlernte. Dass sie eine „faszinierende, anziehende, bezaubernde Person" war, ein „Ausnahmewesen"[84], fiel Jonas sogleich auf. Heidegger ging es offenbar nicht anders. Als Arendt dem Verehrer Jonas ihre Beziehung zu dem verheirateten Professor beichtete, zerbrach die Beziehung der beiden Studenten jedoch nicht. Jonas wurde ihr „Confidant".[85]

Zum Kreis der Studenten, unter denen sich Jonas in Marburg bewegte, gehörten neben Arendt auch Karl Löwith und Hans-Georg Gadamer. Dieser Philosophen-Zirkel war laut Jonas ebenso wenig an Politik interessiert, wie es seine Bekannten in Berlin gewesen waren. „Man kann sich gar nicht vorstellen, wie fern der Welt man sich in Marburg bewegen konnte, ohne dem Zeitgeschehen überhaupt Beachtung zu schenken", erinnerte sich Jonas Jahrzehnte später.[86] Dem Tagesgeschehen ähnlich entrückt wie das Philosophieren seines Lehrers Heidegger war auch das Thema der Dissertation, die Jonas schließlich in Angriff nahm: die spätantike Gnosis. Jonas ging damit in eine Zeit und auf eine Bewegung zurück, in der sich christliche Vorstellungen mit Gedanken antiker Philosophen und religiösen Vorstellungen altorientalischer Herkunft mischten. Den Anstoß dazu hatte ein Referat gegeben, das er bei Bultmann schrieb. Das war im Geiste Heideggers gestaltet, sodass Bultmann Jonas vorschlug, bei diesem über das Thema zu promovieren. Im Herbst 1927 reichte er die Doktorarbeit bei Heidegger ein, im Februar 1928 legte er sein mündliches Schlussexamen ab.

Die nächsten vier Jahre verbrachte Gustav Jonas' Sohn als Privatgelehrter. Dank des Familienvermögens konnte sich der junge Doktor Studienaufenthalte in Heidelberg, Frankfurt am Main und an der Pariser Sorbonne leisten, ohne sich um eine Assistentenstelle bemühen zu müssen. Und er konnte darangehen, seine Dissertation *Der Begriff der Gnosis* für eine Veröffentlichung vorzubereiten. Mit seinem Plan, nach Palästina auszuwandern, hatte es Jonas offenbar nicht sehr eilig. Dazu mag auch die Beziehung zu einer Frau beigetragen haben, die er im Herbst 1929 in Heidelberg kennenlernte: Gertrud Fischer. Jonas verliebte sich in die Katholikin und ihren „göttlich schönen Körper"[87], doch das Verhältnis gestaltete sich kompliziert. Zum einen gab es laut Jonas in Gertrud Fischers Leben noch einen „psychisch furchtbar geplagten jungen Mann", der sie „seelisch quälte und auch sich selbst und andere peinigte"[88] und den die junge Frau in geradezu „neurotischer" Anhänglichkeit „retten" wollte. Zum anderen war Fischer nicht begeistert von der Idee, an Jonas' Seite nach Palästina auszuwandern. Doch diese Frage stellte sich, nachdem Jonas drei Jahre lang um die schöne Gertrud geworben hatte.

Bleiben oder gehen? Vor diese Entscheidung wurde Hans Jonas gestellt, als Reichspräsident Paul von Hindenburg am Mittag des 30. Januar 1933 Adolf Hitler zum Reichskanzler ernannte. Am Abend dieses Tages zogen Tausende Mitglieder von SA, SS und Stahlhelm mit brennenden Fackeln über die Wilhelmstraße an der alten und der neuen Reichskanzlei vorbei, um Hindenburg und Hitler zu huldigen. Nun, da unter Hitlers Kanzlerschaft die Rechte vereint zu sein schien und das Bündnis des „nationalen Lagers" besiegelt, spielten die SA-Kapellen nicht nur das Horst-Wessel-Lied. Unter dem Fenster der Reichskanzlei intonierten sie – ein Novum in der Geschichte der „Bewegung" – zu Hindenburgs Ehren auch den Marsch „Alter Dessauer", mit dem preußische Soldaten ihre Feldmarschälle zu grüßen pflegten.[89] Joseph Goebbels' Tagebuchnotizen zu dieser Nacht sind ähnlich atemlos und siegestrunken, wie der aus Rheydt stammende Gauleiter von Berlin den Tag der Machtübernahme erlebt haben muss:

„Um 7 Uhr beginnt's. Endlos. Bis 10 Uhr. Am Kaiserhof. Dann Reichskanzlei. Bis nach 12 Uhr. Unendlich. Eine Million Menschen unterwegs. Der Alte nimmt den Vorbeimarsch ab. Im Nebenhaus Hitler. Aufbruch! Spontane Explosion des Volkes. Unbeschreiblich. Immer neue Massen. Hitler ist weg. Sein Volk jubelt ihm zu. Ich spreche im Rundfunk. Über alle deutsche Sender. (...) Sinnloser Taumel der Begeisterung."[90]

Auch in Goebbels' Heimat wurde in dieser Nacht gefeiert. Hans Jonas tanzte in der Kaiser-Friedrich-Halle und genoss bei einem Ball die Gelegenheit, mit Mädchen anzubandeln. So hatte er zumindest ein halbes Jahrhundert später diesen Schicksalstag im Gedächtnis:

„Und während wir dort feierten, tranken und tanzten, verbreitete sich im Saal die Kunde, Hitler sei zum Reichskanzler ernannt worden. Ich weiß noch, wie ich nach Hause kam und zu meiner Mutter sagte: ‚Gott sei dank. Endlich ist es soweit. Das ist die einzige Art, wie wir diese Pest wieder loswerden. Die werden innerhalb weniger Monate abgewirtschaftet haben.'"[91]

Ein fataler Irrtum, wie sich bald zeigen sollte. Nicht getäuscht hatte sich Jonas jedoch in seiner Befürchtung, dass die Nationalsozialisten irgendwann an die Macht kommen würden. Diese Überzeugung war mit den wachsenden Wahlerfolgen der NSDAP gereift. Eines Tages, so Jonas' Schlussfolgerung in Zeiten hektischer Regierungswechsel, würden zwangsläufig auch die Nationalsozialisten einmal „dran sein".

IV. Jonas 1921 bis 1935:
Student und Emigrant

Ihren Machtanspruch hatten die Nationalsozialisten auch in Mönchengladbach bereits in den Monaten vor dem 30. Januar geltend gemacht. Immer wieder hatten die Zeitungen von Demonstrationen und Schlägereien mit Kommunisten oder Sozialdemokraten berichtet. Am 28. Mai 1932 meldeten sie sogar ein Todesopfer. Tags zuvor waren auf der Friedrichstraße 15 Nationalsozialisten und 50 Kommunisten aufeinandergetroffen. Dabei war der Arbeiter Paul Möller ums Leben gekommen, laut *Westdeutscher Landeszeitung* ein Kommunist, der *Gladbach-Rheydter Zeitung* zufolge ein SPD-Anhänger und eher unbeteiligter Passant.[92] Die KPD war in Gladbach zwar stark, weitaus stärker war jedoch die katholische Zentrumspartei, die bei den Reichstagswahlen im Juli und November 1932 fast doppelt so viele Stimmen wie die NSDAP geholt hatte und selbst im März 1933 noch immer knapp 1,7 Prozentpunkte vor den Nationalsozialisten lag. Zudem hatte die NSDAP in Gladbach immer weit schlechter abgeschnitten als im Reichsdurchschnitt.[93] Für das Ergebnis in der Gesamtstadt Gladbach-Rheydt galt das allerdings mit leichten Abstrichen, denn im evangelisch geprägten Rheydt konnte die NSDAP einen höheren, die Zentrumspartei hingegen einen geringeren Stimmenanteil verbuchen. Dieser geringere Erfolg hinderte die NSDAP nach dem Machtwechsel in Berlin allerdings nicht, auch in Jonas' Heimatstadt von Anfang an zu demonstrieren, dass nun andere Zeiten angebrochen waren.

Während sich in Berlin die Nationalsozialisten anschickten, möglichst viele Schlüsselpositionen mit treuen Anhängern zu besetzen, brach über Mönchengladbach eine Grippewelle herein, die so heftig war, dass in der Woche nach dem 30. Januar die Schulen geschlossen wurden.[94] Während diese Epidemie bald ausgestanden war, grassierte die politische Seuche weiter. Am 6. März, dem Tag nach der Reichstagswahl, wurden am Rathaus, am Gymnasium und anderen öffentlichen Gebäuden Hakenkreuzfahnen gehisst. In Gladbach hatte die NSDAP mit 36,1 Prozent ihr bislang bestes Ergebnis eingefahren. Damit lag sie nur knapp hinter dem Zentrum. In Rheydt war sie mit 45,7 Prozent sogar die mit Abstand stärkste Partei. Als die neu gewählte Stadtverordneten-Versammlung am 5. April in der Kaiser-Friedrich-Halle zu ihrer ersten Sitzung zusammentrat, wehte neben der schwarz-weiß-roten Fahne und der Stadtflagge auch die Fahne der NS-Bewegung an dem Gebäude.

Neben den üblichen, bereits aus früheren Tagen bekannten SA-Umzügen sollten nun auch aufwendig gestaltete Feiern die neue Macht demonstrieren. Fahnen, feierliche Gottesdienste, Umzüge und Platzkonzerte begleiteten am 21. März die Eröffnung des neuen Reichstags und bildeten den örtlichen Widerhall des von Joseph Goebbels wirkungsvoll in Szene gesetzten Festaktes in der Potsdamer Garnisonskirche. Abends marschierten in einem Fackelzug SA, Stahlhelm-Mitglieder, Sportvereine, Bruderschaften, Schulkinder und Hakenkreuzbinden tragende Schutzpolizisten durch die Stadt. Einen Monat später, am Abend des 22. April, bereiteten 15.000 bis 20.000 begeisterte Menschen Goebbels auf dem Rheydter Markt einen triumphalen Empfang. Den Besuch des in kleinbürgerlichen Verhältnissen an der Dahlener Straße aufgewachsenen, nunmehr zum Minister avancierten Rheydters begleiteten zahlreiche Fotografen und Kameramänner.

Zwar richtete sich in Mönchengladbach der systematische Terror unmittelbar nach der Machtübernahme zunächst mit besonderer Wucht gegen Kommunisten.

IV. Jonas 1921 bis 1935:
Student und Emigrant   75

Aber auch Juden wurden – wie an vielen anderen Orten im Reich – schon wenige Wochen später Opfer des braunen Terrors. Die *Gladbach-Rheydter Zeitung* meldete am 7. Februar 1933:

„In der Nacht zum Montag gegen 2.30 Uhr drang ein Trupp von etwa 20 uniformierten Nationalsozialisten in den Hof des Hauses Lürriper Straße 45 ein und schlug in den dort befindlichen Baracken eine Reihe von Fensterscheiben ein. Bewohner der Baracken, die sich am Fenster zeigten, wurden mit Pistolen bedroht. Es wurden vier scharfe Schüsse abgegeben. Anschließend begab sich der Trupp vor das Haus eines in der Lürriper Straße wohnenden Pferdehändlers und zertrümmerte auch dort sämtliche Fensterscheiben. Das herbeigerufene Überfallkommando konnte die Täter nicht mehr erreichen, doch ist ein Teil derselben erkannt worden. Im Laufe des gestrigen Vormittags wurden drei der Beteiligten festgenommen. Einer der Festgenommenen führte unbefugt eine geladene Schußwaffe mit sich.

Gegen 3.15 Uhr nachts zog ein Trupp von etwa 15 SS- und SA-Leuten von dem Lokal Sasserath, Hindenburgstraße 174, die Hindenburgstraße in Richtung Alter Markt entlang. Eine in der Bismarckstraße befindliche Polizeistreife hörte gleich darauf das Klirren von Fensterscheiben. Beim Hinzukommen stellte sie fest, daß in dem Warenhaus Tietz acht große Schaufensterscheiben zertrümmert waren. Die Täter konnten bislang nicht ermittelt werden."[95]

Der in dem Bericht erwähnte Pferdehändler war der Jude Max Kahn, Inhaber des Warenhauses Tietz war die jüdische Familie Tietz. Ihre Warenhauskette wurde bereits 1934 „arisiert", als Westdeutsche Kaufhaus AG und später als Kaufhof weitergeführt. Nur wenige Tage später richtete sich der Terror erneut gegen das Kaufhaus, wie ein Bericht der *Westdeutschen Landeszeitung* vom 11. März zeigt:

„Die Gladbacher Warenhäuser wurden gestern früh von großen SA-Aufgeboten geschlossen. Im Laufe des Vormittags wurden die Häuser wieder geöffnet, die SA sorgte jedoch durch Plakate und durch Besetzung der Ein- und Ausgänge dafür, daß ein Geschäftsverkehr in diesen Häusern nicht zustande kam. Die Maßnahmen fanden in der Bürgerschaft naturgemäß allerschärfste Beachtung. Auf der Hindenburgstraße herrschte den ganzen Tag über Hochbetrieb. Die Polizei beschränkte sich darauf, den Publikumsverkehr auf der Straße zu regeln und ein Stehenbleiben der Passanten zu verhindern."[96]

Die Aktion der SA war auch insofern bemerkenswert, als Hitler angesichts einer Welle von Gewalt gegen jüdische Geschäfte am selben Tag dazu aufrief, „Einzelaktionen" dieser Art zu unterlassen.[97] Die Aktion vom 10. März war gleichwohl nur ein Vorspiel für einen reichsweiten „Boykott", bei dem sich am Samstagmorgen des 1. April 1933 auch in Mönchengladbach SA-Männer vor den Türen jüdischer Geschäftsinhaber und vor den Häusern jüdischer Rechtsanwälte und Ärzte postierten. Nachdem die Korrespondenten ausländischer Zeitungen über die Angriffe gegen Juden berichtet hatten und in mehreren US-amerikanischen Großstädten zum Boykott deutscher Produkte aufgerufen worden war, hatten die Nationalsozialisten eine Gelegenheit gesehen, ihrem Judenhass mit dieser Aktion ein Ventil zu geben – unter dem Vorwand, man reagiere lediglich auf ausländische Gräuelpropaganda und Boykottdrohungen.

Spätestens diese im gesamten Reich koordiniert durchgeführte Aktion musste auch den Juden in Mönchengladbach unmissverständlich vor Augen führen, dass sie unter dem neuen Regime Menschen minderen Rechts waren und antisemitischen Angriffen schutzlos ausgeliefert sein würden. Was der zu „Makkabäerzorn" neigende Zionist Hans Jonas von dem Aufruf der Jüdischen Gemeinden Gladbach und Rheydt hielt, den diese an ihre Mitglieder verschickten und der am 1. April in der *Westdeutschen Landeszeitung* zu lesen war, ist leicht zu erahnen. Der Aufruf distanzierte sich von den Solidaritätsaktionen in den USA:

„Die jüdischen Bürger der Stadt Gladbach-Rheydt rücken von den unverantwortlichen Hetzereien des Auslandes, die ohne ihr Wissen und gegen ihren Willen erfolgt sind, entschieden ab und verurteilen sie auf das schärfste. Wir bitten jedes einzelne Gemeindemitglied, welches Beziehungen zum Auslande hat, sich im aufklärenden Sinne an diese Stellen zu wenden, damit alles geschieht, die ausländische Boykottbewegung gegen Deutschland zu unterbinden."[98]

Für Hans Jonas war der Boykott der entscheidende Auslöser, seinen lang gehegten Plan in die Tat umzusetzen und Deutschland zu verlassen. In seinen Erinnerungen berichtete er Jahrzehnte später, er habe an diesem Tag den Beschluss gefasst zu emigrieren. Da das neue Regime zu diesem Zeitpunkt Juden noch nicht an der Ausreise hinderte, sah Jonas jedoch keinen Grund, diesen Schritt überhastet zu tun. Bevor er nach Palästina ging, wollte er sein Werk über die spätantike Gnosis abschließen. London erschien ihm dafür als geeigneter Ort. Denn die britische Hauptstadt bot nicht nur Sicherheit, sondern auch hervorragende Bibliotheken. Fünf Monate nahm sich der Privatgelehrte Zeit, seine Reise nach London und die endgültige Emigration nach Palästina vorzubereiten. Finanziell war das für ihn kein Problem.

Zwar hatten die Boykottaktionen auch Jonas' Onkel Leo Horowitz getroffen, vor dessen Haus in Düsseldorf am 1. April SA-Männer aufmarschiert waren, die Geschäfte seines Vaters litten hingegen vorerst nicht. Nur wenige Kunden waren Nationalsozialisten, und bis 1937 bekam die Firma sogar noch Behördenaufträge.[99] Mithin konnte der Fabrikantensohn mühelos die für ein „Kapitalistenzertifikat" erforderlichen 12.000 RM aufbringen. Dieses Zertifikat ermöglichte eine Einreise nach Palästina unabhängig von festgelegten Einwanderungsquoten.[100] Auch seine Eltern hätten über die Mittel verfügt, Deutschland zu verlassen. Im Ausland ein neues Unternehmen aufzubauen, wäre jedoch ein Kraftakt gewesen, dem sich der 72-jährige und bereits kranke Gustav Jonas nicht mehr gewachsen fühlte. Lieber wollte er ausharren – und seinem Sohn so viel Geld wie möglich nach Palästina schicken.

Auch Georg Jonas besaß nicht die Tatkraft seines älteren Bruders. Georg war das „Sorgenkind" der Familie und schon seit Jugendtagen psychisch so labil, dass er ärztlicher Behandlung bedurfte. Georg Jonas verstand sich offenbar als Künstler, als Maler und Zeichner, und hatte keinen Erwerbsberuf gelernt – denkbar schlechte Voraussetzungen also, um in Palästina oder einem anderen Land eine Existenz aufzubauen. In Deutschland zu bleiben und darauf zu hoffen, dass es so schlimm unter den neuen Machthabern dann doch nicht kommen werde, schien ihm unter diesen Umständen wohl sinnvoller. Da auch Gertrud Fischer trotz allen Werbens Deutschland nicht verlassen wollte, musste sich Jonas im Spätsommer 1933 allein auf die Reise machen.

Der Tag des Abschieds sei ein „wunderschöner Sommertag" gewesen, erinnerte er sich noch Jahrzehnte später. Während der letzten gemeinsamen Minuten ging die

Familie im Garten ihres Hauses an der Mozartstraße spazieren. Den Entschluss ihres Sohns und die Vorbereitungen für diesen traurigen Abschied hatten Gustav und Rosa Jonas mit Fassung getragen. Eine Frachtsendung mit Möbeln, die nach Palästina gehen sollten, war organisiert; die Eisenbahnfahrscheine waren gekauft, die Koffer gepackt. Doch als an diesem Spätsommertag der Augenblick kam, Lebewohl zu sagen, ließ sich der Schmerz der Trennung nicht mehr unterdrücken.

„(...) als es dann soweit war und die letzte halbe Stunde, die letzten zehn Minuten anbrachen, fingen wir schrecklich an zu weinen. Und ich tat einen heimlichen Schwur, ein Gelöbnis: Nie wiederzukehren, es sei denn als Soldat einer erobernden Armee."[101]

Der Abschied von seinem Vetter Gerhart verlief offenbar stiller. Als Jonas Anfang September 1933 sein Elternhaus verließ, trug er einen Brief bei sich, auf dessen Umschlag Gerhart „An Herrn Dr. Hans Jonas" geschrieben hatte. Und darunter die Anweisung: „Hinter Odenkirchen zu öffnen!". Jonas sollte die Zeilen erst lesen, nachdem er die Stadtgrenze passiert hatte. Der Inhalt dieser Zeilen war weitaus herzlicher, als die formelle Anrede auf dem Umschlag vermuten ließ:

„Ich glaube, wir sind gute Freunde geworden. Da du gehst, ist es mir, als ginge ein Bruder (...). Es ist so grausam. Aber ich glaube, ich mache dir den Abschied noch schwerer, ich bekomme das heulende Elend."[102]

Der Brief, den Jonas erst in seinem Bahnabteil lesen sollte, wenn er seine Heimatstadt endgültig verlassen hatte, datiert auf den 2. September.

So schmerzhaft die letzten Minuten im Garten an der Mozartstraße auch gewesen waren: Ein Mal noch hat Jonas seine Eltern wiedergesehen und sogar einige festliche Stunden mit ihnen verbracht. Im Frühjahr

1936 gingen Gustav und Rosa Jonas an Bord eines Passagierschiffs und reisten nach Palästina. Anfang April feierten sie mit dem Sohn das Pessachfest. Gustav Jonas war zu diesem Zeitpunkt schon von Alter und Krankheit gezeichnet und musste sich beim Gehen auf einen Stock stützen. Unter diesen Umständen „Palästina, das Land der Väter, doch noch gesehen und einen Sederabend in Jerusalem gefeiert zu haben"[103], so Jonas, war für den deutschen Fabrikanten ein bewegendes Erlebnis. In Palästina zu bleiben, kam für die Eltern aber auch 1936 nicht infrage. Jonas war sich zeitlebens sicher, dass sie sich ein Einwanderungszertifikat hätten kaufen können. Dennoch reisten Gustav und Rosa Jonas nach etwa drei Wochen heim. Diesmal war es ein Abschied für immer.

V. Raphaelson 1934 bis 1938: Verfolgt von Gestapo und *Stürmer*

Eine gescheiterte Ehe, aus der zwei Kinder hervorgegangen waren, Arbeitslosigkeit, Armut, eine Strafe wegen unerlaubten Waffenbesitzes – Ärger und Probleme hatte Paul Raphaelson Anfang der 1930er Jahre genug. Seine ohnehin seit Jahren nicht rosige finanzielle Lage verschlechterte sich nach dem Verlust des Arbeitsplatzes im Bekleidungshaus Helios dramatisch. Anfang 1934 gehörte Raphaelson zu den Wohlfahrtsempfängern, die sich ihre Unterstützung in der Kapuzinerschule am heutigen Kapuzinerplatz abholten. 12,45 RM war der Betrag, den Raphaelson pro Woche in Empfang nahm.[104] Mit diesem Geld – etwa 50 RM im Monat – wird sich die Familie kaum über Wasser gehalten haben. Ein Arbeiter in der Essener Maschinenbauanstalt von Krupp hatte anderthalb Jahre zuvor im Monat das Dreifache verdient[105]; zwei Jahre später lag der durchschnittliche Jahreslohn eines lohnsteuerpflichtigen Mönchengladbachers bei 1.795 RM[106], also wiederum das Dreifache des Fürsorgegeldes, mit dem die Raphaelsons wirtschaften sollten. Für das Paar galt wohl auch, was ein Mönchengladbacher, der in den frühen 1930er Jahren lange Zeit arbeitslos gewesen war, sechzig Jahre später in einem

Interview berichtete: Von Fürsorgeunterstützung konnte man damals nur leben, wenn man hin und wieder von Verwandten und Freunden etwas zugesteckt bekam.[107]

Der verarmte Fabrikantensohn reihte sich damit in ein Heer von Arbeitslosen und schlecht entlohnten Arbeitern ein, das in Mönchengladbach besonders groß war. Denn die Textilindustrie siechte seit Jahren dahin. Inflation, Börsencrash, der Ausfall von Exportmärkten und billige Konkurrenz in Frankreich und Belgien hatten das einstige „rheinische Manchester" in eine tiefe Krise gestürzt: Im Juli 1932 wurden 28.932 Arbeitslose gezählt, im Februar 1933 immer noch 27.062. Ende 1932 lebten 25 Prozent der annähernd 200.000 Einwohner von Unterstützung des städtischen Wohlfahrtsamtes.[108] Weitere 15.000 erreichten mit ihrem Lohn lediglich das Niveau der Fürsorgesätze, erklärte Wilhelm Kliewer, Beigeordneter der Stadtverwaltung, am 15. Dezember 1932 in der *Westdeutschen Landeszeitung.*[109] Zwar sank die Zahl der Arbeitslosen bis Ende 1935 auf 10.112, doch da die Lebensmittelpreise stiegen, blieb die Versorgungslage für finanzschwache Familien wie die Raphaelsons miserabel. Die Lageberichte der Düsseldorfer Gestapo klagten 1935 immer wieder über die schlechte Versorgung. Fleisch sei für Arbeiter unerschwinglich und selbst Gemüse komme kaum auf den Teller. Angesichts der katastrophalen Lage werde immer häufiger rückhaltlose Kritik laut, die sich immer öfter auch in der Verweigerung des Hitler-Grußes äußere.[110]

Wie sehr Paul Raphaelson in den ersten Monaten nach der Machtübernahme der Nationalsozialisten um seine eigene Sicherheit fürchtete, ist schwer zu sagen. Mochte er nach den Begriffen der Nazis auch Jude sein, so stammte er doch aus einem offenbar weitgehend assimilierten Elternhaus und hatte in seinem bisherigen

Leben keine besondere Anhänglichkeit zur jüdischen Religion erkennen lassen. Im Gegenteil: Mit der Wahl seiner Ehepartnerinnen hatte er sich von der Glaubensgemeinschaft seiner Vorfahren weiter entfernt als seine Eltern, die noch innerhalb jüdischer Kreise geheiratet hatten. Sollte Raphaelson in der trügerischen Annahme gelebt haben, dass die antisemitischen Ausfälle des NS-Regimes nicht ihm galten, sofern er nicht als praktizierender Jude „auffällig" würde, war es mit diesem Irrglauben am 13. März 1934 schlagartig vorbei. Im Polizeipräsidium bekam der 27-Jährige an diesem Tag während einer Vernehmung vorgeführt, dass die Machthaber nicht gewillt waren, sich um Recht und Gesetz zu scheren.

Der gegen Raphaelson erhobene Vorwurf lautete auf „Rassenschande", begangen 1929 und 1931. Ein bemerkenswerter Vorgang, denn eine gesetzliche Grundlage für dieses „Delikt" gab es zu diesem Zeitpunkt noch nicht. Das Phantasma der „Blutsmischung" und „Rassenschande" war freilich schon älter und keine nationalsozialistische Erfindung. Im Reichstag hatte es schon nach der Jahrhundertwende Debatten über die Zulässigkeit von Ehen zwischen Deutschen und Eingeborenen der Kolonien gegeben. Nach dem Ersten Weltkrieg agitierte die Deutschnationale Volkspartei gegen die Stationierung farbiger Soldaten in der Pfalz und im Rheinland. Angeblich bedeuteten diese „Wilden" eine Gefahr für deutsche Frauen – und deutsches Blut.[111]

Bereits kurz nach der Machtübernahme der Nationalsozialisten entstand im Justizministerium eine Denkschrift über „Nationalsozialistisches Strafrecht", derzufolge Rassen- und Blutsmischung zwischen „Ariern", Juden und Farbigen verboten werden sollte.[112] Eine Forderung, die jedoch zunächst nicht umgesetzt wurde. Doch der antisemitische Pöbel fühlte sich vor Strafverfolgung sicher und ergriff gelegentlich auf eigene Faust die Initiative. Und so wurden mancherorts schon 1933 bei der „Rassenschande" ertappte Paare von Nazi-Anhängern öffentlich gedemütigt. Zur „Zwangsvorstellung des Tages"[113] steigerte sich die Denunziation und Verfolgung von „Rassenschande" jedoch im Sommer 1935. Die öffentliche Erregung wurde von der NSDAP-Presse, insbesondere vom antisemitischen Sudelblatt *Der Stürmer,* geschürt. Formaljuristisch kriminalisiert wurde der Geschlechtsverkehr zwischen Juden und „Staatsangehörigen deutschen oder artverwandten Blutes" schließlich im September 1935 durch das „Gesetz zum Schutz des deutschen Blutes und der deutschen Ehre". Das hinderte die Mönchengladbacher Polizei im März 1934 freilich nicht daran, den aus antisemitischer Propaganda geläufigen Begriff „Rassenschande" im Anzeigeformular unter der Rubrik „Straftat" einzutragen. Da außer diesem Vorwurf offenbar keine anderen Anschuldigungen gegen Raphaelson im Raum standen und Ermittlungen offenbar gewünscht waren, blieb dem vernehmenden Beamten wohl nicht viel anderes übrig. Irgendetwas musste unter dieser Rubrik ja eingetragen werden.[114]

Das Vernehmungsprotokoll vom 13. März 1934 bildet das erste Stück der Akte, die Gestapo-Beamte über Raphaelson anlegten. Zu diesem Zeitpunkt war die Geheime Staatspolizei noch eine Behörde im Wandel. Die vom preußischen Ministerpräsidenten Hermann Göring betriebene Umwandlung der politischen Polizei des Landes in eine eigenständige, dem Ministerpräsidenten direkt unterstellte Geheime Staatspolizei war noch nicht abgeschlossen. Zwar hatten nach der Machtübernahme der Nationalsozialisten umgehend linientreue

Anhänger die Leitung der für den gesamten Regierungsbezirk als Oberbehörde zuständigen politischen Polizei
im Polizeipräsidium Düsseldorf übernommen, und in
den politischen Abteilungen der Polizeipräsidien des
Regierungsbezirks waren etliche Beamte ausgetauscht
worden. Aber es brauchte noch zwei Gesetze und einige
Durchführungsverordnungen, um alle Abteilungen der
politischen Polizei aus den traditionellen Strukturen
der Polizeiverwaltung herauszulösen und als Gestapo
autonom zu formieren. Meilensteine waren dabei zwei
Runderlasse Görings am 8. und 14. März 1934. Diese
sorgten unter anderem dafür, dass die politische Polizei des Polizeipräsidiums Gladbach-Rheydt der im April 1933 in Düsseldorf eingerichteten Gestapo-Stelle als
Außenstelle eingegliedert wurde.[115]

Isolierte Fremdkörper innerhalb des örtlichen Poli-
zeiapparats waren die Gestapo-Außenstellen keines-
falls. Im Gegenteil: Für ihre Ermittlungen und Aktionen
konnten sie nach Belieben Beamte der Schutz- oder Kriminalpolizei hinzuziehen, bei Bedarf auch Mitarbeiter
anderer Behörden, Amtsträger sowie den Apparat und
die Funktionäre der NSDAP und der NS-Organisationen. Der neue Polizeipräsident für Gladbach-Rheydt,
Richard Grunert, hatte bei der Feier von Hitlers 44. Ge-
burtstag in der Kaiser-Friedrich-Halle keinen Zweifel
daran gelassen, dass es für die Gesinnung und Ausrichtung der Beamten künftig keinen Unterschied mehr
machen dürfe, an welcher Stelle sie im Polizeiapparat
beschäftigt seien. Dem SA-Mann schwebte sogar eine
weitaus größere Phalanx aller „Ordnungskräfte" des
neuen Regimes vor:

„Ich sehe es als meine heiligste Aufgabe an, aus Gladbach-Rheydt eine Garnisonstadt zu machen, in der die
braune Schar, die schwarze SS und die Kameraden der

Schupo eines Geistes werden sollen, und zwar des Geistes der inneren, überzeugenden nationalsozialistischen Revolution."[116]

Die *Westdeutsche Landeszeitung*, die Grunerts Rede am 21. April veröffentlichte, vermerkte an mehreren Stellen der Ausführungen stürmischen Beifall.

Das Formular, auf dem die Anzeige gegen Paul Raphaelson am 13. März 1934 aufgenommen wurde, trägt die Überschrift „Kriminalpolizei"[117], der Bogen mit den Angaben zur Person ist mit der Ortsangabe „Polizei-Präsidium M.Gladbach-Rheydt" versehen. Die vorgedruckte Angabe „Rheydt" hat der Protokollant allerdings mit vier Anschlägen auf der Taste „m" seiner Schreibmaschine überschrieben und getilgt. Im Verhör saß Raphaelson der Kriminalassistent Schameitat gegenüber, dessen niedriger Dienstrang darauf schließen lässt, dass dem Fall keine große Bedeutung beigemessen wurde. Vermutlich war Schameitat instruiert, wie er zu verfahren hatte.

Wer oder was die Vorladung ausgelöst hatte, vermerkte das Protokoll nicht. Vermutlich steckte die Denunziation eines eifrigen Antisemiten dahinter. Womöglich spielte obendrein Eifersucht eine Rolle, denn am Ende des Verhörs hielt Schameitat Raphaelson eine Begegnung mit einem „Fräulein" vor, die sich wenige Tage zuvor auf der Viktoriastraße zugetragen hatte. Raphaelson gab zu, die ihm „schon lange" bekannte junge Frau dort gegen 22.30 Uhr getroffen zu haben – zufällig, wie er versicherte. „Soviel ich weiß, ist sie in der nationalsozialistischen Bewegung. Geschlechtlichen Verkehr habe ich mit ihr nicht unterhalten", hieß es weiter in dem Protokoll. War die Frau wirklich Parteimitglied, steckte hinter der Vorladung vielleicht ein eifersüchtiger oder besorgter Parteigenosse, der Raphaelson den weiteren

Kontakt mit der Frau verleiden wollte. Die Vorladung wäre dann so etwas wie eine Warnung gewesen. Gesucht wurde Raphaelson offenbar bereits seit etwa einer Woche vor dem Verhör. Denn in der Einwohnermeldekartei findet sich für seine Familie folgender Eintrag unter dem Datum 8. März 1934: „nach unbekannt verzogen (amtl.) Angeblich nicht fortgewesen sein." Irgendjemand muss sich also zu diesem Zeitpunkt nach Raphaelson an seiner letzten in der Kartei vermerkten Adresse Kaiserstraße 159 erkundigt haben.

Wie dem auch sei: Raphaelson erklärte im Verhör, er sei sich keiner strafbaren Handlung bewusst. Dass er beide Ehen mit Christinnen eingegangen sei, liege daran, dass er sich seiner Religion nicht verbunden fühle:

„Mit meinen Glaubensgenossen habe ich weder früher verkehrt noch pflege ich heute mit diesen Umgang. Im Jahr 1929, kurz nach meiner Heirat mit meiner ersten Frau, wollte ich mich taufen lassen, weil es meine Frau gerne wünschte. Der Pfarrer hat mir aber hiervon abgeraten."[118]

Die Vorladung zur Polizei endete für Raphaelson nicht ohne Schikanen. Zwar wurde er nach der Vernehmung entlassen – „auftragsgemäß", wie ein Zusatz zum Protokoll vermerkt. Der „Rassenschänder" musste sich aber so lange täglich um 9 Uhr bei der politischen Polizei melden, bis er eine Arbeit gefunden hatte. Außerdem wurde eine Ausgangssperre über ihn verhängt. Nach 21 Uhr durfte Raphaelson seine Wohnung nicht mehr verlassen. Dass er sich auf Dauer an den abendlichen Arrest gehalten hat, darf bezweifelt werden. Die tägliche Meldepflicht schüttelte er jedenfalls schnell ab. Zwei Wochen nach dem Verhör bestätigte der Beamte Heinrich Beckers, Raphaelson habe sich bis zum 21. März täglich bei der politischen Polizei gemeldet.

Von dieser Pflicht sei er nun entbunden, da er seit dem 22. März wieder eine Arbeit habe. Beckers Unterschrift lässt erkennen, dass der gesamte Vorgang von der politischen Polizei gesteuert war: Beckers, im Rang eines Kriminalsekretärs, war zwischen 1934 und 1936/37 Leiter der Gestapo-Außenstelle Mönchengladbach.[119] Die Aktennotiz schloss mit dem Vermerk: „zu den Personalakten". Es sollte drei Jahre dauern, bis Raphaelson erneut ins Visier der Gestapo geriet und die Beamten der Akte neue Seiten hinzufügten.

Ruhe hatte Raphaelson aber nicht. Denn nun wurde er Opfer der Hetze eines der übelsten antisemitischen Blätter: Der in Nürnberg von Julius Streicher wöchentlich herausgegebene *Stürmer* prangerte Raphaelson als „Rassenschänder" an. Der ebenso kurze wie bösartige Artikel erschien in der letzten März-Ausgabe des Blatts. Die im gesamten Deutschen Reich vertriebene und in vielen Städten in Schaukästen ausgehängte Zeitung pickte sich in fast jeder Nummer „Fälle" heraus, die sie für geeignet hielt, antisemitische Propaganda plakativ in Szene zu setzen. Prominent brauchten die Diffamierten nicht zu sein. Es genügte, wenn sich der „Fall" irgendwie skandalisieren ließ – wozu freilich nahezu jeder „Fall" taugte, wenn man sich wie die *Stürmer*-Redaktion um Fakten und Wahrheiten nicht scherte. Dass er lediglich eines von vielen Opfern des Streicher-Blatts war, dürfte Raphaelson kaum getröstet haben – zog *Der Stürmer* unter der Überschrift „Frauenschänder Raphaelson" doch nicht nur dessen Privatleben in den Dreck, sondern forderte obendrein noch, den „Rassenschänder" zu sterilisieren:

„In der Kaiserstraße zu München-Gladbach wohnt der Jude Paul Raphaelsohn. Er ist ein berüchtigter Rassenschänder. Von seiner ersten Frau ist er schuldig geschieden. Die deutschstämmige Frau wird samt den zwei Bastarden, die aus dieser widernatürlichen Ehe hervorgingen, vom Wohlfahrtsamt ernährt. Der Jude Raphaelsohn heiratete ein zweitesmal. Und wieder ein deutsches Mädchen. Auch dieses gebar einen Bastard. Am 15. Februar wurde der Jude Raphaelsohn in mitternächtlicher Stunde in der Viktoriastraße mit einem deutschen Mädchen beim Stelldichein erwischt. Nicht genug, dass dieser Jude zwei deutsche Frauen in der Ehe verdorben und drei Bastarde in die Welt gesetzt hat. Er geht außer der Ehe noch auf die Jagd nach deutschen Mädchen. Was nützen alle Rassenschutzgesetze, wenn *ein* Jude solchen Schaden am Blute unseres Volkes anrichten kann? Hier vermögen nur radikale Maßnahmen Abhilfe zu schaffen. Der Jude Raphaelsohn, der nie aufhören wird, deutsche Frauen zu verderben, gehört sofort sterilisiert. Und die von ihm erzeugten Bastarde auch."[120]

Wie die Informationen über Raphaelson an den *Stürmer* gelangten, ist unbekannt. Vermutlich steckte derselbe Denunziant dahinter, der für die Anzeige bei der Polizei gesorgt hatte. Dass die Beamten ebenfalls mit Informationen „halfen", ist möglich. Doch dagegen spricht ein Indiz: *Der Stürmer* gab die Kaiserstraße als Raphaelsons Adresse an. Aber dort wohnte er nicht mehr, als der Artikel Ende März erschien. Im Verhör hatte er versprochen, sich sofort an seinem momentanen Wohnsitz Schlageterstraße anzumelden. Dies hatte er noch am selben Tag, am 13. März, erledigt. Die Beamten hätten Streichers Blatt also durchaus die richtige Adresse nennen können.

Für Paul Raphaelson bedeutete der *Stürmer*-Artikel gleichwohl eine ernste Bedrohung. Auch wenn Streichers Hetzblatt eine falsche Straße angegeben hatte – dass es eine konkrete Adresse nannte und unverhohlen die Sterilisierung Raphaelsons und seiner Kinder forderte, kam einer Einladung an jeden antisemitischen Wirrkopf gleich, den angeblichen „Frauenschänder" zu attackieren. Wie bedrohlich es sein konnte, im *Stürmer* diffamiert zu werden, musste beispielsweise der österreichische Jude Hugo Wilhelm im Mai 1935 erleben. Von Streichers Blatt ebenfalls der „Rassenschande" bezichtigt, kam es vor dessen Geschäft in Düsseldorf noch am selben Tag zu einem Auflauf, der solche Dimensionen annahm, dass die Gestapo die aufgebrachte Menschenmenge auseinandertreiben musste.[121] Ein „Rassenschande"-Fall in Krefeld, der Raphaelsons Fall sehr ähnelte, zeigte zudem, wie hartnäckig eifrige Nazis einem einmal auffällig gewordenen Juden nachstellen konnten. Alphons Wertheim, ein Möbelvertreter, hatte dort bereits vor 1933 eine intime Beziehung zu einer „Arierin" unterhalten und diese auch nach der Machtübernahme der Nazis fortgesetzt. Auch Wertheim wurde in einem *Stürmer*-Artikel deshalb diffamiert. Wenige Monate nach dem *Stürmer*-Artikel erkannte ein Düsseldorfer SA-Mann den Krefelder und seine nichtjüdische Geliebte in einem Düsseldorfer Lokal und hielt ihn so lange fest, bis Wertheim in Schutzhaft genommen wurde. Als er sich zwei Jahre später erneut mit seiner Freundin in einem kleinen Dorf traf, war die SA in Gerolstein bereits informiert, sodass die Gestapo auch über dieses Treffen einen Bericht erhielt. Am 17. Januar 1938 wurde Wertheim ins KZ Sachsenhausen verschleppt.[122]

Wie Paul Raphaelson unmittelbar nach der Veröffentlichung im *Stürmer* reagierte, ist nicht zu sagen. Auch nicht, ob seine Frau die Anschuldigung, ihr Mann sei ein notorischer und neuerlich ertappter außerehelicher „Frauenjäger", als Lüge abtat. In einem Lebenslauf, den

Raphaelson im Januar 1947 für das Prager Volksgericht verfasste, behauptete er:

„Nach der Machtergreifung durch Hitler wurde ich als Jude und infolge meiner politischen Einstellung so verfolgt, dass ich im April 1934 nach einem Hetzartikel in der Zeitschrift ‚Der Stürmer' gegen mich nach Holland flüchtete. Ende 1934 kehrte ich aus Holland zurück."[123]

Zweifel an dieser Darstellung sind angebracht. Es gibt keine Anhaltspunkte dafür, dass Raphaelson dem Regime wegen einer missliebigen politischen Überzeugung oder Betätigung aufgefallen war. Den Prozess als Kriegsverbrecher vor Augen, bemühte sich der Angeklagte auch an anderen Stellen des Lebenslaufs, sich durch Übertreibungen in ein günstiges Licht zu rücken. Dass Raphaelson nicht nur aus rassistischen, sondern auch aus politischen Gründen verfolgt wurde, ist daher wohl als Erfindung in der Not anzusehen. Falsch ist – ausweislich der Einwohnermeldekarte – seine Angabe, er sei erst Ende 1934 aus den Niederlanden zurückgekehrt. Der Karte zufolge reiste die Familie Raphaelson erst am 17. Juli – vier Monate nach der Veröffentlichung in Streichers Hetzblatt – in die Niederlande. Das muss aber nicht viel heißen. Wenn Raphaelson es nach Erscheinen des *Stürmer*-Artikels für geboten hielt zu fliehen, wird er sich zur Flucht wohl kaum ordnungsgemäß abgemeldet haben. Das Reiseziel Amsterdam lässt einen Besuch bei Verwandten vermuten – aus welchen Gründen auch immer er zustande kam. Denn Raphaelsons Mutter Elisabeth stammte aus einer Amsterdamer Familie; sein älterer Bruder Ernst Moritz lebte in den Niederlanden, allerdings in Eindhoven. Vielleicht haben die Raphaelsons aber auch Verwandte seiner Frau besucht, denn sie war wie die Mutter ihres Gatten gebürtige Niederländerin.[124] Für die Reise hatte sie sich eigens einen Pass ausstellen lassen, hielt sich allerdings nicht lange im Ausland auf. Am 8. August war sie zurück in Mönchengladbach, amtlich gemeldet in der Wohnung ihrer Mutter in der Schlageterstraße. Ihr Mann kehrte offenbar erst drei Wochen später heim. Am 31. August war er wieder in Mönchengladbach gemeldet. Drei Wochen später zog er in die Schlageterstraße und mit seiner Familie dann drei Monate später in eine gemeinsame Wohnung an der Wilhelmstraße 16. Damit hatte die Zeit der rastlosen Umzüge ein Ende. Bis 1942 blieb die Wilhelmstraße Paul Raphaelsons Wohnsitz. Nur zwei Häuser weiter hatte einst sein Vater gewohnt, als dieser seine kaufmännische Laufbahn als „Commis" begann.

Vorladungen, Verhöre und öffentliche Diffamierungen musste Raphaelson zwar vorerst nicht mehr über sich ergehen lassen, jedoch hielt die Agitation gegen „Rassenschänder" an und nahm im Laufe des Jahres 1935 auch im Rheinland zu. Das Parteiblatt *Westdeutscher Beobachter* hetzte im Sommer dieses Jahres beinahe täglich gegen Juden. Sollte Paul Raphaelson diese Propaganda verfolgt haben, dürfte ihm der Aufruf des *Beobachters* vom 19. Februar 1935 als besonders bedrohlich erschienen sein. An diesem Tag forderte das auch in Mönchengladbach verbreitete Blatt, alle „Rassenschänder" zu kastrieren.[125] Ungeachtet solcher Hetze verschlechterte sich seit 1935 die Lage für Juden. Dass die Behörden von Rheydt und Gladbach unter dem Beifall der Parteipresse am 24. beziehungsweise 25. Juli allen Juden untersagten, die Schwimmbäder der Städte zu benutzen[126], war noch eine relativ leicht zu ertragende Schikane im Vergleich zu den Folgen, die im September das „Reichsbürgergesetz" und das „Gesetz zum Schutz des deutschen Blutes und der deutschen Ehre" für Juden hatten.

V. Raphaelson 1934 bis 1938:
Verfolgt von Gestapo und *Stürmer*   93

Reichsbürger konnte nach dem „Blutschutzgesetz" nur noch sein, wer „deutschen oder artverwandten Blutes" war. Damit wurde Juden das Bürgerrecht entzogen. Ehen oder außerehelicher Geschlechtsverkehr zwischen „Ariern" und Juden sollten mit Zuchthaus bestraft werden. Ehen, die entgegen diesem Verbot etwa im Ausland geschlossen wurden, waren dem Gesetz zufolge nichtig. Wie mit bestehenden „deutsch-jüdischen" Ehen, also auch im Fall Paul Raphaelsons und seiner Frau, zu verfahren war, darüber schwieg das „Gesetz zum Schutz des deutschen Blutes". Wie heikel die Frage dieser sogenannten „Mischehen" und wie folgenreich ihr Status für den jüdischen Partner werden sollte, zeigte sich wenige Jahre später, als das Regime von der Diskriminierung und Vertreibung der Juden zu deren Vernichtung überging. Auch Paul Raphaelsons Schicksal sollte von dieser Frage abhängen.

Die Repressalien und die mit Drohungen gespickten Reden der NS-Führer ließen gewiss nicht nur einen so pessimistischen Chronisten wie den jüdischen, ebenfalls in „Mischehe" lebenden Literaturwissenschaftler Victor Klemperer schon 1935 um sein Leben fürchten. „Die Judenhetze ist so maßlos geworden, weit schlimmer als beim ersten Boykott, Pogromanfänge gibt es da und dort und wir rechnen damit, hier nächstens totgeschlagen zu werden", notierte Klemperer am 11. August 1935 in seinem Tagebuch.[127] Die Aufzeichnungen des von der Universität verwiesenen Dresdner Professors geben ein eindringliches Zeugnis, wie sehr die sich verschärfende Diskriminierung und Bedrohung den Opfern zusetzte. Neben Optimisten aus Verzweiflung, die aus jeder Nachricht und jedem Ereignis ein Anzeichen für einen baldigen Sturz des Regimes herauslesen wollten, gab es Charaktere wie Klemperers Frau Eva, die gegen ihre

Niedergeschlagenheit ankämpfte, indem sie wider alle finanzielle und praktische Vernunft beharrlich den Bau eines Hauses betrieb und mit dieser trotzigen Geschäftigkeit einen Rest Hoffnung spendender Normalität zu verteidigen suchte. Ihren Gatten plagten beinahe täglich Herzbeschwerden, für die sein Arzt keine organischen Ursachen feststellen konnte. Am 31. Dezember 1935 notierte Klemperer:

„Welchen Zweck hat es in dieser Zeit, an nächstes Jahr zu denken. Vielleicht bin ich dann ermordet, vielleicht wieder im Amt, vielleicht ist die Versicherung wieder durch Inflation zerstört, wie schon einmal, vielleicht – ich will leichtsinnig sein, ich will es ganz bewusst sein."[128]

Paul Raphaelson geriet im Sommer 1937 erneut ins Fadenkreuz der Gestapo, allerdings vermutlich ohne etwas davon zu bemerken. Die Gestapo-Beamten hatten eine „vertrauliche Mitteilung" des NSDAP-Ortsgruppenleiters Holtschoppen erhalten, derzufolge ein Parteigenosse aus Holtschoppens Ortsgruppe beobachtet hatte, dass im Haus des Juden Raphaelson bisweilen Zusammenkünfte stattfänden, „die eine besondere Beobachtung verdienten". In der Mitteilung hieß es ausdrücklich, „dass sogenannte ‚bessere' Herren dort verkehren würden".[129]

Diese Denunziation war typisch für die tausendfach aus ideologischen, nicht selten aber aus privaten Gründen dem Regime zugetragenen Anschuldigungen und Verdächtigungen. Wie in Raphaelsons Fall wurden sie oft nicht direkt bei der Kriminalpolizei oder der Gestapo gemacht, sondern bei NS-Organisationen, Funktionären und Amtsträgern jeglicher Art.[130] Eine wichtige Rolle spielte dabei die Partei. Mit einem Karteikastensystem und Parteigliederungen, die bis auf die Ebene von Wohnblocks hinunter organisiert waren, verfügte die NSDAP über ein engmaschiges Überwachungs- und Informationsbeschaffungsnetz. Nach der Machtübernahme hatte sich die Partei zunächst darauf konzentriert, in einer „Parteirevolution von unten" gemeinsam mit SA und SS Terror zu verbreiten, öffentliche Ämter zu okkupieren und bis dahin unabhängige Vereine und Institutionen „gleichzuschalten". Nachdem das Regime seine Herrschaft gefestigt hatte, wurden „Erziehung und Kontrolle der Volksgenossen" zu einer zentralen Aufgabe der Partei. Zugleich war das feine Netz der NSDAP-Zellen ein wirksames Instrument, die nicht zur „Volksgemeinschaft" zugelassenen Bevölkerungsgruppen auszugrenzen.[131]

Auf die Zusammenarbeit mit Parteigenossen an der Basis konnte sich die Mönchengladbacher Gestapo auch im Fall Raphaelson verlassen. Statt selbst zu ermitteln, schaltete sie einen in unmittelbarer Nachbarschaft Raphaelsons wohnenden „politischen Leiter" ein. Sein Auftrag: beobachten, was im Haus Wilhelmstraße 16 vor sich ging. Die Hintergründe seiner Mission waren dem beauftragten Spitzel laut Gestapo nicht bekannt. Das Ergebnis der Ermittlungen erschien der Staatspolizei jedoch nicht sonderlich brisant. Am 3. Juni 1937 berichtete die Mönchengladbacher Gestapo der vorgesetzten Dienststelle in Düsseldorf, vor Raphaelsons Wohnung fahre häufig ein Pkw mit dem Kennzeichen IY 5014 vor. Der Wagen gehöre einem Düsseldorfer Juden. Da dieser aber bisher nicht auffällig geworden sei, „dürfte augenblicklich kein besonderes Interesse vorliegen, den Raphaelson länger observieren zu lassen".[132]

Wie Klemperer saß Paul Raphaelson in Deutschland fest. Sich und seine Familie ins sichere Ausland zu bringen, dazu fehlten ihm wohl die finanziellen Mittel.

Daran konnte offenbar auch seine jüngste Schwester Martha nichts ändern, die laut Raphaelsons Angaben im Polizeiverhör 1934 „vermögend" war, „weil sie eine Erbschaft von ihrem Onkel gemacht hat".[133] Gemeinsam mit ihrer Mutter, so hatte Raphaelson dem vernehmenden Beamten erklärt, wohne Martha in der Bebericher Straße 12[134]. Diese Straße war zwar keine so erstklassige Adresse wie die Kaiserstraße, aber besser als das Quartier Waldhausener Straße. Im Haus Nummer 12 wohnten laut Einwohnermeldebuch 1936/1937 ein Oberzollinspektor im Ruhestand und weitere Beamte. In den Nachbarhäusern waren unter anderem ein Optiker, ein Kaufmann, ein Buchhalter, ein Oberingenieur und ein Prokurist gemeldet.[135] Allzu üppig dürfte der Lebensstil von Mutter und Tochter aber nicht gewesen sein. Als Martha Raphaelson wegen des verlorenen Familienvermögens 1958 Ansprüche nach dem Bundesrückerstattungsgesetz anmeldete, konnte sie keinen Ersatz aus Bar-, Wertpapier- oder Bankguthaben beanspruchen. Lediglich für den Hausrat der Wohnung an der Bebericher Straße wollte sie entschädigt werden: „1 Blüthner Concert Piano, 1 großer Perserteppich, eine Sammlung von Büchern, 4 Vorleger, Möbel des Wohnzimmers, Esszimmers, Schlafzimmers, der Küche und der Diele".[136] Womöglich stammte das Inventar noch aus dem Haus in der Kaiserstraße.

Wie Paul Raphaelson Mitte der 1930er Jahre seinen Lebensunterhalt bestritt, ist zumindest in groben Zügen nachvollziehbar. Die Wohnung in der Wilhelmstraße zu finanzieren und seine Familie zu ernähren, war für ihn gewiss schwierig. An beruflichen Qualifikationen hatte er nicht viel vorzuweisen, und mittlerweile waren Juden in „arischen" Betrieben ungern gesehen. Auf Hilfe der öffentlichen Fürsorge konnten Juden nicht vertrauen.

Im NS-Staat waren Fürsorgeleistungen Mitgliedern der „Volksgemeinschaft" zugedacht. Wer als „arbeitsscheu" oder asozial erachtet wurde, musste damit rechnen, geringer oder gar nicht unterstützt zu werden. Das galt besonders für Juden, die als Nicht-Arier per se nicht zur „Volksgemeinschaft" zählten.

Schon bevor der Staat Juden 1939 von der öffentlichen Fürsorge grundsätzlich ausschloss und der im selben Jahr gegründeten Reichsvereinigung der Juden die Hilfe für ihre Glaubensgenossen auferlegte, waren die Bedingungen für jüdische Fürsorgeempfänger verschlechtert worden. In Mönchengladbach hatte die Stadtverwaltung bereits 1934 mit den aus der Weimarer Republik überkommenen Prinzipien der Fürsorge „aufgeräumt". Die Zustände im Wohlfahrtsamt, hieß es in einem Bericht der Verwaltung, seien ehedem „katastrophal" gewesen.[137] Die Praxis, Fürsorgeempfänger zu Notstands- und Pflichtarbeiten heranzuziehen, sei lax gehandhabt worden. So seien nur zwölf Stunden Pflichtarbeit verlangt worden, und die Unterstützung sei oft auch dann geflossen, wenn die Empfänger nicht zur auferlegten Arbeit erschienen seien. „Nach dem Neuaufbau werden sämtliche Arbeitsfähige in Pflichtarbeit vermittelt", hieß es in dem Bericht weiter. Fürsorgeempfänger sollten „sich der sittlichen Pflicht bewußt sein, ihre Arbeitskraft in den Dienst der Volksgemeinschaft zu stellen". Das hieß: Arbeitseinsatz in Grünanlagen und auf Sportplätzen, beim Bau von Straßen, von Talsperren in der Eifel oder einer Wehrsportanlage für die SA in einer Kiesgrube.[138] Vor allem aber zeigte das neue Regime keinerlei Hemmungen, missliebige Personen aus dem Empfängerkreis auszuschließen. So meldete der bereits erwähnte Verwaltungsbericht nicht ohne Stolz, eine für sechs Bezirke zuständige Abteilung des Wohlfahrtsamtes habe von 136 Unterstützungsfällen 106 eingestellt – in 50 davon habe es sich um Prostituierte gehandelt.[139]

Auch Paul Raphaelson wurde zur Pflichtarbeit herangezogen. In seinem Lebenslauf, den er im Januar 1947 in Vorbereitung auf den Prozess vor dem Prager Volksgericht schrieb, gab er an, nach seiner Rückkehr aus den Niederlanden Ende 1934 habe er „bis Ende 1938 Zwangsarbeit auf einer SA Baustelle in M.Gladbach (Baggerloch)" leisten müssen.[140] Bei der von ihm genannten Baustelle handelte es sich wahrscheinlich um die Kiesgrube, in der die SA 1934/35 eine Wehrsportanlage baute. Falls diese Vermutung zutrifft, erscheint es allerdings fraglich, ob Raphaelson wirklich volle vier Jahre ausschließlich auf dieser Baustelle beschäftigt war. Genauere Angaben machte er im August 1946, als er im Internierungslager Neuengamme verhört wurde: „1934–37 forced worker – SA Baustelle Barmerfeld, Muenchen Gladbach, 1937–38 Workman Town Muenchen-Gladbach".[141]

Die durch Pflichtarbeit verdiente Unterstützung dürfte allein kaum ausgereicht haben, die Familie über Wasser zu halten. Womöglich erhielt Raphaelson Hilfe von der Jüdischen Gemeinde. Denn der nationalsozialistische Staat bemühte sich nicht nur, die Juden immer weiter aus dem Berufs- und Wirtschaftsleben zu verdrängen, er war zugleich bestrebt, die Folgelasten dieser in vielen Fällen zur Verarmung führenden Politik der jüdischen Gemeinschaft aufzuerlegen. Letztlich sollten wohlhabende Juden, die dem Druck zu emigrieren noch nicht nachgegeben hatten, die Kosten der diskriminierenden NS-Politik tragen. Dieses System brachte die immer weiter schrumpfende und vom Staat immer stärker ausgeplünderte jüdische Gemeinschaft auf Dauer immer näher an die Grenzen ihrer Leistungsfähigkeit.

V. Raphaelson 1934 bis 1938: Verfolgt von Gestapo und *Stürmer*

Schon kurz nach der Machtübernahme der Nazis hatten einige Stadtverwaltungen Juden die Zahlungen gekürzt oder von der Jüdischen Gemeinde empfangene Gelder auf die staatlichen Leistungen angerechnet und diese entsprechend zusammengestrichen. Wie die „Mischehen" zwischen Juden und Nichtjuden behandelt werden sollten, war – wie auf vielen anderen Gebieten auch – für die Fürsorge eine schwierige Frage. Ab dem Winter 1935/36 waren bedürftige Juden von Leistungen des Deutschen Winterhilfswerks ausgeschlossen. Familien, deren jüdischer Haushaltsvorstand wie im Fall der Raphaelsons mit einer „arischen" Frau verheiratet war, mussten an die Zentral-Wohlfahrtsstätte der Juden in Deutschland verwiesen werden. Das schärfte ein Runderlass des Geheimen Staatspolizeiamts den Gestapo-Außenstellen im Reich im November 1936 ein. [142] Zwei Jahre später, am 19. November 1938, verfügte Reichsinnenminister Frick, Juden seien grundsätzlich „im Falle der Hilfsbedürftigkeit auf die Hilfe der jüdischen freien Wohlfahrtspflege zu verweisen", nur wenn diese nicht helfen könne, dürfe nach strenger Prüfung in Ausnahmefällen staatliche Fürsorge eintreten.[143]

Der Kontakt zu dem offenbar vermögenderen Düsseldorfer Juden, dessen Auto in der Wilhelmstraße beobachtet worden war, und ein Bericht von Hans Jonas deuten darauf hin, dass Raphaelson auch die Hilfe jüdischer Bekannter nutzte, um seinen Lebensunterhalt zu sichern. In seinen Erinnerungen erzählte Jonas, Raphaelson habe bei ihrem Treffen 1945 geschildert, wie er 1937, um sich etwas Geld zu verdienen, den Garten der Familie Jonas an der Mozartstraße gepflegt habe. Der Hausherr, Gustav Jonas, war zu diesem Zeitpunkt bereits schwer erkrankt. Nach Raphaelsons Erzählung konnte er sich kaum noch bewegen, habe allerdings immer noch von einem Stuhl im Garten aus Anweisungen gegeben, welcher Busch und welches Rasenstück zu bearbeiten sei. Ein Bericht, der Jonas offenbar sehr rührte: „Was er da schilderte, war genauso, wie ich es mir vorstellte."[144]

VI. Jonas 1935 bis 1942: Hilfloser Zuschauer des Familiendramas

Dank der finanziellen Unterstützung seiner Eltern konnte Hans Jonas in Palästina mühelos seinen Lebensunterhalt bestreiten, ohne einem Broterwerb nachzugehen. Zwar hielt er gelegentlich einen Vortrag an der Universität von Jerusalem, doch da sein Hebräisch sehr schlecht war, kostete ihn die Vorbereitung erhebliche Zeit und Mühe. Palästina bot dem Sohn des reichen Mönchengladbacher Fabrikanten zwar nicht den Komfort der Villa an der Mozartstraße, doch auf dem bescheideneren Niveau seiner neuen Heimat war Jonas finanziell unabhängig. Das unterschied ihn von den meisten Bekannten und Freunden, die er schon kurz nach seiner Ankunft in Palästina, während des Pessachfestes 1935, gefunden hatte. Etliche Mitglieder dieses Zirkels waren Akademiker, die wie Jonas aus Deutschland stammten und mitunter vor seinem Eintreffen in Palästina von seinem Buch über die Gnosis gehört oder es sogar gelesen hatten. Kontakte zu Zionisten, die bereits vor ihm ins „Land der Väter" ausgewandert waren, taten ein Übriges, den Neuankömmling schnell Fuß fassen zu lassen.

Während des Besuchs von Gustav und Rosa Jonas waren die seit Längerem gespannten Beziehungen zwischen der arabischen Bevölkerung Palästinas und der seit 1933 noch rascher wachsenden Zahl jüdischer Einwanderer und Siedler eskaliert. Ein „Arabisches Hohes Komitee" hatte sich formiert. Das Ziel: ein unabhängiger arabischer Staat Palästina. Den Versprechungen der britischen Mandatsmacht trauten viele Araber nicht mehr. Das Komitee forderte eine Einwanderungssperre, der Verkauf von Land an Juden sollte verboten werden. Ein Mitte April ausgerufener Generalstreik weitete sich zu einem Aufstand aus, in dessen Verlauf britische Einrichtungen und jüdische Siedler angegriffen wurden. Für Hans Jonas war das ein Signal, sich der 1920 gegründeten Hagana anzuschließen, einer illegalen paramilitärischen Organisation der Juden in Palästina, aus der später die reguläre israelische Armee hervorging. Laut Jonas war diese Untergrundtruppe schlecht ausgerüstet:

„Wir benutzten nur Waffen, die man verbergen, also auf dem Leibe, unter den Kleidern, bei sich führen konnte: Handwaffen, Pistolen, Revolver und Handgranaten. (...) Ich habe viele Nächte auf den flachen Dächern von Siedlungen um Jerusalem verbracht, wo man morgens – selbst im trockensten Sommer – völlig vom Tau durchnäßt aufwachte. Ich bin während meiner gesamten Haganah-Zeit, die sich über mehrere Jahre hinzog, kein einziges Mal in ein Gefecht geraten. Man mußte nur immer bereit sein. Dadurch ermöglichten wir es den Siedlern, nachts schlafen und tags arbeiten zu können."[145]

Zur gleichen Zeit, als Intellektuelle aus aller Herren Länder nach Spanien eilten, um im Spanischen Bürgerkrieg für die republikanische Sache zu kämpfen, griff auch der Philosoph Hans Jonas wie selbstverständlich zur Waffe. Dass es für die Sicherheit der bedrängten Juden unerlässlich war, sich zu verteidigen, stand für ihn außer Zweifel – ob es nun galt, gegen Nationalsozialisten zu kämpfen oder gegen Araber. Und ebenso gewiss erschien ihm wohl, dass die Juden einen eigenen Staat benötigten, um in Sicherheit leben zu können. Eine Serie schlechter Nachrichten, die Jonas während des drei Jahre währenden arabischen Aufstands aus Mönchengladbach erreichten, wird das Gefühl der Bedrohung verstärkt haben. Die erste Hiobsbotschaft: der Tod des Vaters.

Gustav Jonas' Krebsleiden war nach seiner Rückkehr nach Mönchengladbach unaufhaltsam fortgeschritten. Daran vermochte auch sein Schwager Leo Horowitz nichts zu ändern, der seine Düsseldorfer Arztpraxis nach dem Boykott am 1. April 1933 aufgegeben hatte und nach Mönchengladbach gezogen war. Dass es schlecht um seinen Vater stand, konnte Hans Jonas aus einem auf den 9. Oktober 1937 datierten Brief seines Bruders Georg entnehmen, auch wenn der – wissentlich oder blauäugig – den Zustand des Vaters in verharmlosenden Worten beschrieb:

„Vater geht es im Ganzen unverändert; seit einer Woche hütet er das Bett und nährt sich von Sahne u. Grütze u. Eigelb vorübergehend, weil O. Leo eine kleine Magenblutung festgestellt u. die durch Diät auskuriert werden soll. Der Verlauf scheint günstig zu sein. Mutter ist eine aufopfernde Pflegerin, ich suche sie nach Möglichkeit zu unterstützen, während O. Leo die Axt im Haus darstellt als Arzt, soweit das möglich ist."[146]

Die „kleine Magenblutung" war in Wirklichkeit ein Vorbote des Todes. Am 7. Januar 1938 starb Gustav Jonas im Alter von 74 Jahren, nachdem er zwei Tage lang im Koma gelegen hatte. „Sein letztes Gesicht", schrieb Georg im März an seinen Bruder,

„zeugte von völliger Erdentrücktheit u. absoluter Gelöstheit und wirkte so erhaben u. trostvoll zugleich. Eine große Beruhigung gewährte es ihm, noch 4 Wochen vor seinem Tode, Dich in gesicherten Verhältnissen zu wissen. – Von Mutter ist zu sagen, daß sie weit über ihre Kraft geleistet hat! Daß dies nicht ohne Rückwirkung geblieben ist, kannst Du Dir denken. Ihr Herz ist stark angegriffen u. der Arzt hat ein Herzleiden festgestellt, Gottseidank kein schweres. Ihr Zustand hat sich in den letzten zwei Monaten wieder etwas gebessert."[147]

Der Tod ihres Ehemanns war für Rosa Jonas ein derart tiefer Einschnitt, dass sie sich entschloss, ihr gewohntes Leben aufzugeben und zu ihrem Sohn nach Palästina zu ziehen. Dieser hatte ihr ein Einwanderungszertifikat besorgt, und seinen Erinnerungen zufolge hatte die Mutter ihre Ausreise und den Umzug etlicher Möbel bereits komplett in die Wege geleitet. Palästina schien ihr trotz hoher materieller Verluste und trotz eines ständig drohenden Kriegs mit den Arabern der geeignetere und sicherere Ort, ihren Lebensabend zu verbringen. Doch dann änderten fünf Schüsse, die der 17-jährige Jude Herschel Grynszpan am 7. November 1938 in der deutschen Botschaft in Paris auf den Botschaftssekretär Ernst vom Rath abfeuerte, die Lage völlig.

Grynszpans Eltern hatten zu jener Gruppe von mehr als 15.000 aus Polen stammenden Juden gehört, die Ende Oktober im gesamten Reich verhaftet und an die polnische Grenze deportiert worden waren. Da weder polnische noch deutsche Grenzer die völlig unvorbereiteten Menschen ins Land lassen bzw. nach Deutschland zurücklassen wollten, saßen sie tagelang im Niemandsland fest. Als Grynszpans Schwester ihm eine Postkarte schickte und ihn über das Schicksal seiner Eltern informierte, kaufte der seit 1936 bei einem Onkel in Paris lebende Herschel am frühen Morgen des 7. November in einem Waffenladen eine Pistole, begab sich zur deutschen Botschaft und verlangte einen Botschaftsmitarbeiter zu sprechen. Als vom Rath ihn empfing, schoss Grynszpan ihn nieder. Das NS-Regime nahm das Attentat zum Anlass, eine neue Terrorwelle einzuleiten.

Als vom Rath trotz des Beistands des nach Paris entsandten Leibarztes Hitlers am 9. November den Schussverletzungen erlag, waren Partei und SA im gesamten Reich damit beschäftigt, den Jahrestag des gescheiterten Putsches von 1923 zu feiern. Hitler, Joseph Goebbels und andere Parteigrößen weilten in der „Hauptstadt der Bewegung" in München. Die Mönchengladbacher Braunhemden der von Polizeipräsident Richard Grunert geführten SA-Standarte 97 richteten zur Feier des Tages in der Rheydter Stadthalle einen Abend für Ortsgruppen der NSDAP aus. Dem prominentesten Rheydter Parteigenossen blieb es überlassen, in Abstimmung mit Hitler in München die Lawine der Gewalt loszutreten. Nachdem die beiden beim Abendessen im Rathaus für das Publikum sichtbar einen Boten empfangen und sich kurz unterhalten hatten, zog sich Hitler zurück und überließ Goebbels den zweiten Akt der Inszenierung. Die Nachricht vom Tod des Legationssekretärs hätte Hitler nicht mehr während des Essens überbracht werden müssen. Dank seines Leibarztes Karl Brandt war er bereits am Nachmittag darüber informiert.[148] Statt des „Führers" trat nun Goebbels ans Rednerpult und peitschte das Parteivolk auf. In Hessen und Magdeburg habe es Demonstrationen gegeben, jüdische Geschäfte seien zerstört und Synagogen in Brand gesteckt worden, erklärte der Propagandaminister und fügte hinzu, der „Führer" habe entschieden, dass solche Demonstrationen zwar nicht von der Partei vorzubereiten oder zu organisieren seien, aber spontane Demonstrationen des Volkszorns auch nicht behindert werden sollten.

Das Parteigefolge verstand, dass diese Aussage in Wahrheit als Aufforderung zu verstehen war. Die in München versammelten Führer eilten zu den Telefonen, verständigten ihre Gau- und Kreisleitungen und untergeordneten SA-Einheiten. Die Krefelder Kreisleitung empfing den telefonischen Aufruf zum Pogrom gegen 22.30 Uhr. Ungefähr zu dieser Zeit dürfte auch in der Mönchengladbacher Kreisleitung an der Albertusstraße, nur einen Häuserblock von der Synagoge entfernt, der Apparat geläutet haben. Es dauerte aber noch eine Weile, bis sich die in Rheydt feiernden Parteigenossen für den Terrorakt gerüstet hatten.

Um 4.35 Uhr riss Lärm den gegenüber der Synagoge wohnenden Mauri Neufeld aus dem Schlaf. Aus dem Wohnzimmerfenster beobachtete der Kantor der Jüdischen Gemeinde zwei SA-Männer, die über ein Eisengitter kletterten und mit einer Eisenstange eine Tür zu der im Synagogengebäude untergebrachten jüdischen Volksschule aufbrachen.

„Plötzlich flackerten kleine Feuerflammen im Schulzimmer und in der Synagoge auf. Es war mir sofort klar, daß diese Barbaren nicht davor zurückschreckten, die heiligen Thorarollen zu verbrennen. Ich hatte das Empfinden, daß einige Rollen in Stücke gerissen und angezündet wurden."[149]

Wenig später traf die Feuerwehr ein. Neufeld wollte unbedingt die Thorarollen retten und bekam vom Einsatzleiter die Erlaubnis, die Synagoge zu betreten, die zu diesem Zeitpunkt noch nicht ernsthaft beschädigt war:

„Das Feuer war ziemlich gelöscht. Der Schaden wäre mit verhältnismäßig geringen Mitteln zu regulieren gewesen. Der Vorhang der heiligen Lade war heruntergerissen und vernichtet. Drei in der ersten Reihe stehende Thorarollen fehlten, man hatte sie zerstückelt und verbrannt. Vor der heiligen Lade, hinter derselben und an deren Seiten lagen Tücher, die mit leicht brennbaren Flüssigkeiten getränkt waren. Brandbomben waren umhergestreut."[150]

Neufeld traf auf vier SA-Männer und vier in Zivil gekleidete Männer mit Parteiabzeichen. Als einer der Männer ihn mit einer Eisenstange niederschlagen wollte, ging das Licht aus. Neufeld konnte fliehen und sich über Krefeld und Düsseldorf nach Köln absetzen. Während der Kantor durch die Gärten der umliegenden Häuser hastete, müssen sich die Brandstifter erneut ans Werk gemacht haben, um den nach dem architektonischen Vorbild der Berliner Synagoge an der Oranienburger Straße errichteten Kuppelbau niederzubrennen. Von der Feuerwehr wurden sie nicht daran gehindert – und erst recht nicht von der Polizei unter der Führung von SA-Kamerad Grunert.

Weitaus folgenreicher für das Schicksal der Familie Jonas war jedoch ein Telegramm, das Gestapo-Chef Heinrich Müller kurz vor Mitternacht an alle Leitstellen im Reich sandte. Zuvor war Müllers Vorgesetzter Heinrich Himmler in München bei einer Gelöbnisfeier von SS-Rekruten mit Hitler zusammengetroffen. Das Telegramm wies die Gestapo an, gegen die Terroraktionen nicht einzuschreiten und allenfalls gemeinsam mit der Ordnungspolizei Plünderungen zu unterbinden. Zudem, so Müller in dem Fernschreiben, seien Vorkehrungen für die Verhaftung von 20.000 bis 30.000 Juden zu treffen – und zwar vorzugsweise reicher Juden.[151] Schließlich sollte der Terror der Pogromnacht die Auswanderung von Juden beschleunigen. Da das Regime bestrebt war, sich möglichst viel vom Vermögen der Vertriebenen anzueignen, war es an der Emigration wohlhabender Juden besonders interessiert. Um 1.20 Uhr präzisierte

SD-Chef Reinhard Heydrich in einem Fernschreiben an die Gestapoleitstellen und SD-Abschnitte Müllers Befehl:

„Sobald der Ablauf der Ereignisse dieser Nacht die Verwendung der eingesetzten Beamten hierfür zuläßt, sind in allen Bezirken so viele Juden – insbesondere wohlhabende – festzunehmen, als in den vorhandenen Haftäumen untergebracht werden können. Es sind zunächst nur gesunde, männliche Juden nicht zu hohen Alters festzunehmen. Nach Durchführung der Festnahme ist unverzüglich mit den zuständigen Konzentrationslagern wegen schnellster Unterbringung der Juden in den Lagern Verbindung aufzunehmen. Es ist besonders darauf zu achten, daß die auf Grund dieser Weisung festgenommenen Juden nicht mißhandelt werden."[152]

Etwa vier Stunden später erreichte der Terror auch die Mozartstraße in Mönchengladbach. Im Morgengrauen versuchte ein NS-Trupp, das Nachbarhaus der Familie Jonas in Brand zu setzen. Das Haus Nummer 7 gehörte dem Textilunternehmer Karl Mannheimer, der seine Fabrik an der Alsstraße bereits im Mai 1938 verkauft hatte. Nun versuchten die Nazis, sein Haus mithilfe von benzingetränkten Lappen und Pechfackeln anzuzünden, beschmierten die zur Haustür führende Steintreppe und die Garagentür mit Teer und warfen brennende Lappen und Fackeln durch ein Fenster in die Garage. Mannheimers Pkw der Marke Adler brannte aus. Die Feuerwehr weigerte sich, den Brand zu löschen. Mannheimer wurde verhaftet.[153]

Zwar blieben Mannheimers Nachbarn von Brandanschlägen verschont, doch auch in das Haus Nummer 9 drangen die Nazis ein, um Georg Jonas in „Schutzhaft" zu nehmen. Der 32-Jährige wurde ins Polizeigefängnis am Spatzenberg gebracht und traf dort auf mindestens

53 weitere männliche Juden. Alle waren in den Morgenstunden des 10. November verhaftet und in das für diese Zahl von Gefangenen viel zu kleine Gefängnis gepfercht worden. Als Spross einer wohlhabenden Fabrikantenfamilie gehörte Georg Jonas zu der von Heydrich beschriebenen Gruppe, die mit der Verhaftungswelle unter Druck gesetzt und zur Auswanderung gezwungen werden sollte. Mit Heydrichs Anweisung, Männer „nicht zu hohen Alters" festzunehmen, nahmen es die Mönchengladbacher Verhaftungskommandos allerdings nicht allzu genau. Der älteste Häftling, Bernhard Vogel, war immerhin 69 Jahre alt.[154]

Fast eine Woche lang musste Georg Jonas mit den Inhaftierten in den engen Zellen am Spatzenberg ausharren. Womöglich gehörte seine Mutter zu den 30 bis 40 jüdischen Frauen, die sich wenige Stunden nach der Verhaftungswelle auf der Suche nach Rat im Haus der 38-jährigen Lilli Kretzmer an der Schillerstraße 53 versammelten. Kretzmer war die Leiterin des Jüdischen Frauenbundes. Ihren Ehemann Eugen, einen Hautarzt, hatten zwei Polizisten im Morgengrauen in seinem Schlafzimmer verhaftet und ebenfalls zum Spatzenberg gebracht. Die verängstigten, um ihre Ehemänner und Söhne bangenden Frauen baten Kretzmer, sich in ihrem Namen nach dem Schicksal der Verhafteten zu erkundigen. Kretzmer wandte sich zunächst ans Polizeirevier in der Schillerstraße und wurde dann von einem Inspektor, einem ehemaligen Patienten ihres Manns, zur Gestapo an der Dietrich-Eckart-Straße begleitet. Dort eröffnete man ihr, Männer über 65 Jahre würden bald freigelassen. Da Lili Kretzmers Vater dem Gestapo-Mann früher einmal geholfen hatte, erklärte der Beamte ihr unter vier Augen, er könne ihren Ehemann freilassen, wenn sie ein ärztliches Attest beschaffe, dass ein Gefängnisaufenthalt für ihren Mann lebensgefährlich sei.[155]

Mit Georg Jonas ging die Gestapo jedoch weit rücksichtsloser um. Nach etwa sechs Tagen im Mönchengladbacher Polizeigefängnis wurde er gemeinsam mit anderen Opfern der Verhaftungswelle ins Konzentrationslager Dachau verschleppt – eines von drei Lagern, die die gut 30.000 „Schutzhäftlinge" der Pogromnacht aufnahmen. Das aus einer ehemaligen Munitionsfabrik seit 1933 aufgebaute Lager vor den Toren Münchens war eine Art Muster-KZ und beispielgebend für Organisation und Verwaltung des nationalsozialistischen Lagersystems. Als Georg Jonas mit weiteren Mönchengladbacher „Schutzhäftlingen" dort eintraf, war es auf mehr als 30 Wohnbaracken angewachsen, die ein Hochspannungszaun umgab. Jeder dieser „Blöcke" sollte 208 Gefangene aufnehmen. Jonas wurde mit dem Mönchengladbacher Felix Heimann in Stube 1 des Blocks Nummer 21 untergebracht.[156]

Für den ohnehin labilen Fabrikantensohn dürften die Haftbedingungen in Dachau eine noch größere Pein gewesen sein als für robustere Leidensgenossen. Die Tortur begann bereits bei der Ankunft. SS-Wachmänner traktierten die Ankömmlinge mit Beleidigungen und Schlägen und kommandierten sie nach stundenlangem Warten auf dem Appellplatz zur Registratur. In einem „Fotoatelier" mussten sie auf einem Sessel Platz nehmen, dessen Besonderheit der tschechische Historiker Stanislav Zámečník als Häftling in Dachau am eigenen Leib erfuhr:

„In der Mitte des Sessels ist ein ziemlich hohes Brett angebracht, dessen Kante die Mitte des Körpers bestimmt. Geschrei, dass man gerade sitzen soll, gelegentlich von Flüchen begleitet manchmal auch von Faustschlägen, dann eine Aufnahme von vorn, energisches Drehen des Sessels, eine Aufnahme im Profil und der Befehl ‚Raus!', der durch einen Stich ins Gesäß noch unterstrichen wird. Sofern der Neuling noch etwas wahrzunehmen vermag und die Zeit hat, sich den Sessel anzuschauen, bevor er einen Fußtritt erhält, bemerkt er, dass sich dort eine Öffnung für eine Nadel befindet, die durch einen Bowdenzug mit einem Druckknopf an dem Hebel verbunden ist. Dies alles zum Hohn, zur Erniedrigung und Einschüchterung."[157]

Nach einer Ansprache des Lagerkommandanten, der die Lagerordnung einschärfte und klar machte, dass Häftlinge bei Verstößen „abgeknallt" oder am Galgen enden würden, trieb man die Neuankömmlinge in ein Bad, schor ihnen die Köpfe kahl und steckte sie in zerlumpte, schlecht sitzende Häftlingskleidung. Appelle, stundenlanges Strammstehen, Exerzieren und Prügel„strafen" machten fortan jeden Tag zur Qual.

Gemäß dem Ziel, die Auswanderung wohlhabender Juden zu forcieren, ließ das Regime den Inhaftierten jedoch einen Ausweg, um Dachau zu entkommen: die Emigration. Und so entschloss sich Rosa Jonas zu einem Schritt, der ihrem Sohn das Leben rettete, für sie jedoch zum Todesurteil werden sollte: Zugunsten ihres Sohns verzichtete sie auf die Einwanderungserlaubnis nach Palästina, die ihr Hans Jonas besorgt hatte. Da Georg Jonas freigelassen werden sollte, wenn er nach seiner Entlassung aus Dachau Deutschland umgehend verlassen würde, bat Rosa Jonas ihren Sohn in Jerusalem, ihr Einwanderungszertifikat auf Georg Jonas umschreiben zu lassen. Das gelang Hans offenbar mühelos, und Georg Jonas wurde tatsächlich am 15. Dezember 1938 freigelassen. Im Januar traf er bei seinem Bruder ein – „seelisch gebrochen und mittellos", wie dieser fast 20 Jahre später schrieb, als er sich um eine Rente für Georg Jonas bemühte.[158] Das Sorgenkind der Familie tat sich zwar auch in Palästina schwer, Fuß zu fassen und blieb auf die Hilfe seines älteren Bruders angewiesen. Doch dem Holocaust war Georg Jonas entronnen.

Rosa Jonas hingegen saß in der Falle. Das „Kapitalistenzertifikat", mit dem Hans Jonas nach Palästina eingewandert war, galt nur als Garantie für einen weiteren Einwanderer. Und dieses Kontingent war mit Georgs Einwanderung ausgeschöpft. Für seine Mutter musste Jonas nun ein neues Zertifikat besorgen, was sich angesichts des arabischen Aufstands jedoch als schwierig erwies. Da die britische Mandatsregierung den Konflikt mit den Arabern nicht weiter eskalieren lassen wollte, beschränkte sie die Zuwanderung von Juden nun erheblich. Hans Jonas bemühte sich verzweifelt, dennoch ein Zertifikat für Rosa Jonas zu bekommen:

„Ich habe natürlich alles Mögliche versucht, um den Prozess auf illegalem Wege zu beschleunigen, indem ich kleine, vergebliche Bestechungsversuche unternahm oder irgendwelche Leute traf, die versprachen, man könne in Persien oder in Kuba oder sonstwo mit Geld ein Einreisevisum kaufen. (…) Ich habe zweimal recht beträchtliche Summen an jemanden bezahlt, der mir versprach, im Lande X oder Y könne man etwas machen. Ich habe nie wieder etwas von ihm gehört."[159]

Wie sehr sich derweil die Situation seiner Angehörigen in Mönchengladbach verschärfte, konnte Jonas den Briefen entnehmen, die ihm sein Onkel Alfred und seine Mutter schickten. Rosa Jonas und ihr Schwager bereiteten sich auf eine Ausreise vor. Alfred Jonas hoffte, seinem Sohn Gerhart folgen zu können, der Ende April 1938 mit seiner frisch angetrauten Gattin Hilde Klestadt nach Sydney ausgereist, jedoch auf Umwegen auf Hawaii gelandet war.[160] Weder Alfred noch Rosa Jonas wussten im Sommer 1939, wie und wann die Ausreise gelingen könnte. Das zeigen Briefe, die Alfred Jonas Ende Mai und Ende Juni an seinen Neffen in Jerusalem richtete:

„Da das Certificat für deine Mutter ja noch nicht bewilligt ist, wirst du vor die Frage gestellt sein, ob sie solange hier bleiben soll, bis es kommt, oder ob sie in ein Zwischenland, England, gehen soll. Man kann da schlecht raten, bleibt es ruhig und gibt es keinen Krieg, so würden wir alle wohl vorziehen, möglichst lange hier zu bleiben, da der Aufenthalt in England oder sonstwo sicher nicht ideal sein wird. (…) Wird es zum Schlimmsten kommen, werden die Verhältnisse für uns unerträglich sein, so denke nicht nur ich, sondern ausnahmslos alle, mit denen man spricht. Nach dem Verkauf des Hauses wird deine Mutter sich auch wohl eher für England entschließen, als es bis jetzt der Fall war."[161]

Nur vier Wochen später, am 28. Juni, klang Alfred Jonas noch besorgter:

„Ich habe bis jetzt keine Eile gehabt, aber ich glaube, man darf nicht zögern und man muß alles tun, um fortzukommen. (…) Deiner lieben Mutter geht es gut, sie sieht weit besser aus, als seit langer Zeit + ist tatkräftiger als sie je gewesen ist. Wenn sie auch eine Zeitlang in England bleiben muss, wollen wir sehen, nach Möglichkeit zusammen sein."[162]

Obwohl Jonas ihr noch immer kein Einwanderungszertifikat hatte besorgen können, trieb Rosa Jonas die Vorbereitungen für die Reise voran. Sie nahm sich einen Düsseldorfer Anwalt namens Mendel als Berater und mietete in Hamburg Lagerraum, um ihr Hab und Gut dort bis zur Abreise zu deponieren. Die Kosten bezahlte sie für ein Jahr im Voraus. Sollte die Ausreise früher gelingen, werde ihr der zuviel gezahlte Vorschuss erstattet, schrieb sie ihrem Sohn am 12. August 1939. Und:

„Es wäre schön, wenn etwas aus der Altersrente würde. Nach den furchtbaren üblichen Abgaben und denen, die mir noch bevorstehen, werden mir noch so ca. 45.000 M übrigbleiben. (...) die Zeit ist knapp und ich muss sicher noch verschiedentlich mit Mendel in Düsseldorf konferieren. Das Hausgeld wird wohl Mitte September eingezahlt werden."[163]

Mit dem Hausgeld meinte Rosa Jonas den Erlös aus dem Verkauf der Villa an der Mozartstraße. Dass die Fabrikantenwitwe dazu genötigt gewesen sei, wie ihr Sohn 1948 beim Zentralamt für Vermögensverwaltung der Britischen Zone im niedersächsischen Bad Nenndorf in einem Rückforderungs-Antrag geltend machte[164], bestritt der Käufer im Februar 1950 gegenüber dem Wiedergutmachungsamt beim Mönchengladbacher Landgericht. Rosa Jonas habe ihm das Haus wiederholt angeboten, erklärte der Fabrikant und Kaufmann. Und da Frau Jonas ihm „persönlich bekannt" gewesen sei, habe er den Kauf getätigt.[165]

Während sich der finanzielle Verlust beim Verkauf der Villa in Grenzen hielt,[166] war er beim Verkauf der Firma wesentlich höher. Das Unternehmen von Gustav und Alfred Jonas wurde laut Handelsregister am 7. Juli 1939 aufgelöst. Als neue Besitzer des Betriebsgrundstücks firmierten Erich Becker & Co, in dem Gebäude nahm die Cord- und Velvet-Weberei Ernst Becker-Lauf ihre Arbeit auf.[167] Den Wert der Firma, an der Hans Jonas und sein Vetter Gerhart als Kommanditisten mit einer kleinen Einlage beteiligt waren, veranschlagte Jonas' Anwalt nach dem Krieg mit 193.700 RM. Gezahlt habe der neue „arische" Eigentümer jedoch nur 80.000 RM.[168]

VI. Jonas 1935 bis 1942:
Hilfloser Zuschauer des Familiendramas

Nur fünf Tage nach dem oben zitierten Brief war Rosa Jonas anscheinend recht zuversichtlich, dass die Ausreise bald gelingen könne. Am 17. August griff sie erneut zur Feder und fragte Hans Jonas, ob sie ihrem Auswanderungsberater Mendel „jetzt schon Bescheid geben" müsse, oder abwarten solle, bis sie etwas von ihrem Sohn höre. Offenbar hatte sie soeben eine halbwegs positive Nachricht von diesem bekommen. Auszüge aus diesen Zeilen hat Jonas Ende der 1950er Jahre im Zusammenhang mit Wiedergutmachungsansprüchen dokumentiert:

„Nach Deinem gestrigen Brief rief ich sofort den Spediteur an. Es sind 4 Kisten mit ca. 15–16 Kubikm. (...) Ein Billet gilt nur höchstens 6 Monate, kann dann nicht verlängert werden und verfällt; verschiedene Leute versuchten es auch und die Reisebüros haben entschieden abgeraten, es sei schade um das schöne Geld. (...) Ebenso sei es furchtbar schwer, wie man mir versichert, einen vorübergehenden Aufenthalt nach Belgien zu erlangen. (...) Natürlich versuche ich alles, wenn ich demnächst in Köln zu tun habe und auch den belgischen Konsul aufsuchen werde. (...) Die Rechnung für Umzugsgut ist schon bezahlt, die Rechnung für die Spedition, Kisten etc. bei der Devisenstelle ist eingereicht, und nun warte ich auf die Packerlaubnis. Hoffentlich klappt alles; zum Glück lese ich schon lange keine Zeitungen mehr. Die Leute machen sich alle gegenseitig verrückt und gegen Geschick und Bestimmung ist man ja doch machtlos. (...) Das Schlafzimmer war ich beinahe los, dann trat der Käufer zurück und jetzt werde ich's wohl für einen Apfel und Ei abgeben. Aber all das tangiert mich gar nicht mehr."[169]

Was auch immer Hans Jonas ihr zwei Tage zuvor geschrieben hatte – als Großbritannien dem Deutschen

Reich wenige Tage später den Krieg erklärte, sanken die Aussichten auf eine Einwanderungserlaubnis für Rosa Jonas auf null. Schon im Mai hatten die Briten den Zuzug jüdischer Einwanderer drastisch auf maximal 75.000 während der nächsten fünf Jahre beschränkt. In Kriegszeiten wollten sie den Konflikt mit den Arabern nicht noch weiter verschärfen. Palästina war nun für die meisten europäischen Juden nur noch auf illegalen Wegen erreichbar.

Hans Jonas konnte noch bis Mitte Mai 1940 den Kontakt zu seiner Mutter halten. Die Briefe gingen über seinen Vetter Hans Horowitz in den Niederlanden. Mit dem Einmarsch deutscher Truppen riss auch diese Verbindung ab. Rosa Jonas blieb noch ein Jahr in Mönchengladbach. Am 20. September 1940 wurde sie in das Haus Nummer 12 an der Lützowstraße eingewiesen, das ihrem Schwager Alfred gehörte und von den Behörden zum „Judenhaus" erklärt worden war. Ein Jahr lang lebte sie dort in Sichtweite ihres früheren Anwesens an der Mozartstraße. Dann wurde Alfred Jonas' Haus beschlagnahmt, angeblich um darin nichtjüdische Mönchengladbacher unterzubringen, die nach Luftangriffen obdachlos geworden waren. Am 27. Oktober 1941 trennte das Schicksal die Familie. Rosa Jonas wurde nach Lodz deportiert, ihr Schwager konnte sein Haus an einen ihm bekannten „Arier" verkaufen und bezog im Januar 1942 ein Zimmer in einem „Judenhaus" an der Aachener Straße. Am 25. Juli 1942 wurde auch er deportiert: ins Ghetto Theresienstadt.[170] Über das Schicksal seiner Mutter dürfte Hans Jonas keine Details erfahren haben, als ihm vermutlich 1942 das Rote Kreuz mitteilte: Rosa Jonas befinde sich im Ghetto im polnischen Lodz. Zu diesem Zeitpunkt war ihr Sohn bereits Soldat der britischen Armee.[171]

VII. Raphaelson 1938 bis 1942: Die Schlinge zieht sich zu

Ende 1938 traf Paul Raphaelson ein Schicksalsschlag mit weitreichenden Folgen: Am 23. November starb seine Frau. Der Aufgabe, die fünfjährige Tochter allein zu erziehen, war Raphaelson offenbar nicht gewachsen. Drei Monate nach dem Tod ihrer Mutter gab er das Kind in die Obhut der Großmutter. Es zog in die Schlageterstraße um. Wie eng die emotionale Bindung zwischen Vater und Tochter war, ist nicht zu sagen. Und es war auch nicht mehr zu ermitteln, ob die Auffassung, ein Mädchen werde besser von einer Frau erzogen, für diese Entscheidung eine Rolle gespielt hat. Jedenfalls dürften praktische Erfordernisse von erheblicher Bedeutung gewesen sein.

Wie schwierig die Situation von Familien mit einem jüdischen Elternteil war, lässt eine Tagebuchnotiz des jüdischen Historikers Willy Cohn vom 25. August 1935 erkennen. Cohn schrieb über eine Begegnung mit einem „arischen" Kollegen in Breslau, der mit einer jüdischen Frau verheiratet war:

„Was diese Leute und deren Kinder auszustehen haben, die in einer rassischen Mischehe leben, geht noch über unser Schicksal. Weil er eine judenstämmige Frau hat, darf er selbst in den Unterklassen keinen Deutschunterricht geben. – Er rechnet auch damit, daß, wenn die jüdischen Kinder von der Schule entfernt werden, auch er abgebaut wird. – Seine Kinder wissen gar nicht, wohin sie gehören, und ihnen ist ja jede Zukunftsmöglichkeit abgeschnitten. Er selbst wird von allen Seiten bespitzelt. Wieviel Schicksale sind auf diese Weise vernichtet worden!"[172]

Den Raphaelsons dürfte es ähnlich ergangen sein. Das Regime stufte ihre Tochter als „Mischling" ein. Lebte sie bei ihrer „arischen" Großmutter, war sie womöglich etwas weniger exponiert, als wenn sie allein mit dem „volljüdischen" Vater gelebt hätte. Wollte Paul Raphaelson einem Broterwerb nachgehen, hatte er wohl auch kaum Zeit, sich um die Fünfjährige zu kümmern. Ihren Lebensunterhalt zu sichern, war für Juden, die nicht wie Familie Jonas vom Vermögen zehren konnten, immer schwieriger geworden. Sofern Raphaelsons Frau durch Arbeit oder als Fürsorgeberechtigte zum Lebensunterhalt beigetragen hatte, entfiel ihr Scherflein nun. Gleichwohl fand Paul Raphaelson einen Weg: Im Dezember 1938 begann er als Bürovorsteher des jüdischen Rechtskonsulenten Isidor Fürst zu arbeiten[173], der seine Kanzlei in der Bismarckstraße hatte. Als Jude durfte er den Titel Rechtsanwalt nicht mehr führen und auch nicht als solcher tätig werden. Allerdings wurde ihm – wie einigen anderen jüdischen Anwälten in Deutschland – noch der Status eines „Rechtskonsulenten" zugebilligt, d.h., er durfte jüdische Klienten juristisch vertreten.

Abgesehen davon, dass Raphaelson mit dieser Stelle auf einfachere Weise als auf SA-Baustellen etwas Geld verdienen konnte: Von der Stadtverwaltung wäre auch ohne den Tod seiner Frau bald nicht mehr viel zu erwarten gewesen. Als der Deutsche Gemeindetag im Sommer 1939 in 16 rheinischen Städten nachfragte, wie die

Fürsorge für Juden gehandhabt werde, gab es nur noch eine Stadt, die den regulären Wohlfahrtssatz an Juden zahlte, freilich nur, wenn die Jüdische Gemeinde dem Empfänger nicht half. In Mönchengladbach unterstützte die Stadt zu diesem Zeitpunkt lediglich zwei jüdische Anstaltspfleglinge polnischer Nationalität, deren Ausweisung allerdings bereits betrieben wurde. Ansonsten waren mittellose Mönchengladbacher Juden auf die Kultusgemeinde angewiesen.[174]

Doch es waren nicht nur finanzielle Nachteile, die der Tod seiner Frau für Paul Raphaelson nach sich zog. Die Ehe mit einer „Arierin" konnte ihm nun nicht mehr zu jenem prekären, aber im Vergleich zu nicht mit „Arierinnen" verheirateten „Volljuden" dennoch gehobenen Rechtsstatus verhelfen, der sich für solche Verbindungen just zu dem Zeitpunkt herauszubilden begann, als Raphaelsons zweite Frau starb. Nach Auffassung des Regimes hatte Paul Raphaelson bis dahin in einer „Mischehe" gelebt – einer Verbindung zwischen „Deutschblütigen" und Juden, die den Nationalsozialisten beim Umsetzen ihrer rassistischen Ideologie in Gesetzestexte erhebliche Probleme bereitete und für viele Auslegungsfragen beim Vollzug der Gesetze sorgte.

Das im September 1935 erlassene „Gesetz zum Schutz des deutschen Blutes und der deutschen Ehre" hatte zwar künftige Eheschließungen zwischen Juden und Nichtjuden untersagt. Es hatte sich aber nicht darüber ausgelassen, wie bestehende Ehen von Juden mit Nichtjuden zu behandeln seien. Um Repressionen umsetzen zu können, benötigten Justiz und Behörden genauere Vorgaben, wer als Jude zu betrachten und wie mit den bestehenden Ehen zwischen Juden und Nichtjuden zu verfahren sei. Die „Erste Verordnung zum Reichsbürgergesetz" vom 14. November definierte, wer als Jude,

„Halb-" oder „Vierteljude" zu gelten hatte. Anweisungen zu bestehenden „Mischehen" gab sie jedoch nicht. In den nächsten Jahren folgten weitere Ausführungsverordnungen, die die Schikanen Schritt für Schritt verschärften. Endgültige Klarheit über „Mischehen" schufen aber auch sie nicht.

Im Partei- und Behördenapparat existierten unterschiedliche Auffassungen über den Umgang mit Juden aus „deutsch-jüdischen Mischehen". Während Vertreter von Partei, Gestapo und SS scharfe Repressionen verlangten, unter anderem die Zwangsscheidung, plädierte das Innenministerium für einen moderateren Kurs und dafür, die Maßnahmen auf einen überschaubaren, kleineren Personenkreis zu beschränken.[175] Waren jüdische Ehepartner in den ersten Jahren nach der nationalsozialistischen Machtübernahme allen Diskriminierungen genauso ausgesetzt gewesen wie nicht in einer „Mischehe" lebende Juden, setzte sich Ende 1938 eine Linie durch, die freilich nie rechtlich fixiert wurde.[176] Fortan waren „Mischehen" zwischen Juden und „Ariern" als „privilegiert" anzusehen, wenn die daraus hervorgehenden Kinder nicht im jüdischen Glauben erzogen wurden. War die Ehe kinderlos, galt sie nur dann als „privilegiert", wenn der jüdische Ehepartner eine Frau war.[177]

Zwar bot der „privilegierte" Status keinen sicheren Schutz vor Diskriminierung oder informellen Repressionen, aber immerhin übten staatliche Stellen nun für einige Zeit Zurückhaltung. Als Hermann Göring Ende Dezember 1938 per Richtlinie einige Probleme der Behandlung von Juden regelte, legte er beispielsweise für „privilegierte Mischehen" fest, dass ihre Familien nicht zwangsweise in „Judenhäuser" umquartiert werden durften. War der Familienvater „arischer" Deutscher, so durfte die jüdische Frau ihr Vermögen auf ihn oder seine als „Mischlinge" eingestuften Kinder übertragen. Doch es galt auch:

„Ist der Vater Jude und die Mutter Deutsche, so sind derartige Familien ebenfalls vorläufig nicht in jüdischen Vierteln unterzubringen, da die Kinder (Mischlinge I. Grades) später im Arbeitsdienst und in der Wehrmacht dienen müssen und nicht der jüdischen Agitation ausgesetzt werden sollen."[178]

Ähnlich bevorzugt wurden jüdische „Mischehe"-Partner, als die Gestapo am 2. November 1940 zwecks Erfassung zum Arbeitseinsatz eine Zählung der jüdischen Bevölkerung veranlasste. Auch dabei sollten in „Mischehe" lebende Juden unberücksichtigt bleiben.[179]

Wie sehr Juden auch in Mönchengladbach zu diesem Zeitpunkt bedrängt waren und wie hilfreich auch nur die kleinste „Privilegierung" sein konnte, veranschaulicht ein Verwaltungsbericht der Stadtverwaltung vom 4. Oktober 1940:

„Durch eine großzügige Gesetzesauslegung und ein entschlossenes Vorgehen wurde das Judentum aus dem gewerblichen Leben herausgedrängt. (...) Das Tempo der gewerblichen Entjudung führte dazu, dass bereits am 20. 3. 39 nur noch ein einziger jüdischer Gewerbebetrieb in M.Gladbach vorhanden war, dessen Entjudung mittlerweile auch schon durchgeführt ist. Von den auf Grund des Gesetzes über Mietverhältnisse mit Juden erteilten Vollmachten wurde ausgiebig Gebrauch gemacht und darüber hinaus Juden durch leichten Druck in ihrem Wohnraum eingeschränkt. Die ganze Judenschaft wurde mit Ausnahme von 6 Familien, die noch in arischen Häusern wohnen, in 32 Judenhäusern (133 Familien mit 292 Personen) zusammengerückt. – Auf dem Gebiet der Grundstücksentjudung, auf dem grundsätzlich keine Zwangsentjudung stattfinden kann, wurde ebenfalls gearbeitet. Von 204 jüdischen Grundstücken wurden 129 Entjudungsverträge genehmigt. 7 sind noch in Bearbeitung. Es wurden nicht unerhebliche Auflagen zu Gunsten des Reichs gemacht. Weitere Entjudungen werden folgen."[180]

Paragraph 3 der Verordnung zur „Kennzeichnungspflicht" vom September 1941 entband auch Juden aus nicht mehr bestehenden „privilegierten Mischehen" von der Pflicht, den Davidstern zu tragen, sofern Kinder aus dieser Ehe hervorgegangen waren, die nicht als Juden galten. Diese Ausnahme erleichterte Paul Raphaelson wohl eine Reise, die er zwischen Mitte Oktober und Ende November 1941 nach Berlin machte. Dort gab er ein Telegramm an den 1939 nach Peru emigrierten Mönchengladbacher Juden Erich Katz auf. Dessen Frau Charlotte Katz, mit der er erst seit Kurzem verheiratet war, hatte Deutschland nicht mehr rechtzeitig verlassen können und war ins Ghetto Lodz deportiert worden. Mit seinem Telegramm aus Berlin informierte Raphaelson Katz in Lima über Charlottes Verschleppung.

Wie gut Raphaelson Erich Katz kannte, ist unbekannt. Mit Charlotte Katz scheint er jedoch auf vertrautem Fuße gestanden zu haben. Eine Postkarte, die Raphaelson am 22. Dezember 1941 an sie nach Lodz schickte, beginnt mit der Anrede „Meine liebe Lotte". In einer weitaus weniger akkuraten Handschrift als der seines ungleich schreibgewandteren Vaters fuhr Raphaelson fort:

„Heute habe ich Deine Karte ohne Datum erhalten und bin froh, ein Lebenszeichen von Dir zu haben. Gestern kam ein Brief von Erich durch die Italcit[181], das ist meine Kabeladresse in Berlin, von wo aus er Auskunft über Deinen Verbleib fordert. Mittlerweile wird er diese wohl durch die Gesandtschaft erhalten haben. Teile mir doch bitte postwendend mit, ob Du meine Briefe alle erhalten hast und Deinen peruanischen Paß. Die Gesandtschaft drängt."[182]

Tatsächlich konnte Charlotte Katz auf abenteuerliche Weise aus dem Ghetto gerettet werden. Erich Katz war mit dem peruanischen Außenminister befreundet und mit dessen Hilfe gelang es, Charlotte Katz einen peruanischen Pass zu verschaffen. Der peruanische Botschafter in Berlin schaltete sich ein und verlangte von der Gestapo die Ausreise von Katz' nunmehr peruanischer Ehefrau. Im Oktober 1942 wurde diese in ein Berliner Gefängnis verlegt. Auf Umwegen über Internierungslager und Nordafrika schaffte sie es 1945 bis nach Lima.[183]

Als Paul Raphaelson im Dezember 1941 an Charlotte Katz in Lodz schrieb, wusste er, dass auch seine Schwester Frieda und sein Bruder Karl kurz zuvor dorthin deportiert worden waren. Frieda hatte seit Jahren in der Augsburger Straße in Berlin gelebt. Unter dieser Anschrift führte sie das Adressbuch 1935 als Verkäuferin, von 1936 bis 1939 war als Berufsbezeichnung Schneidermeisterin angegeben. Am 18. Oktober war sie nach Lodz deportiert worden. Ihren in Köln lebenden Bruder Karl ereilte das gleiche Schicksal am 31. Oktober[184] – ebenso wie eine in Köln lebende Schwester von Charlotte Katz. Davon berichtete Paul Raphaelson in den letzten Zeilen seiner Postkarte nach Lodz: „An Frieda schrieb ich heute, an Karl kann ich nicht, da Anschrift fehlt." Womöglich hoffte Raphaelson auch, von Charlotte Katz etwas über seine Geschwister zu erfahren. Ob er von Schwester oder Bruder noch ein Lebenszeichen erhielt, ist ebenso unbekannt wie die Gedanken, die ihm durch den Kopf gegangen sein mögen, als er die Briefmarke auf seiner Karte nach Lodz betrachtete: Die Sechs-Pfennig-Marke zeigte ein Portrait Adolf Hitlers.

Mit ihrer Deportation im Oktober 1941 waren Frieda und Karl Heinrich Raphaelson als erste Mitglieder der Familie in die nationalsozialistische Vernichtungsmaschinerie geraten. Ihr Bruder Ernst Moritz, der Ende 1939 in Eindhoven ein kleines Hotel betrieben hatte,[185] war seit dem Einmarsch der Deutschen 1940 bedroht – unübersehbar, denn ab Mai 1942 musste auch er den Judenstern tragen.[186] Einen sicheren Hafen hatten lediglich die Schwestern Anna und Martha erreicht. Anna, die im September 1919 zunächst nach Köln[187] und später nach Berlin gezogen war, lebte inzwischen in Großbritannien. In Berlin hatte sie sich im Unterwäsche-Geschäft versucht, jedoch nicht sonderlich erfolgreich. Einen Vertrag mit dem Textilunternehmen Etam hatte sie aufgeben müssen und war dann von der Firma nach Großbritannien geschickt worden, um ein neues Geschäft aufzubauen. Das zumindest berichtete sie am 28. November 1939 vor einem der Tribunale, die in Großbritannien lebende Bürger aus Feindstaaten befragten und entschieden, ob sie interniert werden sollten. Als eigentlichen Beruf gab Anna vor dem Ausschuss Unterwäsche-Herstellerin an, derzeit beaufsichtige sie die Produktion von Unterwäsche in der Belfaster Firma Beltex Ltd.[188]

Bei ihrer Schwester in Antrim, einem Vorort von Belfast, lebte Ende 1939 auch Martha Raphaelson. Ihre letzte Mönchengladbacher Adresse war laut der Einwohnermeldekartei die Ludwigstraße 12 gewesen, nur wenige Meter vom ehemaligen Elternhaus in der Kaiserstraße entfernt. Von der Ludwigstraße war sie am 15. Mai 1935 nach Berlin gezogen, vermutlich zur Schwester Frieda. Vier Monate später zog sie nach Stuttgart. Seit dem 13. Juli 1938 war sie für eine Woche unter Paul Raphaelsons Adresse in der Wilhelmstraße 16 gemeldet gewesen. Seit dem 21. Juli 1938 war ihr Wohnort dann laut Mönchengladbacher Meldekarte St. Albans England. Vor dem Tribunal in Belfast bezeichnete sie sich als „Housekeeper", zurzeit sei sie jedoch arbeitslos. „Eine Jüdin", notierte ein Mitglied der Jury. Und: „Keine Möglichkeit, Arbeit zu finden. Hat Angst, früher oder später ausgewiesen zu werden. Hat keinen Pass. Seit sie am 31. 7. 38 wieder gelandet ist, hat sie drei Wochen Urlaub in der Schweiz gemacht. Wohnt bei ihrer Schwester."[189] Warum Martha keinen Pass besaß, ob sie ohne Ausweis aus Deutschland geflohen, ob ihr der Pass im Ausland abgenommen worden war oder ob sie ihn schlicht verloren hatte, hielt das Tribunal nicht fest. Der als Urlaub bezeichnete Besuch in der Schweiz war vielleicht ein Versuch, in dem neutralen Land eine sichere Heimstatt zu finden.

Für Paul Raphaelson in Mönchengladbach wurde die Lage 1942 jedoch immer bedrohlicher. Ob auch jüdische Partner aus „Mischehen" in vollem Umfang in den bereits begonnenen Massenmord an den Juden und die nun geplante „Endlösung" einzubeziehen seien, diskutierten hochrangige Vertreter diverser Behörden unter der Leitung von SS-Obergruppenführer Reinhard Heydrich im Januar 1942 anlässlich einer Konferenz am Wannsee vor den Toren Berlins. Eine einheitliche Linie, so das Protokoll, sollte für diesen Personenkreis nicht gelten. Vielmehr müsse „von Einzelfall zu Einzelfall" entschieden werden, „ob der jüdische Teil evakuiert wird, oder ob er unter Berücksichtigung auf die Auswirkungen einer solchen Maßnahme auf die deutschen Verwandten dieser ‚Mischehe' einem Altersghetto überstellt wird".[190] Was das Regime zögern ließ, waren mögliche Komplikationen und das Aufsehen, das Deportationen unter den nichtjüdischen Ehepartnern und deren Verwandten ausgelöst hätten. War es also nicht sinnvoller, dieses „Problem" erst nach einem „Endsieg" zu „lösen"?

Auch Joseph Goebbels beschäftigte die Frage. Wie gewohnt befürwortete der Rheydter am 6. März 1942 beim Diktat seines Tagebuchs einen radikalen Kurs: „Es gibt in Europa noch über 11 Millionen Juden. Sie müssen später einmal zuerst im Osten konzentriert werden; eventuell kann man ihnen nach dem Kriege eine Insel, etwa Madagaskar, zuweisen. Jedenfalls wird es keine Ruhe in Europa geben, wenn nicht die Juden restlos aus dem europäischen Gebiet ausgeschaltet werden. Das ergibt eine Unmenge außerordentlich delikater Fragen: Was geschieht mit den Halbjuden, was geschieht mit den jüdisch Versippten, Verschwägerten und Verheirateten? Wir werden also hier einiges zu tun bekommen und im Rahmen der Lösungen dieses Problems werden sich gewiss auch noch eine ganze Menge von persönlichen Tragödien abspielen. Aber das ist unvermeidlich. Jetzt ist die Situation reif, die Judenfrage einer endgültigen Lösung zuzuführen"[191]

Da Paul Raphaelsons Ehe mit einer „Arierin" 1942 schon seit Jahren nicht mehr bestand, zog sich die Schlinge nun um den Hals des Witwers zu: Paul Raphaelson kam auf die Deportationsliste der Gestapo. Diese arbeitete emsig daran, sämtliche potenziellen Opfer zu erfassen. Zwei Monate vor der dritten Deportation von Juden aus Mönchengladbach hatte das Judenreferat der Gestapoleitstelle Düsseldorf am 6. Februar 1942 ihre Außenstellen sowie die Landräte und Oberbürgermeister von Neuss und Viersen telefonisch angewiesen, bis zum nächsten Tag statistische Angaben über die in ihren Bezirken lebenden Juden zu machen.[192] Damit verschafften sich die Beamten einen detaillierten Überblick im Hinblick auf weitere Deportationen. Gefragt wurde unter anderem nach der Zahl der in „deutsch-jüdischen Mischehen" lebenden Juden. Doch von der nächsten Deportation, die schließlich am 22. April 1942 ins Ghetto von Izbica (Polen) führen sollte, wurden Juden aus „Mischehen" ebenso wie ältere, „besonders gebrechliche" Juden, Juden über 65 Jahre und einige andere Gruppen ausgenommen.

Paul Raphaelson war dennoch schon bald akut gefährdet. Am 15. Mai erließ das Reichssicherheitshauptamt (RSHA) in Berlin „Richtlinien zur technischen Durchführung der Evakuierung in das Altersghetto Theresienstadt" und setzte nun auch Juden aus nicht mehr bestehenden „privilegierten" Ehen auf die Deportationsliste. Allein aus solchen Ehen hervorgegangene Kinder waren aus Sicht der Nationalsozialisten zunächst noch ein Grund, den jüdischen Elternteil zu verschonen. Nach Theresienstadt zu deportieren waren laut den Richtlinien:

„Jüdische Ehegatten einer nicht mehr bestehenden deutsch-jüdischen Mischehe, die gemäß § 3, Abs. a der Polizeiverordnung über die Kennzeichnung der Juden vom 1. 9. 41 (RGBL I, S. 547) vom Kennzeichnungszwang befreit sind, *soweit nicht Kinder unter 14 Jahren (Mischlinge I. Grades, die nach den gesetzlichen Bestimmungen nicht als Juden gelten) im Haushalt leben.*"[193]

Seit Paul Raphaelsons Tochter aus zweiter Ehe bei ihrer Großmutter und nicht mehr in seinem Haushalt wohnte, entsprach er diesem Kriterium. Die Mönchengladbacher Gestapo kannte die Bestimmungen der jeweiligen Transportrichtlinie sicher genau. Ihre vorgesetzte Dienststelle in Düsseldorf bekam aus Berlin mitgeteilt, wie viele Juden in ihrem Bezirk zu einem bestimmten Termin entsprechend den Kriterien für die

Auswahl der Opfer deportiert werden sollten. Düsseldorf teilte den Außenstellen dafür Kontingente zu. Die Beamten der untersten Ebene hatten mithilfe der von ihnen geführten Judenkartei Personen auszusuchen, die den Auswahlkriterien der Transportrichtlinien des RSHA entsprachen. Diesen Bestimmungen zufolge stand Paul Raphaelsons Schicksal fest: Er würde nach Theresienstadt deportiert werden.

Günter Erckens vermutete allerdings, Paul Raphaelson sei bereits für die Deportation nach Izbica am 15. Juni vorgesehen gewesen[194] – was nach heutigem Kenntnisstand einen wichtigen Unterschied gemacht hätte. Denn Izbica lag im Distrikt Lublin des zum „Generalgouvernement" erklärten Polen, wo unter der lokalen Regie des Höheren SS- und Polizeiführers Odilo Globocnik die „Endlösung der Judenfrage" bereits begonnen hatte. An der Grenze der Distrikte Lublin und Galizien war im März 1942 das Lager Belzec in Betrieb genommen worden, das mit einer Gaskammer ausgerüstet war und zum Prototyp der Vernichtungslager wurde. Zugleich hatte Globocnik, angetrieben von Heinrich Himmler, begonnen, die Juden aus den Ghettos von Lublin und Galizien nach Belzec zu deportieren.[195] Theresienstadt hingegen war in den Vernichtungsplänen des Regimes eine andere Rolle zugedacht. Dorthin sollten neben alten auch zahlreiche „prominente" Juden deportiert werden, deren Kontakte ins Ausland dem Regime unangenehme Verwicklungen bescheren konnten. Auch wenn dieses Ghetto für die überwältigende Mehrheit der Theresienstädter Häftlinge nur eine Durchgangsstation auf dem Weg in ein Vernichtungslager war, konnten manche trotz schlechter Ernährung und katastrophaler hygienischer Bedingungen mit etwas Glück dort zumindest etwas länger überleben als die Leidensgenossen in Izbica.

VII. Raphaelson 1938 bis 1942:
Die Schlinge zieht sich zu

Für Erckens' Annahme, Raphaelson sei ursprünglich für eine Deportation nach Izbica vorgesehen gewesen, scheint die Chronologie der Ereignisse zu sprechen. Denn vier Tage vor dem 15. Juni hatte Paul Raphaelson seine Tochter wieder in seinem Haushalt in der Wilhelmstraße angemeldet. Das geht aus einem Bericht hervor, den die Mönchengladbacher Gestapo-Außenstelle am 16. November der Zentrale in Düsseldorf schickte:

„Raphaelson hat seine Tochter (...) geb. am 14. 6. 33, am 11. 6. 42 von der Wohnung der Schwiegermutter nach seiner Wohnung umgemeldet. Die Ummeldung geschah, nachdem R. erfahren hatte, daß er zum nächsten Abschiebungstermin eingeteilt war, und um seiner Abschiebung die Begründung zu entziehen. Die aufgrund seines damaligen Einspruchs gegen die Abschiebung getroffenen Feststellungen ergaben, dass die Tochter nach wie vor bei der Großmutter den Hauptaufenthalt hatte, insbesonders auch bei ihr schlief. Auch wurde durch Augenschein festgestellt, dass das Kind seine Spielsachen für den Tagesaufenthalt bei der Großmutter aufbewahrte. Bei dem Vater hielt sie sich samstags und sonntags auf und auch schon mal wochentags abends. Dieser Tatbestand wurde von R. und seiner Schwiegermutter bei der späteren Abschiebung auch zugegeben. R. äußerte sich am Tage der Abschiebung noch, wir haben mit dem Kind einen dummen Fehler gemacht, sonst sei er auch nicht beim Transport."[196]

Wäre diese Darstellung korrekt und Raphaelson am 11. Juni tatsächlich für den „nächsten" Transport vorgesehen gewesen, wäre das in der Tat der Izbica-Transport am 15. Juni gewesen.

Dieser Ablauf würde ins Organisationsschema der Deportationen passen. Denn die dazu „Eingeteilten" erfuhren etwa zwei Wochen vor dem angesetzten Termin von ihrem Schicksal. Erckens berichtete zum Beispiel über den Mönchengladbacher Julius Frenkel, dieser habe das Formular über die stets vor den Deportationen akribisch durchgeführte Beschlagnahme des Vermögens 13 Tage vor seiner Deportation ins Rigaer Ghetto im Dezember 1941 unterschrieben.[197] Ähnliches zeigt ein Brief des Essener Juden Erich Langer, der mit dem ersten Transport nach Izbica am 22. April in das Durchgangslager verschleppt wurde. „Die Würfel sind gefallen. Das lang Erwartete ist eingetreten: Am vergangenen Samstag, d. 11., erhielt ich die Nachricht, dass ich am 21. April mich zum Abtransport in das besetzte Ostgebiet bereit halten muss", schrieb Langer in einem Abschiedsbrief an seinen Sohn Klaus in Palästina.[198] Die vom Judenreferat der Düsseldorfer Gestapo organisierten Deportationen mit vielen hundert Opfern liefen stets ähnlich ab. Daher dürfte die Benachrichtigungsfrist auch beim zweiten Izbica-Transport etwa zehn Tage betragen haben.

Gegen die Annahme, dass Raphaelson ursprünglich für die Deportation am 15. Juni vorgesehen war, sprechen allerdings die vom RSHA erlassenen Richtlinien für Deportationen nach Izbica. Diese hatte der Leiter des „Judenreferats", Adolf Eichmann, in einem Schreiben an die Gestapoleitstellen am 4. Juni, also rechtzeitig vor dem Transport am 15. Juni, noch einmal dargestellt. Von der Deportation „nach dem Osten (Generalgouvernement)" waren „in deutsch-jüdischer Mischehe lebende Juden" auszunehmen, und zwar ausdrücklich und ohne jede Einschränkung auch „Ehegatten einer nicht mehr bestehenden deutsch-jüdischen Mischehe". Das heißt: Am 4. Juni musste der Gestapo eigentlich klar sein, dass Paul Raphaelson nicht für eine „Evakuierung" nach Izbica in Betracht kam – und zwar unabhängig davon, ob ein Kind in seinem Haushalt lebte oder nicht. Dieses Kriterium war nur für Deportationen nach Theresienstadt von Belang. Da Paul Raphaelson verzweifelt versuchte, seine Tochter wieder in seinem Haushalt anzumelden, ist davon auszugehen, dass es um eine drohende Deportation nach Theresienstadt ging.

Da aus dem Rheinland erst im Juli Transporte nach Theresienstadt fuhren, muss Paul Raphaelson allerdings sehr früh von den geltenden Kriterien erfahren haben. Die Auswahlkriterien waren jedoch schon am 15. Mai der Gestapo mitgeteilt worden, und das RSHA hatte am 21. Mai noch einmal die Leitstellen über die bevorstehenden Theresienstadt-Transporte informiert. Mithin kann das Wissen darüber durchaus frühzeitig bis in die Jüdische Gemeinde Mönchengladbach oder zum einzigen in der Stadt verbliebenen Rechtskonsulenten Fürst gedrungen sein. Fürst dürfte in seiner Position mit den Schicksalen vieler jüdischer Mitbürger und ihren Auseinandersetzungen mit den Verfolgungsbehörden vertraut gewesen sein. Deren Vorgehen hatte er in der eigenen Familie erleben müssen. Dank seiner katholischen Ehefrau lebte auch Fürst in „privilegierter Mischehe". Sein Sohn Heinz galt als „Mischling ersten Grades", hatte jedoch eine „Volljüdin" geheiratet und war mit seiner Frau nach Izbica deportiert worden.[199]

Selbst wenn in der Düsseldorfer Gestapoleitstelle oder in der Mönchengladbacher Filiale vorübergehend Verwirrung über die unterschiedlichen Kriterien für Transporte nach Theresienstadt und Izbica geherrscht haben sollte und selbst wenn Raphaelson deshalb zunächst irrtümlich für den Izbica-Transport ausgewählt worden sein sollte: Am Ende ereilte ihn das Schicksal, das ihm die Holocaust-Planer in ihren Richtlinien vom 15. Mai zugedacht hatten. Mit dem „dummen Fehler", von dem er laut Gestapo-Bericht am Tag seiner Deportation gesprochen haben soll, kann er nur gemeint haben, dass er seine Tochter nicht früher wieder zu sich genommen hatte. Als er sie 1938 in die Obhut seiner Schwiegermutter gab, hatte er von den Deportationen noch nichts ahnen können. Der Versuch, das Kind im letzten Moment wieder in seinem Haushalt anzumelden, war gewiss keine Dummheit. Raphaelsons „Einspruch" gegen seine Einteilung zur Deportation nahm die Mönchengladbacher Gestapo immerhin so ernst, dass sie ihn nicht einfach vom Tisch wischte, sondern ermittelte und sich die Mühe eines Hausbesuchs bei dessen Schwiegermutter machte.

Andere Möglichkeiten, einer Deportation zu entgehen, hatte Raphaelson im Juni 1942 kaum noch. Da es Juden seit Oktober 1941 untersagt war auszuwandern, hätte er allenfalls fliehen können. Doch dafür standen die Chancen äußerst schlecht. Ohne Lebensmittelkarten, ohne Geld und ohne die Hilfe von vertrauenswürdigen Personen unterzutauchen, war bis zum Zusammenbruch der geregelten Tätigkeit von Behörden kurz vor Kriegsende ein wenig aussichtsreiches Unterfangen. Zumal Mönchengladbach als relativ kleine Stadt nicht die Anonymität der Masse bot wie Berlin, wo etliche Juden untertauchten und überlebten.

Im Bereich der Gestapoleitstelle Düsseldorf wagten 1942 nur wenige zur Deportation Vorgesehene die Flucht oder den Schritt in den Untergrund: Von den 1.670 Juden, die bei zwei Transporten im Juli 1942 nach Theresienstadt verschleppt wurden, versuchten lediglich sechs zu fliehen.[200] Wer auf diese Weise der Deportation entgehen wollte, musste zudem damit rechnen, dass die Gestapo Verwandte von Flüchtigen schikanierte. Als beispielsweise die Frau des „deutschblütigen" Jakob Kugeler 1944 vor ihrer Deportation untertauchte, lud die Mönchengladbacher Gestapo den Ehemann mehrmals vor, sperrte ihm die Lebensmittelkarten und versuchte mit Drohungen und Schlägen, ihm den Aufenthaltsort seiner Frau zu entlocken.[201]

Wäre der „dumme Fehler" nicht ans Licht gekommen, hätte Raphaelson vielleicht eine Chance gehabt, sich dem Zugriff der Nazis noch eine Zeit lang zu entziehen, obwohl er als Witwer äußerst gefährdet gewesen wäre. Etliche Juden, deren „privilegierte" Mischehen weiter bestanden, blieben tatsächlich lange Zeit verschont. Wurden im Mai 1939 im Gebiet des „Altreiches" 14.671 „Mischehen" gezählt, waren es Anfang September 1944, als die Vernichtungsmaschinerie längst in großem Umfang angelaufen war, immer noch 12.478, von denen 9.389 als „privilegiert" galten.[202] Als im September 1944 der Höhere SS- und Polizeiführer Karl Gutenberger angesichts des absehbaren Vormarschs der Alliierten an den Rhein den Gestapo-Stellen befahl, sämtliche in den Regierungsbezirken Düsseldorf, Aachen und Köln noch wohnenden Juden zu erschießen, drohte auch den Mischehepartnern der Tod. Gutenbergers Befehl wurde jedoch nicht ausgeführt.[203] In anderen Teilen des Reichs wurden „Mischehepartner" jedoch noch Monate später Opfer der Verfolgung. Am 15. Januar 1945 befahl das RSHA, alle in „Mischehe" lebenden arbeitsfähigen Juden binnen eines Monats nach Theresienstadt zu deportieren. 1.629 Männer und Frauen wurden bis Ende Februar aus mehreren deutschen Großstädten weisungsgemäß ins Altersghetto verschleppt.[204]

Besiegelt war im Sommer 1942 nicht nur Paul Raphaelsons Schicksal. Dass sein Bruder Karl Heinrich am 29. Juni 1942 im Lodzer Ghetto gestorben[205] und seine Schwester Frieda von dort bereits im Mai ins Vernichtungslager Chelmno verschleppt worden war, hat er womöglich nicht mehr erfahren.[206] Wahrscheinlich aber erfuhr er sehr bald, dass auch seine Mutter mit vielen anderen älteren Gladbacher und Rheydter Juden nach Theresienstadt geschickt werden sollte. Betagte Juden zu deportieren, war dem RSHA bei diesem Transport ein wichtiges Anliegen. An erster Stelle, so wiesen seine Transportrichtlinien vom 15. Mai die Gestapoleitstellen an, seien die Bewohner jüdischer Altersheime zu „erfassen". Sicherlich wurde auch Elisabeth Raphaelson ein „Heimeinkaufsvertrag" angeboten, mit dem sich die Senioren vermeintlich Unterkunft, Verpflegung und ärztliche Betreuung im Ghetto auf Lebenszeit erkauften.[207] Diese bei Deportationen ins Altersghetto Theresienstadt inszenierte Farce diente wohl vor allem dazu, den wahren Charakter der Deportation zu verschleiern, um mit dem Abtransport von Alten und Gebrechlichen möglichst wenig Empörung in der Bevölkerung hervorzurufen. Denn um die Einnahmen aus den Verträgen brauchte sich das Regime eigentlich nicht zu kümmern. Das Vermögen der Deportierten wurde ohnehin komplett beschlagnahmt.

Weil sich das Regime an den Deportierten rücksichtslos bereichern wollte, wurden die Opfer entgegen landläufigen Vorstellungen nicht in Nacht-und-Nebel-Aktionen von Gestapo-Kommandos aus ihren Wohnungen geholt und in die Deportationszüge getrieben. Die Vorbereitungen zum Massenmord waren systematisch angelegt. Die Bürokratie des RSHA, der örtlichen Gestapo-Stellen und der von ihnen hinzugezogenen anderen Behörden ließ sich in der Regel einige Wochen Zeit, eine Deportation zu planen. Die für den Transport nötigen Züge, deren Fahrplan und die Route zusammenzustellen, war beispielsweise eine Aufgabe, in die die

Reichsbahndirektion eingeschaltet wurde. Ihr Leiter, Julius Dorpmüller, war ein überzeugter Anhänger des Regimes, der von Hitler mit dem Goldenen Parteiabzeichen geehrt wurde und schon früh dafür gesorgt hatte, dass Reichsbahner einen Eid auf den „Führer" ablegten. 1937 wurde Dorpmüller Reichsverkehrsminister, sein im Mai 1942 berufener Staatssekretär Albert Ganzenmüller war schon 1923 an Hitlers Seite marschiert, als dieser in München beim Marsch auf die Feldherrnhalle einen Staatsstreich versucht hatte.[208]

Damit das Vermögen der zum Transport „Eingereihten" vollständig erfasst und eingezogen werden konnte, mussten die Betroffenen mitwirken. Daher wurden sie zeitig von ihrem Schicksal in Kenntnis gesetzt. Wenngleich Paul Raphaelson keine großen Besitztümer anzugeben hatte, musste auch er ein sechzehnseitiges Formular ausfüllen. Jeder zur Deportation Vorgemerkte hatte darin Auskunft über seine Vermögensverhältnisse zu geben. Penibel erfassten die Formblätter Ersparnisse, Wertpapierbesitz, Konten, Grundeigentum, Kunstgegenstände, Schulden und Mietrückstände, das komplette Wohnungsinventar und selbst die Unterwäsche sowie die im Haushalt verfügbaren Bestände an Kartoffeln. Hinweise zum korrekten Umgang mit dem Formular erteilte ein Merkblatt, das über die Bezirksstelle Rheinland der Reichsvereinigung der Juden zugestellt wurde. Die Vereinigung stand unter Gestapo-Kuratel und wurde gezwungen, bei der Organisation der Deportationen zu helfen.

Der Schein der Legalität sollte bei der Enteignung der Juden bis zum Schluss gewahrt bleiben. Um Paul Raphaelson und den fast 1.000 übrigen Insassen des Deportationszugs Zustellungsurkunden über den Einzug ihres Vermögens aushändigen zu können, forderte die

Gestapo beim Amtsgericht Düsseldorf für den 25. Juli, 15 Uhr, fünf Gerichtsvollzieher an, die den im Schlachthof an der Rather Straße zusammengetriebenen Juden die Urkunden überreichen sollten.[209] Da Theresienstadt nach deutscher Lesart nicht im Ausland, sondern im „Protektorat Böhmen und Mähren" lag, gab es ein juristisches Problem: In diesem Fall konnte das Vermögen nicht wie bei früheren Transporten mit der Begründung eingezogen werden, dass ein Jude, der seinen „gewöhnlichen Wohnsitz" im Ausland habe, nicht mehr Reichsangehöriger sei und sein Besitz daher automatisch ans Reich falle. Die Behörden fanden eine Lösung, die den Schein der Legalität aufrechterhalten sollte: Der Reichsinnenminister stellte kurzerhand fest, nach Theresienstadt zu deportierende Juden hätten per Definition volks- und staatsfeindliche Bestrebungen. Somit konnte auch Raphaelsons spärlicher Besitz als „volks- und staatsfeindliches Vermögen" beschlagnahmt werden.[210] Für die weitere Verwertung war die Oberfinanzdirektion Düsseldorf zuständig.

Für ihre Deportation mussten die Juden selbst aufkommen. Sie wurden angehalten, mindestens 25 Prozent ihres flüssigen Vermögens auf das „Sonderkonto W" zu überweisen, das die Reichsvereinigung der Juden bei der Commerzbank Köln eingerichtet hatte. Da die Vereinigung die Deportationen finanzieren sollte, zugleich aber die von ihr geleistete finanzielle Unterstützung mittelloser Juden viel Geld kostete, wurde sie von der Gestapo gezwungen, möglichst hohe Einnahmen zu erzielen. Deshalb verzichtete die Vereinigung nicht darauf, auf den Merkblättern für die zur Deportation Vorgesehenen noch fällige Beiträge anzumahnen.[211] Von dem Sonderkonto W wurden seit Dezember 1941 die Rechnungen beglichen, die beispielsweise die Gerichtsvollzieher oder die Reichsbahn für ihre Dienste bei der Deportation stellten.[212] Für die Züge nach Theresienstadt berechnete die Bahn einen Dritte-Klasse-Tarif von vier Pfennig pro Kilometer und Person. Da aber mehr als 400 Menschen transportiert wurden, räumte sie einen Gruppentarif ein, was den Fahrpreis halbierte. Kinder unter zehn Jahren fuhren kostenlos mit.[213] In der Logik dieses Bürokraten- und Buchhalterwerks war das eine echte Ermäßigung. Schließlich hatte Dorpmüllers Ministerium am 26. Juli 1941 für alle „Reisesonderzüge" – als solche galten auch Deportationszüge von „Geisteskranken" oder Züge für „volksdeutsche Siedler" – verfügt: „Keine Freikarten".[214]

VIII. Jonas 1939 bis 1945:
Ein Philosoph zieht in den Krieg

In den frühen Morgenstunden des 1. September 1939 eröffneten Mitglieder einer „SS-Heimwehr" und Polizisten das Feuer auf das Postamt am Heveliusplatz in Danzig, in dem sich gut 60 bewaffnete Polen verschanzt hatten. Als sie sich am frühen Abend ergaben, hatte die deutsche Wehrmacht bereits mit einigen Tausend Soldaten und Panzerverbänden die polnische Westgrenze überschritten. Der in „privilegierter Mischehe" lebende Romanist Victor Klemperer erfuhr die Nachricht vom Beginn des Zweiten Weltkriegs in der Frühe von einem Schlachtergesellen. Klemperer war wenig zuversichtlich. Sollten England und Frankreich neutral bleiben, sei eine „Morphiumspritze oder etwas Entsprechendes" die beste Lösung für ihn und seine Frau, notierte der Dresdner in seinem Tagebuch. Doch auch ein Krieg mit britischer und französischer Beteiligung schien ihm kein Ausweg. Was er am 3. September 1939 seinem Tagebuch anvertraute, befürchteten wohl viele Juden, die in Deutschland festsaßen:

„Dies gibt entweder einen überwältigenden, fast kampflosen Sieg, und England und France sind kastrierte Kleinstaaten, oder aber eine Katastrophe, zehntausendmal schlimmer als 1918. Und wir mitteninne, hilflos und wahrscheinlich in beiden Fällen verloren."[215]

Hans Jonas reagierte anders. Trotz der schwindenden Einwanderungschancen seiner Mutter war er begeistert, als Großbritannien Deutschland nach dem Überfall auf Polen den Krieg erklärte. „Ich sehnte mich geradezu danach, mit Deutschland abzurechnen. Ganz freimütig und persönlich gesprochen, kann ich sagen, daß in mir von 1933 an ein heftiger Wunsch nach Rache brannte", gestand Jonas im Sommer 1941 seinem Vetter Gerhart in einem Brief.[216] Mit Beginn des Kriegs schien ihm die Gelegenheit gekommen, diesen Wunsch in die Tat umzusetzen. „Dies ist unsere Stunde, dies ist unser Krieg" lautete die erste Zeile eines Aufrufs, mit dem Jonas im September 1939 die Juden in aller Welt zu den Waffen rief und eine Jüdische Legion an der Seite der Alliierten forderte. Der Kampf gegen das NS-Regime sei für Juden „wahrhaft der totale Krieg", weil es um ihr Existenzrecht gehe, das ihnen die Nationalsozialisten absprächen: „Unser bloßes Dasein ist unvereinbar mit dem Dasein des Nazitums. Ein ins Mythologische emporgetriebener Gegensatz obwaltet hier und er kann nur mit der Vernichtung des Einen oder des Anderen enden."[217] Bis jetzt sei dieser Krieg einseitig von den Nationalsozialisten gegen die Juden geführt worden. Doch nun eröffne sich endlich die Chance, zurückzuschlagen und erstmals seit fast 2.000 Jahren als jüdisches Volk „für seine eigenste Sache" zu kämpfen.

Doch dieser „bellum judaicum" war für Jonas mehr als ein rein „jüdischer Krieg". Der Gegensatz zum Nationalsozialismus lege die Grundlagen offen, die das Judentum zur christlich-abendländischen Kultur beigetragen habe, meinte er. Oder in den Worten des flammenden Manifests: „Uraltes Geschichtsgut unseres

Stammes, unser unverjährter Beitrag zur Ethisierung der Menschheit, ist in diesem Kampfe mitaufgerufen."[218] Für den Philosophen Jonas handelte es sich um einen „Krieg zweier Prinzipien, von denen das eine in der Form der christlich-abendländischen Humanität auch das Vermächtnis Israels an die Welt verwaltet, – das andere, der Kult der menschenverachtenden Macht, die absolute Negierung dieses Vermächtnisses bedeutet".[219]

Sein leidenschaftliches Plädoyer, den Kampf in vorderster Front auf europäischem Boden aufzunehmen, stand im Widerspruch zur Ansicht einiger führender Zionisten, die es für dringlicher erachteten, die Juden in Palästina gegen die Araber zu verteidigen. „Die Entscheidung auch über Palästina wird auf den Schlachtfeldern Europas fallen. Eine neue Legitimierung unserer Ansprüche auf Palästina ist nur dort zu finden", hielt Jonas solchen Einwänden entgegen.[220] Auch die Sorge, im Falle eines Kriegs werde das NS-Regime noch rücksichtsloser gegen die Juden vorgehen, überzeugte ihn nicht:

„Ich aber hatte im Auge, was schon geschehen war, und was unausweichlich geschehen würde, wenn Hitler siegte, und versuchte klarzumachen, daß Palästina kein sicherer Hafen sei, sondern im Gegenteil gerade ein Posten, von dem aus wir den Kampf aufnehmen könnten."[221]

Jonas' Anspruch, sich mit seinem Aufruf an Juden aller Länder zu wenden, stand in krassem Missverhältnis zum tatsächlichen Leserkreis. Jonas konnte allenfalls einige Abschriften an Bekannte verteilen. Da der Aufruf in Deutsch verfasst war, blieb selbst in Palästina der Kreis seiner potenziellen Leser beschränkt. Doch der Philosoph beließ es nicht beim Theoretisieren. Er versuchte, britische Militärbehörden und den französischen Generalkonsul in Jerusalem für seine Forderung nach jüdischen Truppen für den Kampf auf europäischem Boden zu gewinnen. Die Soldaten sollten zwar unter britischem oder französischem Oberkommando, aber unter jüdischer Flagge kämpfen. Schließlich ging es Jonas darum, dass Juden einen eigenen, sichtbaren Beitrag leisteten. Weder seine britischen Gesprächspartner noch der französische Generalkonsul zeigten sich interessiert. Die Jewish Agency, als offizielle Vertretung der Juden gegenüber der Mandatsmacht Großbritannien so etwas wie die jüdische Regierung in Palästina, begegnete Jonas' Drängen ebenfalls reserviert. Erst die Niederlage Frankreichs, so war er noch Jahrzehnte später überzeugt, habe die Lage verändert.

Ganz so untätig, wie es Jonas erschien, waren die Briten und die Vertreter der Juden aber nicht. Die Idee, jüdische Kampfeinheiten aufzustellen, sei seit Beginn des Kriegs immer wieder angesprochen worden, leitete der britische Kriegsminister Percy James Grigg 1944 ein Memorandum für das britische Kriegskabinett ein. Im Februar 1940 – also noch vor dem Angriff auf Frankreich – habe das Kabinett gebilligt, dass sich Juden zur britischen Armee meldeten. Noch im selben Jahr habe Chaim Weizmann, damals Präsident des Zionistischen Weltkongresses und später Präsident Israels, mit dem damaligen Kriegsminister Anthony Eden vereinbart, eine 10.000 Mann starke jüdische Armee aufzustellen, die in Palästina ausgebildet werden sollte. Aus Furcht vor Reaktionen der Araber sei das Projekt aber verschoben worden.[222]

Dennoch bot sich Jonas nach der Niederlage Frankreichs im Sommer 1940 die ersehnte Chance, in den Krieg zu ziehen – allerdings nicht wie erhofft, unter jüdischer Flagge, sondern zunächst in einem der Bataillone, die in der Britischen Armee für palästinische Freiwillige formiert wurden. Der 37-Jährige bestand die ärztlichen Tests und wurde der First Palestine Anti-Aircraft Battery zugeordnet, einer Einheit, die zunächst in Haifa zum Schutz von Ölraffinerien vor Luftangriffen eingesetzt und dann nach Zypern verlegt wurde. Jonas nutzte die Zeit auf der Mittelmeerinsel, um Neugriechisch zu lernen und für zypriotisch-griechische Bauern in Weinschänken Homer zu zitieren. Doch der Dienst fernab der europäischen Fronten entsprach bei Weitem nicht dem, was sich Jonas von einem „bellum judaicum" erhofft hatte. Am Schicksal seiner Mutter vermochte er nichts zu ändern. Voller Ungeduld beantragte Jonas daher seine Versetzung nach England, um bei einer Invasion auf dem europäischen Festland dabeizusein.

Allerdings war vorher noch eine Angelegenheit zu regeln: Ende 1943 heiratete Jonas Lore Weiner, Tochter des Rechtsanwalts Siegfried Weiner aus Regensburg. Der Philosoph hatte die junge Frau bei einem Fest am Purim-Abend 1937 kennengelernt und sich sogleich zu ihr hingezogen gefühlt. Nach einer durchtanzten Nacht hatte er zu seiner Enttäuschung erfahren, dass die junge Frau mit einem Hans Krause verheiratet war. Allerdings im Rahmen einer Scheinehe, um einen dauerhaften Aufenthalt in Palästina zu erlangen, wie Jonas später in seinen *Erinnerungen* versicherte. In der Folgezeit waren sich die beiden zwar gelegentlich begegnet, auf eine tiefere Beziehung mochte sich Jonas zu diesem Zeitpunkt jedoch nicht einlassen. Als er Ende 1937 auf Rhodos Quartier bezog und am zweiten Teil seines Gnosis-Werks arbeitete, verlor er Lore Krause aus den Augen. Im Januar erreichte ihn die Nachricht vom Tod seines Vaters. Jonas reiste zurück nach Jerusalem und erfuhr von seiner Vermieterin, dass seine Freundin inzwischen wirklich mit Hans Krause verheiratet sei.

VIII. Jonas 1939 bis 1945:
Ein Philosoph zieht in den Krieg   143

Die beiden, so Jonas, hatten eine „richtige Hochzeit" gefeiert.

Jonas war darüber offenbar schockierter, als er selbst gedacht hätte. Seiner Vermieterin blieb das nicht verborgen und sie nahm die Dinge in die Hand. Sie engagierte Lore Krause als Kindermädchen und berichtete ihrer Angestellten von Jonas' bestürzter Reaktion auf die Nachricht von der Hochzeit. Dies wiederum, so Jonas' Darstellung, erschütterte Lore Krause, denn die junge Frau hatte vor ihrer „richtigen Heirat" lange vergeblich darauf gehofft, Jonas werde Interesse an einer ernsthaften Bindung zeigen. Daraus entspann sich eine Dreiecksbeziehung, die Hans Jonas Jahrzehnte später so schilderte:

„Daß sie bald von ihrem Mann enttäuscht war, ermöglichte es, daß wir uns wiederbegegneten. Noch dazu hatte sie durch diese Mitteilung eine Art Ermächtigung erhalten. Bis zum Ausbruch des Krieges trafen wir uns von Zeit zu Zeit zu langen Spaziergängen. Ich lieferte sie getreulich an der Türe ihrer Wohnung ab, wo sie dann den Fahrstuhl herauffuhr in ihr Stockwerk, wo oben ihr Mann auf sie wartete. Und so hätte es noch weitergehen können, wäre nicht der Krieg ausgebrochen und hätte ich mich nicht sofort freiwillig gemeldet."[223]

Im Sommer 1940 wurde Lore Krause dann doch zur Geliebten des anscheinend bald in den Krieg ziehenden Philosophen. In die Scheidung willigte ihr Mann 1943 erst nach langem Widerstand ein. Als diese schließlich ausgesprochen war, hatten es die Liebenden eilig. Jonas hatte gehört, seine Einheit werde bald ins Ausland verlegt. Die rituell vorgeschriebene Frist zwischen einer Scheidung und einer erneuten Heirat konnte das Paar nicht einhalten. Auf der Grundlage einiger falscher Personalangaben wurde die Ehe Ende 1943 geschlossen, zwei Wochen später wurde Jonas' Einheit, die bis dahin in Haifa stationiert gewesen war, nach Zypern verlegt.

Die ersehnte Chance, den „jüdischen Krieg" zu eröffnen, kam jedoch erst im Spätsommer 1944. Am 20. September gab der BBC-Rundfunk eine Entscheidung bekannt, die Premierminister Winston Churchill durchgesetzt hatte: „Die Regierung Ihrer Majestät hat entschieden, dass eine Jüdische Brigade aufgestellt werden soll. Die Infanterie-Einheit, ein Zusammenschluss der bestehenden jüdischen Bataillone des Palestine Regiment, wird aktiv am Kampfgeschehen teilnehmen."[224] Auch Soldaten, die bislang in gemischten Einheiten gedient hatten, durften sich zu dieser Jewish Brigade melden. Dieser Schritt war für viele Juden und auch für Jonas von großer Bedeutung. Denn er erlaubte es, wie in seinem Appell 1939 gefordert, unter eigener Flagge mit dem Davidstern und mit eigenen Uniformabzeichen für die „eigenste Sache" zu kämpfen. Für die Juden in Palästina und im späteren Staat Israel sollte sich die Gründung dieser Brigade als wichtiger Schritt auf dem Weg zu eigenen israelischen Streitkräften erweisen. Etliche Brigade-Soldaten hatten zuvor wie Hans Jonas in der illegalen Hagana Dienst getan und erlernten nun in der modern ausgerüsteten britischen Armee das Militär- und Kriegshandwerk. Nach 1945 gehörten viele Brigadiers zum Führungspersonal beim Aufbau der israelischen Armee.

Auch Jonas, der in seiner Anti-Aircraft Battery eine Mechanikerausbildung absolviert hatte und zum Geschützmeister der Batterie avanciert war, trainierte zunächst einige Wochen lang in der ägyptischen Wüste mit britischen Feldartilleriegeschützen. Die Hoffnung, seine Mutter sei noch am Leben, hatte er zu diesem Zeitpunkt noch nicht begraben. Nachrichten aus seiner Geburtsstadt nahm er wahrscheinlich begierig auf. Das zeigt ein Brief, den er am 30. Dezember 1944 an seine Frau schrieb.

„Und morgen Abend ist Neujahr, Abschied von 1944, das uns manches schuldig geblieben ist. Über 1945 will ich nichts schreiben – wir beide wissen, was wir von ihm wünschen. Diesmal glaube ich, wird es in Erfüllung gehen. Für mich füge ich noch einen Wunsch hinzu: daß meine Mutter lebt und ihre Söhne noch wiedersieht. Mönchengladbach ist mal wieder groß bombardiert worden. Die deutsche Offensive, mindestens für den Augenblick zum Stehen gebracht."[225]

Als Jonas diese Zeilen schrieb, befand er sich bereits auf italienischem Boden. Die Brigade hatte sich am Morgen des 31. Oktober im Hafen von Alexandria eingeschifft, war in Tarent an Land gegangen und hatte zunächst 120 Kilometer östlich von Rom in Fiuggi Quartier bezogen.[226] Als die Einheiten im März in schwere Gefechte am Fluss Senio in der Provinz Ravenna verwickelt wurden, konnte Jonas seinen Teil dazu beitragen, die Deutschen zu besiegen. Die Kämpfe endeten mit einem Durchbruch durch die deutschen Linien.

So groß der Triumph des Sieges über die Deutschen auch gewesen sein mag, ebenso groß war die Bestürzung über das, was die Brigade beim Vormarsch über das Schicksal der europäischen Juden erfuhr. Dass viele den Nazis zum Opfer gefallen waren, wussten die Brigadisten. Doch das ganze Ausmaß des Holocaust kannten sie ebenso wenig wie Jonas. Auch er hatte von Gräueltaten in den von Deutschen besetzten Gebieten Osteuropas gehört. Doch die Berichte waren vage.

„Auch von Deportationen hatten wir gehört – es wurden ja ganze Gegenden von Juden evakuiert, und das war selbst im Krieg nicht geheimzuhalten. Aber wo sie hinkamen und was mit ihnen geschah, darüber bestand weitgehende Unklarheit. Wir wußten von den Ghettos, auch von Konzentrationslagern, aber über die Gasöfen hatten wir nichts gehört. Erst in Italien begannen unsere Augen geöffnet zu werden, denn je weiter wir vorrückten, desto schrecklichere Dinge hörten wir."[227]

Schon auf dem Weg durch Italien begannen Mitglieder der Brigade damit, Hilfe für die überlebenden Juden zu organisieren. Eine Zeit lang hielt sich die Brigade in Tarvisio auf, einer Station auf einer illegalen Fluchtroute nach Palästina, die von Zionisten-Gruppen organisiert wurde. Die Brigadisten klinkten sich in das Netzwerk ein, beschafften Bestechungsgelder für Grenzposten und versorgten Menschen, die über die Route nach Tarvisio gelangten. Viele waren Überlebende aus Konzentrationslagern und lieferten detaillierte Berichte über das ganze Ausmaß des Holocaust. Die Brigade blieb nur wenige Monate in Tarvisio. Gleichwohl soll sie es geschafft haben, etwa 15.000 Juden bei der Flucht nach Palästina zu unterstützen.[228]

Von Überlebenden erfuhren die Brigadisten auch Namen von Tätern, die in den Ghettos, Konzentrationslagern und bei Massakern an der Verfolgung und Ermordung der Juden beteiligt gewesen waren. Auch Juden, die im britischen und US-amerikanischen Geheimdienst arbeiteten, sollen die Brigade-Soldaten mit Informationen über NS-Täter versorgt haben. Und so wurde bald neben der Hilfe für Überlebende ein zweiter Punkt der „heimlichen Agenda" verwirklicht, die die Brigade in Abstimmung mit der Jewish Agency umzusetzen begann:[229] Mitglieder der Einheiten spürten NS-Täter auf und töteten sie.

Besonders aktiv sollen bei den Vergeltungsaktionen Angehörige einer „Deutschen Abteilung" gewesen sein, eine Gruppe von etwa 40 Männern, die bereits 1942 heimlich in Palästina als Sondereinheit der Hagana für verdeckte Einsätze ausgebildet worden war.[230] Die heimlichen Exekutionen beschränkten sich nicht nur auf süddeutsches und österreichisches Gebiet, das von Tarvisio leicht zu erreichen war. Als die Brigade gegen Ende Mai bei Garmisch-Partenkirchen die deutsche Grenze überschritt und Richtung Norden marschierte, hörten die Hinrichtungen nicht auf. Auch Hans Jonas blieb das nicht verborgen. In seinen *Erinnerungen* berichtete er darüber freilich nur knapp: „Unterwegs geschah es, daß einige meiner Kameraden sich nachts fortstahlen, in ein deutsches Haus irgendwo auf dem Lande eindrangen und die Leute dort umbrachten."[231] Brigadisten, die an den Exekutionen beteiligt waren, gaben später an, sie hätten ihren Opfern stets eine Art Prozess gemacht, sie mit den Anschuldigungen konfrontiert und ihnen Gelegenheit gegeben, sich zu verteidigen.[232] Andere räumten jedoch ein, dass etliche Deutsche auch spontan getötet wurden.

Gründe, die Deutschen zu hassen, hatten die Brigade-Soldaten genug. Viele waren selbst vor dem NS-Regime geflohen, hatten Angehörige verloren oder waren im Ungewissen über deren Schicksal. Die Trümmerwüsten der deutschen Städte, die Jonas beim Vormarsch durchquerte oder streifte, weckten ein „Gefühl jauchzender, befriedigter oder wenigstens halb-befriedigter Rache".[233] Auch wenn sich Jonas vierzig Jahre später von diesen Empfindungen distanzierte, räumte er freimütig ein:

„Es gab Jahre in meinem Leben, in denen ich auf die Frage, was der Augenblick des intensivsten Glücks in meinem Leben gewesen sei, erwidert hätte: ‚Dieser Moment – der Anblick der zerstörten deutschen Städte, den man als Gerechtigkeit, als göttliches Strafgericht betrachten kann."[234]

Bereits am 6. März, als die Brigade noch in Oberitalien am Senio kämpfte, hatte sich der kanadische Brigadechef Ernest Benjamin genötigt gesehen, den Soldaten einzuschärfen:

„A. Ich möchte deutlich machen, dass es von höchster Bedeutung ist, deutsche Häftlinge lebend zu fangen und sie schnell zu Verhören zu schicken.

B. Mir ist klar, dass es eine große Zahl von Männern gibt, die jede persönliche Rechtfertigung haben, selbst Rache zu üben, und die jeden Deutschen töten möchten, der ihnen über den Weg läuft. Unsere Aufgabe ist es, die Niederlage des Feindes zu beschleunigen. Es ist bewiesen, dass mehr zu gewinnen ist, indem man Gefangene nimmt und Informationen aus ihnen herausholt.

C. Wie groß die von den Deutschen begangenen Verbrechen auch sind, so bin ich doch entschlossen, dass die Jewish Brigade Group in Übereinstimmung mit der anerkannten Konvention handeln wird."[235]

Die sich beim Vormarsch durch Deutschland verdichtenden Nachrichten über die Gräuel des Holocaust steigerten den Hass gewiss noch. Wie viele und welche Aktionen der Brigadiers der britischen Führung verborgen blieben, was sie geflissentlich übersah und was mit stillschweigender Duldung von Vorgesetzten geschah, ist wohl nicht aufzuklären. Fördern wollte die Britische Armee solche Eigenmächtigkeiten jedoch nicht. Die Sorge vor Selbstjustiz und Racheakten an Deutschen trug jedenfalls dazu bei, dass Jonas' Brigade eine Zeit lang in Norditalien stationiert blieb und nach ihrem Marsch durch Deutschland, Nordfrankreich und Belgien nicht in Deutschland Quartier bezog, sondern im niederländischen Venlo. In der Grenzstadt konnte Jonas in Erinnerungen an Venlo schwelgen, die ihm noch aus seiner Kindheit im Gedächtnis waren: „Man konnte mit dem Rad hinfahren, kam dort über die Grenze und trank Kaffee oder kaufte holländische Schokolade."[236]

IX. Raphaelson 1942:
Sonderzug DA 71 nach
Theresienstadt

Am 23. Juli 1942, einen Tag bevor Paul Raphaelson vom
Mönchengladbacher Bahnhof eine Reise ins Grauen an-
treten musste, beschäftigte sich in Berlin der Rheydter
Joseph Goebbels mit seinem Tagebuch. Der Propagan-
daminister sinnierte über das Schicksal der noch in der
Reichshauptstadt lebenden Juden:

„Es scheint, daß jetzt endlich die Gelegenheit gegeben ist, die Juden großzügig aus Berlin zu evakuieren.
(...) Ich sitze sehr stark dahinter, daß diese Frage weiter-
getrieben wird. Solange noch Juden in Berlin sind, kann
man nicht von einer nationalsozialistischen Hauptstadt
des nationalsozialistischen Reiches sprechen."[237]

Die Anstrengungen, Berlin „judenfrei" zu machen
und eine möglichst radikale Lösung der „Judenfrage"
voranzutreiben, gehörten zu den vielen Aufgaben, die
den Minister und Gauleiter der Reichshauptstadt zu
dieser Zeit beanspruchten. Immer wieder klagte er in
seinem Tagebuch über die kaum auszuhaltenden Belastungen. Doch hin und wieder gab es Lichtblicke. Goebbels' Ministerium bereitete eine Reise zur Biennale nach
Venedig vor, wo der Propagandaminister vor interna-
tionalem Publikum mit deutschen Filmerzeugnissen

zu glänzen gedachte. Und am 25. Juli 1942 herrschte in Berlin erstmals seit Wochen halbwegs schönes Wetter, was die Stimmung des Ministers aufhellte. Goebbels ließ am späten Nachmittag die Arbeit ruhen, fuhr nach Schwanenwerder und besuchte seine Kinder. „Abends," diktierte er am folgenden Tag für sein Tagebuch, „mache ich ihnen einen besonderen Spaß und nehme sie alle im Auto mit nach Berlin. Infolgedessen herrscht in der Hermann-Göring-Straße großer Jubel und Trubel."[238]

Paul Raphaelson und seine Mutter Elisabeth dürften sich an diesem Abend für das Wetter kaum interessiert haben. Und von Trubel und ausgelassener Stimmung konnte bei ihnen auch nicht die Rede sein. Am Mittag des 25. Juli waren sie gemeinsam mit 976 Juden aus dem Regierungsbezirk Düsseldorf am Güterbahnhof Derendorf von Gestapo-Mitarbeitern und Polizisten in den Sonderzug DA 71 getrieben worden. DA war vermutlich die Abkürzung für „Deutsche Aussiedler", mit der die Reichsbahn alle Züge bezeichnete, die Juden in die Ghettos und Lager im Osten deportierten.[239] Das Fahrtziel von DA 71 lautete Theresienstadt.

Das Gepäck der Raphaelsons war weitaus bescheidener als das, was der Propagandaminister mit nach Venedig nehmen würde. Einen einzigen Koffer oder Rucksack hatte das RSHA in seinen „Richtlinien zur technischen Durchführung der Evakuierung in das Altersghetto Theresienstadt" den „Transportteilnehmern" zugestanden. Was Raphaelson und seine Mutter einpacken sollten, war ebenfalls lange vor der Abfahrt des Zugs vom RSHA in Anweisungen an die Gestapoleitstelle Düsseldorf geregelt worden:

„vollständige Bekleidung (ordentliches Schuhwerk), Bettzeug mit Decke, Essgeschirr (Teller oder Topf) mit Löffel, Verpflegung für 8 Tage. Nicht mitgenommen werden dürfen Wertpapiere, Devisen, Sparkassenbücher usw., Wertsachen jeder Art (Gold, Silber, Platin – mit Ausnahme des Eheringes), lebendes Inventar, Lebensmittelkarten (vorher abzunehmen und den örtlichen Wirtschaftsämtern zu übergeben)."[240]

Die Koffer mussten mit dem Namen des Besitzers beschriftet sein und fuhren in einem Gepäckwagen mit.

Die 122 zur Deportation am 25. Juli „eingeteilten" Mönchengladbacher Juden wurden vom Mönchengladbacher Bahnhof zum zentralen Sammelpunkt in Düsseldorf-Derendorf gebracht. So zumindest hatte die Düsseldorfer Zentrale ihre Mönchengladbacher Außenstelle angewiesen.[241] Wie Paul Raphaelson gehörte auch seine Mutter Elisabeth zu der Gruppe. Sie war am 24. April 1942 aus einem Haus an der Sandradstraße, wo heute ein „Stolperstein" des Künstlers Gunter Demnig an sie erinnert, in ein Altenheim an der Horst-Wessel-Straße, heute Friedrich-Ebert-Straße, in Rheydt umgezogen. 54 Bewohner dieses jüdischen Altenheims wurden vermutlich als Gruppe von Rheydt zum Mönchengladbacher Bahnhof eskortiert. Alte und gebrechliche „Transportteilnehmer" hätten eine Anreise mit Gepäck kaum bewältigen können. So war bereits eine frühere Deportation von Rheydter Juden nach Riga organisiert worden. Ein Sonderwagen der Straßenbahn hatte die Gruppe von der Stadthalle an der Odenkirchener Straße zum Mönchengladbacher Bismarckplatz gefahren. Von dort waren die Männer und Frauen zum Güterbahnhof gegangen, wo sie ein Sonderzug für den Transport nach Düsseldorf erwartete.[242] Das Rheydter Altenheim, in dem Elisabeth Raphaelson noch drei Monate lebte, war bereits am 10. Juli von der Bezirksstelle Rheinland der Reichsvereinigung der Juden über deren örtliches Büro für den Transport instruiert worden:

IX. Raphaelson 1942:
Sonderzug DA 71 nach Theresienstadt 153

„Die Geh. Staatspolizei – Staatspolizeileitstelle – Düsseldorf hat angeordnet, dass nur die Matratzen aus den Altersheimen jeweils zu dem Transport nach Theresienstadt mitgenommen werden dürfen. Es kann sich hierbei nur um 2- oder 3teilige Matratzen handeln, nicht um Sprungfedermatratzen. Die Matratzen sollen in erster Linie dazu dienen, um während des Transportes nicht sitzfähige Kranke darauf zu lagern. Es erübrigt sich, bei den Matratzen den Namen des Besitzers daran zu schreiben, da sie als Gemeinschaftsgut angesehen werden. Die Matratzen sind in sauberem Zustand mitzunehmen. Den Büros ist mindestens 3 Tage vor Sammlung des Transportes zu melden, um wieviel Matratzen es sich handelt."[243]

Paul Raphaelson hat sich womöglich am 24. Juli mit einem Koffer zu Fuß auf den Weg zum Mönchengladbacher Bahnhof gemacht. Ob er allein ging, einen Begleiter hatte oder von der Polizei eskortiert wurde, ist unbekannt.[244] Seine Wohnung in der Wilhelmstraße, so lautete die Anweisung der Gestapo, hatte er abgeschlossen zurücklassen müssen. Die Schlüssel waren zum Sammelpunkt mitzubringen – nebst nicht verbrauchten Lebensmittelkarten. Dass ihm Schlimmes, womöglich gar der Tod drohte, dürfte Raphaelson in diesem Moment bewusst gewesen sein.

Zwar war das ganze Ausmaß der eingeleiteten „Endlösung" Mitte 1942 nicht allgemein bekannt, doch kursierten bereits Gerüchte über Gräueltaten in den besetzten Ostgebieten. Zahlreiche Zeugen hatten die Massaker der Einsatzgruppen in Polen und im Hinterland der russischen Front beobachtet. Informationen waren über Frontheimkehrer oder Fronturlauber in die Heimat durchgesickert. Bereits Ende Dezember 1941 war beispielsweise in Emmerich eine Johanna Jähnig ins Visier der Gestapo geraten, weil sie sich in einer Bäckerei über die Behandlung der Juden in den besetzten Gebieten empörte und geäußert hatte, Wehrmachtssoldaten seien entsetzt über das Verhalten von SS-Angehörigen, die sich nicht wie Menschen, sondern wie „Biester" verhielten.[245] Die Gerüchte waren im Sommer 1942 offenbar so weit verbreitet, dass die Gruppe der „Weißen Rose" im Juni in ihrem zweiten Flugblatt ohne weitere Erläuterungen die bestialische Ermordung von 300.000 Juden anprangern konnte.[246]

Im Regierungsbezirk Düsseldorf kursierten solche Gerüchte in der zweiten Hälfte des Jahres 1942 ebenfalls, und zwar mit immer konkreterem Inhalt. Das konnte die Gestapo im Oktober einer Eingabe der Elberfelderin Änne Bein entnehmen, die Auskunft über das Schicksal ihrer im April nach Izbica deportierten Tochter verlangte. Die Mutter wurde vorgeladen und gab zu Protokoll:

„Als ich beim Einkauf auf der Straße der SA in Elberfeld aus der Bäckerei Ehrmann herauskam, unterhielten sich eine evangelische Krankenschwester und eine Zivilistin darüber, daß die Juden im Osten ihr Grab hätten schaufeln müssen, sie seien dann mittels Genickschuß getötet worden, daß sie vornüber in das selbstgeschaufelte Grab gefallen sind. Später habe man die Juden in Kraftwagen verladen, die dann unter Gas gesetzt wurden, daß die Juden dadurch getötet wurden."[247]

Im Gegensatz zur nichtjüdischen Bevölkerung hatten Juden keinen Grund, aus Scham oder Schuldgefühlen Informationen über den Holocaust zu ignorieren oder zu verdrängen. Nicht Wenige aber taten das aus Angst und klammerten sich an die Hoffnung, es werde schon nicht so schlimm ausgehen, man werde vielleicht doch irgendwie mit dem Leben davonkommen oder durch den Sturz des Regimes erlöst werden. Solche eher optimistischen Juden waren offenbar häufig geneigt, an eine Deportation zu einem Arbeitseinsatz im Osten zu glauben. Einige der nach Theresienstadt Deportierten hofften bis zur Ankunft im Ghetto, sie würden dort, wie von den Nationalsozialisten angekündigt, tatsächlich eine Art Altersheim vorfinden. Der Bericht des dorthin verschleppten Rabbiners Richard Feder mag die Erwartungen mancher Deportierten vielleicht übertreiben. Gleichwohl dürfte die mit den Heimeinkaufsverträgen aufgeführte Farce etliche ältere Menschen verleitet haben, den Versprechungen zu glauben:

„Die deutschen Juden waren furchtbar enttäuscht, als sie zu uns kamen. Zu Hause hatte man ihnen eingeredet, daß sie nach ‚Theresienbad‘ fahren und dort in schönen, komfortablen Hotels mit besserer Verpflegung eingewiesen würden (...). Nach der Ankunft in Theresienstadt suchten sie nach solchen Hotels, aber sie fanden nur schmutzige Dachböden.“[248]

Wie sich präzise Informationen mit unklaren mischten, zeigen die Tagebücher Victor Klemperers. Bereits am 16. März 1942 notierte er: „Als furchtbarstes KZ hörte ich in diesen Tagen Auschwitz (oder so ähnlich) bei Königshütte in Oberschlesien nennen. Bergwerksarbeit, Tod nach wenigen Tagen.“[249] Wenige Wochen später, am 19. April 1942 gab Klemperer den Bericht eines aus Russland heimgekehrten Fahrers der Polizeitruppe wieder, der in der Heimat von Massenmorden an Juden in Kiew erzählt hatte. Klemperer schrieb von Kleinkindern, die mit den Köpfen gegen eine Wand geschmettert wurden, von Tausenden, die zusammengetrieben, erschossen und in einem Massengrab begraben wurden. Über Theresienstadt jedoch hieß es am 24. Juli, dem Tag, an dem für Paul und Elisabeth Raphaelson die Deportation begann:

„Es scheint die allgemeine Stimmung der Judenheit, die Evakuierung nicht mehr so sehr zu fürchten
wie früher und nun gar Theresienstadt als einen relativ
menschlichen Ort anzusehen. Man sagt sich allgemein,
es sei hier so schlimm, daß es anderwärts höchstens etwas besser sei."[250]

Klemperer traute diesen Spekulationen nicht: „Es
gibt nur Gerüchte über Theresienstadt, keine Sicherheiten!",[251] kommentierte er am 8. August allzu opti-
mistische Äußerungen eines älteren Juden, der auf eine
Evakuierung nach Theresienstadt hoffte. Bei Klemperer
blieb Furcht das stets vorherrschende Gefühl: Furcht
vor Haussuchungen durch die Gestapo; Furcht, auf die
Liste des nächsten Transports zu kommen; Furcht angesichts neuer Informationen über grausige Schicksale
von Deportierten. „Was mich erschüttert, ist aber nur
die gemeine Angst", notierte Klemperer, „Cras mihi – es
kommt keiner zurück."[252]

Auch Paul Raphaelson machte sich keine Illusio-
nen. Ansonsten hätte er nicht verzweifelt versucht, seiner Deportation zu entgehen. Mit dieser realistische-
ren Sicht der Dinge stand er nicht allein. Vier der für
den Transport am 21. Juli vorgesehenen Essener Juden
wählten lieber den Freitod, als sich nach Theresienstadt
verschleppen zu lassen.[253] Was mag also in Raphaelsons
Kopf vorgegangen sein, als er am Morgen des 24. Juli
1942 am Sammelpunkt am Mönchengladbacher Hauptbahnhof eintraf? Erinnerte er sich an sein Elternhaus,
das nur zweihundert Meter vom Bahnhofseingang entfernt lag? Nahm er in Gedanken Abschied? Konnte er
mit seiner Mutter sprechen, die sich ebenfalls am Sammelpunkt befand?

Rekonstruieren lässt sich nur, was nach der Abfahrt
in den Hallen des Düsseldorfer Schlachthofs vor sich

ging. Die Mönchengladbacherin Hilde Sherman-Zander hat Jahrzehnte später in einem Buch über ihre Deportation ins Rigaer Ghetto den Ablauf ausführlich geschildert. Zander, die erst viele Jahre später anlässlich ihrer Heirat mit einem Amerikaner den Namen Sherman-Zander annahm, war wesentlich jünger als Paul Raphaelson: 1923 in Wickrath geboren, hatte sie wenige Tage vor ihrer Deportation nach Riga im Dezember Kurt Winter geheiratet, um mit ihm ins Ghetto gehen zu können. Am 10. Dezember 1942 begleiteten Zanders Vater und Bruder das Paar zum Mönchengladbacher Bahnhof und verabschiedeten sich dort von den beiden. Deren nächste Station auf dem Weg ins Ghetto war die Verladerampe der Hirschbrauerei an der Tußmannstraße in Düsseldorf. Von dort mussten Hilde und Kurt Winter in einer Kolonne mit den übrigen Deportierten einen ungefähr tausend Meter langen Marsch zum Schlachthof an der Rather Straße antreten.

Paul und Elisabeth Raphaelson gingen den gleichen Weg. Die Organisation der Transporte war im Sommer 1942 bereits so routinemäßig, dass sie, von Details abgesehen, nach einem eingespielten Muster ablief. Auch die demütigende Behandlung durch die Wachmannschaften, die Sherman-Zander und die mit ihr deportierte Rheydterin Liesel Frenkel in ihren Erinnerungen beschrieben, werden die Raphaelsons ähnlich erlebt haben. Was im Düsseldorfer Schlachthof geschah, vermittelte den Deportierten unmissverständlich, wie rechtlos sie fortan ihren Peinigern ausgeliefert sein würden. Frenkel schilderte den Marsch von der Tußmannstraße zum Schlachthof als einen Spießrutenlauf, bei dem einige Bewacher ein Lied angestimmt hätten: „Wenn's Judenblut vom Messer spritzt". Zwar war die Straße zum Schlachthof abgesperrt, große Mühe, die Deportation zu verbergen, gab sich die Gestapo jedoch nicht. „Die Bevölkerung gaffte uns an", berichtete Frenkel.[254] Auch Hilde Zander, die irgendwo vor oder hinter ihr in der Gruppe ging, fühlte sich beobachtet:

„In der endlosen Kolonne zogen wir in der Dämmerung in der Mitte der Straße dahin. Keine Menschenseele war zu sehen. Aber die Gardinen der Fenster bewegten sich, so daß wir wußten, daß die Bevölkerung sah, was geschah."[255]

Spediteure konnten sogar beobachten, wie im Schlachthof die Habe der Juden durchsucht wurde. Bei einem Transport im November 1941 missfiel der Gestapo, dass sich einige Juden ihr Gepäck von „Deutschblütigen" tragen ließen. Womöglich waren die Deportationen der Jahre 1942 und 1943 daher besser abgeschirmt.[256] Dieser Marsch war gewiss einschüchternd und angsteinflößend. Doch wie brutal das Regime mit den Deportierten zu verfahren gedachte, erlebte Hilde Zander erst, als sie am Schlachthof angekommen war:

„Ich drehte mich um (...), als ich plötzlich einen Stoß in den Rücken bekam und die schmale Treppe in den Schlachthof hinunterstürzte. Diesen Augenblick werde ich im Leben nicht vergessen: Oben auf der Treppe stand P., ein hoher Gestapobeamter. Mit wutverzerrtem Gesicht brüllte er hinter mir her: ‚Auf was wartest du noch? Auf die Straßenbahn? Die fährt für dich niemals mehr!' (...) Dieses war das erste Mal, daß ein Fremder mich anrührte. Und duzte. Der Anfang war gemacht. In Düsseldorf. In Deutschland. Wie sollte das weitergehen?"[257]

Der Schlachthof bot ausreichend Platz, um fast 1.000 Menschen und deren Gepäck aufzunehmen, um Abteilungen für Leibesvisitationen und Gepäckdurchsuchungen einzurichten und sämtliche Formalitäten für den Einzug des Vermögens der Opfer zu erledigen. Überdies war das Gelände leicht abzuriegeln, sodass die Gestapo mit relativ wenig Hilfspersonal auskam. Neben Beamten aus Außenstellen wurden für die Einsätze Bahn- und Schutzpolizisten und Kriminalbeamte abkommandiert. Bei Leibesvisitationen an Jüdinnen half weibliches Büropersonal aus der Gestapoleitstelle. Diese Prozedur war die nächste Demütigung für Hilde Zander:

„Männer und Frauen mussten ihre Rucksäcke abgeben, sie wurden von den Gestapoleuten durchwühlt. Rechts wurden die Männer untersucht, links die Frauen. Ich trat in eine provisorische Kabine. Die Beamtin sagte mir, ich solle mich ausziehen. Es dauerte eine ganze Weile, denn ich trug doppelte Kleidung unter dem Mantel: zwei Strickjacken, zwei Pullover, zwei Blusen, dreifache Unterwäsche, eine Skihose und drei Paar Socken in den Stiefeln. Dann stand ich nackt vor einer Fremden. Zum ersten Mal in meinem Leben."[258]

Offenbar hatte Zander nicht damit gerechnet, dass die Gestapo ihre Opfer so akribisch kontrollieren würde. Und anscheinend auch nicht damit, dass sich die Beamten an der spärlichen Habe der Deportierten vergreifen würden:

„Sie hieß mich, meine Sachen wieder anzuziehen, und nahm mir meinen hellblauen Angorapullover weg. Beim Verlassen der Kabine wurde mir mein Rucksack zurückgegeben. Es fehlte die Schreibmappe, die Ruth mir zum Abschied geschenkt hatte, aus dunkelblauem und rotem Bastgewebe. Sie hatte sie selbst gemacht. Mit der Mappe waren Füller und Drehbleistift verschwunden. Es war das erste Mal in meinem Leben, daß ich bestohlen wurde. In Düsseldorf. In Deutschland."[259]

Nicht anders dürfte es im Düsseldorfer Schlachthof Paul und Elisabeth Raphaelson ergangen sein. Auch sie mussten die Nacht in den Hallen verbringen, denn der aus Aachen kommende Sonderzug DA 71 traf erst am Vormittag des nächsten Tages in Düsseldorf ein. Wenigstens in einer Hinsicht dürfte die Nacht zum 25. Juli für die Raphaelsons etwas angenehmer gewesen sein, als für Zander und Liesel Frenkel. Als diese Mitte Dezember in den Hallen ausharren mussten – stehend, und ohne Gelegenheit auf dem nassen, kalten Boden zu sitzen oder zu kauern – war es bitterkalt. Zander hatte Frostbeulen an den Füßen, wagte aber nicht, ihre Stiefel auszuziehen, denn die Bewacher veranstalteten immer wieder Appelle und ließen ihre Gefangenen antreten.[260] Aber auch wenn die Raphaelsons Ende Juli 1942 keine Eiseskälte plagte, war ihre letzte Nacht vor dem Abtransport nicht allein eine seelische Qual. So minutiös die Abläufe im Schlachthof auch geplant waren, Betten hatte die Gestapo nicht einmal für Gebrechliche bereitstellen lassen. Wer nicht stehen oder hocken konnte, musste auf dem Boden liegen. Auf eine Frau hingewiesen, die erst kurz vor der Deportation operiert worden war und auf dem Steinboden lag, soll der Gestapo-Beamte Hermann Waldbillig geantwortet haben: „Sie geht mit, und wenn sie verreckt."[261]

Was Paul Raphaelson in der Nacht vor dem Abtransport durch den Kopf ging, können wir nur vermuten. Vielleicht malte er sich aus zu fliehen. Ein in dieser verzweifelten Lage naheliegender Wunschtraum, den immerhin ein Gefangener in die Tat umsetzte. Es war jedoch keiner der Jüngeren, sondern der aus Rheydt stammende Dr. Max Herzfeld, mit 73 Jahren doppelt so alt wie Paul Raphaelson. Die Gestapo bezeichnete ihn als „geistesgestört". Doch immerhin gelang es Herzfeld, aus dem Schlachthof zu entkommen. Allerdings beging er einen fatalen Fehler. Da er weder Geld, Lebensmittelkarten noch Unterkunft hatte, suchte Herzfeld Hilfe bei der Jüdischen Gemeinde Düsseldorfs. Doch die verweigerte dem Flüchtigen jede Unterstützung und verständigte stattdessen die Gestapo. Herzfeld wurde verhaftet und am 29. Juli von Dortmund aus nach Theresienstadt deportiert.[262]

Am Vormittag des 25. Juli, nachdem die Raphaelsons mit den übrigen 976 Juden aus dem Schlachthof zur Verladerampe Tußmannstraße getrieben worden waren, lag ihr Gepäck bereits auf einem der vier Güterwagen, die dem Zug in Düsseldorf angehängt wurden. Für die Fahrt nach Theresienstadt hatte die Reichsbahn Personenwagen bereitgestellt. Das entsprach dem „Standard", der den meisten Juden Westeuropas bei der Fahrt in ein Durchgangs- oder Vernichtungslager zugestanden wurde – vermutlich, um unter unbeteiligten Zeugen, Opfern und potenziellen Opfern weiterer Deportationen bis zum Schluss den Anschein zu wahren, die „Evakuierung" der Juden sei kein allzu bedrohlicher Akt. Für polnische Juden hingegen setzte die Bahn Viehwaggons ein.[263] Große Sorgen machte sich die Stapoleitstelle Düsseldorf darüber im Juli 1942 allerdings kaum. Sonst hätte sie in einem Schreiben unter anderem an die Außenstelle Mönchengladbach nicht ausdrücklich darauf hingewiesen, dass für den Transport von Mönchengladbach nach Düsseldorf Güterwagen eingesetzt würden.[264] Der aus Aachen kommende Sonderzug traf um 11.34 Uhr in Derendorf ein. Die Raphaelsons und die übrigen 976 Menschen in die Abteile zu treiben und bettlägerige Deportationsopfer auf den mitgebrachten Matratzen zu lagern, dauerte etwa zwei Stunden. Um 13.15 Uhr war die Arbeit für das Wachpersonal am Schlachthof getan: DA 71 setzte sich in Bewegung – freilich nicht ohne eine reduzierte Wachmannschaft. Unter dem Kommando eines Transportführers begleiteten einige Bewaffnete den Zug.

Paul und Elisabeth Raphaelson dürften noch keine zweihundert Kilometer von ihrer Heimat entfernt gewesen sein, als die Stapoleitstelle per Fernschreiben und mit dem Vermerk „dringend, sofort vorlegen!" im RSHA den SS-Obersturmbannführer Adolf Eichmann sowie den Sicherheitsdienst in Prag und das „Polizeigefängnis Theresienstadt" über die erfolgreiche Abwicklung auch dieses Transports informierte. „An Zahlungsmittel wurden vom Transportführer insgesamt RM 48.900 mitgeführt", hieß es darin weiter.[265] Dabei handelte es sich um die jeweils 50 RM, die von jedem der 978 Deportierten als „Transportbeitrag" eingezogen wurden und mit den Vermögenserklärungen zwei Tage vor der Abfahrt bei der Gestapoleitstelle in Düsseldorf abzugeben waren.[266] Konnten ärmere Juden die Summe nicht aufbringen, musste die Reichsvereinigung einspringen, die wiederum ihre vermögenden Mitglieder ermahnte, „verarmten Glaubensgenossen den Betrag zur Verfügung zu stellen".[267]

Über diese 50 RM hinaus war von Paul und Elisabeth Raphaelson nicht mehr viel zu rauben gewesen. Das geht aus einer Aufstellung hervor, die angibt, woher die 62.250 RM kamen, die von den aus Gladbach, Rheydt und Wickrath stammenden Deportationsopfern des 25. Juli eingezogen und wohl auch mit dem einen oder anderen Heimeinkaufsvertrag erschwindelt worden waren: Mit 19.500 RM war der Rheydterin Marie Hertz der größte Einzelbetrag abgenommen worden. Je 10.000 RM stammten von der Rheydterin Elise Meyer und jenem Dr. Max Herzfeld, der aus dem Schlachthof geflohen war. Den geringsten Betrag auf dieser 20 Personen umfassenden Liste hatte ein Odenkirchener Jude abliefern müssen: 100 RM. Paul und Elisabeth Raphaelson wurden in der Aufstellung nicht erwähnt.[268]

IX. Raphaelson 1942:
Sonderzug DA 71 nach Theresienstadt

Paul Raphaelsons Deportation hatte in Mönchengladbach noch ein Nachspiel. Seine Schwägerin wollte sich mit dem Schicksal des Vaters ihrer bei der Großmutter zurückgebliebenen Nichte nicht abfinden. Am 8. Oktober 1942 fasste sie sich ein Herz und schrieb an die Kanzlei des „Führers", um Raphaelsons Rückkehr aus Theresienstadt zu erwirken. Ein Schritt, zu dem Mut gehörte. Bereits enger Kontakt und freundlicher Umgang mit Juden war „Deutschblütigen" seit Langem untersagt. Wer das Verbot missachtete, begab sich in Gefahr. Das hatte im Juni 1942 beispielsweise die gebürtige Engländerin Mabel Urban zu spüren bekommen, die es gewagt hatte, einem Mönchengladbacher Juden namens Vogel Englischunterricht zu geben und dem 73-Jährigen Lebensmittel zu beschaffen. Durch eine Denunziation erfuhr die Gestapo davon. Am 13. Juni wies die Leitstelle Düsseldorf die Mönchengladbacher Kollegen an, die Frau „auf Grund der Bestimmungen über das Verhalten Deutschblütiger gegen Juden für 7 Tage in Schutzhaft zu nehmen." Natürlich hatte sich aus Sicht der Gestapo auch Vogel schuldig gemacht. Ihm sei daher zu eröffnen, wies der Gestapo-Beamte Reinhard Breder die Außenstelle Mönchengladbach an, „daß er bei weiterem Umgang mit Deutschblütigen in ein Konzentrationslager eingewiesen wird".[269]

Auch wenn die Schwägerin eine Verwandte Raphaelsons war, barg ihr Rettungsversuch ein gewisses Risiko. Ihr Brief an den „Führer" ist in Raphaelsons Gestapo-Akte nicht überliefert. Doch dass sie eine Eingabe gemacht hatte, geht aus einer Anfrage der Gestapoleitstelle Düsseldorf hervor. Die erkundigte sich am 6. November bei der Mönchengladbacher Außenstelle nach Raphaelsons Versuch, sich der Deportation zu entziehen. Mönchengladbach sollte berichten, „wann R.

Seine Tochter (...), die wie hier bekannt ist, zuletzt bei der Schwiegermutter des R. wohnte, nach M.-Gladbach, Wilhelmstr. 16, in seine Wohnung umgemeldet hat". Die Anfrage war eilig, denn Düsseldorf musste darüber dem RSHA berichten. Allerdings verfügten die Leitstellen-Beamten bis dahin nur über vage Informationen. „Wie dem hiesigen Sachbearbeiter erinnerlich ist", schrieb der Beamte Wilhelm Friedrich, „war Raphaelson bereits zur Evakuierung am 22.6.42 eingeteilt und hat am 16.6.1942 seine Tochter (...) wieder nach Wilhelmstraße umgemeldet, um vor einer Evakuierung geschützt zu sein."[270] Die Erinnerung des Düsseldorfer Sachbearbeiters war jedoch getrübt. Am 22.6.1942 hatte es keine Deportation ab Düsseldorf gegeben. Und umgemeldet hatte Raphaelson seine Tochter bereits am 11. Juni 1942, wie die Mönchengladbacher in ihrer Antwort am 16. November mitteilten.[271]

Bemerkenswert ist, dass sich RSHA und Gestapo die Mühe machten, der Sache nachzugehen. Denn dass ein Deportierter in die Heimat zurückkehren durfte und so Gelegenheit bekommen hätte, über die Zustände im Ghetto zu berichten, werden die Beamten kaum in Betracht gezogen haben. Womöglich hatte die Schwägerin in ihrem Brief auf die „Mischehe" hingewiesen. Gleichwohl erwies sich ihr Versuch als aussichtsloses Unterfangen. Am 12. Dezember 1942 war die Angelegenheit auf höherer Ebene geklärt. Die Düsseldorfer Leitstelle wies die Mönchengladbacher Kollegen an, auf die „an die Kanzlei des Führers gerichtete Eingabe vom 8.10.1942 mitzuteilen, daß der Rückkehr des Juden Raphaelson aus Theresienstadt auf Grund des Tatbestandes nicht zugestimmt werden kann". Um Raphaelsons Schwägerin von weiteren Eingaben abzuhalten, ließ ihr der Beamte Wilhelm Friedrich von den Mönchengladbacher Kollegen ausrichten: „Diese Entscheidung ist endgültig."[272] Einen Tag vor Heiligabend 1942 wurde auf der Rückseite von Friedrichs Schreiben handschriftlich vermerkt: „1) (…) wurde wunschgemäß beschieden. 2) zu den Personalakten". Mit diesem Eintrag war der seit 1934 mehrmals zu bearbeitende „Fall" des Juden Paul Raphaelson für die Beamten erledigt. Weitere Einträge gab es in seiner Gestapo-Akte nicht mehr.

X. Raphaelson 1942:
Leben und Sterben im Ghetto

Ankunft Theresienstadt: 26. Juli 1942, 11.26 Uhr, sah
der von der Reichsbahn erstellte Fahrplan für den De-
portationszug DA 71 vor.[273] Gut vier Stunden, bevor der
Zug mit Paul und Elisabeth Raphaelson am Ziel eintraf,
forderte die Deportation ihr erstes Todesopfer. Siegfried
Strauss, ehemaliger Mitinhaber der Krefelder Seiden-
firma Merländer, Strauß Co., und einer von 223 für diesen Transport ausgewählten Juden aus Krefeld, starb
während der etwa 22-stündigen Fahrt in der Nähe von
Dresden.[274] Paul Raphaelson und viele andere Deportationsopfer haben von dem Todesfall womöglich nicht
erfahren. Lediglich die Wachmannschaft, ein als jüdischer Transportführer eingeteilter Seidenfabrikant
aus Krefeld und ein jüdischer Arzt durften sich im Zug
frei bewegen. Männer und Frauen saßen in getrennten,
verschlossenen Personenwagen.[275] Die Möglichkeiten,
Nachrichten zwischen den Wagen auszutauschen, waren also beschränkt.

Angst, ohnmächtige Wut, Apathie, Trauer, verzwei-
feltes Hoffen – wer auf der Fahrt über solche Gefühle
sprechen mochte, war auf den Kreis derjenigen verwiesen, mit denen er zusammen in einen Wagen oder
ein Abteil gezwungen worden war. Welche Stimmung

in den Zügen herrschte, hat der Berliner Pelzhändler Philipp Manes anschaulich geschildert. Drei Tage vor den Raphaelsons waren Manes und seine Frau Eva von der Hauptstadt aus ebenfalls via Dresden nach Theresienstadt deportiert worden. Das Panorama während der Fahrt durch Böhmen an einem heißen Sommertag wäre für Manes unter anderen Umständen eine schöne Urlaubsimpression gewesen.

„Kleine Orte, sich in die Berge aufschwingend. Schön die abwechslungsreichen Konturen der bewaldeten Höhen. Lieblich die Gegend, unten Obst und Blumen, oben das Dunkel der Wälder. Leitmeritz – wir sind bald am Ziel. Nach wenigen Minuten, ein kleines Stationsgebäude: Bauschowitz-Theresienstadt."[276]

Wie viele Deportierte den Gegensatz zwischen der reizvollen Sommerlandschaft und dem düsteren Ziel empfanden, ist nicht zu sagen. Viel geredet wurde in Manes' Gruppe nicht: „Wir im Abteil sind nicht gesprächig, wir hängen unseren Gedanken nach, die schwer genug sind."[277]

Wenn sie nicht über die verlorene Heimat, die zurückgelassenen Bekannten und Verwandten nachdachten, werden die meisten Insassen über die ungewisse Zukunft und das Ziel ihrer Reise gegrübelt haben. Warum gerade dorthin? Warum ein Ort in Böhmen, von dem die große Mehrheit der Deportierten wahrscheinlich noch nie gehört hatte, bevor er als Deportationsziel für Juden bedrohliche Bekanntheit erlangte? Antworten auf diese Frage hatten die Teilnehmer der Wannseekonferenz am 20. Januar 1942 von Reinhard Heydrich bekommen. Bei dieser Tagung hatte der RSHA-Chef vor Staatssekretären, Vertretern von Reichs- und Parteikanzlei, des Rasse- und Siedlungshauptamtes sowie des RSHA Grundzüge der „Endlösung der Judenfrage" erläutert. Dabei war der Runde auch eröffnet worden, wie das Regime zunächst mit alten Juden wie Elisabeth Raphaelson, mit jüdischen „Mischehepartnern" und „Mischlingen" zu verfahren gedachte:

„Es ist beabsichtigt, Juden im Alter von über 65 Jahren nicht zu evakuieren, sondern sie einem Altersghetto – vorgesehen ist Theresienstadt – zu überstellen. Neben diesen Altersklassen – von den am 31.10.1941 sich im Altreich und der Ostmark befindlichen etwa 280.000 Juden sind etwa 30 % über 65 Jahre alt – finden in den jüdischen Altersghettos weiterhin die schwerkriegsbeschädigten Juden und Juden mit Kriegsauszeichnungen (EK I) Aufnahme. Mit dieser zweckmäßigen Lösung werden mit einem Schlag die vielen Interventionen ausgeschaltet."

Zur Frage der „Ehen zwischen Volljuden und Deutschblütigen" vermerkte das Protokoll:

„Von Einzelfall zu Einzelfall muß hier entschieden werden, ob der jüdische Teil evakuiert wird, oder ob er unter Berücksichtigung auf die Auswirkungen einer solchen Maßnahme auf die deutschen Verwandten dieser Mischehe einem Altersghetto überstellt wird."[278]

Der Text lässt die Sonderstellung erkennen, die dem Theresienstädter Ghetto innerhalb der Vernichtungsmaschinerie zugedacht war. Die Nazis brauchten ein Lager für Juden, deren umgehende Ermordung in einem Vernichtungslager unerwünschtes Aufsehen hätte erregen können: Prominente, Juden mit besonderen Verdiensten und Juden mit einflussreichen, womöglich gar ins Ausland reichenden Kontakten. Dass Theresienstadt freilich kein dauerhaftes Reservat sein sollte, in dem ihnen ein Platz zum Überleben zugestanden wurde, daran ließ das Protokoll keinen Zweifel. Bevor die Teilnehmer Details erfuhren, hatte Heydrich die Runde aufgeklärt, dass nach Genehmigung Hitlers nun anstelle der bislang verfolgten Vertreibung der Juden aus dem Reich die „Evakuierung nach dem Osten" als „weitere Lösungsmöglichkeit" getreten sei.

„Diese Aktionen sind jedoch lediglich als Ausweichmöglichkeiten anzusprechen, doch werden hier bereits jene praktischen Erfahrungen gesammelt, die im Hinblick auf die kommende Endlösung der Judenfrage von wichtiger Bedeutung sind."[279]

Theresienstadt war wenige Wochen zuvor von Reinhard Heydrich, dem Reichsprotektor für Böhmen und Mähren, zum Durchgangslager für 50.000 bis 60.000 Juden aus Böhmen und Mähren erkoren worden. Im Oktober hatte er seinen Plan für das Ghetto Hitler vorlegen lassen. Als Fernziel wurde ausgegeben: Nach einer vollständigen „Evakuierung" der Juden aus Theresienstadt sollten Deutsche in die Stadt ziehen und sie in eine Mustersiedlung verwandeln.[280]

Als Durchgangsghetto eignete sich die nach der Mutter des österreichischen Kaisers Joseph II. benannte Festungsstadt Terezín bestens – jedenfalls nach den Maßstäben des Regimes. Davon hatte sich einen Tag vor der Wannseekonferenz, am 19. Januar 1942, Adolf Eichmann, für die Organisation des Holocaust zuständiger Referatsleiter im RSHA, bei einem Besuch in dem gerade sechs Wochen zuvor eingerichteten Lager überzeugt.[281] Der nur drei Kilometer entfernte Bahnhof in Bohušovice nad Ohří (Bauschowitz) konnte für den An- und Abtransport der Opfer genutzt werden, bis ein eigener Gleisanschluss in die Garnisonsstadt angelegt sein würde. Innerhalb der mächtigen Festungswälle, mit deren Bau auf Geheiß Josephs II. im Dezember 1782 begonnen worden war, ließen sich die Internierten leicht bewachen. In einem „Kleine Festung" genannten separaten Teil des

Komplexes hatte die SS bereits ein Konzentrationslager eingerichtet. In der sternförmig angelegten Wallanlage Terezíns standen nur wenig mehr als 200 Häuser, viele davon Kasernen aus dem 18. Jahrhundert, in denen man eine große Anzahl von Menschen unterbringen konnte. Mithin waren die Stadt und ihre kasernierte Bevölkerung mit relativ wenig SS-Personal, tschechischen Gendarmen und zeitweilig auch einer aus den Häftlingen gebildeten Ghettowache leicht zu kontrollieren.

Die wenigen Privathäuser in der Garnisonsstadt waren ebenfalls sehr alt und wie die Kasernen ohne moderne sanitäre Einrichtungen. Dafür aber gab es neben vier Parks und einem großen, für Gefangenenappelle nutzbaren Marktplatz einige Gebäude, die für zentrale Ghettoeinrichtungen genutzt werden konnten: Magazine, ein Offizierskasino, ein Zeughaus, eine Feldbäckerei, Gaststätten, zwei Kinos, zwei Schulen und drei Hotels. Das beste davon mussten Juden später in ein SS-Kameradschaftsheim umbauen. In dieser ärmlichen Stadt hatten in den 1930er Jahren nicht einmal 10.000 Soldaten und Zivilisten gelebt. Im Juli 1942, als Paul und Elisabeth Raphaelson dort ankamen, hatte eine Welle von Transporten die Bevölkerungszahl binnen weniger Wochen auf mehr als 40.000 Menschen anschwellen lassen. Ein Andrang, auf den Theresienstadt nicht ausreichend vorbereitet war. Wer auf die Mär vom Altersheim Theresienstadt vertraut oder zumindest auf einen halbwegs erträglichen Aufenthalt gehofft hatte, erlebte ein böses Erwachen, kaum dass er die Mauern des Ghettos passiert hatte.

Der „Empfang" in diesem Gefängnis glich in Vielem dem „Abschied", den man Paul und Elisabeth Raphaelson im Derendorfer Schlachthof bereitet hatte. Am Bahnhof in Bohušovice erwarteten SS-Männer und tschechische Gendarmen den Zug. Die von der langen Fahrt erschöpften Juden, Jüngere wie Greise, wurden aus den Wagen getrieben und in Begleitung der Gendarmen in einer langen Kolonne mit ihrem Gepäck in den Händen und auf dem Rücken auf den drei Kilometer langen Fußmarsch zur Festung geschickt. Trotz der Plackerei mit dem Gepäck erschien Philipp Manes noch gar nicht so übel, was er an diesem Sommertag beim Näherkommen sah.

„Endlich sahen wir frei vor uns Wälle und Gräben, wie eine Verzauberung erschienen sie uns. Daß es noch eine solche Festung, fast 200 Jahre alt gab, wohlerhalten, das Mauerwerk wie neu, tief die breiten Gräben der Umwallung, saftiges Grün unten. Dann rückten die Wälle näher zusammen, schlossen sich zu einem schmalen Durchlaß, von bewohnten Kasematten bewacht – das Bauschowitzer Tor. Ahnungslos durchschritten wir es. Nun nahm uns Theresienstadt auf, das Ghetto, unsere neue Heimat."[282]

Sollte in diesem Moment wieder ein wenig Hoffnung aufgekeimt sein, so war sie zunichte, als die Häftlinge in die „Schleuse" gelangten – und den wahren Charakter Theresienstadts kennenlernten. „Schleuse" hieß im Jargon des Ghettos das Verfahren, in dem die Ankömmlinge des letzten Rests ihres bisherigen Daseins beraubt wurden. Was Paul und Elisabeth Raphaelson an Wertvollem vielleicht durch die Kontrollen und Durchsuchungen im Schlachthof gerettet hatten, wurde ihnen nun abgenommen. Was „Schleuse" bedeutete, lernte auch Philipp Manes schnell:

„Tische, auf der einen Seite die Gendarmen, der anderen wir, nun begann das Schleusen. Wir wußten schnell um seine Bedeutung, sahen schaudernd, wie die geübten Hände suchend in jede Tasche, Rucksack, Körbe untertauchten, wertvolle Gegenstände wegnahmen, Medikamente, gute Scheren, Klingenschärfer und – zu unserem Entsetzen – die sorgsam gefüllte Thermosflasche, Cognac, die letzte Stärkungsreserve, Schokolade, Cakes, alles entschwand blitzschnell."[283]

In der Schleuse wurden die Häftlinge registriert, von der Wohnungs- und Arbeitsverwaltung erfasst, später auch entlaust – kurz als Ghettoinsassen „zugerichtet". Hinter den Festungswällen und hinter der Schleuse folgte das nächste deprimierende Erlebnis:

„Im letzten Grau des Tages, der für uns ein so langer, schmerzensreicher war, stolperten wir hinaus auf die Straße, sahen niedrige, einstöckige Häuser, mächtige Kasernenquadrate, eine schöne Kirche, an freiem Platz gelegen, wieder Häuser, aber keine Menschen mehr. Dann standen wir vor dem Tor einer Kaserne, durchschritten es in dem frohen Gedanken, wir sind am Ziel – endlich, endlich. Nichts sahen wir mehr, man wies uns einen zu ebener Erde gelegenen Raum an, etwas Holzrinde war an den Wänden geschichtet – dort unser Nachtquartier. Wir fragten nichts, wir sagten nichts, wir legten uns sofort angezogen nieder, die Rucksäcke als Kopfpolster benutzend, mit dem Mantel uns zudeckend – und liegen, nicht denken, schlafen. Aber so schnell kam der ersehnte Schlaf nicht, noch zitterten in uns die Erregungen von dem schweren Abschied nach, man hatte sich doch von allem losgelöst, was unser Leben ausmacht."[284]

So schicksalsergeben wie Manes die Reaktion der Leidensgenossen seines Transports schilderte, haben einige der mit den Raphaelsons reisenden Juden den Schock der Ankunft im Ghetto nicht hingenommen. Eine Krefelder Überlebende des Transports vom 25. Juli berichtete später:

X. Raphaelson 1942:
Leben und Sterben im Ghetto   173

„Als wir in Theresienstadt ankamen, wurde ich aus dem Waggon geprügelt. Mit 35 Frauen hatten wir einen Raum von 16 Quadratmetern. Viele von unserem Transport starben in der ersten Nacht. 15 nahmen sich das Leben."[285]

Für die vielen Juden aus Deutschland, die wie die Raphaelsons in diesem Sommer in Theresienstadt eintrafen, war es besonders schwierig, sich in den Ghettoalltag zu integrieren und die Funktionsweise dieser von der SS bewachten und in einer angeblichen Selbstverwaltung organisierten Zwangsgemeinschaft zu verstehen. Der Jüdischen Kultusgemeinde Prag war Ende 1941 vom Regime befohlen worden, das Ghetto für die Aufnahme von Juden aus Böhmen und Mähren herzurichten. Die Gemeinde hatte dem Befehl Folge geleistet, wohl auch in der vagen Hoffnung, den Juden dort eine halbwegs sichere Bleibe schaffen zu können. Bis zum Sommer 1942 war Theresienstadt ein Ghetto der tschechischen Juden gewesen. Sie hatten die Aufbauarbeit geleistet und eine Verwaltung eingerichtet, die die Arbeit und Versorgung im Ghetto organisierte. Jedoch erwiesen sich die Handlungsspielräume der Leitung mit den Judenältesten an der Spitze als gering. Die eigentlichen Herren der Stadt waren die Männer der SS.

Im Juni 1942 änderte sich die Lage dramatisch. Sämtliche noch in Theresienstadt wohnenden Zivilisten mussten die Stadt verlassen. In Sonderzügen aus dem Reich trafen nun unablässig Transporte mit Tausenden deutscher Juden ein, die bei etlichen der „alteingesessenen" tschechischen Juden nicht sonderlich beliebt waren. Die oft aus assimilierten Familien stammenden Neuankömmlinge wurden von vielen vor allem als Deutsche gesehen – und gehasst. Der Ghettoinsasse und -chronist H. G. Adler zitierte folgenden Bericht eines älteren deutschen Ghettoinsassen, der nach seinem Urteil die Lage „leider nur zu richtig" festhielt:

„Wir hatten uns eingeredet, daß wir, wenn wir in die Tschechoslowakei kämen, in ein Freundesland kämen, mit uns vereint in unserem Hass gegen Hitler und seine Helfershelfer. Aber welche Enttäuschung für uns! Die Tschechen hassten uns genauso, wie wir Hitler hassten, und sie machten für das Unglück, das sie betroffen hatte, uns mit verantwortlich. Sie sahen in uns nicht Leidensgefährten, sondern nur Deutsche, die sie hassten."[286]

Der Zustrom der Deutschen hörte nicht auf. Ende 1942 lebten bereits genauso viele deutsche und österreichische wie tschechische Juden in Theresienstadt. Einige von ihnen übernahmen nun auch Posten in der Ghettoverwaltung. Deutsch, die Sprache der Verhassten, war die „Amtssprache" im Ghetto. Stark assimilierte deutsche Juden kamen nach Ansicht Adlers am wenigsten mit der Situation zurecht: „Oft schien diesen Menschen das Deutschland von 1942 noch immer jenes von 1900 zu sein. Häufig waren sie stur, pedantisch und, angesichts der Umstände, tragikomisch korrekt, besonders in Kleinigkeiten."[287] Adlers Urteil mochte von Klischees angeblich typisch deutscher Eigenschaften geprägt sein. Aber dass für Juden aus dem deutschen Bürgertum die Zustände im Lager einen besonders krassen Kontrast zu den gewohnten Lebensverhältnissen darstellten, steht außer Frage. Wer wie Elisabeth Raphaelson als Fabrikantengattin einen Platz in der „besseren Gesellschaft" Mönchengladbachs eingenommen hatte, für den bedeutete Theresienstadt den Abstieg in eine zuvor unvorstellbare Hölle.

Ende September 1942 waren mehr als 53.000 Menschen in die Stadt gepfercht. Daran änderten auch die

Deportationen von zehntausenden Insassen in Vernichtungslager nichts, denn immer weitere Transporte trafen ein. Die als Schlafsäle genutzten Kasernenzimmer und Dachböden waren überfüllt. Wer wie die Raphaelsons nicht als „prominenter" Häftling bevorzugt behandelt wurde, den wies die Lagerleitung in ein Zimmer oder einen Saal ein, in dem aus rohen Brettern gezimmerte Betten standen. Auf engstem Raum waren bis zu 60 Menschen in Zimmer gepfercht, manche schliefen in Sälen mit bis zu 400 Personen. An Privatsphäre war nicht zu denken. Der ständige enge Kontakt mit Fremden war vielleicht eine nicht ganz so schwere Belastung wie die Folter, als die Gefangene eine längere Isolationshaft gewöhnlich empfinden. Doch wie sehr auch die erzwungene Nähe die Häftlinge marterte, lässt die Schilderung des Rabbiners Richard Feder ahnen:

„In den Räumen standen dreistöckige Betten und davor eine Bank für jeweils drei Personen. Das war unser ganzes Mobiliar. Alles musste man im Koffer aufbewahren, und dieses ständige Suchen nach jeder Kleinigkeit zerrte an den Nerven. Nicht jeder Mitbewohner war ein angenehmer Zeitgenosse. Durch Zufall wurde er einem zugesellt, man empfand Mitgefühl für ihn, aber er wurde einem zuwider, wenn er nicht auf Sauberkeit achtete, wenn er zu viel oder gar nicht redete, wenn er hustete, wenn er nachts mehrmals auf den Abort ging."[288]

Noch schlimmer traf es diejenigen, die auf einem Dachboden landeten und froh waren, wenn sie sich mit etwas Stroh einen Schlafplatz schaffen konnten. Diese elenden Quartiere eingerechnet, hatte jeder Ghettoinsasse im August 1942 einen „Wohnraum" von 1,6 Quadratmetern. Im März 1943 waren es 2,05 später sogar 3,05 Quadratmeter, nachdem wieder Tausende deportiert worden waren und der Zustrom abebbte.[289]

Reichhaltige Kost war für Juden auch in weniger kritischen Tagen nicht vorgesehen. Doch die Überfüllung verschlechterte die ohnehin unzureichende Versorgung mit Nahrungsmitteln noch erheblich. Ein wenig mehr als die schmale Ration zu ergattern, wurde zum wichtigen Akt im Kampf ums Überleben, bei dem vor allem Alte und Gebrechliche und Häftlinge ohne Zugang zu Schwarzmarktkanälen im Nachteil waren. Das galt auch für all jene, die keine Pakete mit Nahrungsmitteln von Verwandten aus der Heimat erhielten. Tauschhandel, wie ihn Rabbi Feder beschrieb, war noch eine zivilisierte Methode, den bohrenden Hunger zu bekämpfen:

„Die fettlosen Kartoffeln sättigten nicht, und der eine Knödel reichte nicht. Wer willensschwach war, aß seine Wochenration Brot in zwei Tagen auf, dann lieh er sich welches beim Nachbarn. Bekam er dann das frische Brot, mußte er zuerst seine Schulden begleichen und stand wieder ratlos da."[290]

Oft erzwang die Not aber ganz andere Wege. Manes:

„Es ist ganz selbstverständlich, daß in einem Ort, (...) in den jetzt 45.000 und mehr Menschen eingezwängt wurden, der krasseste Egoismus, der fast tierische Behauptungswille zum Durchbruch kommen mußte. Wenn der Hunger über die anerzogenen und stets bewußt kontrollierten Hemmungen triumphierte, alle gezogenen Schranken niederriß und sich dem einzigen Gefühl und Ziel: Sättigung um jeden Preis überließ, dann mußten Recht und Sicherheit, Besitz und Ordnung ebendiesem Naturtrieb weichen. Wer es nicht mitangesehen hat, wie die alten Menschen sich am Schlusse der Essensausgabe auf die leeren Fässer stürzten, mit den Löffeln sie auskratzten, selbst die Tische, auf denen ausgeteilt wird, nach Resten mit Messern untersuchten, der vermag sich kein Bild davon zu machen, wie schnell Menschenwürde verloren geht."[291]

Elisabeth Raphaelson ertrug diese Umstände nicht lange. Nach ihrer Ankunft wurde sie in der am Marktplatz gelegenen „Geniekaserne" untergebracht, in der sich auch eine Krankenstation befand. Nur zweieinhalb Monate später, am 13. Oktober, starb sie an Enteritis. Diese von Bakterien oder Viren hervorgerufene Durchfallkrankheit war in diesen Wochen die häufigste Todesursache im Ghetto. Die Häftlinge nannten die Krankheit „Theresiana". Im Hochsommer erreichte die Epidemie mit 7.000 Erkrankten pro Monat und 3.941 Enteritis-Opfern allein im September[292] ihren grausigen Höhepunkt. Die medizinische Versorgung im Ghetto war solchen Herausforderungen nicht gewachsen. Gerade in diesen Tagen war der Mangel an Medikamenten besonders groß. Sulfonamide, zu dieser Zeit gebräuchliche Mittel gegen bakterielle Infektionskrankheiten, gab es allenfalls im Schwarzhandel für 2.000 Kronen. Es fehlte an Krankenstuben und Pflegepersonal, oft wurden Patienten vernachlässigt und um ihre Essensrationen betrogen.[293]

Schuld an der Epidemie waren der Hunger, der besonders die betagten Häftlinge schwächte, und die katastrophalen hygienischen Verhältnisse im hoffnungslos überfüllten Ghetto. Die Toiletten der Kasernen hatten keine Wasserspülung, ebenso wenig die in den von der Zivilbevölkerung geräumten Häusern. Mehrere hundert Menschen mussten sich einen Abort teilen. Die verzweifelte Lage und die Machtlosigkeit der Ärzte spiegeln der Bericht des Rabbiners Feder und ein im Herbst 1942 an die Lagerleitung gerichteter interner Bericht wider:

„Fast jeder, der im Jahre 1942 nach Theresienstadt kam, litt an der sogenannten ‚Theresienkrankheit',

Durchfälle, Unwohlsein, Fieber. Sie hielt eine Woche an und schwächte den Organismus. Die kleinen Kinder litten an Darmkatarrhen, Masern und Keuchhusten, die größeren an Scharlach und Gehirnentzündung. Unter den Erwachsenen wütete der Typhus. Viele erlagen ihm. Die Ärzte rieten uns, uns vor jedem Essen die Hände gründlich mit Seife zu waschen. Aber was nützten uns ihre wohlgemeinten Ratschläge? Wir hatten keine Seife, und das Wasser in der Leitung floß nur früh und abends kurze Zeit. Das Wasser in den Brunnen war bakteriologisch belastet." [294]

„Eine wirksame Therapie war bei einer so ausgedehnten Epidemie kaum möglich. Die Behandlung mit den üblichen Durchfallpräparaten war, obzwar sie eine schwere Belastung der Apotheke bedeutete, nicht genügend. Trotzdem die Apotheke die Präparate kiloweise ausgab, kam auf einen Patienten kaum 0,5 g von Tierkohle und Tanalbin täglich. Die Behandlung mit Sulfonamiden schien Erfolge gezeigt zu haben, doch konnte man diese nur in vereinzelten Fällen verabreichen. Diätetische Behandlung war praktisch unmöglich (…)."[295]

Da die Ärzte den Seuchen wenig entgegenzusetzen hatten, teilten immer mehr Erkrankte das Schicksal von Elisabeth Raphaelson. Als diese mit ihrem Sohn in Theresienstadt eingetroffen war, hatten Krankheiten an manchen Tagen bis zu 50 Menschen getötet. Zwei Monate später war die tägliche Todesrate auf mehr als 150 gestiegen.[296] Weil es auch an Personal für Beerdigungen mangelte, lagen an manchen Tagen bis zu 500 Leichen in der Kasematte am Ortsausgang nach Bohušovice. Philipp Manes fühlte sich an Pestzeiten erinnert:

„In jenen Monaten war das Sterben ganz fürchterlich – es schien, als ob Theresienstadt entvölkert werden sollte wie zur Zeit des schwarzen Todes. (…) Die Karren rollen durch die Straßen. Niemand bleibt stehen, um die Toten vorbei passieren zu lassen – man schaut nicht hin, man will negieren, nicht sehen, nicht hören. Jeder will nur die eigenen Sorgen tragen und sich ja nicht mit denen anderer belasten."[297]

Für die Ghettoverwaltung war Elisabeth Raphaelson nur eine weitere Nummer in der Statistik. In der Todesfallanzeige, in der der Totenbeschauer Dr. Silbermann und zwei weitere Ärzte das Ableben der 63-Jährigen bestätigten, ist in der Rubrik „Sterbematrikel" die Zahl 9530 eingetragen. Dem Totenschein zufolge starb Paul Raphaelsons Mutter um 3 Uhr in Zimmer 274 der Geniekaserne, das auch als ihr Wohnort in Theresienstadt angegeben war. Dr. Silbermann führte die Totenschau vier Stunden später durch. Allzu aufwendig dürfte diese Prozedur nicht gewesen sein. Mit dem Formular machte sich die Verwaltung jedenfalls keine Mühe. Etliche der Rubriken blieben leer. Die Diagnose „Enteritis-Darmkatarrh" in der Rubrik „Krankheit" schien den Ärzten zu genügen.

Über Paul Raphaelsons Zeit im Ghetto ist nur bekannt, was er später nach seiner Festnahme den Ermittlern und dem Gericht berichtete. Demnach hatte ihn die Ghettoverwaltung in Zimmer 147 der Hannoverkaserne eingewiesen, die zu Zeiten des österreichischen Kaisers als Verpflegungsmagazin gedient hatte. Nun waren dort arbeitsfähige Männer und eine der Zentralküchen untergebracht.[298] Sein Zimmer teilte Raphaelson mit 14 Tschechen. Da er nicht zur privilegierten Gruppe der „Prominenten" gehörte, musste auch er arbeiten. Gewöhnlich wurden arbeitsfähige Neulinge einer der Hundertschaften zugeteilt, in denen die Arbeiter des Ghettos organisiert waren. Eine Hundertschaft bestand aus zwei Zügen mit jeweils fünf Kameradschaften. Raphaelson wurde zunächst der Arbeitsverwaltung des Ghettos zugeteilt. Bei einem Verhör im britischen Internierungslager Neuengamme schilderte er 1946 seine „Laufbahn" so:

„Im August 1942 wurde ich von der dortigen jüdischen Arbeitszentrale zum Zugältesten bestimmt. In dieser Funktion hatte ich Büroarbeiten im Zusammenhang mit der Arbeitszuteilung zu versehen. Mit Proviantzuteilung hatte ich zu dieser Zeit nichts zu tun. Als Zugältester hatte ich auch keine Strafgewalt und ich habe niemanden geschlagen oder misshandelt. (...) Im Januar oder Feber 1943 wurde ich Hundertschaftsführer-Stellvertreter. Meine Arbeit bestand darin, den sog. Arbeitsspiegel – d. i. Verzeichnis über die tägliche Arbeitseinteilung aufzustellen und die einzelnen Partien zusammenzustellen und ihre Partieführer zu bestimmen. Das waren schriftliche Kanzleiarbeiten, die ich in der Kanzlei verrichtete, und mit der Kontrolle, ob die zu Arbeiten zugeteilten zur Arbeit erschienen, hatte ich nichts mehr zu tun. Zu dieser Zeit hatte ich keine Disziplinargewalt und mit SS Stellen stand ich nicht in Verbindung. Auch mit der Proviant-Verteilung hatte ich mit Ausnahme von Beantragung von Brot-Prämien für Arbeitende aus meiner Hundertschaft, nichts zu tun. Mir oblag auch die Antragstellung für Brotprämien für Mitglieder meiner Hundertschaft, die erkrankten. Ich war Hundertschaftältester-Stellvertreter bis September 1943."[299]

So sehr sich Raphaelson auch bemühte, seine Aufgaben als bescheidene administrative Schreibtischtätigkeiten darzustellen: In diesen Funktionen hatte er gegenüber seinen Mithäftlingen eine herausgehobene Position. Wer Arbeit zuteilte, Arbeitsgruppen zusammenstellte und an der Verteilung von Brotprämien beteilig war, konnte leicht zur Zielscheibe des Missmuts und der Unzufriedenheit seiner Mitgefangenen werden. Zugleich konnte eine solche Position dazu verleiten, sie zum eigenen Vorteil auszunutzen. Zeugenaussagen und dem Urteil des Prager Gerichts zufolge erlag Paul Raphaelson dieser Versuchung. Als Stockwerksaufseher in der Kaserne habe er schon in Theresienstadt Mithäftlinge roh behandelt und bestohlen, indem er für sie bestimmte Lebensmittel selbst behielt, urteilten die Richter. Auch als er später in leitender Funktion im Arbeitsamt der Ghettoverwaltung eingesetzt war, zweigte er nach Überzeugung des Gerichts Lebensmittel aus für Schwerarbeiter bestimmten Zulagen für sich selbst ab.[300] Obwohl Diebstähle unter Häftlingen an der Tagesordnung waren und nicht Wenige ohne große Rücksichtnahme zu überleben versuchten, wird ein solches Vergehen Paul Raphaelson wohl von den Mithäftlingen in viel stärkerem Maße übelgenommen worden sein. Schließlich war er, wenn auch in bescheidenem Maße, eine Instanz, von der Häftlinge auch – oder vielleicht: gerade – in der Ausnahmesituation des Ghettos gerechtes Handeln erwarteten.

Paul Raphaelson hat der „Einlieferungsschock"[301] nicht in Resignation und Apathie verfallen lassen. Eine solche Haltung hätte seinen schnellen Tod bedeutet. Vielmehr hat er wie viele Mithäftlinge offenbar versucht, sich mit den Verhältnissen so gut es ging zu arrangieren und innerhalb des Lagersystems eine Funktion zu finden, die ihm das Überleben sichern sollte. „Flucht aus der Gegenwart, die Regression in die Kindheit, die Trübung des Wirklichkeitssinns", die Adler in anderen Fällen als psychische Folgen des Einlieferungsschocks beobachtete, waren Raphaelsons Sache nicht. Was freilich nicht heißt, dass die Haftbedingungen spurlos an seiner

Psyche vorübergegangen sein dürften. Neben all den physischen Entbehrungen und Belastungen des Ghettoalltags war es die stete Angst vor einem noch grausigeren Schicksal, die die Häftlinge beherrschte und die zwei Namen hatte: „Kleine Festung" und „Transport".

Die „Kleine Festung" war eine dem großen Festungskomplex vorgelagerte Zitadelle, von der aus die Truppen Josephs II. Ende des 18. Jahrhunderts die Elbe überwachen sollten. Kaum fertiggestellt, wurde sie als Militärzuchthaus genutzt. Eine Funktion, die sie unter veränderten Bedingungen durch die Jahrhunderte behielt: Zu den prominentesten politischen Gefangenen gehörten die Attentäter, die 1914 an der Ermordung des österreichischen Thronfolgers in Sarajevo beteiligt gewesen waren. Während des Ersten Weltkriegs diente die Festung als Gefängnis für meuternde Soldaten und Angehörige von Volksgruppen, bei denen man Sympathien für den Kriegsgegner Russland vermutete. Im Juli 1940 schließlich richtete die Prager Gestapo-Stelle dort ein Konzentrationslager ein. Schon das Ghetto Theresienstadt war ein grausiger Ort. Die Kleine Festung hatte mit Heinrich Jöckel zwar einen eigenen Kommandanten und war mit einer eigenen Wachmannschaft organisatorisch vom Ghetto getrennt, doch wer sich im Ghetto eines Vergehens schuldig machte, konnte in die Kleine Festung überstellt werden, wo ihm noch größere Qualen drohten.

Dort waren die Häftlinge in Zellen untergebracht, in einem der Höfe der Zitadelle drängten sich bis zu 600 in einer Massenzelle. Es gab Einzelzellen, in die Häftlinge in Dunkelheit und ohne Nahrung gesperrt wurden; über dem Tor zum ersten Innenhof war dieselbe höhnische Losung angebracht, die Häftlinge in Auschwitz demütigte: Arbeit macht frei. Viele Häftlinge wurden zu schwerer körperlicher Zwangsarbeit herangezogen. Die Verpflegung und die hygienischen Zustände waren noch schlechter als in Theresienstadt. Folterungen und Exekutionen auf der Hinrichtungsstätte am hinteren Ende des vierten Hofs waren mit dafür verantwortlich, dass von den 32.000 in der NS-Zeit internierten Häftlingen gut 2.600 in der Kleinen Festung starben. Die Übrigen wurden in Vernichtungslager deportiert und dort ermordet. Nur die Wenigsten erlebten im Mai 1945 die Befreiung Theresienstadts durch russische Truppen.

Weitaus größer war die Zahl der Ghettoinsassen, die durch eine Deportation in ein anderes Durchgangsghetto oder direkt in ein Vernichtungslager den Tod fanden. Im Januar 1942 waren die ersten Züge von Theresienstadt nach Riga gerollt. Bis zur Auflösung des Ghettos wurden fast 90.000 Insassen deportiert und ermordet. Ab Herbst 1942 rollten die Züge in die Vernichtungslager. Mehr als 40.000 „Theresienstädter" fanden allein in Auschwitz den Tod. Laut Adler hatten die Häftlinge nur vage Vorstellungen von dem, was die Abtransportierten erwartete. Es kursierten Gerüchte über noch schrecklichere Zustände, Hunger und Pogrome. Doch das systematische Morden, das wahre Ausmaß der Vernichtung, sei nicht bekannt gewesen, meinte Adler.[302] Gleichwohl war die Furcht vor dem Transport groß, denn er führte ins Unbekannte, in eine wahrscheinlich noch schlimmere Hölle und drohte, Freunde und Verwandte auseinanderzureißen. Angesichts dieser Gefahren erschien den Häftlingen Theresienstadt als das geringere Übel. Dort kannte man sich aus und hatte sich womöglich leidlich arrangiert.

Bestechungsversuche, verzweifelte Appelle an die Lagerleitung – die Häftlinge versuchten mit allen Mitteln, der weiteren Deportation und jenen schmalen Papierstreifen zu entrinnen, mit denen die zum Transport Vorgesehenen einberufen wurden. Welche Panik die Ankündigung eines weiteren Transports auslöste, schilderte der 1945 verfasste Bericht eines Brünner Arztes, der Theresienstadt und Auschwitz überlebt hatte.

„Wann immer wir einige Tage vergaßen, daß wir in einem Konzentrationslager interniert sind, wenn es hieß Transporte gehen, mit einem Schlag war alles verändert. Verängstigt schlichen die Leute durch die Straßen, geduckt erwartete man, bis die Liste ausgetragen wurde, immer wieder das gleiche Bild: Angst, Schrecken, ‚bist du drin?‘ ‚Nein, ich bin nicht drin, ich bin geschützt.‘ ‚Meine Mutter ist drin!‘ ‚Hast du schon reklamiert?‘ ‚Ja, aber es ist aussichtslos.‘ Überall dasselbe Gesprächsthema, dasselbe Hasten, dieselbe Aufregung. (...) Dann werden sie einwaggoniert, die Waggons plombiert, und weg ist der Transport. Und jetzt geschieht das Wunder. Alles atmet erleichtert auf, was weg ist, ist weg. Wohl weint hier ein Mädel, die ihre Eltern hat ziehen lassen müssen, dort ein Mütterchen, dem ihr Sohn weggefahren. Aber das Leben in Theresienstadt geht weiter, diesmal ist es noch gut ausgefallen. Wann um Gottes Willen geht der nächste Transport? Ach was, bis dahin kann der ‚Soff‘ (Schluß) sein, jeder Tag ist gewonnenes Leben."[303]

XI. Raphaelson 1942–1945: Kapo in Wulkow und Schnarchenreuth

Ein Tisch, zwei Stühle und auf einem Hocker ein Tonbandgerät – so saßen sich zwischen Mai 1960 und Februar 1961 im Verhörraum eines zum Gefängnis umgebauten Polizeigebäudes bei Haifa fast 300 Stunden lang zwei Männer gegenüber. Avner Less, ein Hauptmann der israelischen Polizei, und Adolf Eichmann, Organisator des Holocaust. Less war 1916 in Berlin geboren und hatte während des Holocaust seinen Vater verloren. Julius Less war 1943 nach Theresienstadt deportiert, von dort nach Auschwitz verschleppt und ermordet worden. Eichmann war als ehemaliger Leiter des Referats IV B 4 im RSHA auch an der Einrichtung des Theresienstädter Ghettos maßgeblich beteiligt gewesen und kurz vor den Verhören in Haifa in einer spektakulären Aktion von Agenten des israelischen Geheimdienstes aus Argentinien entführt worden. An einem der Verhörtage lenkte Less das Gespräch auf ein Dorf in der Nähe von Berlin:

„Less: Sie erwähnten einmal, daß Sie Anfang 1944 in der Nähe von Berlin ein Lager bauten. War das eigentlich bei Wuhlheide?

Eichmann: Mir ist der Name überhaupt nicht mehr bekannt. Das war östlich von Berlin gewesen, etwa

70 bis 80 Kilometer. Es war nur eine Bahnstation gewesen und mag auch sein, einige Häuser, die da ringsum verteilt waren. Es war überhaupt gar nichts los dort gewesen. Da wurden, glaube ich, zehn, no, sagen wir mal so, ein Dutzend Großbaracken aufgestellt. Der Bombenkrieg ließ in der Reichshauptstadt sachliche Arbeit nicht mehr zu. Das sah schließlich und endlich auch mein Chef, und sicherlich sagte er sich: ,Warum sollten die Kerle dort herumsitzen, müssen sie eben was anderes tun!' So bekam ich um die Jahreswende 43/44 Befehl, ein Barackendorf zu errichten als Ausweichstelle für das Geheime Staatspolizeiamt. Von Theresienstadt ließ ich ein Kontingent von Technikern, Architekten und Arbeitern kommen."[304]

Der richtige Name des Dorfs, an das sich Eichmann angeblich nicht mehr erinnern konnte, war Wulkow. Zu den Häftlingen, die er dort während seines kurzen Einsatzes kommandierte, gehörte Paul Raphaelson.

Wulkow war freilich nicht das erste Arbeitskommando des Theresienstädter Ghettos, dem Raphaelson zugeteilt wurde. Im September 1943 hatte er sich bereits freiwillig für einen Arbeitseinsatz gemeldet. Die Aussicht auf eine tägliche Ration von einem dreiviertel Kilo Brot, 50 Gramm Margarine und 100 Gramm Pastete, die Mitglieder des Kommandos bekommen sollten, hatte ihn gelockt. Die Häftlinge rückten ins etwa sieben Kilometer entfernte Kamyk bei Litoměřice (Leitmeritz) aus, um einen Schießstand zu bauen. Die Zeit der bevorzugten Lebensmittelversorgung war jedoch schnell vorbei:

„Am 23.2.1944 wurde diese Arbeitsgruppe durch den SS Obersturmführer Berkel, damals Lagerinspekteur in Theresienstadt, durchsucht, und ich wurde, da ich verbotswidrig 1 Kopf Weißkohl und 1 Steckrübe in das

Ghetto einführen wollte, anschließend durch das Ghettogericht zu 4 Tagen Arrest verurteilt."[305]

Das Gemüse hatten ihm offenbar Deutsche zugesteckt oder eingetauscht, mit denen er in Kamyk Kontakt hatte aufnehmen können.[306]

Als 37-Jähriger zählte Raphaelson zu den jüngeren und arbeitsfähigen Häftlingen. Für das Arbeitskommando, dessen erste Gruppe am 2. März von Theresienstadt ins brandenburgische Wulkow geschickt wurde, war er also gut geeignet. Den tschechoslowakischen Ermittlern erklärte Raphaelson später jedoch, dieser Arbeitseinsatz sei eine Strafe für den Gemüseschmuggel in Kamyk gewesen.[307] Tatsächlich hatten sich nur Wenige freiwillig gemeldet. Die Ghettobewohner misstrauten den Ankündigungen der Leitung und fürchteten, es werde sich in Wahrheit um einen weiteren Transport in ein Vernichtungslager handeln. Klaus Scheurenberg, ein 1925 in Berlin geborener, 1943 nach Theresienstadt deportierter Jude, schildert in seiner vier Jahrzehnte später erschienenen Autobiographie das Wechselbad der Gefühle, in das ihn Ende August 1944 die Mitteilung stürzte, zu einem der Transporte eingeteilt zu sein, die das Arbeitskommando Wulkow seit März nach und nach verstärkten:

„Es wechselten Fatalismus, Niedergeschlagenheit, Galgenhumor und ... Hoffnung, ja Hoffnung, so seltsam es klingen mag. Die Ungewißheit, die uns stets geängstigt hatte, war gewichen, ich wußte nun, woran ich war. Es ging ja aus der Benachrichtigung deutlich hervor: ‚Arbeitseinsatz'. Arbeiten ist nicht vergasen – erschießen – hängen – irgendwie töten! Und so glomm ein Fünkchen Hoffnung in mir auf (wider besseres Wissen natürlich, denn wir hatten auch von Arbeitseinsätzen gehört, die der Einfachheit halber anschließend ins Gas geschickt wurden)."[308]

Die Ghettoleitung tat einiges, um die Bedenken zu zerstreuen. Anders als bei den gefürchteten gewöhnlichen Transporten nach Osten verhängte sie am Vorabend der Abfahrt nach Wulkow keine Ausgangssperre in Theresienstadt. Die zum Kommando Einberufenen mussten auf dem Hof der Kommandantur antreten und eine Ansprache des angeblich betrunkenen SS-Ghettokommandanten Karl Rahm über sich ergehen lassen. Dr. Paul Eppstein, Vorsitzender der jüdischen Ghettoleitung, versicherte ihnen, es handele sich um keine „Evakuierung" – also nicht um eine Deportation in ein Vernichtungslager. Den Männern soll sogar versprochen worden sein, sie und ihre Verwandten im Ghetto seien während des Arbeitseinsatzes vor der Deportation geschützt. Diese Zusage machte die Angehörigen zu Geiseln und erleichterte es den Aufsehern des Kommandos, Fluchtversuche zu verhindern.[309] Anders als bei Deportationen in Vernichtungslager durften Verwandte und Freunde die Mitglieder des Kommandos Wulkow am Zug verabschieden. Das Gepäck der Abreisenden wurde nicht konfisziert und zur Verblüffung aller stiegen die Männer nicht in Vieh-, sondern in saubere Personenwaggons.

Und so reiste Paul Raphaelson am 2. März 1944 mit 200[310] weiteren Männern in einem geheizten Reichsbahnabteil dritter Klasse durch die noch winterkalte Landschaft Böhmens. Der Zug hatte sich gegen Mittag in Bewegung gesetzt. Im Bahnhof von Bohušovice wurden die Wagen an einen Lastzug mit Ausrüstung gehängt, dann ging die Fahrt weiter – zunächst allerdings auf einem beunruhigenden Kurs. Hinter der tschechischen Grenze bog der Zug Richtung Osten ab. Einige Abkommandierte fühlten sich getäuscht. Sie fürchteten, der Transport gehe doch in ein Vernichtungslager. In Küstrin jedoch nahm die Fahrt eine erneute Wende. Der Zug bog westwärts ab und erreichte schließlich den Bahnhof von Trebnitz.[311] Wohl einigermaßen beruhigt verbrachte Raphaelson mit den anderen Häftlingen die Nacht in den Waggons. Am nächsten Morgen mussten die Häftlinge Werkzeuge und Barackenteile entladen, die der Zug transportiert hatte. Den Weg zu seinem Bestimmungsort legte das Kommando zu Fuß zurück. Nach etwa vier Kilometern waren die Männer am Ziel: ein Waldstück neben einem winzigen Dorf. Außer Bäumen gab es in der hügeligen Umgebung nicht viel zu sehen.

Ihr Lager mussten die Häftlinge selbst errichten. Als Unterkunft sollten die Barackenteile dienen, die mithilfe eines Traktors von Trebnitz nach Wulkow geschafft wurden – „Teile aus einfachster Konstruktion, weder Isolierung noch andere Finessen, es waren schlichte Bretterbuden", erinnerte sich später der Häftling Walter Grunwald.[312] Am Tag der Ankunft konnten die Baracken nicht mehr aufgestellt werden. Die Männer verbrachten die Nacht unter freiem Himmel. Obwohl sich der Winter dem Ende zuneigte, lag immer noch eine dünne Schneedecke über der Landschaft. Auch an den folgenden Tagen schützten die notdürftig zusammengezimmerten Verschläge kaum vor der Kälte. Der Elektrozaun, der das Lager später umgab, war beim Aufbau der Baracken noch nicht errichtet. Es gab nur ausgedehnten Wald – und damit eigentlich gute Bedingungen für eine Flucht. Dieser Gedanke hat zumindest Walter Grunwald sein Leben lang beschäftigt. Doch auch als er viel später seine Erinnerungen aufschrieb, kam er zu dem Ergebnis: Es gab kein sicheres Ziel, das Ausbrecher hätten ansteuern können. Selbst die wenigen Berliner in der Gruppe, die in der nur 60 Kilometer entfernten Heimatstadt womöglich hätten untertauchen können,

„konnten sich auch nicht richtig orientieren, wo wir gelandet sind".[313]

Binnen weniger Tage waren die ersten Baracken am Waldrand errichtet, dann wurde mit dem eigentlichen Auftrag begonnen.[314] Raphaelson und seine Mithäftlinge sollten ein Ausweichquartier für die Abteilung IV des RSHA errichten. Den Bau zu organisieren hatte Gestapo-Chef Heinrich Müller Referatsleiter Adolf Eichmann im Dezember 1943 befohlen.[315] Das dicht bewaldete Gebiet bei Wulkow sollte eines von mehreren, von feindlichen Flugzeugen nicht so leicht zu entdeckenden Notquartieren werden. Innerhalb des RSHA firmierte das Projekt Wulkow unter dem Tarnnamen „Dachs".[316] Für das aus Theresienstadt entsandte Arbeitskommando wurde der Deckname des bei Berlin gelegenen Städtchens Zossen verwendet. Neben Büro- und Wohnbaracken sollten die Häftlinge Lager, Bunker, Garagen, Brunnen und eine Trinkwasserversorgung bauen. Zeitweilig waren in Wulkow auch Häftlinge aus dem KZ Oranienburg eingesetzt, die hauptsächlich Erd- und Betonarbeiten verrichteten. Neben der Hauptbaustelle gab es ab August 1944 eine weitere, sogenannte Z-Baustelle, auf der Wohn- und Arbeitsräume entstanden. Diese sollten bei Bedarf angeblich als persönliche Kanzlei Hitlers genutzt werden.[317] Auch eine dem Gestapo-Chef Heinrich Müller zugedachte Baracke soll es gegeben haben, an deren Wand über einem Schreibtisch ein lebensgroßes Ölgemälde Hitlers hing.[318]

Für Adolf Eichmann bedeutete der Auftrag, in Wulkow Baracken errichten zu lassen, nur ein kurzes Intermezzo in seiner Karriere. Avner Less berichtete er später in Jerusalem:

„Als wir fast fertig waren, im März 44, kommt Gruppenführer Müller zur Inspektion, sieht alles an und sagt dann, auf Befehl des Reichsführers – also Himmler – habe ich hier abzurücken nach Ungarn."[319]

Dass Eichmann kurz nach der Besetzung Ungarns Mitte März dorthin entsandt wurde, entsprach den Tatsachen. Er sollte dort die Deportation von mehr als 400.000 ungarischen Juden vorantreiben. Falsch ist jedoch, dass die Arbeit in Wulkow bei seiner Abreise schon fast getan war. Sie sollte sich noch circa ein Jahr hinziehen. Trotz seines kurzen Aufenthalts in Wulkow blieb Eichmann einigen Häftlingen im Gedächtnis. Laut Klaus Scheurenberg wurde ein Teil des Lagers „Eichmannsdorf" genannt:

„Von Eichmann sprach man nur im Flüsterton. Er war der Großmächtige, der eigentliche Herr über Leben und Tod. (...) Ich sah ihn in einiger Entfernung. Er zog sich gerade Wildlederhandschuhe an, die in der Farbe genau zu dem eleganten Grau seiner Maßuniform paßten."[320]

Einmal soll der „Großmächtige" den Gefangenen in einer Rede versprochen haben, sie könnten in die USA auswandern, wenn sie gut arbeiteten.[321]

Mit Eichmanns Nachfolger Obersturmführer Franz Stuschka erhielt ein Mann die Herrschaft über Raphaelson und die übrigen Häftlinge, den Walter Grunwald einen „Sadisten von gröbstem Format, und Schläger von übelster Sorte" nannte.[322] „Ich sehe ihn noch vor mir", erinnerte sich Klaus Scheurenberg später:

„Haselnußbraune Augen beherrschten ein schmales Gesicht. Er war sehr schlank, aber sicher 185 cm groß. Er, der Österreicher, war versessen darauf, sein ‚Deutschtum' wie ein Banner vor sich herzutragen. Immer wieder betonte er sein ‚Ariertum'. Konnten wir eine Arbeit nicht schaffen, schrie er, dies hätte er mit zwei ‚deutschen Ariern' im Nu bewältigt. (...) Er wurde für uns im Lauf weniger Wochen zur Inkarnation des Bösen."[323]

Einige Häftlinge vermuteten, Stuschka habe in Wulkow einen Drückeberger-Posten bezogen, der ihn vor dem Einsatz an der Front schützte. Doch es war kein Zufall, dass Eichmann die Leitung der Baustelle dem Österreicher anvertraute. Denn dieser hatte auch schon Bauarbeiten in Eichmanns Dienstsitz an der Kurfürstenstraße 115/16 in Berlin überwacht.

Stuschka, am 3. Juli 1910 in Liesing bei Wien geboren, war schon in jungen Jahren zur NSDAP gestoßen. Wie Karl Rahm und Anton Burger, zwei spätere Kommandanten des Ghettos Theresienstadt, gehörte er zu einer Gruppe von um 1910 geborenen NS-Aktivisten, die beruflich zunächst ziemlich erfolglos waren. Stuschka hatte nach fünf Klassen in der Volksschule und drei Bürgerschulklassen noch vier Klassen der höheren Abteilung für Maschinenbau an der Technisch-Gewerblichen Schule in Mödling [324] besucht und konnte so später als Beruf Elektrotechniker angeben. Als er Ende Mai 1938 einen Personalfragebogen der NSDAP ausfüllte, beantwortete er die Frage nach dem Beruf mit „Öffentlicher Angestellter". In die Rubrik „Welche Stellung bisher bekleidet?" trug er „Hilfsbeamter, Arbeiter usw." ein. Bereits 1932 hatte Stuschka für die in Österreich verbotene NSDAP geworben und daher eine „erste anonyme Anzeige Mai od. Juni 1934 (Gendarmerie Liesing)" kassiert. Seit 1. September 1934, so ist dem Fragebogen zu entnehmen, gehörte Stuschka der damals in Österreich ebenfalls illegalen SS an.[325]

Die SS-Mitgliedschaft brachte dem 26-Jährigen eine Verurteilung zu drei Jahren Kerker ein. Nachdem er die Strafe verbüßt hatte, wurde er in ein Lager in Wöllersdorf eingewiesen. Nach der Entlassung im Juli 1937 wählte Stuschka, angeblich weil er in Österreich keine Arbeit fand, den gleichen Weg, den vier Jahre zuvor sein späterer Vorgesetzter Eichmann von Linz[326] aus gewählt hatte: Er ging nach Deutschland. Dort, so gab er 1949 in Wien vor Gericht an, habe er aber auch keine Arbeit gefunden. Durch die Vermittlung eines „Hilfswerks" sei er in ein SS-Lager gekommen und dort zum Untersturmführer ausgebildet worden. Stuschka umschrieb damit, dass er der Österreichischen Legion angehört hatte, einer paramilitärischen Truppe aus NS-Aktivisten, die sich wie Stuschka aus der Alpenrepublik ins Reich abgesetzt hatten.[327]

Nach der Okkupation Österreichs kehrte Stuschka nach Wien zurück – angeblich, obwohl ihm die Entlassung aus der SS verwehrt worden war.[328] Tatsächlich war es der Österreichischen Legion untersagt gewesen, im März 1938 am Einmarsch in ihr Heimatland teilzunehmen. Erst im April durfte sie nach Österreich heimkehren. Sie wurde jedoch aufgelöst, sodass die „alten Kämpfer" nun mit Posten versorgt werden mussten. Stuschka arbeitete eine Weile bei einem Arbeitsamt, wurde am 1. Mai 1938 in die NSDAP aufgenommen und meldete sich dann zur SS. Nachdem er zunächst für den Wiener SD als „Büroangestellter" tätig gewesen sei, so Stuschka 1949, sei er 1939 ins RSHA nach Berlin gewechselt. Welchem Zweck seine Wiener Büroarbeit gedient hatte, erwähnte Stuschka vor Gericht wohlweislich nicht. Seine Dienststelle war die „Zentralstelle für jüdische Auswanderung in Wien", die mit der Vertreibung der Juden befasst war.[329] Nach nur zwei Wochen in der Reichshauptstadt wurde er im Rang eines SS-Scharführers in die „Zentralstelle für jüdische Auswanderung in Prag" versetzt.[330] Im August 1940 kehrte Stuschka ins RSHA nach Berlin zurück, in die Abteilung IV, Geheime Staatspolizei, und wurde nun nicht länger nur zu „Büroarbeiten" eingesetzt. Ende 1941 gehörte er einer Delegation aus Mitarbeitern der Zentralstelle und des Auswärtigen Amtes an, die in Belgrad Probleme mit der geplanten Deportation von 8.000 serbischen Juden klären sollte.[331] In Berlin war er als Hauptbetriebsluftschutzleiter am Bau einer Luftschutzanlage für die Dienstgebäude beteiligt und musste nach Luftangriffen Trümmer beseitigen.[332] Dabei waren ihm etwa 30 Juden unterstellt, hauptsächlich Ehemänner aus „privilegierten Mischehen", die zu dieser Arbeit gezwungen wurden. Schon in dieser Funktion soll Stuschka Mitglieder der Gruppe geschlagen haben.[333]

Noch weitaus rücksichtsloser ging der Österreicher mit den Häftlingen um, als er um den 10. März herum nach Wulkow kam.[334] Geholt wurde er, weil es unter Eichmanns Leitung auf der Baustelle nicht vorangegangen sei und sein Chef den Rat eines Manns mit Bauererfahrung gebraucht habe, erzählte er 1949, als er sich vor dem Wiener Volksgericht verantworten musste. Kaum in Wulkow angekommen, war Stuschka im März 1944 angeblich entsetzt gewesen:

„Damals habe ich die Arbeitskräfte zum erstenmal gesehen und die Behandlung und die Art, wie Eichmann mit ihnen gesprochen hat, habe ich als unmenschlich und unbegreiflich empfunden. Ich war derart deprimiert, dass ich nichts anderes als nur wieder fort wollte."[335]

Dass alle vor dem Wiener Gericht befragten Ex-Häftlinge aussagten, sie seien ganz im Gegenteil von Eichmann besser behandelt worden als von Stuschka, erschien dem Angeklagten „unbegreiflich".

Eine Erklärung hätte Stuschka gehabt, hätte er nicht sämtliche Vorwürfe abgestritten, die seine ehemaligen

Häftlinge gegen ihn erhoben. Demnach kürzte Stuschka den Lagerinsassen Essensrationen, ließ sie an Sonntagen sinnlose und kräftezehrende Aufräumarbeiten im Wald[336] verrichten, prügelte Lagerinsassen mit Stöcken und Stangen, malträtierte sie mit Fußtritten, sodass der jüdische Lagerarzt fast täglich Opfer mit Risswunden, Blutergüssen und Quetschungen behandeln musste.[337] Bei eisiger Kälte ließ Stuschka Gefangene im Freien frieren oder ihnen vom Lagerfriseur Sigi Schade[338] die Köpfe kahlscheren – sich gegen die Kälte mit einer Kopfbedeckung zu schützen, war den Geschorenen verboten. Ein bevorzugtes Folterwerkzeug Stuschkas war ein Fahrradschloss:

„Er hatte immer etwas in der Hand, entweder eine Reitpeitsche oder eine Fahrrad-Anschlußkette, also ein mit Gummi überzogenes Stahlseil mit Eisenringen an den Enden. Damit schloß er nicht etwa sein Fahrrad an, sondern schlug auf uns ein."[339]

Es waren nicht nur spontane Wutausbrüche und Schläge, die die Häftlinge zu fürchten hatten. Für wahre Prügelorgien hatte sich Stuschka eigens einen Raum in der Baracke reserviert, in der Klaus Scheurenberg als Tischler arbeitete:

„Sein Prügelkabinett, von uns auch Lachkabinett genannt. Hierher holte er sich Häftlinge, die er bestrafen wollte und prügelte sie halbtot. [...] Mir geht noch heute ein Schauer über den Rücken, wenn ich mich daran erinnere, an die Schreie denke, die schon nicht mehr menschlichen Schreie der Geschlagenen, und an die sich überschlagende Stimme des Kommandanten. Wir hobelten wie benommen auf unseren Brettern herum. [...]."[340]

Vom Vorwurf, Stuschka habe in Wulkow den Häftling Herbert Grätzer nach einer misslungenen Flucht mit einer Pistole erschossen, sprach das Wiener Volks-

gericht den Angeklagten 1949 frei, weil niemand Grätzers Leiche gesehen hatte. Stuschka hatte den Mord bestritten und erklärt, er habe Grätzer lediglich mit dem
Auto nach Berlin gebracht und der Gestapo übergeben.[341] Doch auch Klaus Scheurenberg zufolge scheute
Stuschka nicht davor zurück, auf Häftlinge zu schießen.
In Scheurenbergs Erinnerungen hieß das Opfer freilich
Horst Prinz, eine „Berliner Großschnauze", die sich im
Lager so schnell nichts habe gefallen lassen. Prinz sei
von Stuschka im „Prügelkabinett" mit dem Fahrradschloss malträtiert worden und habe sich zur Wehr gesetzt:

„Stuschka stand, für uns nicht sichtbar, in der Barackentür. ‚Komm her', japste er mit unterdrückter Wut.
Prinz sagte mit ungebrochener heller Stimme, beinah
wie ein unartiger Junge: ‚Nur wenn Sie nicht weiter
schlagen.' Stuschka: ‚Wenn du nicht sofort kommst,
schieße ich.' Prinz: ‚Na, denn ...' Wir hätten nicht gedacht, daß Stuschka wirklich schießen würde. Doch er
schoß wohl aus Angst, seine Autorität zu verlieren. Wir
hörten jedenfalls zwei Schüsse, und Prinz brach zusammen." [342]

Den Tod bedeutete für die Häftlinge in den meisten Fällen auch eine Deportation in ein KZ oder in die
Kleine Festung von Theresienstadt. Als im Oktober 1944
zwei deutschen Juden die Flucht aus Wulkow gelang,
ließ Stuschka zehn Häftlinge in einem Bunker einsper-
ren. Am 13. November sollen sie zunächst nach Berlin
und von dort ins KZ Sachsenhausen gebracht worden
sein.[343] Der Historiker Miroslav Franc hat die Zahl der
von Theresienstadt nach Wulkow geschickten und ins
Ghetto zurückgekehrten Häftlinge ermittelt. Seiner Bi-
lanz zufolge kamen mehr als 40 nicht mehr aus Wulkow zurück. Viele von ihnen seien „solche Personen, die

Stuschka mit der Deportation nach Sachsenhausen oder in die Kleine Festung bestraft hatte".[344]

Das Schicksal dieser Häftlinge sollte später in Paul Raphaelsons Prozess vor dem Prager Volksgericht eine wichtige Rolle spielen. Die Häftlinge beschuldigten ihn, Stuschka missliebige Gefangene für die Deportation vorgeschlagen zu haben. Im Verfahren gegen Stuschka kam das Thema eher am Rande zur Sprache.[345] Der Angeklagte wies darin die Verantwortung für Deportationen zurück: Er sei „niemals Lagerführer" in Wulkow gewesen, sondern nur „Bauleiter", der Eichmann „lediglich in technischer Hinsicht vertreten" sollte:

„Ich hatte überhaupt keine Disziplinarmittel gegenüber den Juden und hatte damit nichts zu tun. (...) Für die Sicherheit waren ja andere Leute verantwortlich, eben der Stab des Eichmann, den er ja zurückgelassen hat."[346]

Die Deportation von Häftlingen Ende 1944 habe die Gestapo angeordnet, nachdem es Diebstähle im Lager gegeben und die Gestapo eine „strenge Untersuchung" durchgeführt habe.[347]

Für Stuschka waren nahezu alle Anschuldigungen der ehemaligen Häftlinge 1949 böswillige Hirngespinste. „Was die Zeugen heute behaupten, ist alles furchtbar übertrieben und das meiste überhaupt erfunden", behauptete er vor Gericht. Mit einem Fahrradschloss habe er niemals zugeschlagen, allenfalls „vielleicht einmal in großer Erregung mit einer Latte" – das war das Äußerste, was Stuschka an Brutalität eingestehen mochte. Zu „Disziplinarmaßnahmen" habe er greifen müssen, weil Vorgesetzte aus Berlin die Baustelle inspiziert hätten und es mit den „kriegswichtigen" Arbeiten nicht so recht vorangegangen sei. Zudem habe er zunehmend unter dem Druck von SD-Mitarbeitern und Gestapo-Männern gestanden, die inzwischen fertige Baracken bezogen und ihn angeblich wegen zu lascher Behandlung der Häftling in Berlin angeschwärzt hatten.[348] Schuldig war laut Stuschka allenfalls ein Anderer: Paul Raphaelson.

Der Mönchengladbacher Fabrikantensohn wurde in Wulkow nach eigenen Angaben zunächst als „Bahnkommando" eingesetzt. Damit war womöglich gemeint, dass er die aus Theresienstadt herangeschafften Güter auf dem Bahnhof in Trebnitz entladen musste. Nach nicht einmal einem Monat änderte sich das. Ende März verletzte sich Raphaelson am Knie. Wegen eines Gipsverbands war er angeblich so stark eingeschränkt, dass er zunächst mit „leichten Lagerarbeiten" beschäftigt wurde und sich dann zur Anstreicher-Gruppe meldete.[349] Die Angaben darüber, wie der Anstreicher Raphaelson zum Häftlingsleiter wurde, gehen weit auseinander. Er selbst stritt später jegliches Bemühen um die privilegierte Position ab. Vielmehr habe ihn Stuschka in die aus Häftlingen gebildete Lagerleitung befohlen:

„Nachdem Anfang Juni 1944 zwei Lagerinsassen geflüchtet waren, wurde durch die jüdische Leitung, auf Befehl des Stuschka, eine genaue Kartei über jeden Lagerinsassen angelegt. An Hand dieser Kartei befahl Stuschka Ende Juni 6 Lagerinsassen, darunter auch ich, zu sich. Von diesen Personen wurde ich, gegen meinen Willen, mit der administrativen Führung des Lagers beauftragt. Gleichzeitig wurde Ernst Schindler, ein Halbjude aus Wien, zum Lagerleiter bestellt und der bisherige Lagerleiter, Ing. Kosiner, übernahm die Bauleitung, die bis dahin Ing. Kirchner geführt hatte. Meine Aufgabe war, die einzelnen Arbeitspartien schriftlich zusammenzustellen, den täglichen Arbeitsspiegel aufzustellen und alle schriftlichen Arbeiten zu erledigen.

Gleichzeitig wurde ich als Proviantverwalter eingesetzt und hatte neben der Proviantausgabe an die Küche auch die an die Lagerinsassen und die Ausgabe von Ersatzkleidungsstücken vorzunehmen. Nachdem wir Ende Juli 1944 ein neues Wohnlager bezogen hatten, war ich auch für die Ordnung und Sauberkeit in diesem neuen Lager verantwortlich."[350]

In dieser Rolle, so legt die Darstellung nahe, war Raphaelson vor allem mit verwaltungstechnischen Aufgaben betraut, die seiner Funktion in der Arbeitszentrale im Ghetto ähnelten. Eine Strafgewalt über Mithäftlinge will er erst erhalten haben, als er zum Lagerleiter ernannt wurde.[351]

Während Raphaelson stets betonte, er sei ohne sein Zutun und sogar gegen seinen Willen von Stuschka befördert worden, lieferten Mithäftlinge ziemlich genaue Schilderungen, wie sich Raphaelson bei Stuschka eingeschmeichelt und sich ihm angedient haben soll:

„Unser Lagerleben wurde schwieriger: Gab es bisher klare Abgrenzungen, hie Stuschka und seine SS, da Judenhäftlinge, die zusammenhielten, so änderte sich das schmerzlich, als Paul Rafaelsohn aus Gelsenkirchen zu uns kam. Raffke, wie er bald bei uns hieß, war ein großer, kräftiger Mann mit niederer Stirn und einem brutalen Gesicht. (...) Zuerst war er Hilfsarbeiter auf der Z-Baustelle, fing aber bald an, seine Mithäftlinge herumzukommandieren. Als Georg Einstein wegen allzu großer Milde als Lagerältester abgesetzt wurde und Görner sein Nachfolger war, fing Raffke an, Görner wegen irgendwelcher Kleinigkeiten bei der SS zu denunzieren. Er bespitzelte uns und meldete angebliche Vergehen. Bald fing er auch an, schwächere Mithäftlinge zu schlagen. Wegen seiner ,Verdienste' wurde er im Herbst 1944 Lagerältester. Von da an hatten wir nichts mehr zu lachen. Er beschaffte sich irgendwie einen Ledermantel mit militärischem Schnitt und Achselklappen und führte sich wie ein Diktator auf."[352]

Der Häftling Ervin Pick war hingegen überzeugt, dass es nicht nur „irgendwelche Kleinigkeiten" waren, die Raphaelson Stuschka zutrug. Seiner Ansicht nach scheute sich Raphaelson nicht, drei Mithäftlinge bei Stuschka zu denunzieren, die bei einem Arbeitseinsatz auf dem Bahnhof von Trebnitz heimlich mit polnischen Arbeitern Gegenstände getauscht hatten. Wegen Raphaelsons Denunziation seien die drei Tschechen Frantisek Hamáček, Kurt Deutsch und Artur Zeichner in ein Konzentrationslager deportiert worden. Deutsch sei dort ums Leben gekommen.[353]

Der ehemalige Mithäftling Petr Bondy wollte ebenfalls Details wissen, wie Raphaelson um die Gunst des SS-Lagerkommandanten buhlte: Er habe als Maler im Haus von Stuschka gearbeitet, dessen Geliebter Fotos von seinen Kindern gezeigt und ihr erzählt, sie seien in der Hitlerjugend.[354] Tatsächlich hatten Raphaelsons Sohn und seine Tochter bis 1942 der Hitlerjugend bzw. dem Bund deutscher Mädchen angehört. Was Raphaelson in Wulkow allerdings kaum wissen konnte: Am 24. September, also einen Monat nach seiner Deportation, hatte die Gestapoleitstelle Düsseldorf ihre Mönchengladbacher Außenstelle bezüglich der „jüdischen Mischlinge ersten Grades" angewiesen, „im Benehmen mit der dortigen Einheit der HJ. bzw. BdM. zu prüfen, ob deren Entlassung nicht herbeigeführt werden kann". Am 27. Oktober hatte Mönchengladbach Vollzug gemeldet.[355]

Eine gänzlich andere Version der Beförderung Raphaelsons zum Häftlingsvorgesetzten lieferte Franz Stuschka, als er 1949 in Wien vor Gericht stand. Stuschka behauptete, Raphaelson sei in einer demokratischen Abstimmung von den jüdischen Häftlingen zum Leiter gewählt worden:

„Die Juden haben sich ja selbst verwaltet, sie haben eine eigene Führung aus ihren Leuten ausgewählt. Zuerst war es Ing. Kirchner, ein tschechischer Jude, der die Führung hatte, weil er aber so eine Protektionswirtschaft hatte, haben sich die anderen aufgehalten und mich um Hilfe gebeten. Sie haben dann eine demokratische Wahl veranstaltet, haben einen aus ihrer Mitte zum obersten Führer vorgeschlagen und den habe ich dann eingesetzt, nämlich Raffaelsohn."[356]

Der angeblich demokratisch gewählte Kapo Raphaelson habe in diesem Amt selbstständig agieren können. Als der Ex-Häftling Otto Katt vor dem Wiener Gericht von einem Streit um ein Hemd mit den weiblichen Häftlingen in der Lagerwäscherei berichtete, der ihm schließlich einen Faustschlag Raphaelsons eintrug, erklärte Stuschka: Er habe Raphaelson beauftragt, die Angelegenheit aufzuklären und Katt „zu seinem Recht" zu verhelfen. Raphaelson sei zu dem Ergebnis gekommen, dass Katt das strittige Hemd einem Kameraden gestohlen habe. Auf die offenbar erstaunte Frage des Staatsanwalts: „Und damit haben Sie es bewenden lassen? Haben Sie ihn nicht zur Rede gestellt?" entgegnete Stuschka: „Ich habe das immer Raffaelsohn überlassen und in besonders krassen Fällen, insbes. bei Diebstählen, haben ja die Lagerältesten ein Lagergericht abgehalten."[357] In seiner Version der Ereignisse war die angebliche jüdische Selbstverwaltung auch für Prügelstrafen verantwortlich:

„Ich habe nicht befohlen, dass jedem Disziplinlosen Stockschläge zu verabreichen sind, ich gebe aber zu, dass das vorgekommen ist, jedoch ohne meinen Befehl.

Das haben die Juden ja selbst unter sich ausgemacht, das war ihre Justiz."[358]

An anderer Stelle schob Stuschka die Verantwortung ausdrücklich Paul Raphaelson zu. „Er hat sich seinen Stab selbst ausgewählt,und die haben dann selbst veranlasst, dass die Leute geschlagen wurden, wenn sie etwas angestellt haben."[359] Diese Darstellung bestritten mehrere Zeugen vor dem Wiener Gericht. Laut Henry Ehrlich erschienen den Häftlingen die Machtverhältnisse eindeutig:

„Raffaelsohn war der ‚Lagermacher'. Ing. Kozina hatte die Arbeiten zu verteilen, die angeordnet waren. Raffaelsohn hatte auf uns aufzupassen und hatte uns wahrscheinlich auch zu bespitzeln und dem Angekl. zu tratschen. Wir haben ihn nicht ausgewählt, der wurde vom Angeklagten eingesetzt."[360]

Schon der Versuch zu rekonstruieren, wie Raphaelson in die Position eines leitenden Häftlings gelangte, verdeutlicht eine grundsätzliche Schwierigkeit bei der Aufklärung des Geschehens in Wulkow: Dokumente, die den Hergang sechs Jahrzehnte später erschließen könnten, existieren nicht. Die Darstellung des Falls kann sich allein auf die Aussagen Raphaelsons und seiner Mithäftlinge stützen, die sich in wesentlichen Punkten und auch in Details widersprachen.[361] Paul Raphaelson war jedoch zweifellos in Wulkow als leitender Häftling eingesetzt und stand in einem besonderen Verhältnis zur SS-Lagerleitung. In dieser Rolle konnte er Macht über seine Mithäftlinge ausüben. Gleichwohl blieb er von der Gunst der SS abhängig und konnte jederzeit wie jeder andere Häftling bestraft und misshandelt werden. Als Funktionshäftling war Raphaelson in einer privilegierten, zugleich aber auch prekären Lage. Dies entsprach dem Kalkül der SS, die in allen Konzentrationslagern Insassen zu Handlangerdiensten heranzog, um den Betrieb der Lager mit möglichst wenig Personal aus den eigenen Reihen zu ermöglichen.

Manche Funktionshäftlinge hatten eine leichte Arbeit, etwa als Schreiber. Die jüdischen Sonderkommandos in Auschwitz dagegen wurden zu den fürchterlichsten Arbeiten gezwungen: Sie mussten die Mithäftlinge in die Gaskammern geleiten und die Leichen in die Krematoriumsöfen schaffen. Wo Funktionshäftlinge als Aufseher eingesetzt wurden, hatten sie in der Regel die Macht, Gewalt gegen die übrigen Insassen auszuüben. Bei der Auswahl dieser sogenannten Kapos spielte die SS nicht nur Häftlinge verschiedener Nationalität nach rassenideologischen Kriterien gegeneinander aus, sondern auch Angehörige unterschiedlicher Häftlingskategorien. In manchen Konzentrationslagern wurden Häftlinge aus dem Kreis der „Berufsverbrecher" zu Aufsehern gemacht, da sich die SS von Verbrechern eine „natürliche" Neigung zur Brutalität versprach. Im Lager Buchenwald dagegen waren es vorübergehend Häftlinge aus den Reihen der politischen, insbesondere der kommunistischen Häftlinge.[362]

Zu den Privilegien, die Kapos meist genossen, gehörten bessere Essensrationen, der Zugang zu Zigaretten und anderen Luxusgütern. Kapos wohnten oft in besseren Quartieren als ihre Mithäftlinge. Auch Raphaelson habe sich in einem kleinen Anbau ein eigenes Zimmer eingerichtet und so unter anderem das Vergnügen ungestörter sexueller Beziehungen genießen können, berichtete Klaus Scheurenberg: „Er nahm sich sogar eine Geliebte, eines von den 25 armen Mädchen, die uns unsere Wäsche waschen mussten und bei uns und der SS die Baracken putzten."[363]

Privilegien erhöhten die Chance, zumindest etwas länger als andere Häftlinge zu überleben. Andererseits waren Kapos den übrigen Häftlingen oft verhasst und mussten deren Rache fürchten. Aus der Gruppe der gewöhnlichen Gefangenen herausgehoben, konnten sie von diesen keine Solidarität erwarten. Von den Herren des Lagers waren sie daher in gewissem Sinn noch viel stärker abhängig. Ohne wirkliche Unterstützung weder bei den Schindern noch bei den Opfern waren Kapos auf sich allein gestellt und durften allenfalls auf die Solidarität der kleinen Gruppe der Funktionshäftlinge hoffen.

Da Kapos mit den Lagerinsassen in engerem Kontakt standen als die SS-Wachmannschaften und mehr über die Häftlinge wussten, perfektionierte ihre Tätigkeit das Überwachungssystem. Dies war von der SS gewollt und ein Prinzip, das der erste Inspekteur der Konzentrationslager, Theodor Eicke, bereits in den 1930er Jahren eingeführt hatte. Der Reichsführer-SS Heinrich Himmler setzte das Kalkül am 21. Juli 1944 in Sonthofen einigen Wehrmachtsgenerälen auseinander:

„Wir haben hier – das ist eine Einteilung, die Obergruppenführer Eicke durchführte, der überhaupt diese Organisation dieses verdienstvollen Niederhaltens des Untermenschen geschaffen hat – sogenannte Kapos eingesetzt. Also einer ist der verantwortliche Aufseher, ich möchte sagen, Häftlingsältester über dreißig, vierzig, über hundert andere Häftlinge. In dem Moment, wo er Kapo ist, schläft er nicht mehr bei denen. Er ist verantwortlich, dass die Arbeitsleistung erreicht wird, dass bei keinem eine Sabotage vorkommt, dass sie sauber sind, dass die Betten gut gebaut sind … Er muss also seine Männer antreiben. In dem Moment, wo wir mit ihm nicht zufrieden sind, ist der nicht mehr Kapo, schläft er wieder bei seinen Männern. Dass er dann von denen in der ersten Nacht totgeschlagen wird, das weiß er. (...) Weil wir mit den Deutschen nicht allein auskommen, wird es hier selbstverständlich so gemacht, daß ein Franzose der Kapo über Polen, daß ein Pole ein Kapo über Russen, (...) daß eben hier nun eine Nation gegen die andere ausgespielt wird."[364]

Trotz seiner Funktion als Häftlingsvorgesetzter wurde Paul Raphaelson häufig von der SS und besonders von Stuschka misshandelt. „Für fast jedes Vergehen eines Lagerinsassen wurde ich vom Lagerkommandanten körperlich gezüchtigt, der mich für alle Vorkommnisse im Lager verantwortlich machte", beteuerte er später. Stuschka habe ihm Zähne ausgeschlagen und ihn einmal sogar mit 70 Stockhieben bestrafen lassen.[365] Die Wut des Obersturmführers habe sich von einem Augenblick auf den anderen von einem gewöhnlichen Gefangenen auf Raphaelson richten können, so der Häftling Herbert Neuhaus:

„Ich hatte den Auftrag, im Lager ein Mastloch zu graben für eine Lichtleitung. Ich war gerade bei der Arbeit, und stand bereits bis zur Brust im Loch drinnen, als der Angekl. (Stuschka, Anm. d. Verf.) inspizieren kam. Ich sah ihn zuerst auf dem Appellplatz herumschreien, und auf einmal stürzte er auf mich los und fragte, wer das angeordnet habe, worauf ich ihm sagte, dass Raffaelsohn mich zu dieser Arbeit eingeteilt habe. Er ließ sich Raffaelsohn holen und nun hat sich herausgestellt, dass ich nicht hier, sondern an einer anderen Stelle graben sollte, obwohl der Mast dann tatsächlich an der Stelle, wo ich das Loch gegraben hatte, aufgestellt wurde. Jedenfalls wurde zuerst Raffaelsohn vom Angeklagten fürchterlich geprügelt, und dann stürzte der Angeklagte auf mich her und versetzte mir – ich stand in dem Loch – einen Fußtritt ins Gesicht, und ich musste mit dem Kopf zurückfahren, damit mir nicht die Zähne eingetreten würden. Eine Rissquetschwunde an der Lippe habe ich aber dennoch davongetragen. Raffaelsohn hat noch gesagt, dass eigentlich der Ing., der die Stelle bezeichnet habe, daran schuld sei, worauf mich der Angeklagte als Lügner bezeichnete, weil ich doch sagte, Raffaelsohn habe das angeordnet, und mich eben mit den Füßen trat."[366]

Auch die Häftlinge in Wulkow verhielten sich gemäß dem von Himmler in seiner Sonthofener Rede dargelegten Kalkül. Der Zeuge Otto Katt gab 1949 vor dem Wiener Gericht zu Protokoll:

„Er (Stuschka, Anm. d. Verf.) hat aus unseren Reihen selbst einen Aufseher, eine Art ‚Capo', eingesetzt. Ein richtiger preußischer Landsknecht, den er zuerst gegen uns ausgespielt hat und der schon die Leute in seinem Auftrag geprügelt hat. Dann hat er ihn wieder abgesetzt und als gewöhnlichen Häftling behandelt, und dann haben wir ihn verprügelt, und dann hat er ihn wieder als ‚Capo' eingesetzt. Das hat der Angekl. ja sehr gut verstanden, die Häftlinge gegenseitig auszuspielen, damit wir uns gegenseitig aufreiben sollten, was ja auch geschehen ist."[367]

Einzelnen mutigen Häftlingen gelang es angeblich mitunter, sich gegen Raphaelson zu behaupten – nicht nur während der Zeit, als er von Stuschka vorübergehend abgesetzt worden war. Der Berliner Horst Prinz sei einmal mit Raphaelson aneinandergeraten, berichtete Klaus Scheurenberg. Dabei habe der Kapo den Kürzeren gezogen. Als Raphaelson Prinz habe schlagen wollen, habe dieser sich ein Eisenrohr gegriffen und zurückgeschlagen. „Raffke hat ihn nie mehr angefasst und ging ihm von da an aus dem Weg."[368] Auch Scheurenberg selbst wurde von Raphaelson attackiert. Der Kapo habe ihn eines Tages „in dummfrech-jovialem Ton" gefragt, was man denn in der Tischlerei so spreche. Doch er wollte sich nicht aushorchen lassen und habe erwidert: In der Tischlerei spreche man über Holz.

„Daß dies nicht ohne Folgen abgehen würde, war mir klar. Ein paar Abende später war es so weit. Es war ein bitterkalter Winterabend im Dezember 1944. Er (Raphaelson, Anm. d. Verf.) kam plötzlich an die Barackentür und rief mich. Arglos ging ich zur Tür. Ich hatte nur die Hose und ein dünnes Unterhemd an. Er zog mich hinaus in die Kälte und fing übergangslos an, auf mich einzuschlagen. (…) Ich war 1,70 m groß, er mindestens 1,86 m. Er schrie, ich hätte Kartoffelschalen gestohlen. Ich war schon zu lange Häftling, um nicht zu wissen, daß Widerstand zwecklos war. So nahm ich die Hände zum Schutz hoch und krümmte mich zusammen. Er hatte mich schon ziemlich oft getroffen, und ich blutete stark. Doch ich gab keinen Laut von mir, was ihn nur noch wütender machte. (…) Seine Schläge wurden immer härter, und ich merkte, daß er mich fertig machen wollte. Er begann zu keuchen, das dicke Schwein. (…) Als wir uns einem Schneehaufen näherten, drehte ich mich so, daß er mit dem Rücken zum Schneehaufen stand, nahm dann all mein bißchen letzte Kraft zusammen und ging plötzlich vom Rückwärts- auf den Vorwärtsgang über. Er war völlig überrascht. Für einen Augenblick sah ich sein erstauntes Gesicht. Dann rammte ich ihm mit voller Gewalt meinen Kopf in seinen dicken Bauch. Er flog in hohem Bogen in den Schnee und zappelte, auf dem Rücken liegend, darin herum wie ein Mistkäfer."[369]

Nach dieser erfolgreichen Gegenwehr sei auch er von Raphaelson nicht mehr geprügelt worden, schrieb Scheurenberg.

Typisch für den Kapo waren laut Scheurenberg auch dessen Versuche, Häftlinge auszuhorchen. Raphaelson habe sich bemüht, Gefangene zu Spitzeln zu machen. Mitunter auch, indem er ihnen Sonderrationen anbot. Eine Methode, für die Scheurenberg ein weiteres Motiv sah: „Raffke wollte sich bei einzelnen anbiedern, ihre Freundschaft gewinnen und damit einen Keil zwischen uns treiben."[370] Einem Gefangenen namens Friedl habe er Nahrungsmittel als Belohnung versprochen, wenn Friedl einen tschechischen Häftling verprügele. Friedl, laut Scheurenberg ein kräftiger, „dummer Riese", ließ sich darauf ein – und aß seine Sonderration mitten auf dem Appellplatz des Lagers. „Natürlich ahnte er nicht, dass er nur ein willfähriges Werkzeug in den Händen des Verbrechers Raffke war. Dieser hielt ihn an, uns zu bespitzeln."[371]

So wie zusätzliche Nahrung in einem Lager wie Wulkow ein Mittel sein konnte, Häftlinge zu bestechen, konnte auch der Entzug von Lebensmitteln ein Instrument sein, Gefangene gefügig zu machen. Pakete mit Nahrung, die Angehörige aus Theresienstadt geschickt hätten, seien nicht ausgehändigt worden, berichteten Häftlinge später. Besonders schlecht war die Versorgung in der Krankenbaracke. Kam ein Häftling dorthin, musste er mit Essensentzug rechnen.

„Die Mahlzeiten dort wurden radikal gekürzt, denn Raffke und Stuschka meinten, wer nicht arbeite, brauche auch nicht zu essen. Häufig flehte unser Doktor den Raffke um Nachschlag für seine Kranken an, fast immer ohne Erfolg. Einmal wurde er von Raffke angetroffen, als er einen Eßnapf eines Verstorbenen auskratzte. Dafür bekam er von Schade[372] eine Glatze mit Rasieren ohne Wasser und Schaum. Danach war er völlig demoralisiert. Er schlich umher, zu nichts mehr nütze, seine

Glatze voll von blutigem Schorf, mit seinem dreckigen weißen Kittel und dem Stethoskop."[373]

Raphaelson selbst litt im Lager offenbar keinen großen Hunger. Wie andere Häftlinge berichtete auch Scheurenberg, der Kapo sei regelrecht fett geworden von dem vielen Essen, das er anderen Gefangenen vorenthalten habe. Seinen privilegierten Zugang zu Nahrungsmitteln habe er den hungernden Häftlingen oft mit Vergnügen vorgeführt:

„Er stand bei der Mittagessenausgabe dabei, wenn wir in langer Schlange mit unseren Kochgeschirren auf unsere Suppe warteten. Drei-, viermal bei einer Mahlzeit befahl er dann dem Koch Robert: ‚Gib der (oder dem) mein Mittagessen, ich werde heute nichts essen.' Er griente dabei."[374]

Nur einmal zeigte sich Stuschka mit Lebensmitteln „großzügig": Heiligabend 1944, als einige Häftlinge mit Stuschkas Erlaubnis in einer Baracke einen mit Papierschnipseln dekorierten Baum aufstellten und eine kleine Bühne aufbauten, auf der Häftling Heinz Frankenstein auftrat. Frankenstein erzählte Witze und Sketche, bei denen auch Stuschka sein Fett abbekam. Die Stimmung erreichte jedoch einen Tiefpunkt, als plötzlich Stuschka die Baracke betrat. Doch zur Überraschung der Häftlinge nahm der gefürchtete Lagerkommandant keinen Anstoß an dem Treiben. Er schickte sogar einige Häftlinge los, die mit Päckchen und Briefen von Angehörigen aus Theresienstadt und Lebensmitteln zurückkamen:

„Jeder bekam ein halbes Pfund Margarine für sich allein. Einen ganzen Würfel. Sonst hatten wir bestenfalls einen kleinen Würfel für drei Personen. Nun war wirklich Weihnachten für uns."[375]

In den Wochen nach dem Fest glaubte Scheurenberg eine Veränderung im Verhalten der SS-Mannschaften zu beobachten. Auch Raphaelson habe sich nun den Häftlingen gegenüber „etwas zurückgehalten".[376] Weder den Bewachern noch den Häftlingen blieb im Januar 1945 verborgen, dass die Rote Armee aus Richtung Osten näherrückte und bald Wulkow erreichen würde. Scheurenberg und seine Kameraden versuchten, auf den Baustellen rund um das Lager möglichst viel von den Wachmannschaften in Erfahrung zu bringen. Um den 10. Januar herum hörte Scheurenberg nachts den Donner von Kanonen: „Raffke wollte uns zwar am nächsten Morgen glauben machen, dies wäre ein Wintergewitter gewesen, doch wir konnten nur lächeln."[377]

Ungewiss war freilich, was das Herannahen der Roten Armee und das bevorstehende Ende des Lagers für die Häftlinge bedeuten würde. Man bereitete sich auf das Schlimmste vor. Walter Grunwald und einige Kameraden fertigten heimlich Gummiknüppel aus Elektrokabel und Blei an, mit denen sie sich im Ernstfall gegen die Bewacher verteidigen wollten.[378] Scheurenberg und einige Mithäftlinge erfuhren von Putzfrauen, wo Stuschka ein kleines Waffenlager angelegt hatte, und wollten es im Notfall plündern, um bewaffneten Widerstand leisten zu können. Zum Einsatz kamen aber weder die Gummiknüppel noch Waffen aus Stuschkas Arsenal, als sämtliche Häftlinge und sogar Paul Raphaelson plötzlich in eine Baracke gesperrt wurden. Lediglich der Koch und drei Gehilfinnen durften sich in der Küche aufhalten. In der Nacht zuvor, so Scheurenberg, war der Kanonendonner von der Front unüberhörbar gewesen. Offenbar fürchteten Stuschka und seine Wachmannschaft, dass die Rote Armee bald das Lager erreichen würde.

Bald sah es dann so aus, als würden die schlimmsten Befürchtungen der Häftlinge wahr. Während Scheurenberg eindringlich schilderte, wie die Häftlinge und auch Raphaelson in Vierer-Reihen ohne Gepäck zum Abmarsch in den Wald kommandiert wurden, erwähnte Grunwald diese dramatische Episode seltsamerweise mit keinem Wort. Scheurenberg zufolge sahen sich die Häftlinge auf einer Lichtung plötzlich einem Maschinengewehr gegenüber, dessen Mündung auf sie gerichtet war. Rund um die Gruppe hätten sich SS-Männer und Polizisten mit Maschinenpistolen in den Händen postiert. Während Scheurenberg mit seinem Leben abschloss und den Tod erwartete, wurde das Maschinengewehr plötzlich herumgeschwenkt. Wehrmachtsoldaten tauchten aus dem Wald auf und zogen nach kurzem Gespräch mit der SS weiter. Die Häftlinge wurden wieder ins Lager geführt, das Scheurenberg nach diesem Erlebnis „wie ein friedlicher Hort" erschien.[379]

Die Häftlinge einfach ihrem Schicksal zu überlassen und zu fliehen, kam für die SS-Wachmannschaft nicht infrage. Stuschka hatte andere Pläne. Am Morgen des 2. Februar wurde den Häftlingen befohlen, sich marschbereit zu machen. Nur das Allernötigste dürfe mitgenommen werden. Vorher gab es noch eine Mahlzeit: böhmische Knödel mit einer Fleischsoße. Dieses Festessen stimmte einige Häftlinge misstrauisch. Sie fürchteten, vergiftet zu werden, und langten erst zu, als einer der Gefangenen die Knödel unbeschadet verzehrt hatte.[380] Die Stärkung sollten die Männer und Frauen noch dringend nötig haben. Denn für sie begann nun eine achttägige Tortur, während der sie in Eisenbahnwaggons gesperrt einem ungewissen Schicksal entgegenrollten.

In der Hoffnung auf eine Extraration hatte sich Scheurenberg dazu gemeldet, einen Karren an der Spitze der Kolonne zu ziehen, die in Begleitung von SS-Wachmannschaften zum Trebnitzer Bahnhof aufbrach.

Dort angelangt, wurden die Häftlinge mit einer kargen Wegzehrung versorgt.

„Raffke kam herum und verteilte Tüten mit tschechischem Kaffee-Ersatz-Pulver[381] mit dem unvergeßlichen Namen Zavarka. Zuerst wussten wir nicht, was wir damit anfangen sollten. Doch dann begriffen wir: Das war unsere Reiseverpflegung. Wir mußten lachen, nahmen es nicht tragisch. Wir hatten für unsere Verhältnisse gut gefrühstückt. (...) Witze wurden gerissen, wann Herr Kapo Raffke wohl für uns Kaffee kochen würde."[382]

Schließlich tauchte ein Zug mit vier oder fünf Wagen auf. Die männlichen Häftlinge wurden in Viehwaggons getrieben, an deren Schiebetüren jeweils ein SS-Mann saß. Laut Scheurenberg fuhr Raphaelson in dem Personenwaggon mit, in dem auch Stuschka und die 20 Frauen saßen. Als der Zug gegen Vormittag losrollte, waren die Insassen zunächst guten Mutes: Sie würden nach Theresienstadt zurückkehren und ihre Angehörigen wiedersehen! Doch bei einigen machte sich Angst breit, als sich die Fahrt unerwartet in die Länge zog. „Schienenschäden und andere Ausfälle"[383] waren laut Grunwald dafür verantwortlich. Nach Scheurenbergs Ansicht hatte die Odyssee einen anderen Grund. In seinem Waggon saß ein etwa 40 Jahre alter Häftling namens Fritz, der glaubte, die zweite Haltestation des Zugs als Sachsenhausen erkannt zu haben. Die Häftlinge machten sich darauf ihren Reim: Offenbar versuchte Stuschka, seine Gruppe in einem Konzentrationslager unterzubringen. Doch die Lager waren nicht bereit, sie aufzunehmen. So war es auch in Buchenwald, wo der Zug ebenfalls gehalten haben soll.

„Buchenwald war uns allen ein Begriff. Vor Buchenwald hatten wir noch mehr Angst als vor Sachsenhausen. (...) Wir sahen die elektrischen Zäune des Lagers.

Stille breitete sich aus. Einer versuchte es mit Galgen-humor: ‚Platz nehmen zum zweiten Frühstück im Spei-sewagen', rief er laut. Doch keiner lachte."[384]

Doch nach einer Wartezeit fuhr der Zug auch diesmal weiter. Die Fahrt in den vollgepferchten Waggons war eine Qual – nicht nur wegen des Platzmangels. Die Häftlinge litten Durst. Erst recht, nachdem Stuschka stark gepökeltes Trockenfleisch verteilen ließ, das normaler-weise erst ausgiebig gewässert werden musste, bevor es zum Verzehr geeignet war. Die ausgehungerten Häftlinge kauten und würgten es trocken herunter und wurden wenig später von schrecklichem Durst geplagt.

„Der Zug rollte, wir schliefen nicht, wir schrien. Schrien die ganze Nacht. Niemand hörte uns, keiner wollte uns hören. Auch aus den anderen Waggons hörten wir Schreien. Einer begann, Urin aus dem Eimer zu trinken, setzte ab und übergab sich. Die ersten wurden ohnmächtig, wir schrien bis wir nicht mehr konnten."[385]

Nachdem Stuschka die Häftlinge mit vorgehaltener Pistole bedroht und für Ruhe gesorgt hatte, erbarmte sich schließlich der Wachmann in Scheurenbergs Wag-gon und ließ die Häftlinge bei einem Stopp heimlich Wasser holen – mit dem Abort-Eimer, den Scheuren-berg notdürftig mit einer Handvoll Sand ausgescheuert hatte.

Nicht nur Hunger, Durst und der in dieser Situation gewiss noch unberechenbarere Stuschka waren eine Bedrohung. Der Zug hatte die Umgebung von Berlin erreicht, als er plötzlich stoppte und von Flugzeugen at-tackiert wurde. Scheurenberg befand sich in der Nähe einer Luke im Waggon und sah, wie die Wachmannschaft vom Zug sprang und in ein Waldstück flüchtete. Die auf dem Zug installierte Luftabwehrkanone schwieg, die Häftlinge mussten in den Wagen ausharren, während vier Flugzeuge angriffen und Bomben fielen. Eine Luftmine detonierte unmittelbar neben der Lok, die Druckwelle brachte Scheurenbergs Waggon ins Wanken.[386] An Flucht wagte während des Beschusses niemand zu denken. Doch auch als die Flugzeuge verschwunden waren und die Wachmannschaft noch eine Weile im Wald ausharrte, blieben die Gefangenen in den Waggons. Erst nach einer achttägigen Odyssee erreichte der Transport Theresienstadt.

Die völlig Entkräfteten wurden einige Tage in Quarantäne geschickt.[387] Scheurenberg wog nur noch 39 Kilogramm. Auch sein Bart und seine langen, schmutzigen Haarsträhnen bewirkten wohl, dass ihn sein Vater nicht erkannte, als er ihn aus einem Fenster der Quarantäne-Kaserne ansprach. Während der junge Berliner nach langem Hunger darauf achtete, seinem Magen nicht zu viel zuzumuten, aßen viele der ausgehungerten Mithäftlinge so viel, dass sie nach wenigen Stunden unter schweren Durchfällen litten. Als sie wieder halbwegs bei Kräften und zu Arbeiten im Ghetto eingeteilt waren, stellten die Wulkower fest, dass sich Theresienstadt seit ihrer Abreise geleert hatte. Grunwald erfuhr, zwischen April und November 1944 seien etwa 25.000 Menschen nach Auschwitz deportiert worden. Dadurch war so viel Wohnraum frei geworden, dass Scheurenberg mit einem Freund sogar eine Dachmansarde beziehen konnte. Diese wäre ihm als geradezu luxuriöse Behausung erschienen, hätte nicht ein erst nach Tagen entdeckter Rattenkadaver unter den Fußbodenbohlen fürchterlich gestunken. Während Grunwald zur Feuerwehr eingeteilt wurde, gelang es Scheurenberg, an der Seite des Wulkower Kochs Robert Meder in der Bäckerei Beschäftigung zu finden. Paul Raphaelson wurde als Heizer in der Wäscherei eingesetzt.[388]

XI. Raphaelson 1942–1945:
Kapo in Wulkow und Schnarchenreuth   215

Der nahende Zusammenbruch des „Dritten Reiches"
hielt das RSHA nicht davon ab, einen Monat nach der
Rückkehr der Wulkower Gruppe nach Theresienstadt
ein weiteres Arbeitskommando zum Bau von Ausweich-
quartieren auf den Weg zu schicken. Ziel dieses unter
den chaotischen Bedingungen der letzten Kriegswochen
ablaufenden Einsatzes war das Dorf Schnarchenreuth
in der Nähe von Hof. Leiter des Kommandos war wieder Franz Stuschka, der 61 Männer auswählte, vor allem solche, die schon in Wulkow dabei gewesen waren.
Erneut wurde Paul Raphaelson als Lagerleiter eingesetzt.[389] Womöglich erwartete man unter den Häftlingen zu diesem Zeitpunkt längst das Kriegsende und eine
Flucht aus Theresienstadt. Jedenfalls waren Grunwald
und Scheurenberg überrascht, als sämtliche männlichen „Wulkower" antreten mussten und sich wieder
Franz Stuschka gegenübersahen. Dass es noch einmal
einen Außeneinsatz geben könnte, hatte Grunwald nicht
für möglich gehalten. Stuschka schritt die Reihen mit
einer Liste in der Hand ab und wählte die Teilnehmer
des Kommandos persönlich aus. Neben Grunwald sollte
auch Scheurenberg wieder als Tischler mitfahren, doch
schien es diesem sicherer, in Theresienstadt zu bleiben.
Er täuschte Fieber vor und steckte sich auf der Krankenstation tatsächlich an, sodass die 38 Grad Temperatur,
die ihn vor dem Einsatz bewahrten, am Ende wirklich
seinen Gesundheitszustand widerspiegelten.[390]

Die Mannschaft verließ Theresienstadt in drei Transporten zwischen dem 11. und 22. März und reiste mit
Zügen bis nach Hof.[391] Grunwald und einigen Mithäftlingen fiel auf, dass die Overalls, in die man die Teilnehmer des Kommandos steckte, diesmal keinen gelben
Judenstern aufwiesen.[392] Begleitet wurden sie von Ober-
scharführer Hanke, der schon in Wulkow zu Stuschkas

Mannschaft gehört und nach übereinstimmenden Berichten Grunwalds und Scheurenbergs die Häftlinge auffallend milde behandelt hatte. Hanke ließ die Häftlinge am Zielbahnhof in Hof laut Grunwald sogar Postkarten schreiben und in den Briefkasten der Station einwerfen und spendierte Bier in der Bahnhofskneipe. Ein Zeichen dafür, dass das nahende Kriegsende die Verhältnisse änderte. Doch war die Lage nach Ansicht der Häftlinge noch zu unübersichtlich und ungewiss, um eine Flucht zu wagen. Jede Militärstreife, so Grunwald, hätte sie aufgreifen können.

Von Hof wurden die Männer auf Lastwagen nach Schnarchenreuth gebracht, ein Dörfchen, das eigentlich nicht viel mehr als ein großes landwirtschaftliches Gut mit einem „enormen vierstöckigen Gutshaus" war, das Grunwald an ein „verfallenes Schloss" erinnerte. Die Ankömmlinge wurden zunächst in der Scheune untergebracht und begannen mit dem Bau einer Baracke. Ihre eigentliche Aufgabe sei es jedoch, eröffnete ihnen Stuschka, das Gutshaus zu renovieren und dort Büros einzurichten. Das gesamte Unternehmen war offenbar eine verzweifelte Aktion des RSHA. Als die Häftlinge in Schnarchenreuth eintrafen, gab es kaum Baumaterial. Sie mussten Bäume fällen, zu einem Sägewerk transportieren und die dort geschnittenen Bretter mit Pferdefuhrwerken auf die Baustelle bringen. Zement, Sand, Kalk oder andere Baustoffe gab es nicht. Die Arbeit war nicht ungefährlich, denn die Häftlinge boten Tieffliegern auf ihren Fahrten schutzlose Ziele:

„Sobald sich ein Auto zeigte, erschienen sie sofort und griffen an. Man muss aber sagen, dass sie das erst nach vorheriger Warnung taten, damit der Fahrer noch aussteigen konnte. Als wir uns mit den voll beladenen Wagen auf der verlassenen Straße bewegten, hatten wir

Angst, Ziel eines solchen Angriffs zu werden, es ist aber nie dazu gekommen. Wahrscheinlich hatten die Piloten bemerkt, dass wir Sklaven des Großdeutschen Reiches waren."[393]

Obwohl sich Stuschka bei diesem Einsatz seltener unter den Häftlingen blicken ließ als in Wulkow und häufig mit einem Motorrad unterwegs war, soll er erneut Häftlinge geprügelt haben. Auch Raphaelson soll Gefangene wieder „fürchterlich" behandelt haben.[394] Grunwald hingegen hatte den Eindruck, dass sich Stuschka im Vergleich zu Wulkow zurückhielt: „Er konnte wohl nicht so, wie er es vielleicht wollte, wir waren ja mitten im Dorf, die Bevölkerung sollte nichts merken. Ahnte vielleicht auch er, daß seine ‚Macht' bald ein Ende haben würde?"[395]

Erst nach einem Monat wurde das wegen der näherrückenden Front und des Zusammenbruchs der Transportverbindungen immer unsinnigere Unternehmen abgebrochen. Eine Rückfahrt mit dem Zug war offenbar nicht mehr möglich. Mitte April setzte sich das Kommando, begleitet von SS-Wachen und bewaffneten Volkssturmmännern, zu Fuß in Bewegung und machte sich auf einen strapaziösen Rückweg über Plauen und Karlsbad nach Theresienstadt. Acht Tage dauerte die Tortur, bei der die Häftlinge mit Material beladene Wagen zogen – eine Qual vor allem im Erzgebirge und in Böhmen, wo die Wagen erst Berge hinaufgezerrt und dann beim Abstieg ins Tal gehalten werden mussten. Übernachtet wurde in Scheunen und Ställen auf Bauernhöfen, denen Stuschka auch Verpflegung abverlangte. Durch Städte wie Karlsbad oder Komotau marschierten die Männer nachts – damit die Bevölkerung die „Jammergestalten" des Trecks nicht zu Gesicht bekam, vermutete Grunwald. Dass Jagdflugzeuge die Kolonne mehrmals verfolgten, aber nicht beschossen, dafür gab es seiner Ansicht nach nur eine Erklärung: Die Piloten mussten die großen Davidsterne auf den Planen gesehen haben, mit denen die Wagen des Trecks abgedeckt waren.

Nach etwa 250 Kilometern und acht Tagen Fußmarsch erreichte die Gruppe Theresienstadt. Laut Grunwald war es der Abend des 29. April, laut Raphaelson jedoch der 20. April.[396] „(Wir) ließen die verfluchten Wagen, Stuschka und seine Eskorte hinter uns. Dann fielen wir in die Küche ein, und jeder von uns trank drei Kochgeschirre des guten Theresienstädter Ersatzkaffees aus. Wir waren schon halb frei", hieß es in einer Erinnerungsbroschüre, die Teilnehmer der Kommandos Wulkow und Schnarchenreuth in den 1990er Jahren erstellten.[397]

Mochte das Ende des Kriegs auch absehbar sein, vorerst blieb der Ghettoalltag noch erhalten. Der letzte Zug aus Theresienstadt nach Auschwitz war mit mehr als 2.000 Häftlingen am 28. Oktober 1944 gefahren. Noch am 15. April war eine letzte Gruppe mit 77 Deportierten aus Amstetten in Theresienstadt eingetroffen.[398] Zwar hatten die Insassen das nahe Kriegsende vor Augen. Solange die SS das Ghetto bewachte, konnten sie jedoch nicht sicher sein, dass sie beim Einmarsch der Roten Armee noch leben würden. Zudem drohte noch eine andere Gefahr als die unberechenbare Gewalt des sich Ende April/Anfang Mai zunehmend auflösenden SS-Regimes. Denn am 20. April hatten Züge mit Häftlingen aus Konzentrationslagern im Osten Theresienstadt und das KZ im nahen Litoměřice erreicht. Ihnen folgten weitere auf Transporte und Todesmärsche geschickte Häftlinge, die Typhus einschleppten. Die Epidemie brach im KZ Litoměřice aus und grassierte dann in der Kleinen Festung – am schlimmsten in den Massenzellen im IV. Hof, in denen jeweils bis zu 600 Menschen auf engstem Raum zusammengepfercht waren. Allein in der Festung erlagen Hunderte der Krankheit, die schließlich auch auf das Ghetto übergriff.

Am 4. Mai durften erstmals tschechische Freiwillige die Kleine Festung betreten und sich um die Kranken kümmern. Tags darauf flohen die SS-Mannschaften der Kleinen Festung, seit dem 7. Mai, so Scheurenberg, waren in Theresienstadt keine SS-Männer mehr zu sehen.[399] Am 8. Mai rollten die ersten sowjetischen Panzer beim Vormarsch auf Prag in die Stadt. Zwei Tage später übernahm die Rote Armee in Theresienstadt das Kommando, richtete Notlazarette ein und bekämpfte die Typhusepidemie gemeinsam mit tschechischen Freiwilligen.

Den Einmarsch der Roten Armee erlebte Paul Raphaelson womöglich nicht mehr. Seit seiner Rückkehr aus Schnarchenreuth habe er nicht mehr gearbeitet, am 5. oder 6. Mai sei er zwei Tage interniert und dann entlassen worden, gab er anlässlich seiner Vernehmung am 25. Januar 1947 zu Protokoll. Warum er von der Ghettoverwaltung vorübergehend verhaftet wurde, hatte er den Briten im September 1946 bei einem Verhör in Neuengamme erklärt: „weil einige der Mitgefangenen einen Hass auf mich hatten".[400] Es war also nicht allein die Sehnsucht nach Freiheit, die Raphaelson trieb, Theresienstadt so schnell wie möglich zu verlassen.

Sich in den letzten Kriegstagen auf eine Reise quer durch Deutschland zu begeben, war nicht ohne Risiken, vor denen die jüdische Ghettoleitung am 6. Mai die Häftlinge in einem Appell ausdrücklich warnte.[401] Doch mindestens ebenso sehr musste der Kapo seine ehemaligen Mithäftlinge fürchten. Diese wollten Rache und suchten nach ihm. Sofern in Klaus Scheurenbergs Bericht nicht Wunschvorstellungen die Realität überlagern, war er es, der den Kapo aufstöberte. Raphaelson hatte offenbar geahnt, was ihm drohte, und sich versteckt. Wie Scheurenberg ihn dann entdeckt haben will, klingt wie die Szene aus einem Theaterstück:

„Er lag im Bett eines der Mädchen aus Wulkow, die seine Geliebte gewesen war. Sie hatte das Bett sorgfältig gemacht und glattgestrichen. Als wir sie nach Raffke fragten, meinte sie, es wäre doch alles vorüber, wir sollten vergeben und vergessen. Er hätte doch auch nur seine Pflicht getan. Ich wurde stutzig und – während die anderen schon das Zimmer verlassen wollten – zog mit raschem Griff das Deckbett weg. Da lag er. Mit einem großen Küchenmesser in der Hand. Er nahm mich gleich beim Hals und hob das Messer. Ich stand wie erstarrt, doch die anderen waren schon da und entwanden ihm die Waffe."[402]

Laut Scheurenberg war es allein ein tschechischer Häftling mit dem Spitznamen Peppi, der Raphaelson auf einem Hof vor den Augen der übrigen Häftlinge, die einen Kreis bildeten, zusammenschlug: „Raffke wehrte sich mit allen schmutzigen Tricks: mit Knieschlägen auf die Hoden, die Finger in die Augen – doch Peppi war nicht zu bremsen. Es wurde zurückgezahlt."[403]

In Grunwalds Schilderung des Racheakts kommt kein einzelner Häftling vor. Er schildert die Bestrafung als eine gemeinschaftliche Aktion der Gefangenen:

„Alle Kameraden versammelten sich an einem Nachmittag in einer Straße, die Frauen sollten wegbleiben. Das, was wir mit Raffke vorhatten, war nichts für sie. Wir waren ca. 160–170 Männer, jeder bewaffnet mit einem Knüppel. Wir stellten uns je zur Hälfte auf, mit einer Gasse dazwischen. Man holte Raffke, er musste ‚Spießrutenlaufen'. Alle hatten nun die Möglichkeit mehr oder weniger mit ihm abzurechnen. Nach dem ersten Umgang brach Raffke zusammen. Er erholte sich nach seiner eigenen, früher von ihm angewendeten Methode: einen Eimer Wasser über den Kopf und dann ging es weiter. Nachdem wir nicht mehr wussten, was bei Raffke vorne und hinten war, ließen wir von ihm ab. Einige von uns brachten ihn in das Krankenhaus, wo man ihn wieder notdürftig zusammenflickte."[404]

Petr Bondy berichtete später vor dem Prager Gericht, dass die Häftlinge Raphaelson sogar lynchen wollten. Nach dessen Darstellung war die Festnahme nach dem Racheakt freilich eine Art Schutzhaft, aus der ihn ein tschechischer Major entließ, der ebenfalls Jude war. Das passt zu Raphaelsons Ausführungen in Neuengamme und auch zum Bericht Scheurenbergs, die Häftlinge hätten den von Peppi zusammengeschlagenen Raphaelson zur „tschechischen Gendarmerie" geschleppt.[405]

Wie auch immer die Rache der Mithäftlinge vollzogen wurde und mit wessen Hilfe Raphaelson wirklich aus Theresienstadt fliehen konnte – zweifellos haben ihn die Wulkower Häftlinge bestraft. Das hat er selbst später bestätigt. Für die Wulkower bedeutete die Rache Genugtuung. „Erst als Raffke mehr tot als lebendig dalag, war der Krieg für uns zu Ende", schrieb Scheurenberg. Manchen Mithäftlingen sollte das aber nicht ausreichen.

XII. Raphaelson und Jonas 1945–1946: Ein gemeinsames Mahl in der Heimat

Es müssen abenteuerliche Wege gewesen sein, auf denen sich Paul Raphaelson in den Wirren der letzten Kriegstage und ersten Nachkriegswochen von Theresienstadt in seine Heimat durchschlug. Viele Straßen, Brücken und Bahnlinien waren zerstört. In den Ruinen zerstörter Städte suchten Millionen Deutsche nach einem Dach über dem Kopf und nach Lebensmitteln. Wer vor den Bomben aus den Städten aufs Land geflohen war, kehrte zurück und stand womöglich vor den Trümmern seiner einstigen Wohnung. Ehemalige Wehrmachtssoldaten, befreite KZ-Häftlinge und nach Deutschland verschleppte Zwangsarbeiter machten sich auf den beschwerlichen Weg in die Heimat. Vertriebene und Flüchtlinge strömten aus dem Osten in die westlichen Besatzungszonen – im Mai 1945 wanderten und irrten Millionen Menschen in Deutschland umher.

Andere Theresienstädter Häftlinge wagten es nicht, sich in das Chaos dieser Völkerwanderung zu begeben. Die 67-jährige Mönchengladbacherin Martha Glass beispielsweise blieb bis zum 10. August im Ghetto und fuhr erst danach in einem Zug mit anderen Ex-Häftlingen nach Berlin.[406] Doch Raphaelson war Ende Dreißig und hatte in seiner Zeit als Kapo wohl dafür gesorgt, dass er genug Lebensmittel bekam, um halbwegs bei Kräften zu bleiben. Einen Großteil des Weges nach Mönchengladbach wird er zu Fuß zurückgelegt haben. Mit etwas Glück könnte er hin und wieder auf Lastwagen oder in Jeeps der Besatzungstruppen ein Stück vorangekommen sein. Auf diese Weise schaffte es jedenfalls Rolf Abrahamson, ein aus Marl stammender Häftling, in mehreren Wochen von Theresienstadt bis in die Heimat.[407]

Martha Glass, Rolf Abrahamson und Paul Raphaelson gehörten zu den etwa 9.000 deutsch-jüdischen Überlebenden der Konzentrationslager, die nach ihrer Befreiung ein Ziel hatten, das sie ansteuern konnten. Obwohl nicht wenigen der Gedanke, wieder unter Deutschen zu leben, unerträglich war, gab es zumindest für eine Übergangszeit noch einen Ort, an dem sie nach verlorenem Besitz und Bekannten suchen und von dem aus sie eine Emigration in Angriff nehmen konnten. Tausende Überlebende des Holocaust, nach Deutschland verschleppte Zwangsarbeiter, Kriegsgefangene und Mitglieder ausländischer Hilfstruppen der SS lebten noch viele Monate, zum Teil sogar Jahre in Lagern, die Briten und US-Amerikaner für „Displaced Persons" einrichteten. Außerhalb der Konzentrationslager und Ghettos hatten Schätzungen zufolge etwa 15.000 deutsche Juden den Holocaust überlebt, die meisten von ihnen als Ehepartner in einer „privilegierten Mischehe". Zwischen 3.000 und 5.000 Nicht-„Privilegierte" hatten es geschafft, unterzutauchen und als „U-Boote" zu überleben.[408]

Ob es Raphaelson gelungen war, wie die Mönchengladbacherin Martha Glass von Theresienstadt aus mit Postkarten gelegentlich Kontakt zu Verwandten seiner verstorbenen Frau und seinen Kindern zu halten, ist ungewiss. Auch wenn er in Theresienstadt und während der Einsätze in Wulkow und Schnarchenreuth keine Lebenszeichen erhalten hatte, durfte er doch hoffen, Verwandte und Kinder in Mönchengladbach anzutreffen. Ein Haus oder sonstigen nennenswerten Besitz hatte er dort nicht zurückgelassen. In materieller Hinsicht stand er also vor dem Nichts, als er am 31. Mai 1945 heimkehrte. Umso abenteuerlicher mutet es an, was er in seinem Lebenslauf in wenigen Zeilen über die elf Monate berichtete, die er in Mönchengladbach in Freiheit verbrachte. Der von seinen Mithäftlingen beinahe zu Tode geprügelte Kapo wurde Leiter einer Betreuungsstelle für ehemalige Lagerinsassen und in politische Ämter berufen:

„Der Zusammenbruch des Hitlerregimes brachte mir die Freiheit und ich kehrte am 31. 5. 1945 in meine Heimat zurück, wo ich mein Geschäft wieder eröffnete. Gleichzeitig gründete ich auf Veranlassung des amerikanischen Stadtkommandanten die Betreuungsstelle für Juden und politische Häftlinge in M. Gladbach, deren ehrenamtlicher Leiter ich war. Am 9. 11. 1945 wurde ich einstimmig zum Vorsitzenden der jüdischen Gemeinde M. Gladbach gewählt und im Januar 1946 durch die Militärregierung zum Ratsherrn ernannt. Gleichzeitig wurde ich zum Mitglied des Kreissonderhilfsausschusses und 8 anderer Ausschüsse ernannt."[409]

Diese Karriere wird verständlicher, führt man sich die Lage im Mönchengladbach der ersten Nachkriegsmonate vor Augen. Es war eine Stadt im Ausnahmezustand, obwohl US-amerikanische Truppen sie schon etliche Wochen zuvor befreit hatten. Am 28. Februar hatte sich im Verlauf der „Operation Grenade" ein Ring vorrückender Truppen der 9. US-Armee um die Stadt geschlossen. Die Wehrmacht hatte dagegen Panzereinheiten aufgeboten, doch gingen deren Treibstoffvorräte zur Neige. Als am 1. März gegen 14 Uhr US-Tanks auf den Alten Markt im Zentrum der Stadt rollten, hatte die letzte Einheit einer Panzer-Lehr-Division ihren Gefechtsstand in einer Maschinenfabrik an der Eickener Straße bereits geräumt. Werner Keyßner, seit 1929 NSDAP-Kreisleiter in Mönchengladbach und seit September 1937 Oberbürgermeister der Stadt, war zeitig genug geflohen, um noch vom 3. bis 17. April als Oberbürgermeister in Düsseldorf zu amtieren. Und so war es der stellvertretende Bürgermeister und Stadtdirektor Alexander Scharff, der mit einer weißen Fahne in der Hand und einem des Englischen mächtigen Begleiter an seiner Seite aus dem Bunker auf dem Kapuzinerplatz gleich neben dem Markt herausgetreten war, den Amerikanern die Stadt übergeben und sie gebeten hatte, die Zivilbevölkerung zu schonen.[410]

Zwar hatten die Luftangriffe der Alliierten Mönchengladbach nicht so schwer getroffen wie die nahezu völlig ausradierten Städte Düren oder Kleve, aber immerhin hatten die Bomben gut 40 Prozent der Wohnungen in Schutt und Asche gelegt – doppelt so viele wie im Durchschnitt Nordrhein-Westfalens.[411] Da schon in den ersten Nachkriegswochen viele während des Kriegs Evakuierte oder aus der Stadt Geflohene zurückkehrten, war Wohnraum knapp. Hatten Anfang 1944 noch 104.000 Menschen in Mönchengladbach gelebt, waren es ein Jahr später nur noch halb so viele. Doch seit Mai schwoll die Zahl der Rückkehrer und Zuwanderer stetig an, sodass die Stadt bereits Ende Dezember schon wieder 106.000 Einwohner zählte.[412] Viele kamen bei Verwandten oder Bekannten unter, manche richteten sich in Schuppen notdürftig ein Quartier ein. Die sich aus dem „Zusammenwohnen vieler Menschen auf engstem

Raum" ergebenden Gefahren „sowohl in hygienischer als auch in sittlicher Hinsicht" bereiteten der Stadtverwaltung Sorgen.[413] Viele Stromleitungen waren zerstört, mancherorts gab es keinen Strom. Energie musste mit den wenigen Turbinen erzeugt werden, die das Bombardement heil überstanden hatten. Die Versorgung mit Wasser funktionierte besser, weil das Leitungsnetz geringer beschädigt war.

Raphaelsons Geburtshaus an der Kaiserstraße stand noch. Der Blick die Schillerstraße hinunter auf den Hauptbahnhof hingegen ergab ein völlig verändertes Bild: Rechts und links der Straße zerstörte Häuser, deren Trümmer auf den Gehwegen lagen; am Ende der Schillerstraße, die in den Bahnhofsvorplatz mündete, stand zwar vom schwer getroffenen Stationsgebäude noch die Fassade, vom Dach war jedoch nur ein Metallgerippe übrig. In weiten Teilen der Innenstadt sah es kaum besser aus, manche Straßenzüge waren förmlich dem Erdboden gleichgemacht.

Wohin sich Raphaelson in den ersten Tagen nach seiner Rückkehr wandte, war nicht zu ermitteln. Wie alle Mönchengladbacher ab zwölf Jahren musste er sich bei den Behörden registrieren lassen. Dazu waren die Bewohner der Stadt in der ersten öffentlichen Bekanntmachung aufgefordert worden, die der am 4. April ernannte neue Oberbürgermeister Wilhelm Elfes im Auftrag der Militärregierung erlassen hatte.[414] Unklar ist auch, wo Raphaelson in den ersten Tagen und Wochen Unterkunft fand. Die Wilhelmstraße, in der er vor seiner Deportation gewohnt hatte, war von Bomben getroffen worden. Etliche Häuser lagen in Schutt und Asche. Die erste und letzte bekannte Mönchengladbacher Adresse Raphaelsons aus der Zeit bis zu seiner Verhaftung ist die Ferdinandstraße 4, jeweils zehn Minuten Fußweg entfernt von seinem Geburtshaus und seiner ehemaligen Wohnung in der Wilhelmstraße. Dort wohnte er spätestens seit dem 10. Oktober 1945.[415] Womöglich wird ihm als jüdischem Überlebenden eines Lagers diese Wohnung schon früher bevorzugt zugewiesen worden sein.

Sicher ist jedoch, dass der Heimkehrer gleich nach seiner Ankunft Kontakt zu seinen Kindern suchte und wenig später an der Ferdinandstraße mit dem Sohn und der Tochter aus seiner ersten Ehe zusammenlebte. Deren Mutter hatte anderthalb Jahre nach der Scheidung von Raphaelson eine weitere Tochter geboren und erneut geheiratet, war 1937 jedoch verstorben. Die Kinder aus ihrer Verbindung mit Raphaelson wurden in ein Waisenhaus im Stadtteil Neuwerk aufgenommen. Raphaelsons ältester Sohn war von Oktober 1944 bis Ende Februar 1945 in ein Arbeitslager am Flughafen Lönnewitz deportiert worden. Spätestens seit dem 18. Dezember 1945 wohnte er bei seinem Vater in der Ferdinandstraße[416], wo seine Schwester bereits im August eingezogen war.

In den elf Monaten bis zu seiner Verhaftung im April 1946 schienen sich die Dinge zum ersten Mal seit Raphaelsons Kindertagen zum Guten zu wenden. Als Überlebender des Holocaust, als ehemaliger Ghettohäftling von 39 Jahren musste er den Behörden in seiner Heimatstadt geradezu prädestiniert erscheinen, als politisch Unbelasteter nicht nur beim Wiederaufbau zu helfen. Wer nichts von seiner Rolle im Lager Wulkow wusste, konnte ihn auch für geeignet halten, mit anderen Häftlingen und Verfolgten des NS-Regimes umzugehen. Dass Raphaelson allerdings vom amerikanischen Stadtkommandanten zum Leiter einer Betreuungsstelle für Juden und politische Häftlinge ernannt wurde, wie er 1947 in seinem Lebenslauf behauptete, stimmte wahrscheinlich nicht. Auf diesen Posten gelangte er wohl erst später, nachdem die Briten am 20. Juni die Verwaltung der Stadt übernommen hatten und Major Donald Syme Nachfolger des amerikanischen Stadtkommandanten John W. Hall geworden war.[417]

Über die Existenz einer solchen Betreuungsstelle informierte der unmittelbar nach Kriegsende von den Amerikanern als Oberbürgermeister eingesetzte ehemalige Zentrumspolitiker Wilhelm Elfes die Mitarbeiter seiner Stadtverwaltung in einer Rundverfügung am 3. Juli 1945. Zwar teilte Elfes seinen Mitarbeitern kein genaues Datum mit, wann die Stelle eingerichtet worden war, doch ließ der Inhalt seiner Rundverfügung keinen Zweifel daran, dass diese Stelle wirklich eine ganz neue Einrichtung war. Denn Elfes klärte seine Mitarbeiter erst einmal auf, wie sie mit der Stelle zusammenzuarbeiten hätten:

„Sämtliche Dienststellen der Stadtverwaltung, einschl. Polizei, werden hiermit angewiesen, alle bei ihnen um irgend eine Hilfeleistung vorsprechenden Personen, die sich als Juden oder politische Häftlinge bekennen und als solche eine Sonderfürsorge beanspruchen, dieser neu eingerichteten ‚Betreuungsstelle für Juden und politische Häftlinge' zuzuweisen."[418]

Als Leiter der Betreuungsstelle wurde Raphaelson mit Sicherheit kurz nach deren Gründung tätig, vermutlich aber bereits mit der Einrichtung der Stelle. Sie war beim Wohlfahrtsamt der Stadt angesiedelt und sollte Hilfesuchende in Zusammenarbeit mit anderen städtischen Ämtern unterstützen. Außerdem verteilte sie in Zusammenarbeit mit einem Kreis- und Sonderhilfsausschuss Ausweise an Juden und Ex-Häftlinge, die die Richtigkeit der von ihnen gemachten Angabe bestätigten. Sein neues Amt versah Raphaelson in bester Lage: In der Mozartstraße, wo neben dem britischen Stadtkommandanten und städtischen Ämtern auch das Wohlfahrtsamt seine Diensträume hatte – und zwar in Haus Nummer elf, dem Nachbarhaus der Familie Jonas.[419] Von den postkartengroßen Pässen, die er als Leiter zu unterzeichnen hatte, sind im Mönchengladbacher Stadtarchiv noch heute etliche erhalten. Der älteste dort überlieferte Ausweis mit seinem Namenszug ging am 13. Juli 1945 an ein KPD-Mitglied.[420]

Kaum zurückgekehrt, hatte Paul Raphaelson also eine wichtige Position in einer Behörde bezogen, die Nazi-Opfer für erlittenes Unrecht mit Privilegien entschädigen konnte. Und das hieß zunächst: Wer einen der Ausweise aus Raphaelsons Betreuungsstelle vorlegen konnte, sollte bei der Ausgabe „von Lebensmitteln und bewirtschafteten Gütern" vor anderen Berechtigten bedient werden. Das bedeutete nicht, „dass die Zuteilung erhöht wird, sondern dass die Zuteilung vor der Zuteilung an solche Personen zu geschehen ist, die nicht Inhaber eines Ausweises sind", formulierte Oberbürgermeister Elfes im November etwas umständlich in einer weiteren Anweisung.[421]

Doch schon bald kamen weitere Privilegien hinzu. Anfang 1946 legte die Militärregierung einen Sonderhilfsplan für ehemalige Verfolgte vor, den Raphaelson und die Betreuungsstelle umzusetzen hatten. Laut einem Bericht der Rheydter Stadtverwaltung gehörten 1946 zu den Sonderhilfen: Ernährungszulage, bessere Arbeitsbedingungen, angemessene Wohnung, gesteigerte Unterstützung – womit wohl eine höhere finanzielle Unterstützung gemeint war. Weiter hieß es:

„Soweit die ehemals Verfolgten des Naziregimes in der Verfolgungszeit auch schwere wirtschaftliche Schäden erlitten hatten, wurden ihnen weitgehend Ausstattungs- oder Existenzbegründungsdarlehen aus städtischen Mitteln gewährt, die in allen Fällen, in denen die

Rückforderung unbillig gewesen wäre, niedergeschlagen worden sind. In zahlreichen Fällen wurden zur Beseitigung gesundheitlicher Schäden bei ehemals Verfolgten Kuren und Erholungsaufenthalte durchgeführt; zur Behebung sonstiger Schäden oder Beeinträchtigungen wurden Renten und Beihilfen aus Mitteln des Landes oder der Bezirksregierung flüssig gemacht."[422]

Solche Sonderhilfen dürften auch am Leiter der Betreuungsstelle nicht völlig vorbeigegangen sein. Dass dieser ein ehemaliger Kapo war, ahnten die Behörden in Mönchengladbach im Juli 1945 nicht. Warum sich Raphaelson auf diese Weise exponierte und das Risiko einging, als Leiter der Betreuungsstelle auf ehemalige Mithäftlinge zu treffen, ist schwer zu sagen. Womöglich trieb ihn die Hoffnung, durch „Amt und Würden" besser gegen mögliche Angriffe gewappnet zu sein; vielleicht war es auch schlicht die Aussicht auf privilegierte Kontakte zu den neuen Herren der Stadt.

Ähnliche Fragen wirft das nächste Amt auf, das Raphaelson nach eigenen Angaben nur wenige Monate später, im November, übernahm: der Vorsitz der Jüdischen Gemeinde. Durch große Nähe zum jüdischen Glauben war er der Gemeinde bis dahin wohl kaum aufgefallen. So darf man auch für die Übernahme dieses Amtes Eigennutz als Antrieb vermuten – ein Motiv freilich, das in dieser Zeit auch Millionen völlig unbelasteter Menschen umtrieb, die ums Überleben in den Trümmern kämpften. In der einst gut 1.000 Juden zählenden Stadt lebten nach Kriegsende noch nur einige Dutzend jüdische Bürger.[423] Aufgrund seines Alters und seiner Position war Paul Raphaelson als Betreuungsstellen-Leiter vermutlich der tatkräftigste Jude in der Stadt. Dennoch erscheint seine angeblich einstimmige Wahl erstaunlich, da im November 1945 womöglich schon Gerüchte über ihn kursierten. In diesem Monat war der Vereinigung ehemaliger politischer Konzentrationäre und politisch Inhaftierter in Düsseldorf seine Tätigkeit als Kapo bereits bekannt. Und dort waren auch aus Mönchengladbach schon „Klagen" über ihn eingegangen. Sollten ausgerechnet den Mitgliedern der Jüdischen Gemeinde die Anschuldigungen verborgen geblieben sein?

Wie auch immer die Wahl zustande kam, Tatsache ist: Paul Raphaelson war Vorsitzender der Jüdischen Gemeinde Mönchengladbach und blieb es bis zu seiner Verhaftung. Das *Jüdische Gemeindeblatt für die Nordrheinprovinz* führte ihn in seinem ersten Heft im April 1946 und sogar noch im Mai 1946 als Vorsitzenden auf. Was allerdings darauf zurückzuführen sein mag, dass die Nachricht von seiner Verhaftung und einem Wechsel der Gemeindeleitung nicht mehr rechtzeitig vor Drucklegung des Blatts eingetroffen war. Erst die Juni-Ausgabe nannte – ohne auf irgendwelche Hintergründe einzugehen – in einer dreizeiligen Notiz den Rechtsanwalt Isidor Fürst als neuen Vorsitzenden.

Mysteriös bleibt auch, was das Geschäft gewesen sein könnte, das der Heimkehrer angeblich wieder eröffnet hatte. Seine einzige nachweisbare Geschäftätigkeit – die Zeit bei dem Mönchengladbacher Bekleidungshaus Helios – hatte darin bestanden, für die Firma zu arbeiten und nach deren Pleite noch eine kurze Zeit lang die Gläubiger zu bedienen. So hatte er es jedenfalls 1934 in seinem Verhör durch die Gestapo dargestellt. Ungleich pompöser stellte er seinen beruflichen Werdegang und seine Rolle bei Helios im Januar 1947 in seinem Lebenslauf für das Prager Gericht dar. Dort wurde aus dem Knecht, Kohlenschlepper, kaufmännischen Angestellten und Fürsorgeempfänger Raphaelson der Geschäftsführer Raphaelson:

„Geboren am 21. 7. 1906 in M. Gladbach als Sohn des Fabrikanten Louis Raphaelson und seiner Ehefrau Elisabeth geb. Salomon, beide israelitischer Konfession, besuchte ich von 1912 bis 1921 Vorschule und Gymnasium, trat dann als Volontär in die Weberei eines Onkels ein und war bis 1932 in verschiedenen Textilfirmen, zuletzt als Geschäftsführer der Firma Helios Bekleidungshaus tätig, die ich 1932 übernahm."[424]

Ein reines Hirngespinst muss seine Behauptung, er habe ein Geschäft eröffnet, dennoch nicht gewesen sein. Raphaelson schaffte es jedenfalls binnen kurzer Zeit, sich für die damaligen Verhältnisse komfortabel zu etablieren. Dabei könnten ihm Kontakte zur Militärbehörde und später seine politischen Ämter geholfen haben. Profitiert hat er aber anscheinend auch von einem Kapital, das ihm eine Frau zur Verfügung stellte, die später in einem anlässlich seiner Verhaftung angefertigten Detention Report als seine Verlobte bezeichnet wurde: Dr. Viola Dörfler[425].

Dass Dörfler Raphaelson Geld zur Verfügung gestellt habe, behauptet zumindest Rechtsanwalt Isidor Fürst, als er am 2. Oktober 1946 die Besatzungsbehörde bat, Raphaelson vorübergehend aus dem Internierungslager Neuengamme zu entlassen. Raphaelsons ehemaliger Arbeitgeber, inzwischen 70 Jahre alt, gehörte zu den wenigen Mönchengladbacher Juden, die nicht emigriert waren und den Holocaust dennoch überlebt hatten. Der Internierte, erklärte er den Briten, habe Viola Dörfler Vollmacht erteilt, seine Vermögensangelegenheiten zu regeln. Da Dörfler dies allein nicht bewältigen könne, habe sie ihn, Fürst, „mit der Ordnung dieser Angelegenheit beauftragt". Die Angelegenheit bestand nach Darstellung des Anwalts darin,

„dass Herr Raphaelson der obenerwähnten Frau Dörfler einen Betrag von 75.000 RM verschuldet, den er in sein Geschäft gesteckt hat, und dass plötzlich das ganze Geschäftsvermögen verschwunden ist, wogegen drei unmündige und unversorgte Kinder auf die Unterstützung von Frau Dr. Dörfler und mir angewiesen sind. Ausser obigen 75.000 RM fehlt der gesamte Gewinn, den Herr Raphaelson in seinem Geschäft unbedingt erzielt haben muss, und zwar mindestens in Höhe von 30.000 bis 40.000 RM."[426]

Der Fall sei so kompliziert, behauptete Fürst, dass Raphaelson wenigstens für einige Tage nach Mönchengladbach kommen müsse. „Eine Kaution, die seine Rückkehr nach Neuengamme sichert, ist mir von befreundeter Seite in beliebiger Höhe zur Verfügung gestellt", bot der Anwalt an.

Wie zutreffend diese Angaben waren, ist zweifelhaft. Um einen mutmaßlichen Kriegsverbrecher – als solcher galt der zu diesem Zeitpunkt internierte Raphaelson – vorübergehend aus der Haft zu entlassen, mussten gewiss überzeugende Gründe angeführt werden. Zumal eine ständige Bewachung des Freigängers nötig gewesen wäre, der in den Nachkriegswirren ansonsten leicht hätte fliehen und untertauchen können. Fürsts Appell, Raphaelsons Anwesenheit sei unerlässlich, um den Verbleib des Geldes einer anderen Partei zu klären, lieferte einen Grund, der weniger im Interesse des Inhaftierten als vielmehr im Interesse einer finanziell geschädigten Mandantin und dreier unversorgter Kinder zu sein schien. Allerdings ließ dieser Schachzug Raphaelson nicht in bestem Licht erscheinen. Dass Raphaelson das Geld Viola Dörflers unterschlagen habe, behauptete Fürst natürlich nicht explizit. Die Formulierung, Geld und Gewinn seien „verschwunden", legten diesen Verdacht jedoch nahe. Fürst operierte mit weiteren geheimnisvollen Andeutungen:

„Es ist mir bekannt, dass die deutsche Geheime Staatspolizei Herrn Raphaelson vor seinem Abtransport nach Theresienstadt auf sein Ehrenwort hin für 24 Stunden auf freien Fuß gesetzt hat und dass er sein Ehrenwort nicht gebrochen hat, trotzdem er bei seinem Abtransport mit dem Schlimmsten rechnen musste. Es war dies im Juli 1942 und ich weiß bestimmt, dass Herr Raphaelson heute genau so denkt und handelt wie früher. Ich selbst bin 70 Jahre alt und weiß, was ich von einem Menschen zu halten habe. Auch der Verantwortung, die ich mit diesem Gesuch auf mich nehme, bin ich mir voll bewusst."[427]

Dieses Zeugnis über die Zuverlässigkeit Raphaelsons stand freilich in Widerspruch zu den Andeutungen über das plötzlich „verschwundene" Vermögen Viola Dörflers.

Auch wenn der Brief des Anwalts mit Vorbehalt zu bewerten ist: Raphaelson ging es schon kurz nach seiner Heimkehr gut – zumindest im Vergleich zu den meisten übrigen Mönchengladbachern, die im Sommer 1945 hungerten. 300 Gramm Fleisch, 222,5 Gramm Fett, 3.375 Gramm Brot, 187,5 Gramm Brotaufstrich, 250 Gramm Kartoffelstärkeerzeugnisse, 125 Gramm Quark, 75 Gramm Kaffee-Ersatz und 225 Gramm nicht näher bezeichneter „Nährmittel" waren die Ration, die das örtliche Ernährungs- und Wirtschaftsamt einem Erwachsenen zuteilen konnte – für den Zeitraum vom 28. Mai bis 24. Juni 1945, also volle 28 Tage. „Der Ernst der Versorgungslage und Transportschwierigkeiten zwingen leider dazu, die Rationen für die 76. Versorgungsperiode auf ein äußerst geringes Maß zu beschränken", entschuldigte sich das Amt in der Verlautbarung, die den kargen Speiseplan am 28. Mai bekannt gab.[428] „Bei manchen in Krankenhäusern aufgenommenen Kranken wurde erhebliche Unterernährung als alleinige Ursache der bestehenden Schwächezustände festgestellt. In den letzten Wochen wurden zunehmend Hungerödeme beobachtet", beklagte die Stadtverwaltung im Juli bei der Militärregierung. [429]

Um wie viel besser Raphaelson versorgt war, erlebte Hans Jonas. Als der Sergeant der Jewish Brigade im Sommer oder Herbst 1945 in Mönchengladbach mit ihm zusammentraf, staunte er über das üppige Mittagessen, das ihm Raphaelson servierte:

„Aber immerhin hatte ich seine Gastfreundschaft und das beste Essen genossen, das ich in Deutschland überhaupt bekommen hatte, denn er hatte seine besonderen Quellen und bekam ausgezeichnete Lebensmittel geliefert."[430]

Offenbar war das üppige Mahl kein einmaliges Festessen für einen besonderen Gast. Als die Briten Raphaelson wenige Monate später internierten, wog der Inhaftierte 93,2 Kilogramm – für einen 1,78 Meter großen Mann auch in normalen Zeiten ein stattliches Gewicht.[431] Welche „besonderen Quellen" sein Gastgeber anzapfte, erwähnte Jonas nicht. Ob es allein die offiziellen „Sonderhilfen" der Briten waren oder ob ihm sein Amt und seine Kontakte zu weiteren Vergünstigungen verhalfen, ob er – womöglich mit Dörflers Kapital – Geschäfte auf dem Schwarzmarkt trieb, muss offen bleiben. Auf dem Schwarzmarkt waren vor allem knappe Naturalien und Sachgüter begehrt. Aber 75.000 RM wären trotz des Wertverlustes der Währung immer noch ein brauchbares Kapital gewesen, um in den Handel profitabel einzusteigen.[432]

*

Der Weg zurück in die Heimatstadt war für den Sergeanten Hans Jonas nach dem Feldzug durch Italien und der Stationierung in den Niederlanden ungleich einfacher als für Paul Raphaelson. Bevor er im November nach Palästina zurückkehrte, hatte er in Venlo außer gelegentlichem Wachdienst keine großen militärischen Verpflichtungen und genügend Gelegenheit, sich frei zu bewegen, was er unter anderem zu Ausflügen ins benachbarte Belgien, nach Nordfrankreich und nach Göttingen und Marburg nutzte. In Deutschland gab es zwar keine intakten Bahnverbindungen mehr, aber als Uniformträger konnte Jonas Militärfahrzeuge der Alliierten benutzen.[433] In Göttingen traf er seinen Verleger Ruprecht und erfuhr zu seiner großen Freude, dass dieser während der NS-Herrschaft etliche Exemplare von *Gnosis und spätantiker Geist* in Berghöhlen versteckt hatte und sich nach wie vor an einer Fortsetzung des zweiten Bandes interessiert zeigte. In Marburg gab es ein bewegendes Wiedersehen mit seinem alten Lehrer Rudolf Bultmann. Eine Begegnung mit Heidegger vermied Jonas jedoch. Dass dieser als Philosoph und zeitweiliger Rektor der Freiburger Universität mit dem Nationalsozialismus sympathisiert hatte, mochte ihm sein Schüler noch Jahrzehnte später nicht verzeihen. Erst 1969 war Jonas zu einem Treffen mit dem fast 80-Jährigen bereit – und am Ende immer noch enttäuscht, dass Heidegger sein Fehlverhalten nicht eingestehen mochte.

Besonders wichtig war für Jonas seine Heimatstadt. Viermal, so berichtete er am 20. Oktober 1945 in einem Brief an seine in England lebende Cousine Lisel Haas, machte er sich auf den Weg, um nach dem Schicksal seiner Familie zu forschen und alte Freunde zu treffen. Der erste Besuch fand allerdings erst anderthalb Monate nach der Kapitulation statt, also Ende Juni. Vielleicht ließ ihn die Furcht vor den gewiss traurigen Nachrichten, die ihn dort erwarteten, zögern, schon früher dorthin zu reisen. Den Anblick von Trümmerlandschaften und zerstörten Städten war er von seinem Weg durch Deutschland nach Venlo mittlerweile gewohnt. Vielleicht sind ihm die Zerstörungen in seiner Heimatstadt doch etwas nähergegangen als andernorts. Seiner Cousine berichtete er allerdings nur knapp darüber:

„Gladbach ist ziemlich mitgenommen. Die innere Stadt ist praktisch zerstört. Z. B. von der Hindenburgstraße zwischen Altem Markt und Bismarckstraße steht nicht ein Haus. Ähnlich Lüpertzender Straße und eigentlich Alles nach Rheydt hinüber. Ganze Blocks sind Trümmerhaufen. Unsere Fabrik auf der Hofstraße: in Trümmern. Euer Haus auf dem Kaiserplatz, ebenso wie alle Nachbarhäuser: ausgebrannt."[434]

Von größter Bedeutung war für Jonas das Schicksal seiner Mutter und seines Onkels Alfred. Dass seine Mutter noch am Leben sein könnte, durfte er kaum erhoffen, als er seine Nachforschungen in Mönchengladbach begann. Die letzte Nachricht über Rosa Jonas hatte er über das Rote Kreuz erhalten. Daher wusste Jonas, dass seine Mutter in das Lodzer Ghetto deportiert worden war. Die Aussichten, dass sie überlebt hatte, waren äußerst gering. Gleichwohl begab sich Jonas sofort auf Nachrichtensuche. Sein erster Weg führte ihn in die Karlstraße. Ein Büro der Jüdischen Gemeinde suchte er dort aber vergebens. Wo vor seiner Emigration die Synagoge gestanden hatte, fand der Rückkehrer nun lediglich einen leeren Platz vor. Aber „irgendwo", so berichtete er in seinen *Erinnerungen*, war in der Stadt ein Zentrum eingerichtet worden, in dem sich nach Mönchengladbach zurückgekehrte oder durchreisende Juden über das Schicksal von Angehörigen und Bekannten informieren konnten.

„Als ich beim Zentrum eintraf, wimmelte es von Leuten, die ich noch nie gesehen hatte, doch es war eine Frau dabei, die mir bekannt vorkam. Sie hörte, wie ich mich erkundigte und den Namen Jonas nannte. Da fragte sie: ‚Ach, Sie sind der Hans Jonas?‘ Dann brach sie in Tränen aus und sagte: ‚Ich war zusammen mit Ihrer Mutter in Lodz, aber sie ist dann 1942 nach Auschwitz weitertransportiert worden.‘ Das wußte man, was das hieß – nach Auschwitz –, und so erfuhr ich vom Tod meiner Mutter.“[435]

Bewegend und schmerzhaft war auch der Besuch bei einer Bekannten seiner Mutter, Hetty Gier-Lünenburg, die Rosa Jonas noch in der Nacht vor deren Deportation nach Lodz gesehen hatte.

„Sie hatte vielen Juden Trost gespendet und geholfen, indem sie ihnen Lebensmittel brachte, und so kam sie zu meiner Mutter und verbrachte die letzte Nacht bei ihr. Sie konnte nur versuchen, sie ein wenig zu trösten, und gab ihr ein Medaillon eines katholischen Heiligen mit auf den Weg, das sie schützen sollte. ‚Es hat leider nicht geholfen‘, sagte sie, ‚aber das war alles, was ich tun konnte.‘ In ihren Armen habe ich meine Mutter beweint, und sie hat mich wie ein Kind getröstet. Ich weiß noch, wie ich damals sagte: ‚Das kann ich dem deutschen Volk niemals verzeihen.‘ Und sie erwiderte: ‚Nein, das kann man auch nicht verzeihen.‘“[436]

Der Bericht, den Jonas seiner Cousine unmittelbar nach den Ereignissen im Herbst 1945 über das Schicksal der Familie schrieb, war in einem wesentlich nüchterneren Ton gehalten, der viel weniger von dem großem Schmerz verriet, der den Verfasser quälte:

„Mutter (...) lebte dort (in Lodz, Anm. d. Verf.) bis Herbst 42 in einem Altersheim und wurde dann mit einem der üblichen Transporte von Alten und Arbeitsuntauglichen mit unbekanntem Ziel, wahrscheinlich zur Vergasung nach Auschwitz ‚ausgesiedelt'. Onkel Alfred wurde erst Juli '42 nach Theresienstadt deportiert, von dort aber schon wenige Monate später ebenfalls ‚ausgesiedelt', wahrscheinlich mit dem gleichen Ziel, jedenfalls mit dem gleichen Resultat. Mit diesem Ergebnis enden übrigens 95 % der Nachforschungen, die man in Deutschland nach Juden anstellt. Ein Totentanz. Das läßt einen die Zerstörung der Städte mit grimmiger Genugtuung, wenn auch ohne Trost, anschauen."[437]

Der Tod seiner Angehörigen war für Jonas der schmerzhafteste Verlust. Doch seine Besuche in Mönchengladbach führten ihm auch vor Augen, welcher Besitz der Familie Ende der 1930er Jahre geraubt worden war. Neben Anteilen an zwei Grundstücken, die an die Stadt beziehungsweise an eine städtische Bodenverwertungsgesellschaft unter Wert verkauft worden waren, hatte die Familie beim Verkauf der Fabrik an der Hofstraße an eine Mechanische Weberei schwere finanzielle Einbußen erlitten. Da dem neuen Besitzer der von Bombenangriffen zerstörten Fabrik selbst nicht viel übrig geblieben war, konnte Jonas' Familie der Verlust auch nie ersetzt werden. Jonas blieben allein Fotografien des verwüsteten Geländes.

Mehr als der Anblick der zerstörten Fabrik hat Jonas aber offenbar die Begegnung mit dem neuen Besitzer des Elternhauses bewegt, der das Haus 1939 erworben hatte. Sie blieb Jonas bis an sein Lebensende in Erinnerung. Vielleicht noch widerlicher als der Gedanke, der neue Besitzer habe sich an der Not seiner Mutter bereichert, war Jonas bei seinem Besuch im Elternhaus, dass der Käufer des Hauses sich geradezu leutselig erkundigte: „Wie geht es denn Ihrer Mutter?" So, als ob ihm das Schicksal der Juden völlig unbekannt sei und es sich um eine ganz normale Begegnung mit einem ehemaligen Hausbewohner handele, den allein nostalgische Gefühle zu einer Visite drängten. Als Jonas erwiderte, seine Mutter sei umgebracht worden, tat der neue Besitzer so, als sei das eine völlig absurde Vorstellung:

„‚Wer soll sie denn umgebracht haben? Man bringt doch keine alte Dame um?' ‚Man hat sie in Auschwitz umgebracht.' ‚Aber nein', sagte der Mann, ‚man hat sie umgesiedelt. Das kann doch nicht sein.' Er weigerte sich einfach, den Tatsachen ins Auge zu sehen. Ich weiß noch wie widerlich es mir schien, als er mir seinen Arm um die Schulter legte und sagte: ‚Aber ich bitte Sie! Sie dürfen das doch nicht alles glauben! Nein, ich weiß, es war eine Umsiedlung. Und wenn sie verstorben ist, tut es mir furchtbar leid. Aber was Sie da sagen, von Umbringen und von Gasöfen, das sind doch Greuelmärchen.' Das war in der Mozartstraße im Sommer 1945. Da sah ich noch einen sehr schönen Schreibtisch meines Vaters stehen, und als er fragte, ‚Wollen Sie ihn haben?' sagte ich: ‚Nein, nein, ich will ihn nicht haben.' Ich bin dann auch bald weggegangen. Ich konnte den Mann nicht ausstehen. Aber ich war drin im Haus – das war das letzte Mal."[438]

Da Jonas klar war, dass er nicht mehr lange in Venlo stationiert sein, sondern bald die Heimreise nach Palästina antreten würde, nutzte er die verbleibende Zeit, auch nach dem verlorenen Geld- und Wertpapiervermögen der Familie zu forschen, und wandte sich an den einzigen jüdischen Rechtsanwalt in der Stadt: Isidor Fürst. Dessen Kanzlei in der Bismarckstraße sollte Rückforderungs- und Entschädigungsansprüche für Jonas nach dessen Abreise geltend machen. Um dem Anwalt einen Überblick über das Vermögen der Familie zu verschaffen, verfasste Jonas Anfang Oktober 1945 eine Denkschrift. Das mit Schreibmaschine getippte Dokument trug den handschriftlichen Vermerk: „Abgefaßt am 2. X. 1945 in M. Gladbach als Ergebnis meiner dortigen Nachforschungen. Ergänzt durch Nachträge ca. 1 Woche später."[439] Seine Nachforschungen führten ihn unter anderem zur Deutschen Bank, wo er von einem Herrn Weber über Details der Methoden informiert wurde, mit denen Juden ausgeplündert worden waren.

Zu den in der „Denkschrift" aufgeführten Werten gehörten eine für Hans Jonas 1933 abgeschlossene und 1943 fällig gewordene Lebensversicherung über 15.000 bis 20.000 RM, eine Lebensversicherung für seinen Bruder Georg sowie ein Aktien-Depot des Bruders. Darin hatten sich vor dessen Verhaftung demnach Aktien der I.G. Farben im Wert von 1.625 RM und Aktien der Rheinischen Spiegelglas im Wert von 4.800 RM befunden. Diese seien, so Jonas, zwischen dem 20. Dezember 1938 und dem 15. April 1939 in drei exakt datierten „Zwangsablieferungsraten auf Grund der Juden-Vermoegensabgabe abhanden gekommen". Auf einem Barkonto des Bruders fand Jonas ein Guthaben von knapp 14.000 RM vor, ein Betrag, der ihm viel zu gering erschien. Diese Summe sei, „ebenso wie das vorgefundene Depot, als Restbetrag nach den Ablieferungen 1938/39 anzusehen".[440]

Das Vermögen seiner Mutter aufzuspüren, erwies sich zunächst als schwieriger. Bei der Niederschrift der Übersicht für Fürst notierte Jonas am 2. Oktober dazu: „Es verschwand natuerlich bei der Deportation meiner Mutter durch Einziehung zugunsten des Staates. Es muss, nach den Verkaufen von Fabrik und Haus i. J. 1938 und '39, um diese Zeit ausschliesslich in fluessigen Werten, d. h. in Bankkonten und Depots bestanden haben".[441] Von seinem Vetter Gerhart hatte Jonas erfahren, dass sein Vater und sein Onkel Alfred einen großen Teil ihres Vermögens in Industrie-Aktien und anderen Wertpapieren angelegt und in der Mönchengladbacher Kreisbank und der Deutschen Bank Safes angemietet hatten. Nachdem er Mitte Oktober 1945 die Kontoblätter seiner Mutter bei der Deutschen Bank studiert hatte, stellte er fest, dass der Staat fast 18.000 RM von Rosa Jonas eingezogen hatte.[442]

Die hässlichen Details, die er während seiner Nachforschungen über das Schicksal seiner Familie erfuhr, aber auch Begegnungen wie die mit dem neuen Besitzer seines Elternhauses trugen sicherlich dazu bei, Jonas' Verachtung für die Deutschen zu nähren. Denn sie mussten ihm vor Augen führen, wie selbstverständlich viele die offenkundigen Gräuel der Nazizeit zu verdrängen und zu leugnen suchten. Statt „öffentliche Bußgänge" zu tun, was nach Jonas' Ansicht damals „die einzige angemessene Haltung gewesen wäre", wollten die meisten Menschen die Verbrechen entweder nicht wahrhaben oder versicherten ihm unablässig, sie selbst seien nicht daran beteiligt gewesen. An eine dauerhafte Heimkehr nach Mönchengladbach war unter diesen Umständen nicht zu denken. Der Bruch, den Jonas 1933 mit Deutschland vollzogen hatte, war für ihn damals ein endgültiger. In seinen *Erinnerungen* formulierte er es Jahrzehnte später kurz und bündig: „Ich hatte damals keinerlei Konzept für eine Reinigung oder Erneuerung Deutschlands. Von mir aus konnte das deutsche Volk einfach zum Teufel gehen."[443]

Ganz so pauschal war sein Hass allerdings nicht. Zu alten Freunden, die er vor seiner Emigration geschätzt hatte, nahm er während seiner Visiten in Mönchengladbach Kontakt auf und erlebte dabei einige angenehme Begegnungen. Davon gibt der bereits zitierte Brief von

Hans Jonas an Lisel Haas Zeugnis. Dieser beschreibt aber zugleich, wie sehr die Jüdische Gemeinde seiner Heimatstadt durch Emigration und Holocaust dezimiert worden war.

„Von Juden, die aus der Deportation zurückgekehrt sind, fand ich: Frau Hugo Herzberger und Tochter Lore – zurück von Lietzmannstadt (von diesen bekam ich Bericht über Mutter); Rosa Löser, Frau Alfred Rose und Tochter – zurück von Riga. Du siehst, nur Frauen. Dann von der Kategorie der arisch Versippten, Mischehepartner, die erst sehr spät zur Deportation herausgeholt wurden und sich ihr meist durch Verstecken entziehen konnten: P. R. – zurück aus Theresienstadt, von ihm hörte ich über Onkel Alfred; R.A. Fürst – zurück von Zwangsarbeit in Berlin; Rud. Horn, Zanger, Frau Koenigs, Frau Kardaun – versteckt gewesen. Das ist glaube ich alles. (…) Von den Gladbacher Überlebenden ist noch zu erwähnen Frau Strauss (Mutter von Carla u. Werner), die Theresienstadt überlebt hat und sich in einem Wartelager in der Czechoslovakei befindet. – Soweit die Jüdische Chronik."444

Bei „P. R. – zurück aus Theresienstadt" handelt es sich zweifelsohne um Paul Raphaelson. Über ihn waren Jonas bereits Gerüchte zu Ohren gekommen, bevor er ihn in Mönchengladbach traf.

„Wir (Angehörige der Jewish Brigade in Venlo, Anm. d. Verf.) konnten uns (…) frei bewegen und nahmen natürlich Kontakte mit jüdischen Überlebenden auf, die aus den Lagern kamen. Einige von ihnen sprachen mit größter Verbitterung von anderen Überlebenden, die in ihrem Lager Kapos gewesen waren: ,Wenn ich den finde und er noch lebt, werde ich es ihm heimzahlen'. Einige meiner Kameraden organisierten eine Art Nachforschungsdienst, der systematisch Daten sammelte und an irgendeine Sammelstelle weitergab. Dabei fiel der Name eines mir aus meiner Jugend bekannten Angehörigen einer jüdischen Familie aus Mönchengladbach. Ich sprach nicht selbst mit den Leuten, die Rache gegen diesen Mann schworen, der Paul Raffaelson hieß, doch man trug es mir zu, weil ich doch aus derselben Stadt stammte."[445]

Und prompt wurde der Mönchengladbacher Hans Jonas mit dem Fall Raphaelson konfrontiert, als er in seiner Heimatstadt den britischen Stadtkommandanten Syme besuchte – nicht nur als Sergeant der Jewish Brigade in der Britischen Armee, sondern auch als ehemaliger Bürger der Stadt. Da die Kommandantur in einer Villa am Ende der Mozartstraße eingerichtet worden war, fand das Treffen nur wenige Schritte von Jonas' Elternhaus entfernt statt. Nachdem sich Syme verächtlich darüber geäußert hatte, dass in Deutschland plötzlich niemand NSDAP-Mitglied oder auch nur nationalsozialistisch gesinnt gewesen sein wolle, fragte er Jonas nach Raphaelson:

„'Tell me, Mister Jonas, do you know the name Raffaelson? Is he an old member of the Jewish Community of Mönchengladbach?' ‚Oh yes, I do.' ‚Can you tell me something about him?' Worauf ich erwiderte: ‚Not really.' Er hatte als junger Mann keinen guten Ruf und war vor dem Krieg wegen einer Betrügerei mit der Polizei in Konflikt gekommen. ‚He is one of the survivors who came back, and he is now a prominent spokesman of the Jewish Community here. I have certain suspicions.' Da sagte ich: ‚Exactly – did you probably hear something?' Da sagte er: ‚Yes, but I don't know whether it's true.' Ich bekundete ihm, daß ich nichts bestätigen könne, aber auch etwas über ihn gehört hätte. Ich könne aber meine Kameraden fragen und ihn wissen lassen, falls ich mehr in Erfahrung brächte."[446]

**XII. Raphaelson und Jonas 1945–1946:
Ein gemeinsames Mahl in der Heimat**

Die Kommunikation unter den wenigen jüdischen Bürgern der Stadt funktionierte so gut, dass sich die Nachricht von Jonas' Besuch herumsprach. Raphaelson reagierte sofort. Zu Jonas' Eltern hatte er schließlich noch bis Ende der 1930er Jahre Kontakt gehabt, wie Hans Jonas berichtete:

„Inzwischen hatte aber Raffaelson erfahren, daß ich in Mönchengladbach war, und lud mich zum Mittagessen ein. Er erzählte, daß er bis zuletzt bei uns im Hause in der Mozartstraße den Garten in Ordnung gehalten hatte, und erzählte mir über die letzte Zeit meines Vaters: ‚Er saß in einem Stuhl im Garten, da er sich nur noch wenig bewegen konnte, sagte aber: Da ist noch dieser Busch, da ist noch dieses Stück Rasen zu pflegen.' Was er da schilderte, war genauso, wie ich es mir vorstellte, daß mein Vater, der im Januar 1938 starb, im Sommer und Herbst 1937 noch im Garten gesessen und mit Raffaelson gesprochen hatte, der sich mit der Gartenarbeit etwas Geld verdiente. Es gab bei Raffaelson ein vortreffliches Mittagessen, wie man es sonst nirgends hätte bekommen können. Er hatte nach seiner Rückkehr eine Christin geheiratet. Ich fragte ihn zwar, wer in der Tschechoslowakei in diesem oder jenem Lager gewesen sei, doch ich konnte natürlich kein Verhör mit ihm anstellen. Für mich blieb es ein unentschiedener Fall."[447]

Wo und wann dieses Treffen stattfand, ließ Jonas leider unerwähnt. Da er Ende Juni zum ersten Mal aus Venlo nach Mönchengladbach reiste, und im November nach Palästina aufbrach, muss es irgendwann in diesen Zeitraum gefallen sein. Raphaelson war der Gastgeber, also dürfte das gemeinsame Mahl entweder in seiner Wohnung an der Ferdinandstraße eingenommen worden sein oder aber bei Viola Dörfler, deren Adresse

– zumindest ein Jahr später – Hohenzollernstraße 347 lautete.[448] Verheiratet war das Paar allerdings entgegen Jonas' Erinnerung nicht. Vermutlich hatte Raphaelson ihm Dörfler als seine Verlobte vorgestellt.

Ob Jonas' Recherchen doch ergiebiger waren, als er es in seinen *Erinnerungen* beschreibt, ist offen. Unklar ist auch, wie detailliert die britischen Kenntnisse über die Anschuldigungen gegen Raphaelson zu diesem Zeitpunkt waren. Den britischen Behörden erschienen die Gerüchte und Verdachtsmomente offenbar nicht sonderlich überzeugend. Anders wäre es kaum nachvollziehbar, dass der Heimkehrer aus Theresienstadt noch Anfang 1946 zum Ratsherrn werden konnte.

Raphaelsons politische „Laufbahn" begann am 30. Januar, an dem die britische Militärregierung eine vorläufige Stadtvertretung ernannte[449] – und den Leiter der Betreuungsstelle für Juden und ehemalige politische Häftlinge zum Ratsmitglied machte. Raphaelson wurde als Parteiloser berufen und trat in eine bunt gemischte Runde von Männern und einigen wenigen Frauen ein. Die CDU stellte 19 Ratsherren und eine Ratsfrau und damit doppelt so viele wie die jeweils mit zehn Mitgliedern vertretene SPD und KPD. Studienräte, Kaufleute, ein Justizrat, der Handelskammerpräsident, aber auch Bau- und Textilarbeiter, Hausfrauen und ein Gastwirt sollten unter Aufsicht der Militärbehörde die Geschicke der Stadt lenken. In der konstituierenden Sitzung der Stadtvertretung wurde Paul Raphaelson zum Mitglied des Hauptausschusses bestimmt.[450]

Gegen den Willen der Briten wäre Paul Raphaelson nicht als Ratsherr durchzusetzen gewesen. Ob die Initiative von der Militärverwaltung ausging oder ob Elfes oder andere Politiker Raphaelson vorschlugen, war nicht mehr zu ermitteln. Die Auswahl an politisch unverdächtigen und obendrein halbwegs geeigneten Kandidaten dürfte nicht allzu groß gewesen sein. Als ein kommunistisches Mitglied des Stadtausschusses im April 1945 die Zusammensetzung des Gremiums und fehlende „Parität" bemängelte, verwies Elfes auf die Notsituation. Er habe „die Kräfte so nehmen müssen, wie sie sich gerade angeboten hätten"[451], warb der Oberbürgermeister um Verständnis. Wesentlich besser war die Personalsituation wohl auch neun Monate später nicht.

Ungeklärt wird für immer bleiben, ob es für den in den 1930er Jahren drei Mal zu Geldstrafen verurteilten ehemaligen Fürsorgezögling ein ungetrübter Triumph war, nun als Ratsherr in den Sälen des Landgerichtsgebäudes zu tagen. Oder machten ihn die Erinnerung an seine wenig erfolgreiche Jugend oder die Sorge, seine jüngere Vergangenheit könne ans Licht kommen, im Innersten seines Herzens doch beklommen? Was ging ihm durch den Kopf, als er beispielsweise am späten Nachmittag des 11. Februar die neue Mönchengladbacher Gemeindeordnung verabschiedete, sich an der Wahl der Beigeordneten der Stadtverwaltung beteiligte und auch den Tagesordnungspunkt „Erhöhung der Lustbarkeitssteuer" abarbeitete? Redebeiträge des Novizen auf der politischen Bühne sind in dem Protokoll nicht verzeichnet. Vermerkt wurde allerdings, dass Elfes ein KPD-Mitglied und Raphaelson zu Beginn der Sitzung zu Stimmenzählern bestimmte. Und auch nach Ende der Sitzung hatte der Betreuungsstellenleiter eine besondere, wenn auch ähnlich bescheidene Rolle: Gemeinsam mit drei Ratskollegen bestätigte er die Richtigkeit des Protokolls.[452]

Nachdem Raphaelson am 27. März in einer fast vierstündigen Ratssitzung im Schöffengerichtssaal des Landgerichts unter anderem einen Bericht der Militär-

248

regierung zur Ernährungslage gehört hatte,[453] geriet am 11. April eine konkrete Mitarbeit an einem womöglich wichtigen Thema in den Blick. Der Hauptausschuss des Rates debattierte an diesem Tag über den städtischen Haushaltsplan für das Jahr 1946 – und hielt einige der geplanten Ausgaben, besonders für die Arbeit an einem Flugplatz im Stadtteil Holt, für verschwenderisch. Raphaelson wurde gemeinsam mit dem Stadtkämmerer Dr. Fratzsche und je einem Vertreter von CDU, SPD und KPD in einen Unterausschuss berufen, der Sparvorschläge entwickeln und der Militärregierung unterbreiten sollte.[454] Doch dazu sollte er keine Gelegenheit mehr haben. Denn am 18. April, einem Donnerstag, war die kurze Nachkriegskarriere des Paul Raphaelson um 14 Uhr[455] schlagartig beendet: Er wurde verhaftet und ins Gefängnis am Spatzenberg gebracht.

Seine Inhaftierung muss Raphaelson völlig überrascht haben. Hätte er Hinweise auf seine prekäre Situation gehabt, hätte er gewiss versucht, sich ihr zu entziehen und unterzutauchen. Doch er arbeitete unverdrossen weiter, bis ihn die Briten holten. Noch drei Tage vor der Verhaftung unterzeichnete er als Leiter der Betreuungsstelle einen Ausweis für ein KPD-Mitglied.[456] Die Stadtverordnetenversammlung befasste sich mit der auch für die Militärbehörde peinlichen Affäre nur am Rande – zumindest ausweislich des Protokolls der öffentlichen Sitzung am 24. April 1946 im Schöffengerichtssaal des Landgerichts. Diese begann um 16 Uhr – mit einer lapidaren Erklärung des seit 9. März amtierenden neuen CDU-Oberbürgermeisters Peter Nonnenmühlen[457]: „Vor Eintritt in die Tagesordnung teilte Oberbürgermeister Nonnenmühlen mit, daß der Ratsherr Raphaelson bis zum Abschluß eines gegen ihn eingeleiteten Ermittlungsverfahrens suspendiert sei."[458]

Mehr erfuhren die Zuhörer auf offener Bühne nicht. Ob die Ratsherren später hinter verschlossenen Türen über den Fall sprachen, ist nicht überliefert.

XIII. Raphaelson 1945–1946: Im Visier der Ermittler und in Haft

Das jähe Ende seiner kurzen Nachkriegskarriere traf Paul Raphaelson anscheinend wie ein Blitz aus heiterem Himmel. Für einige seiner ehemaligen Mitgefangenen war die Verhaftung des Mönchengladbacher Ratsherrn jedoch das Ergebnis monatelanger Bemühungen, ihren einstigen Kapo zur Rechenschaft zu ziehen. Diesen ausfindig zu machen, fiel ihnen nicht sonderlich schwer. Bereits im September 1945 erfuhr Heinz Holm[459], Ex-Häftling des Lagers Wulkow, von einem Paul Raphaelson, der als Leiter einer Betreuungsstelle für KZ-Häftlinge tätig sei. Allerdings nahm Holm an, Raphaelson sei in Remscheid in dieser Funktion tätig. In einem Brief an den ehemaligen Mithäftling Pavel Weis berichtete Holm am 7. März 1946 über seine Erkenntnisse und Nachforschungen: Als er Mitte September erfahren habe, dass „unser so viel geliebter Rafaelsohn in irgendeinem kleinen Ort im Rheinland"[460] als Leiter einer Betreuungsstelle arbeite, habe er sogleich die dortige Militärpolizei angeschrieben. Mitte September 1945 müssen den Behörden der britischen Besatzungszone also erste Hinweise auf Raphaelsons Tätigkeit als Kapo vorgelegen haben.

Wie detailliert Holms Angaben zu Raphaelson waren, geht aus dem Schreiben an Weis nicht hervor. Er habe Weis den Durchschlag des Briefs an die Militärpolizei geschickt, könne aber seine eigene Kopie nicht mehr finden, schrieb er an Weis. Zu diesem Zeitpunkt war bereits Bewegung in die Sache gekommen. Am selben Tag nämlich hatte Holm eine Mitteilung der Vereinigung ehemaliger politischer Konzentrationäre und politisch Inhaftierter in Düsseldorf erhalten:

„Uns kam erst heute Ihr Bericht vom 12. 9. 1945 über R. zur Kenntnis. In M.Gladbach, nicht aber in Remscheid, ist ein Herr P. Raphaelson Leiter der Betreuungsstelle. Dieser war in Theresienstadt und ähnliche Klagen wurden bereits aus M. Gladbach gemeldet. Wir haben diese Angelegenheit dem Sonderdezernat bei der Düsseldorfer Regierung gemeldet. In aller Kürze dürfte Klarheit geschaffen sein. Für Ihren wertvollen Bericht sagen wir Ihnen verbindlichen Dank."[461]

Holm bat Weis, weitere Mithäftlinge zu verständigen und sie aufzufordern, Berichte über „Raffkes" Verhalten als Lagerleiter zu schicken, damit er sie weiterleiten könne. Dazu sollte Weis allerdings nur „die intelligenteren" ermuntern und nicht die, „die sowieso etwas auf dem Kerbholz haben". Das habe er einem ehemaligen Mithäftling in Wien geschrieben, in der Hoffnung, auch von dort „einen Bericht mit Unterschriften zu bekommen", teilte Holm dem Prager Freund mit.

Doch nicht nur Holm und Weis befassten sich mit dem Fall Raphaelson. Laut Holms Brief vom 7. März wusste die Vereinigung der Konzentrationäre zu diesem Zeitpunkt, dass auch in Mönchengladbach Klagen über den Rückkehrer aus Theresienstadt laut geworden seien. Darauf deutet auch ein DIN A5 großes Schriftstück in Raphaelsons Prozessakte hin, das leider undatiert ist und keinen Adressaten enthält. Auf der Rückseite des Zettels hieß es lediglich: „Schriftliche Anfragen, Beweisanträge sowie Belastungen werden gebeten an: Wilhelm Grouls Sachbearbeiter Herzogenrath Rhnld. Bahnhofstr. 7 zu senden". Grouls war höchstwahrscheinlich auch der Autor des auf der Vorderseite des Zettels getippten Berichts „Betr.: Paul Rapfaelsohn München-Gladbach Ferdinandstr. 7 ehemals Hundertschaftsführer im Ghetto Theresienstadt 1942". Wer auch immer der unmittelbare Adressat war: Der letzte Satz des Textes sagte klar, an wen er sich richtete: „Die Betreuungsstellen sowie jüdische Komitees werden gebeten sich dieses Falls anzunehmen und zu einer restlosen Aufklärung beizutragen".[462]

Bei Grouls waren offenbar Informationen von ehemaligen Häftlingen aus Deutschland eingegangen. Dass der Herzogenrather eingeschaltet wurde, war angesichts seiner Biographie kein Wunder. Als ehemaliges KPD-Mitglied war der 45-Jährige selbst in Buchenwald, Ravensbrück und Auschwitz inhaftiert gewesen. Vor 1933 hatte er „als einer der führenden Sozialisten im Raum Herzogenrath-Kohlscheid" gegolten.[463] Nach Kriegsende interessierten sich die Amerikaner für Grouls, als sie im Raum Aachen die politischen Ansichten deutscher Arbeiter erkunden wollten. Grouls gehörte zu sieben Deutschen, die von einem Psychological Warfare Combat Team befragt wurden. Der Herzogenrather lebte mit seiner Familie in der Wohnung eines geflohenen Gestapo-Beamten. „Hier, von Dokumenten umgeben, ist Grouls eifrig dabei, die örtlichen Faschisten festzunageln", beschrieben die Amerikaner ihren Gesprächspartner, sichtlich beeindruckt von dessen Auftreten und Erscheinungsbild: „blond, blauäugig, wettergegerbt: ein echter Kämpfer".[464] Grouls machte in seiner Befragung keinen

Hehl daraus, dass er mit dem Counter Intelligence Corps und der Militärverwaltung zusammenarbeite und seine Kenntnisse über die lokalen Verhältnisse zur Verfügung stelle. Dies sei für ihn die wirkungsvollste Methode, die „Überreste des Faschismus" in seiner Heimatstadt zu beseitigen.

Seine Kontakte im Kampf gegen ehemalige Nazis und politisch Belastete reichten aber offenbar weit über Herzogenrath hinaus. Der Bericht, der vermutlich vom „Sachbearbeiter" für den Fall Raphaelson selbst geschrieben wurde, nannte Zeugen aus Mönchengladbach, Wuppertal und Essen, die gegen Raphaelson aussagen könnten:

„Oben genannter Raphaelsohn war im Lager Theresienstadt von 1942 bis vor der Befreiung durch die Alliierten als ausführendes Organ der SS tätig. Er wird belastet von ehemaligen Lagerinsassen, sich der SS in jeder Weise zur Verfügung gestellt zu haben. Obiger äusserte sich bei der Unterhaltung dem Sinne nach folgendermassen: ‚Ich habe fest mitgeprügelt, denn das war Selbsterhaltungstrieb.' Durch mehrere Mithäftlinge werden R. allerlei schwere und schwerste Vergehen vorgeworfen. Durch seine jetzige Tätigkeit als Betreuungsstellenleiter, Ratsherr und Mitglied des Kreisausschusses wird er trotz schwerster Beschuldigung unangreifbar, es sei denn, dass von einer übergeordneten Stelle, unten genannte Zeugen vernommen werden und R. gezwungen wird, ausserhalb seines jetzigen Wirkungskreises auszusagen. R. ist sehr wendig und geschäftstüchtig und skrupellos. I. Belastungszeuge: Frau König, München-Gladbach, Beethovenstr. u. II. Belastungszeuge Frau Trude Krüppke, Wuppertal-Barmen, Rudolfstr. 150, III. Belastungszeuge Professor Dr. Klee, Wuppertal-Elberfeld, Krankenanstalt Asselbergstr.,

IV. Belastungszeuge Frau Heinrich Düster Essen in Fa. Goldtschmidt A.G.

Ein Teil oben genannter Zeugen haben den sog. Lagercomplex, dass Lagerprominente auch in der Freiheit noch die Macht haben, Unbeliebte verschwinden zu lassen. Es wird schwer sein, die Zeugen durch eine Amtsstelle in München-Gladbach vernehmen zu lassen, weil R. alle Macht besitzt und von der Mil. Reg. gestützt wird, natürlich nur so lange, bis die Mil. Reg. konkrete Beweisstücke zur Hand hat."[465]

Da Grouls Raphaelsons politische Ämter aufzählte, muss das undatierte Schreiben zwischen Januar und Mitte April 1946 entstanden sein.

Bei dem von Grouls erwähnten Professor Klee handelte es sich wohl um Philipp Klee, der bereits vor dem Krieg an der Elberfelder Klinik praktiziert und ein Kapitel Medizingeschichte mitgeschrieben hatte. Klee war mit dem Medizin-Nobelpreisträger Gerhard Domagk befreundet und der erste, der Sulfonamid an Patienten einsetzte, nachdem Domagk die antibakterielle Wirkung dieses Stoffs entdeckt hatte. Als Zeuge gegen Raphaelson kam jedoch weniger Klee in Betracht, sondern seine Frau Flora Klee-Palyi, eine aus Ungarn stammende Jüdin, die im November 1944 nach Theresienstadt deportiert worden war. Sie überlebte bis zur Befreiung des Ghettos und konnte mit einer Gruppe Zigeuner fliehen.[466] Die an erster Stelle genannte Belastungszeugin Frau König in Mönchengladbach könnte jene „Frau Koenigs" gewesen sein, die Hans Jonas am 20. Oktober 1945 im Brief an seine Cousine erwähnte. Allerdings, so hieß es darin, sei Koenigs wie zwei weitere Juden „versteckt gewesen"[467] – also nicht nach Theresienstadt deportiert worden.

Ob die als mögliche Zeugen aufgeführten ehemaligen Häftlinge wirklich von der Militärbehörde vernommen wurden, ist unklar. Jedenfalls ließ sie ihren eben noch protegierten Ratsherrn fallen. Mit seiner Verhaftung am 18. April 1946 begann für den 39-Jährigen eine Odyssee durch britische Haftanstalten und Internierungslager, in denen er gemeinsam mit anderen als hochrangige Nazis und Kriegsverbrecher verdächtigten Personen einsaß. Die ersten Tage in Haft verbrachte Raphaelson im Mönchengladbacher Polizeigefängnis. Von dort wurde er zunächst ins Kempener Gefängnis verlegt, dann weiter in das Civil Internment Camp Nummer 4 (4 C.I.C.) in Recklinghausen und am 22. Juli ins 7 C.I.C.[468] Senne bei Stukenbrock. In diesem ehemaligen deutschen Lager für Kriegsgefangene blieb Raphaelson zwei Wochen. Am 4. August 1946 schickten ihn die Briten ins Internierungscamp Neuengamme (6 C.I.C.).

Das vor den Toren Hamburgs liegende ehemalige Konzentrationslager hatten die Briten im Juni 1945 in ein Camp verwandelt, in dem SS-Angehörige, später auch hohe NS-Funktionäre und mutmaßliche Kriegsverbrecher interniert waren. Prominentester Häftling war der Großindustrielle Friedrich Flick, der 1947 im Rahmen der Nürnberger Prozesse zu einer Haftstrafe verurteilt wurde. Wenige Wochen bevor Paul Raphaelson in Neuengamme eintraf, hatten sich die Briten mit den tschechoslowakischen Behörden verständigt, alle von der ČSR gesuchten Kriegsverbrecher in diesem Lager zu sammeln. Von Neuengamme aus sollten auszuliefernde Häftlinge in Begleitung einer tschechoslowakischen Eskorte mit einem Zug nach Prag gebracht werden.[469]

Auf die Briten machte Raphaelson offenbar zunächst einen ziemlich vorteilhaften Eindruck. Ein Sergeant, der den Mönchengladbacher am 19. August zu den Anschuldigungen verhörte, nahm nicht nur zu Protokoll, dass der Verdächtige die Anschuldigungen als gemeine

Denunziation bezeichnet habe. Nach dem Gespräch kam der Sergeant zu folgender Einschätzung:

„Ich glaube nicht, dass dieser Mann ein Kriegsverbrecher ist. Er stand natürlich unter Druck und sein Leben war in Gefahr, war er doch selbst ein Jude. Als Leiter eines Straflagers musste er sicherlich mit einigen schlechten Kerlen fertigwerden. Diese versuchen jetzt offenbar, sich zu rächen. Es sollten Nachforschungen zu den Charakteren angestellt werden, die diese Anschuldigungen machen. Der Beschuldigte hat Zeugen benannt, die sein korrektes Verhalten bestätigen können. Frühe Freilassung empfohlen."[470]

In die Empfehlung, Raphaelson bald zu entlassen, floss nicht nur die Überlegung ein, dass Raphaelson als Jude und Häftling selbst bedroht gewesen war und unter Druck gestanden hatte. Der Sergeant glaubte offenbar auch Raphaelsons Beschreibung der Arbeitskommandos als Straflager, in dem er sich als Lagerleiter gegen einige „sehr schlechte Typen" habe durchsetzen müssen. Diese, so hatte Raphaelson seinem Gegenüber zu verstehen gegeben, wollten sich mit ihren Anschuldigungen offenbar rächen:

„Ich scheine das Opfer einer sehr gemeinen und bösen Denunziation zu sein. Ich war einer derjenigen, die in Theresienstadt am meisten geschlagen wurden, und wann immer jemand etwas falsch machte, wurde ich als Lagerleiter geschlagen. Ich muss erwähnen, dass Denunziationen eine alltägliche Erscheinung im Lager waren, weil jeder versuchte, sein Schicksal zu verbessern. Ich wurde für alles verantwortlich gemacht und im November 1944 gegen meinen Willen zum Lagerleiter ernannt. Unser Lager war ein Straflager und einige Internierte waren sehr üble Typen. Ich musste für Disziplin sorgen und das ist offenbar der Vorwurf gegen mich.

XIII. Raphaelson 1945–1946:
Im Visier der Ermittler und in Haft

Ich bestrafte einige Männer, weil sie ihren Kameraden Brot gestohlen und es der SS verkauft hatten."[471]

Vermutlich war das Verhör um einiges länger, als es diese wenigen Zeilen auf dem Vernehmungsbogen vermuten lassen. Wie detailliert die Anschuldigungen waren, von denen der Sergeant wusste, bleibt unklar. Daher ist auch nicht präzise einzuschätzen, wie sehr er sich von Raphaelsons Darstellung hatte beeindrucken lassen. Um Genauigkeit, etwa bei einer Unterscheidung zwischen dem Ghetto Theresienstadt und Raphaelsons „Straflager", hatte sich der Sergeant offenbar nicht sonderlich bemüht. Fraglich ist auch, was er über das Ghetto Theresienstadt und das Arbeitskommando überhaupt wusste – und ob er mithin kompetent war, ein solches Verhör zu führen.

Unklar ist, ob der Sergeant einen Bericht Heinz Holms kannte, den die amerikanischen Zensurbehörden den Briten Ende Juni 1946 zugespielt hatten und der die Vorwürfe gegen Raphaelson untermauerte. Holm hatte den Bericht am 2. Mai von Nürnberg an einen ehemaligen Mithäftling in Wien geschickt. Die Zensurbehörde in München hatte ihn abgefangen.[472] Der „Bericht über die Tätigkeit des Herrn Paul Raphaelson z. Z. Leiter der politischen Fürsorgestelle für die Opfer des Naziterrors" wurde womöglich verfasst, damit er von diversen ermittelnden Stellen genutzt werden konnte. „Im Namen von 250 Leidensgenossen" fasste er die wesentlichen Beschuldigungen gegen Raphaelson zusammen:

„Paul Raphaelson wurde vom Lagerleiter SS Obersturmführer Stuschka von der Aussenarbeitsgruppe ‚Barackenbau Wulkow' bei Berlin zum Aufsichtsführenden der ganzen Gruppe ernannt. Die Gruppe war vom Konzentrationslager Theresienstadt abgestellt. R. war ungefähr 8 Monate in dieser Eigenschaft tätig. Er hatte während dieser Zeit, ausser der allgemeinen Aufsicht, auch die Proviantur und Küche zu leiten. Durch Denunziationen bei der SS hatte er seine Stellung soweit gefestigt, dass jede Beschwerde gegen ihn für den Beschwerdeführer die schlimmsten Folgen gezeigt hat. R. hat einen grossen Teil der für die Lagerinsassen bestimmten Lebensmittel unterschlagen und für eigene Zwecke verwendet. Er ist sogar so weit gegangen, seine Mitgefangenen, die ihm nicht willfährig waren, zu misshandeln und des Öfteren Einzelnen oder der ganzen Mannschaft das Essen zu verweigern. Es besteht der dringende Verdacht, dass er an dem Tod von ca. 50 Kameraden beiderlei Geschlechts mindestens mitverantwortlich ist. Die Empörung gegen ihn war so gross, dass er von der Selbstverwaltung des Ghettos Theresienstadt nach unserer Rückkehr in Schutzhaft genommen werden musste. Nach Befreiung durch die Russen konnte er durch die Mithilfe eines Gefangenenaufsehers aus dem K.Z.-Lager entfliehen. R. hat sich demnach schwer gegen seine eigenen Schicksalsgenossen vergangen und ist m. E. nicht würdig, zu irgendeiner Zeit oder an irgendeiner Stelle einen bevorzugten Posten einzunehmen. Der grösste Teil meiner Kameraden ist tschechoslowakischer Staatsangehörigkeit, von zweien sind mir die Adressen bekannt."[473]

Holm führte die Anschriften der Ex-Häftlinge Ruzicka Mirer und Pavel Weis an, und fügte hinzu: „Falls nähere Angaben über die hier nicht genannten Schandtaten gewünscht werden, bin ich als auch meine beiden Kameraden bereit diese zu geben."[474]

Pavel Weis, Heinz Holms Kontakt in Prag, war ebenfalls nicht untätig gewesen. Im Juni 1946 hatte er in den tschechischen Tageszeitungen *Svobodné Noviny* und *Práce* einen Aufruf veröffentlicht, auf den hin sich ehemalige Häftlinge bei ihm melden und Berichte über Paul Raphaelson schicken sollten.[475] Am 12. Juni hatte er die Staatssicherheitsbehörde in Prag über den Fall informiert. Da unter Raphaelsons Opfern zahlreiche Tschechen waren, ließ die Tschechische Kommission für die Untersuchung von Kriegsverbrechen nach Raphaelson fahnden. Das Ergebnis: Am 18. September 1946 schickte sie der Tschechischen Mission bei der Britischen Armee in Bad Salzuflen einen „Wanted Report" über Raphaelson:[476] Als Kapo der Internierungslager Wulkow und Schnarchenreuth sei dieser verantwortlich für die Misshandlung von Gefangenen und für den Tod vieler tschechischer Häftlinge.[477]

Kaum war der „Wanted Report" eingetroffen, wurde Raphaelson am 20. September erneut verhört. Dieses Mal von einem Mann, der Genaueres über die Vorwürfe gegen den Gesuchten wusste: Captain P. L. Horecky, Angehöriger der Tschechischen Mission in Bad Salzuflen, war nach Neuengamme gekommen, um Raphaelson zu vernehmen. Horecky kannte den abgefangenen Bericht Holms. Das Verhör am 20. September begann um elf Uhr und dauerte 50 Minuten. Horecky konfrontierte Raphaelson mit konkreten Vorwürfen – die der Beschuldigte bestritt: Er habe weder in Theresienstadt noch in Wulkow Mithäftlingen Lebensmittel vorenthalten, beteuerte Raphaelson. Auch habe er keine Spitzeldienste für die SS geleistet und seine Mithäftlinge nicht geprügelt. Wahrscheinlich auf Nachfragen Horeckys räumte er schließlich ein, Mitgefangene öfter geschlagen zu haben. Dies sei aber nur „mit der flachen Hand" und „ausschließlich auf Befehl des Obersturmführers und im Falle von Kameradschaftsdiebstahl" geschehen.[478]

Raphaelson musste klar sein, dass die tschechoslowakischen Behörden eine Reihe von ehemaligen Mithäftlingen als Zeugen aufbieten konnten und dass eine Auslieferung für ihn womöglich gefährlicher würde als eine Verhandlung seines Falls in der britischen Besatzungszone. Doch auch gegen seine Internierung durch die Briten protestierte er. Das bezeugte später Lubomir Hanák, ein Tscheche, der zur selben Zeit wie Raphaelson in Neuengamme interniert war, weil die Tschechoslowakei ihn verdächtigte, Kontakte zu Gestapo und SD unterhalten zu haben.[479] Den Briten habe Raphaelson während der Haft allerlei Schwierigkeiten gemacht, so Hanák. Raphaelson habe einen Hungerstreik begonnen und sei nach einigen Tagen zwangsweise ernährt worden. Überdies habe er nach einem Rabbiner verlangt und durchgesetzt, dass er koschere Mahlzeiten bekam.[480]

Daheim in Mönchengladbach mühte sich derweil Raphaelsons früherer Arbeitgeber Isidor Fürst um eine Freilassung. Am 2. Oktober bat er den Kommandanten im Hauptquartier der Britischen Rheinarmee, Raphaelson gegen eine Kaution wenigstens vorübergehend auf freien Fuß zu setzen. Fürst brachte nicht nur das Verschwinden der 70.000 RM aus dem Vermögen Viola Dörflers vor. Er nahm auch Raphaelsons Argumentation auf, bei dem Fall handele es sich um eine Verschwörung:

„Ich glaube umso mehr auf Erfüllung meiner Bitte rechnen zu dürfen, als ich selbst Jude bin und daher diejenigen Menschen, welche seine Auslieferung nach Prag betreiben, vielleicht besser kenne, und ihre Beweggründe besser durchschaue, als jeder andere Aussenstehende. Sollte nach dieser Richtung nähere Auskunft gewünscht werden, so stehe ich zu einem mündlichen Vortrag unter Vorlage von Belegen zur Verfügung."[481]

Fürst hatte keinen Erfolg. Am 2. Oktober entschied die War Crimes Abteilung der Rheinarmee, es gebe keine Bedenken, Raphaelson an die ČSR auszuliefern.[482] Der

Vollzug verzögerte sich noch eine Weile, sodass Raphaelson eine letzte Gnadenfrist in britischer Gefangenschaft erhielt. Beim Kommandanten des Internierungslagers ging ein weiteres Bittgesuch ein:

„Sehr geehrter Herr Kommandant! Das Weihnachtsfest naht heran und komme ich mit einer sehr großen Bitte zu Ihnen. Im Mai des vorigen Jahres kehrte mein Vater ‚Paul Raphaelson‘ nach drei Jahren aus dem Konzentrationslager zurück. Meine Freude war sehr groß, denn nach dem Tode meiner Mutter 1938, wo ich fünf Jahre alt war, kannte mein Vater nichts, als die Sorge um mich. Meine Großmutter führte uns den Haushalt, aber da mein Vater ständig von der Gestapo gehetzt und verfolgt wurde, konnte es zu keinem Familienleben kommen. Nach den Erzählungen meiner Tanten wurde mein Vater schon seit 1934 immer verfolgt. Ich kann mir nicht denken, daß mein Vater etwas so Schlimmes getan haben könnte, daß er so lange von mir getrennt sein muß. Auch kann ich nicht begreifen, daß diejenigen, die Schuld daran sind, daß mein Vater 1942 verschleppt wurde, noch frei hier in M. Gladbach sind. Die sind doch die Urheber von allem Unglück. So richte ich denn an Sie, Herr Kommandant, die inständige Bitte, für meinen Vater ein gutes Wort einzulegen, daß er Weihnachten mit seinem Kinde feiern kann. Ich habe ja keine Mutter mehr und mein liebster Weihnachtswunsch ist, das Fest mit meinem Vater zusammen zu feiern.“[483]

Absenderin dieses in kindlicher, um größte Akkuratesse bemühter Handschrift verfassten Briefs war seine 13-jährige Tochter. Doch auch ihre Bitte änderte den Lauf der Dinge nicht. Am 13. Dezember wurde der Gefangene Nr. 411922, Paul Raphaelson, den Tschechen überstellt. Vier Tage später traf er in Prag ein.

XIV. Raphaelson 1946–1947:
Auf dem Weg zum Galgen

Mitte Dezember 1947 kauerten etwa 60 Männer in einer Zelle des Prager Polizeipräsidiums an der Bartholomäusgasse. Unter den Häftlingen befand sich ein in der NS-Zeit mit mehreren Literaturpreisen ausgezeichneter Schriftsteller: Wilhelm Pleyer, ein Sudetendeutscher, der schon in jungen Jahren als NS-Sympathisant aufgefallen war.[484] Im Winter 1947 saß Pleyer in der „Ctyrka", wie das Präsidium wegen seiner Hausnummer vier auf Tschechisch genannt wurde, und fürchtete, von einem Volksgericht zum Tod durch den Strang verurteilt zu werden. Im Unklaren über sein weiteres Schicksal, sammelte der 44-Jährige unfreiwillig Eindrücke für ein Buch, in dem er später seine Haftzeit schilderte. Die Zelle, die sich Pleyer mit 60 Männern teilte, war alles andere als bequem:

„(...) eine große Zelle zu ebener Erde, die Zelle ganz hinten am Lichtschacht, der aber im Winter kein Licht gibt, so dass der Raum künstlich erhellt werden muß. Es ist eine Beleuchtung für Grottenolme. Aber hier liest man ja nicht. Diese Zelle mit Stockwerkpritschen ist ein fürchterlicher Pferch. (...) Es ist kalt, draußen liegt nasser Nebel, treibt der Schneeregen der Moldauniederung. (...) Für das Nachtlager bestehen die verschiedensten

Möglichkeiten: auf der unteren Pritsche, im Stockwerk, auf dem Fußboden, auf Bänken und Hockern."[485]

Noch unangenehmer wurden für Pleyer die Tage im „Pferch", als mit einer Gruppe Deutscher aus dem Lager Neuengamme ein neuer Zellengenosse eintraf: Paul Raphaelson.

Die Neuzugänge zwangen die Männer, noch enger zusammenzurücken. Nun seien es „fünfundsiebzig Mann in einer Zelle, die für ein Halbdutzend gedacht ist", monierte der Schriftsteller. Während ihm die Gesellschaft von Gestapo-Mitarbeitern oder des ehemaligen Prager SD-Abschnittsleiters Walter Jacobi nicht sonderlich unangenehm zu sein schien, gingen ihm zwei Häftlinge besonders auf die Nerven. Mit einem hatte sich Pleyer die Zelle schon etwas länger teilen müssen. „Er gibt an, Ritterkreuzträger zu sein und weiß Gott was noch, und schimpft nur. Er ist immer auf Händel aus", klagte Pleyer. Doch in einem Punkt war er sich mit dem angeblichen Ritterkreuzträger einig: „Meinen Beifall hat er nur, als er den aus Neuengamme gekommenen Raffaelsohn eine Gestapohure nennt."[486] Paul Raphaelson war Pleyer zuwider:

„Eigentlich müsste dieser massige, ringkämpferhafte Halbjude, der wie sechs Volljuden aussieht, seinem Beleidiger an die Gurgel springen; aber er springt nimmer. Er dürfte als Kapo Juden mißhandelt oder denunziert oder auch beides getan haben. Aus irgendwelchen Gründen hält er es für zweckmäßig, kein Jude zu sein. Er führt Schädelmessungen an sich vor, die dartun sollen, daß der ehemalige Kapo Raffaelsohn kein Jude ist. Nu wenn schon!"[487]

Ob der Neuankömmling in der Ctyrka seine jüdische Herkunft tatsächlich so vehement bestritt und sogar Schädelmessungen vorführte, ist unbekannt. In seinen

Verhören und später in der Gerichtsverhandlung hat Raphaelson jedenfalls nie geleugnet, Jude zu sein. Im Gegenteil: In seinem für das Gericht verfassten Lebenslauf behauptete er nicht nur, wegen seiner „politischen Einstellung" von den Nazis verfolgt und deportiert worden zu sein, sondern auch, weil er Jude sei. Dies zu betonen, musste eigentlich auch in seinem Interesse liegen. Denn umso glaubhafter konnte er versuchen, als NS-Opfer betrachtet zu werden. Gab er sich in der Ctyrka tatsächlich als Halb- oder Nichtjude aus, dann vielleicht, weil er es wegen der Mithäftlinge aus Gestapo und SD für klüger hielt.

In dieser Gesellschaft verbrachte Raphaelson mehrere Wochen. Denn die tschechoslowakischen Ermittler ließen Weihnachten und Neujahr verstreichen, bis sie sich im Januar 1947 seines Falls annahmen. Doch auch außerhalb der Gefängniszelle durfte Raphaelson nicht auf große Sympathien hoffen. Wer sich in den Augen der Tschechen in der Zeit des NS-Regimes schuldig gemacht hatte, war weithin verhasst. Und unter diesem Generalverdacht standen alle Deutschen. Der Hass auf tatsächliche – und mitunter wohl auch nur mutmaßliche – Kollaborateure hatte sich vor allem in den ersten Nachkriegsmonaten ungezügelt entfalten können. Nachdem die Rote Armee am 9. Mai Prag erreicht hatte, herrschte zumindest in den Provinzen noch wochenlang Anarchie. Historiker schätzen, dass zwischen 19.000 und 30.000 Deutsche Racheakten zum Opfer fielen.[488] Die Regierung tolerierte diese Zustände zunächst, da sie die ohnehin geplante Vertreibung der Deutschen aus dem Land beschleunigten. Schon aus dem Londoner Exil hatte sie den Tag der Abrechnung beschworen. So hatte der spätere Justizminister Prokop Drtina seinen Landsleuten in einer Radioansprache versichert, nicht nur Faschisten, sondern auch Mitläufer und Verräter würden eines Tages bestraft. Zudem hatte Präsident Eduard Beneš angekündigt, Vergeltung werde kommen, und sie werde „furchtbar" sein.[489] Nachdem sich die unkontrollierte Vergeltung, die „wilde Retribution", hatte austoben dürfen, versuchte die Regierung, die Repressalien mit einer Reihe von Dekreten in geordnete Bahnen zu lenken. Tschechoslowaken deutscher Herkunft wurde das Staatsbürgerrecht entzogen, Deutsche und Sudetendeutsche wurden enteignet und fast drei Millionen von ihnen vertrieben.

Entscheidend für Raphaelsons Schicksal wurde das am 19. Juni 1945 erlassene „Große Retributionsdekret" über die „Bestrafung von NS-Verbrechern, Verrätern, sowie deren Helfer und über die Außerordentlichen Volksgerichte". Dieses Dekret regelte Zusammensetzung und Verfahrensordnung solcher neu einzurichtenden Tribunale und legte fest, welche Vergehen von diesen zu behandeln und mit welchen Strafen zu ahnden seien – von langjähriger und lebenslanger Haft bis hin zur Todesstrafe. Die meisten gravierenden Verbrechen, die auf der Grundlage des Dekrets verfolgt wurden – Misshandlungen, Körperverletzungen, Mord – hätten auch auf Grundlage des normalen Strafgesetzes abgeurteilt werden können. Doch nach dem außerordentlichen Schrecken und den Ausnahmebedingungen während der deutschen Besatzung wollte die Regierung auch Taten verfolgt sehen, die mit traditionellen strafrechtlichen Bestimmungen schwerer zu fassen waren: Unterstützung des Faschismus beispielsweise, Untergrabung des tschechischen Nationalbewusstseins und Denunziationen.

24 Volksgerichte wurden aufgrund des Retributionsdekrets eingerichtet. Vor allem die Tribunale in Prag,

Brno (Brünn) und Litoměřice (Leitmeritz) verhandelten einige spektakuläre Fälle. Der Volksgerichtshof Litoměřice beispielsweise verurteilte die ehemaligen SS-Kommandanten des Theresienstädter Ghettos und der Kleinen Festung Anton Burger, Karl Rahm und Heinrich Jöckel zum Tode.[490] Berufsrichter waren allein die Vorsitzenden. Ihnen standen jeweils vier „Richter aus dem Volk" zur Seite. Ehemalige Lagerinsassen und Widerständler dazu heranzuziehen, war ausdrücklich erwünscht.[491] Die juristische Bildung der Laienrichter ließ nach Ansicht einiger Berufsjuristen mitunter zu wünschen übrig. So attestierten drei Gerichtsvorsitzende im Mai 1947 in einem Bericht manchen Volksrichtern „ungenügende Intelligenz" und mangelndes geistiges Vermögen, kompliziertere Fälle zu verstehen. Zudem seien etliche durch ihre politische Meinung und durch die öffentliche Meinung beeinflusst.[492] Paragraph 25 des Retributionsdekrets verlangte, dass sich Verhandlungen an den Prinzipien des Kriegsrechts orientieren sollten. Ein Prozess gegen einen einzelnen Angeklagten sollte innerhalb von drei Tagen abgeschlossen sein. Andernfalls musste er an ein ordentliches Gericht abgegeben werden. Gegen Urteile des Volksgerichts war keine Berufung zulässig. Todesurteile mussten binnen zweier Stunden nach dem Urteilsspruch vollstreckt werden.[493]

Einen Anwalt gestand aber auch das Retributionsdekret den Angeklagten zu. In welchem Maß sich Raphaelsons Pflichtverteidiger Dr. Zdenek Donát seines Falles annahm, geht aus der Gerichtsakte nicht hervor. Für seinen Mandanten waren gleich mehrere Bestimmungen des Dekrets lebensbedrohlich: Mit fünf bis 20 Jahren Haft, in schweren Fällen sogar mit dem Tod sollte bestraft werden, wer „die faschistische oder nationalsozialistische Bewegung propagiert oder unterstützt" hatte.

Wer auf irgendeine Weise den Tod, eine „schwere körperliche Schädigung" oder die Deportation eines Bürgers der tschechischen Republik zu verantworten hatte,
für den forderte das Dekret ebenfalls die Todesstrafe.
Diese sollte auch Denunziationen ahnden, die zum Tod
eines tschechischen Bürgers geführt hatten. Selbst für
den Fall, dass die Denunziation für den Angezeigten
keine Folgen gehabt hatte, war eine Mindeststrafe von
fünf Jahren vorgeschrieben.[494]

Zunächst gaben die Ermittler Paul Raphaelson Gelegenheit, seine Sicht der Ereignisse in Wulkow darzule-
gen. Der Beschuldigte verfasste einen auf den 17. Januar
datierten Lebenslauf.[495] Darin betonte er, gegen seinen
Willen zum Lagerleiter in Wulkow gemacht worden,
vom Kommandanten Stuschka „körperlich gezüchtigt"
und für Verstöße der Häftlinge gegen die Lagerdisziplin
verantwortlich gemacht worden zu sein. Strafen habe er
nur auf Befehl erteilt:

„In dieser Funktion (Lagerleiter, Anm. d. Verf.) habe
ich in Ausübung des mir zugebilligten Strafrechts sowie
auf ausdrücklichen Befehl des Lagerkommandanten Lagerinsassen in Fällen von Kameradschaftsdiebstahl und
sonstigen schweren Vergehen gegen die Lagerdisziplin
teils durch Essenentzug – Entzug einer Mahlzeit – zum
anderen Teil durch Ohrfeigen gemaßregelt".[496]

Dass solche „Maßregelungen" des Öfteren nötig gewesen seien, sollte wohl folgende Bemerkung verständlich machen:

„Hier muss bemerkt werden, dass die Lagerinsassen
sich zu einem grossen Teil aus kriminellen und arbeits-
unwilligen Elementen, darunter auch solche, die sich
ehemals als Konfidenten und sogenannte ‚Judenpolizei'
den deutschen Behörden zur Verfügung gestellt hatten,
zusammensetzten."[497]

Wie heikel dieser Satz war, scheint Raphaelson nicht bewusst gewesen zu sein. Dass er sich im Grunde die Perspektive des NS-Regimes zu eigen machte, wenn er den Angehörigen eines aus Ghetto-Häftlingen zusammengestellten „Strafarbeitstransportes" mangelnden Fleiß attestierte, ging ihm offenbar nicht auf. Als „Strafarbeitstransport" hatte er das Kommando Wulkow wenige Zeilen zuvor selbst bezeichnet. Ebenso wenig scheint Raphaelson bemerkt zu haben, dass er sich auch mit der Bezeichnung „kriminelle" Elemente auf dünnes Eis wagte. Kriminell nach wessen und welchen Maßstäben? Nach denen der SS jedenfalls war Raphaelson selbst ein Krimineller, hatte er doch in Kamyk Weißkohl gestohlen und war deshalb, so reklamierte er selbst, zur „Strafarbeit" nach Wulkow eingeteilt worden.

Am selben Tag, an dem Raphaelson seinen „Lebenslauf" unterzeichnete, nahmen die Ermittler die Aussage von Lubomir Hanák, dem Mitgefangenen in Neuengamme, zu Protokoll. Der mutmaßliche Kontaktmann von SD und Gestapo erklärte nun, da auch er an die Tschechoslowakei ausgeliefert worden war, er habe im Auftrag eines britischen Majors Erkundigungen über Raphaelson eingezogen und deshalb mit SS-Angehörigen über dessen Zeit in einem „Arbeitskommando in der Gegend von Berlin" gesprochen. Seine Nachforschungen hätten ergeben:

„Raphaelson war mit der Leitung der Arbeitskolonne beauftragt und später wegen seiner Zuverlässigkeit Lagerkapo. Als solcher war er bekannt für seine Rücksichtslosigkeit gegenüber den jüdischen Mithäftlingen. Die SS-Leitung hielt Raphaelson für einen brutalen Mann, der blind Befehle ausführte, zum Nutzen der Lagerleitung."[498]

Noch schwerer belasteten Raphaelson die Ex-Häftlinge Ervin Pick und Pavel Weis, die am 18. und 20. Januar von den Ermittlern geladen waren. Sie beschuldigten Raphaelson nicht nur, den Gefangenen die Essensrationen gekürzt und sie geschlagen zu haben. Sie machten ihn zudem für die Deportation von Häftlingen in Konzentrationslager verantwortlich. Laut Pick hatte Raphaelson drei Häftlinge wegen Tauschhandels bei Stuschka denunziert, sodass dieser sie in ein Lager schickte. Um welches Lager es sich handelte, konnte Pick nicht sagen. Dafür aber gab er zu Protokoll:

„Raphaelson, ein Reichsdeutscher, hasste die Tschechen. Aus eigener Initiative schlug er SS-Obersturmführer Stuschka etwa 40 Personen tschechischer Nationalität vor, die in ein Konzentrationslager gebracht wurden, wo die meisten von ihnen starben. Dieser Aktion war vorausgegangen, dass drei Häftlinge aus dem Lager geflohen waren."[499]

Nur einen Tag nach seiner Anhörung ergänzte Weis seine Aussage auf eine Weise, die Raphaelson eine Verteidigungslinie versperren sollte:

„Ich füge hinzu, dass der Beschuldigte Raphaelson die meisten seiner Handlungen aus eigenem Willen ausgeführt hat, ohne dass ihn jemand dazu gezwungen hatte. Es ist zwar möglich, dass Raphaelson manchmal auf Befehl gehandelt hat, aber auch dann hat er mehr getan, als befohlen war, entweder, weil er pervers war oder um den Deutschen zu gefallen."[500]

Derart munitioniert, nahmen die Ermittler Raphaelson am 25. Januar noch einmal ins Verhör. Der Beschuldigte wies Weis' und Picks Aussagen in allen Punkten zurück. „Ich weiß nicht, warum ich die Tschechen hassen sollte, ob Tschechen, Österreicher oder Reichsdeutsche – wir waren alle Juden und gleichermaßen betroffen", beteuerte er und erklärte erneut, Häftlinge „niemals ohne Grund" und nur bei Diebstählen und

„kriminellen Taten" geohrfeigt zu haben. Zwar habe er den aus Theresienstadt kommenden Proviant verwaltet, aber es habe einen Essensplan gegeben, der für zwei Wochen galt und festlegte, was die Häftlinge bekommen sollten. Bei Kritik an den ihnen ausgeteilten Rationen hätten sich die Gefangenen beschweren können. Dass kranken Häftlingen die Rationen gekürzt wurden, habe ausschließlich Stuschka angeordnet.

Nachdrücklich bestritt Raphaelson auch den besonders heiklen Vorwurf, für die Deportation von Häftlingen verantwortlich zu sein: „Ich erkläre, dass ich Stuschka niemals Menschen für einen Transport in ein Konzentrationslager vorgeschlagen habe." Die drei Häftlinge, von denen Pick gesprochen hatte und die Raphaelson bei Stuschka denunziert haben sollte, hätten zu einer Gruppe von etwa 30 Männern gehört und auf dem Bahnhof Trebnitz Waggons be- und entladen, erzählte Raphaelson. Die Gruppe sei praktisch ohne Aufsicht gewesen, da die SS-Mannschaft sie nur zum Bahnhof begleitet und der als Bewachung zurückgelassene SS-Mann in einer Kneipe gesessen habe. Diese Gelegenheit hätten Männer der Gruppe genutzt, mit Bahnarbeitern – meist Tschechen, aber auch Angehörigen anderer Nationen – Tauschhandel zu treiben. Aufgeflogen sei dies, als Stuschka eines Tages in die Lagerküche gekommen sei und einen jüdischen Koch beim Rauchen ertappt habe. Stuschka habe den Koch daraufhin verhört und so von dem Tauschhandel am Bahnhof erfahren. Stuschka habe daher die Häftlinge durchsuchen lassen und bei einigen Zigaretten gefunden. Als Hauptschuldige seien der Tscheche František Hamáček, Kurt Deutsch und Artur Zeichner ermittelt und etwa zwei Tage in einer der Baracken eingesperrt worden. Anschließend habe sie ein SS-Oberscharführer namens Glaser aus dem

Lager abgeführt. Wohin, so Raphaelson, habe er nicht gewusst.[501]

Raphaelson nannte den Ermittlern die Namen von 19 Zeugen, die über sein Verhalten in Wulkow Auskunft geben könnten. Alle seien tschechischer Herkunft, die Adressen könne wahrscheinlich die Jüdische Gemeinde in Prag vermitteln. Auch Pavel Weis hatte Namen genannt – allerdings von 18 Belastungszeugen, die gegen Raphaelson aussagen könnten. Die Ermittler erkundigten sich auch bei der Jüdischen Gemeinde Prag, die wenig später 23 mögliche Zeugen benannte.[502] Am 27. Januar glaubten die Ermittler, genug belastendes Material beisammen zu haben, und stellten Strafanzeige. Damit wurde der Beschuldigte ein Fall für den Außerordentlichen Volksgerichtshof. Ein letztes Mal wechselte Raphaelson die Haftanstalt: Der mutmaßliche Kriegsverbrecher wurde in das Gefängnis Pankrác verlegt. Die Ende des 19. Jahrhunderts gebaute Haftanstalt war nur wenige Jahre zuvor von der Gestapo als Untersuchungsgefängnis für das gesamte „Protektorat Böhmen und Mähren" genutzt worden. Eine freundlichere Umgebung als die Ctyrka war Pankrác gewiss nicht. Wilhelm Pleyer, der vor Raphaelson dort inhaftiert gewesen war, schilderte seine Ankunft so:

„Wir haben einen weiten Weg über Stiegen, durch halbdunkle Gänge, über Stiegen, durch Gitter, vorbei an eisernen Türen. Wir halten auf einem Rundgang in Stockwerkhöhe; der Hof, vielmehr die Halle, das Gebäudeinnere ist überdacht, jedes Stockwerk ist überdies durch ein starkes Drahtnetz gesichert, so daß niemand hinunterspringen und keiner heruntergeworfen werden kann. (...) Die Zelle hat ein Bettgestell und drei Strohsäcke nebst einigen schlechten Decken. Das Bettgestell kann nur zur Aufbewahrung dieser Dinge benutzt werden; sollen die Strohsäcke aufgelegt in der engen Zelle Platz haben, so muß das Gestell zusammengeklappt und an die Wand geschlossen werden. An der Wand gegenüber ist ein Doppelbrett, das die Eßschalen und den Wasserkrug aufnimmt; an der unteren Leiste sind die Haken für Kleider und Handtücher. In der Ecke ein Spülabort."[503]

Pleyer schätzte, dass im Sommer 1946 etwa 4.000 bis 5.000 Häftlinge in Pankrác einsaßen[504], darunter etwa 3.000 Deutsche. Morgens um sechs Uhr wurden die Insassen geweckt, nach der Reinigung der Zellen erhielten sie einen Viertelliter Ersatzkaffee und 200 Gramm Brot. Wenn es nicht regnete oder schneite, durften die Häftlinge vormittags 20 Minuten im Hof spazieren. Alle zwei oder drei Wochen durften die Gefangenen sonntags duschen. Nach einem Mittag- und einem Abendessen, die – wie Pleyer klagte – karg ausfielen, wurde um 18.30 Uhr das Licht in den Zellen gelöscht. „Spät abends und nachts streifen drunten im Hof die scharfen Hunde. Bei den ‚Unterirdischen', die ihre Fenster fast ebenerdig haben, ist meist einer, der hinaufsteigt und sie reizt. Dann gellt ein wütiges Gebelfer." [505]

Dass die Situation für ihn lebensbedrohlich war, dürfte Paul Raphaelson nur allzu bewusst gewesen sein. Hinter dem Gefängniskrankenhaus stand ein Galgen. Etliche Exekutionen fanden vor Publikum statt. Pleyer entrüstete sich darüber, dass Eintrittskarten dazu vergeben worden seien wie für eine Kinovorstellung. Nachdem im Sommer 1945 der ehemalige Prager Vize-Bürgermeister, Professor Josef Pfitzner, vor großem Publikum und auch vor den Augen von Kindern hingerichtet worden war, durften Hinrichtungen nur noch auf geschlossenen Plätzen vollzogen werden. Zuschauer mussten Eintrittskarten beantragen, Minderjährige durften keine erhalten.[506]

XIV. Raphaelson 1946–1947:
Auf dem Weg zum Galgen   273

Raphaelson hat in seiner neuen Zelle anscheinend fieberhaft darüber nachgedacht, wer ihn entlasten könnte. Als er am 4. Februar vor dem Untersuchungsrichter stand, war ihm ein weiterer Kandidat eingefallen. Er verlangte, dass ein Ervin Smerdy gehört werde. Doch das beeindruckte die Justiz wenig. Die Schlinge um Raphaelsons Hals zog sich immer weiter zu. Immer mehr Zeugen wurden gehört, immer mehr ehemalige Häftlinge belasteten den Beschuldigten.[507] Was die Ermittler im Laufe des Februar und März an Aussagen sammelten, reichte Staatsanwalt Dr. Jaroslav Drábek aus, am 5. April die Eröffnung des Strafverfahrens zu beantragen. Die Anklage legte Raphaelson Verstöße gegen die Paragraphen 3.1 und 7.3 des Retributionsdekrets zur Last. Damit war endgültig klar: Es ging um Kopf und Kragen. Sollte Raphaelson nach Paragraph 3 der Unterstützung des NS-Regimes für schuldig befunden werden, drohten ihm mindestens fünf Jahre Haft. Würde er nach Paragraph 7.3 für Tod, Deportation oder schwere Verletzung eines Bewohners der Tschechoslowakischen Republik verurteilt, bedeutete das seinen Tod.

Gewiss war es eine bange Nacht, die am Morgen des 30. Aprils hinter Paul Raphaelson lag. Sofern man ihn nicht schon früher in eine Zelle im Gerichtsgebäude an der Spalená-Straße verlegt hatte, wird Raphaelson in den Morgenstunden dieses Mittwochs den etwa fünf Kilometer langen Weg von Pankrác zum Gerichtsgebäude in einem Wagen zurückgelegt haben. Um halb neun Uhr trat er dort vor seine Richter. Vorsitzender der Verhandlung war Dr. Jan Zahradnik, neben ihm saßen die vier Volksrichter – drei Männer und eine Frau. Als Dolmetscher war der Prager Anwalt Dr. Lankas verpflichtet, als medizinischer Sachverständiger Dr.

Josef Teplý geladen, der ein Gutachten zu den Verletzungen angefertigt hatte, von denen ehemalige Wulkower Häftlinge berichtet hatten. Die Anklage vertrat ein Dr. Fischer.

Vor allen Zeugen kam der Angeklagte zu Wort. Wie das Gericht seine Fragen formulierte, überliefert das Protokoll nicht. Offenbar lautete die erste Frage, ob sich Raphaelson schuldig bekenne, denn seine Aussage begann mit dem Satz: „Ich fühle mich nicht schuldig."[508] Anscheinend wurden Raphaelson anschließend Fragen zu den Vorwürfen gestellt, die während der Ermittlungen zusammengetragen worden waren. Seine Aussagen mussten den Zuhörern ein erschreckendes Bild liefern: Sie sahen und hörten einen Mann, der über schwere Misshandlungen von Häftlingen berichtete, ein ums andere Mal einräumte, dabei gewesen zu sein – und zugleich immer wieder darauf verwies, er habe sich allenfalls zu Ohrfeigen hinreißen lassen und fast alle Handlungen auf Befehl des SS-Lagerkommandanten Stuschka ausgeführt. „Nicht ich habe die Gefangenen tyrannisiert, das hat Stuschka getan", lautete Raphaelsons wichtigste Verteidigung.[509]

Doch kaum hatte Raphaelson diesen Satz ausgesprochen, sprach das Gericht den Fall des misshandelten Häftlings Jiří Lederer an. Raphaelson erklärte, dieser als Schreiner eingesetzte Häftling habe heimlich Bretter verkauft. Und:

„Als in der Sache ermittelt wurde, kam man darauf, dass es ein Schreiner mit Brille war; und weil als einziger in dieser Arbeitsgruppe Lederer eine trug, wurde er in meinem Beisein zu Stuschka zum Verhör einbestellt und er schwor beim Leben seines arischen Vaters, nicht der Täter zu sein. Daraufhin schlug Stuschka ihn mit der Eisenstange einer Fahrradsperre, die er im Stiefel trug und mit der er üblicherweise zuschlug. Unterdessen meldete sich ein anderer Gefangener und bekannte sich der Tat schuldig; und Stuschka befahl mir, Lederer weiter zu schlagen. Dem bin ich gefolgt, weil ich sonst selbst geschlagen worden wäre. Ich schlug Lederer mit der flachen Hand, wohl so lange, wie es Stuschka befahl oder solange er dabeistand. Ich habe ihm vielleicht zehn Ohrfeigen gegeben. Ich bestreite, dass ich ihn eine Stunde lang geschlagen habe bis er ohnmächtig wurde."[510]

Und so ging es weiter: Der Häftling Engelstein? „Ingenieur Engelstein wurde auch von mir geschlagen. Ich habe ihm fünf Ohrfeigen in Gegenwart des Kommandanten gegeben, der ihn auch geschlagen hat, aber viel öfter als ich. Er hatte es mir befohlen." Häftling Fischer? „Fischer konnte sich nicht an Ordnung gewöhnen, deshalb bekam er eine Ohrfeige." Häftling Feigl? „Feigl habe ich nie geschlagen, und ich habe ihm auch nicht die Zähne ausgeschlagen?" Häftling Mareš? „Mareš kenne ich nicht." Häftling Růžička? „Růžička hat ein paar Ohrfeigen bekommen, weil er etwas mit einem SS-Mann ausgehandelt hatte, obwohl er wusste, dass er damit das ganze Lager in Gefahr brachte. Da habe ich ihn ohne Anweisung geschlagen, ihm Ohrfeigen gegeben." Häftling Moskovič? „Moskovič habe ich nicht geschlagen, der wurde die ganze Zeit von Stuschka geschlagen. Ich bestreite, dass ich jemanden mit einer Stange oder einem anderen Instrument geschlagen habe und dass ich ohne Befehl geschlagen habe. Ich habe niemanden getreten und niemanden verletzt."[511]

Ausführlich äußerte sich Raphaelson zum Vorwurf, er habe den Häftling Karel Rutar mitten im Winter mit kaltem Wasser übergossen und in der Kälte frieren lassen:

„Ich habe Rutar nicht mit Wasser übergossen, das hat der Kommandant getan. Die Sache mit Rutar war so: Eines Abends nach der Arbeit rief der Kommandant an, dass in einer Baracke ein Dachfenster offen steht. Und er ordnete an, dass alle Insassen aufstehen. Während der Untersuchung sah er, dass dort eine Axt zum Holz hacken lag. Alle mussten im Nachthemd antreten und Stuschka hat gefragt, wer die Axt vergessen habe. Jiří Lederer hat sich gemeldet, er habe die Axt auf Anweisung Rutars liegen gelassen, damit man Holz zum Heizen hacken könne. Dann hat Stuschka Rutar befohlen, sich ganz auszuziehen, und hat ihn geprügelt und getreten. Dann hat er mir befohlen, einen Zuber kaltes Wasser zu bringen und begoss ihn damit."[512]

Da sich das Gericht nicht bemühte, zunächst einmal die Verhältnisse im Lager und die Zwangssituation der Häftlinge systematisch aufzuklären, musste eine solche Litanei den Eindruck erwecken, der Angeklagte laviere und leugne verzweifelt eine erdrückende Zahl von Vorwürfen. Und was sollte ein Zuhörer davon halten, wenn Raphaelson behauptete, er habe sich um die von Stuschka misshandelten Häftlinge Rutar und Lederer gekümmert? Rutar, gab der Angeklagte zu Protokoll, habe er gegenüber Stuschka als „unseren besten Arbeiter" gelobt. Mit Erlaubnis des Kommandanten habe er den Begossenen versorgt: „Ich habe ihn in die Baracke zum Schlafen gebracht und mit einem Handtuch abgetrocknet."[513] Auch für Jiří Lederer wollte Raphaelson ein gutes Wort eingelegt haben. Er habe Stuschka gebeten, Lederer aus der Garage freizulassen, in die der Schreiner nach seiner Misshandlung eingesperrt worden war. Außerdem habe er Lederer heimlich Nahrungsmittel zugesteckt. Dieser sei ihm so dankbar gewesen, dass er ihm zu Weihnachten ein aus Holz gefertigtes Geschenk gemacht habe.

Gleich der erste ehemalige Häftling, der in den Zeugenstand trat, zeichnete ein gänzlich anderes Bild des Kapos. Ervin Pick erklärte:

„Ich weiß, dass der Angeklagte Häftlinge auch ohne Befehl Stuschkas gequält hat. So war es auch in meinem Fall. Ich bin einmal, als es Fliegerangriffe gab, auf die Toilette gegangen, und kaum dass ich zurückgekommen war, hat der Angeklagte mich geohrfeigt, obwohl Stuschka nicht anwesend war. Ich habe gehört, dass der Angeklagte verschiedene Häftlinge gequält hat. Ich war dabei, als er Lederer etwa eine Stunde lang geprügelt und geohrfeigt hat, als er im Auftrag Stuschkas eine Untersuchung wegen Zigaretten durchgeführt hatte. Während des Prügelns, das er nur begonnen hatte, damit er ein Geständnis von Lederer bekommt, kam Stuschka dazu, und sie schlugen Lederer gemeinsam. Lederer hatte von dem Schlagen eine völlig angeschwollene Wange. Nachdem er ihn geschlagen hatte, hat der Angeklagte, obwohl es Winter war, Lederer nackt, nur mit einem Hemd bekleidet, so dass dieser nichts hatte, in das er sich hüllen konnte, in eine Garage gesperrt. Und dort war er 12 bis 18 Stunden. Ob Raphaelson das aus eigener Initiative tat, weiß ich nicht."[514]

Jiří Lederer, der den Fall am besten hätte schildern können, wurde nicht in den Zeugenstand gerufen. Dabei hatte er am 28. Februar 1947 gegenüber den Ermittlern bestätigt, er sei abwechselnd von Raphaelson und Stuschka, meist aber von Raphaelson, etwa eine Stunde lang mit einem Stock geschlagen und dann mit kahl geschorenem Kopf zwei Tage lange nackt in eine Garage gesperrt worden.[515] Diese Aussage wurde später, vor Schluss der Beweisaufnahme, im Gerichtssaal zwar verlesen. Da das Opfer aber nicht persönlich vor den Richtern aussagte, konnte Raphaelsons Darstellung, er habe Lederer Nahrungsmittel zugesteckt, nicht überprüft werden.

Es traten jedoch weitere Zeugen auf, die schilderten, wie sie selbst von Raphaelson geschlagen worden waren. Richard Feigl erklärte, Weihnachten 1944 habe ihm der Angeklagte zwei Zähne ausgeschlagen – möglicherweise weil Raphaelson gehört hatte, dass Feigl mit einem Häftling Tschechisch gesprochen habe. Petr Bondy berichtete, Raphaelson habe in der Regel die Häftlinge, die bei Stuschka in Ungnade gefallen waren, mit der Hand geschlagen. Häftlinge, die von Stuschka nicht geprügelt wurden, habe auch Raphaelson nicht geprügelt – dazu sei er zu feige gewesen. Einmal sei er selbst von Raphaelson so schwer ins Gesicht geschlagen worden, dass er anschließend nicht mehr habe sehen können. Ein anderes Mal habe der Angeklagte Bondy, nachdem Stuschka diesen geprügelt hatte und die Haare hatte scheren lassen, die warme Kleidung abgenommen. Bondy habe in Unterwäsche arbeiten müssen – zur Winterszeit.

Dass Raphaelson Feigl womöglich prügelte, weil dieser Tschechisch gesprochen hatte, erscheint vielleicht nebensächlich. Doch in der damaligen Situation enthielt Feigls Angabe einen weiteren schwerwiegenden Vorwurf. Da für einen Kapo, der kein Tschechisch sprach, aber die Kontrolle über die Häftlinge behalten wollte, ein solches Sprach-Verbot Sinn machte, ergänzte die Anschuldigung das Bild des herrschsüchtigen SS-Handlangers. Noch gravierender: Paragraph 3 des Retributionsdekrets hatte die Unterdrückung des nationalen Bewusstseins der Tschechoslowaken zu einem Straftatbestand gemacht. Das Sprachverbot konnte leicht als ein solcher bewertet werden, denn es beleidigte den Nationalstolz der Tschechoslowaken und ließ Raphaelson als einen Verächter dieses Volks erscheinen.

XIV. Raphaelson 1946–1947:
Auf dem Weg zum Galgen

Auch in diesem Punkt hatte Raphaelson zu Beginn der Verhandlung allerdings seine Unschuld beteuert: „Als Stuschka verbot, Tschechisch zu sprechen, hatte ich keine Funktion im Lager."[516]

Erschwerend kam hinzu, dass sowohl Pick als auch Bondy aussagten, Raphaelson habe Häftlinge, die trotz des Verbots Tschechisch sprachen, verprügelt oder ihnen Essensrationen vorenthalten. Pick und Feigl lieferten obendrein hässliche Details. Häftlinge, die Raphaelson mit Essensentzug bestraft hatte, habe er vor der Küche zusehen lassen, wie die übrigen Häftlinge Essen bekamen, erklärte Pick. Selbst Kranken habe der Kapo aus eigener Initiative Mahlzeiten entzogen. Am ersten Tag hätten Kranke gar kein Essen erhalten, danach nur die halbe Ration. Feigl berichtete, Raphaelson habe einmal bei der Essensausgabe geprahlt, wie gut er bereits gespeist habe. Als Feigl antwortete, wie gut ihm schon eine Kartoffel täte, habe Raphaelson ihm ein ganzes Weißbrot gegeben, das Feigl binnen 20 Minuten zu drei Vierteln aß. Dann habe ihm Raphaelson den Rest abgenommen ihn verprügelt. Auch angesichts solcher Anschuldigungen blieb Raphaelson bei seiner Verteidigungsstrategie: „Stuschka hat angeordnet, dass Häftlingen zur Strafe Essen abgenommen wurde und das Essen vor der Küche aufgeteilt wurden, aber mir ist es gelungen, ihnen heimlich etwas Essen zuzuschieben."[517]

Der schwerwiegendste Vorwurf blieb jedoch, Raphaelson habe durch Denunziation bei Stuschka den Tod von Mithäftlingen verschuldet und selbst dafür gesorgt, dass Gefangene in Konzentrationslager deportiert wurden. Ervin Pick berichtete über den Vorfall mit Hamáček, Zeichner und Deutsch, die bei Arbeiten auf dem Bahnhof in Wulkow Tauschhandel getrieben hatten. Raphaelson habe dies Stuschka gemeldet, darauf seien die drei in Konzentrationslager geschickt worden,[518] wo Deutsch ums Leben gekommen sei. Im Herbst 1944, so Pick, seien drei Häftlingstransporte abgeschickt worden. Raphaelson habe auszuwählen gehabt, wer auf Transport ging. Die Hälfte der Deportierten seien Tschechen gewesen. Einen Namen wusste Pick zu nennen: Moskovič. Raphaelson habe diesen Mann gehasst und genau gewusst, dass die Transporte den Tod bedeuteten. Das unterstrichen weitere Zeugen. Bondy beispielsweise gab zu Protokoll:

„Meiner Meinung nach konnte der Angeklagte bestimmen, wer jeden Monat in die Zehnergruppe kam und aus dem Lager gebracht wurde. Ich bin überzeugt, dass der Angeklagte verschiedene Leute bestimmt hat, denn vor jedem Transport verbrachte er längere Zeit in Stuschkas Büro und nach Gespräch Stuschkas mit dem Angeklagten brach das Unheil über uns herein. Abtransportiert wurden meist Tschechen oder Leute, die der Angeklagte nicht leiden konnte." [519]

Raphaelson, so Bondy weiter, habe auch Moskovič nicht leiden können, und er habe dafür gesorgt, dass dieser Stuschka auffalle. Am 5. Mai 1945 sei Moskovič in der Kleinen Festung in Theresienstadt erschossen worden.[520]

Wie Bondy machten auch die Zeugen František Lukavský und Richard Feigl den Angeklagten für Moskovičs Tod verantwortlich. Der aus München stammende Zeuge Hugo Fischer ging zwar auf diesen Fall nicht ein, aber auch er erklärte, dass zu den Deportationen Häftlinge eingeteilt worden seien, die Raphaelson missliebig waren. Alle diese Zeugen konnten jedoch lediglich aussagen, sie glaubten, dass Raphaelson an der Auswahl der zu deportierenden Häftlinge beteiligt gewesen sei. Dabei gewesen war keiner von ihnen. Allein der ehemalige Häftling Otakar Růžička wollte mit eigenen Ohren gehört haben, dass Raphaelson Stuschka Gefangene zur Deportation vorschlug:

„Ich selbst habe gehört, dass einzelne Namen für die Zehnergruppen fielen, als der Angeklagte mit Stuschka durchs Lager ging und sie darüber sprachen. Der Angeklagte hat für die Zehnergruppe Einstein vorgeschlagen, der Deutscher war. Die in die Straf-Zehnergruppen kamen, waren unbequeme Häftlinge, und ich kann bestätigen, das Moskovič auf Vorschlag des Angeklagten in die Zehnergruppe kam. Der Angeklagte tat alles freiwillig."[521]

Raphaelson bestritt all das nachdrücklich. Im Lager habe die von Stuschka aufgestellte Regel gegolten: Für einen entflohenen Häftling sollten zehn andere zur Strafe deportiert werden, erklärte er. Diese Häftlinge habe aber Stuschka ausgewählt.

Dass Raphaelson als Lagerleiter Stuschka viele Vorkommnisse im Lager verschwieg, erscheint wenig glaubwürdig. Zumal er den Richtern erklärte, es habe andere Leute im Lager gegeben, die Stuschka alles zutrugen, sodass dieser über die Vorgänge im Lager stets informiert gewesen sei. Ehrlicher war er wohl gegenüber den Briten in Neuengamme gewesen. Dort hatte Raphaelson zu seiner Verteidigung erklärt: „Ich muss erwähnen, dass Denunziationen eine alltägliche Erscheinung im Lager waren, weil jeder versuchte, sein Schicksal zu verbessern."[522] Selbst gegenüber den tschechoslowakischen Ermittlern hatte er am 25. Januar eingeräumt, einmal eine inhaftierte Frau, die 14 Mark besessen habe, der SS gemeldet zu haben. Die Frau sei aber nicht bestraft worden, er habe nur notwendige Fälle gemeldet. Welche Meldungen er für notwendig hielt und welche nicht, legte er nicht genauer dar.

Vielmehr beharrte Raphaelson konsequent darauf, selbst Opfer einer gemeinen Denunziation und Verschwörung ehemaliger Mithäftlinge zu sein. Das hatte er schon im August 1946 den Briten in Neuengamme erklärt. Als ihn einen Monat später die tschechoslowakischen Ermittler dort besuchten, hatte er geklagt, seine Mithäftlinge hätten ihn gehasst. Im Lebenslauf vom Januar 1947 stellte er fest: „Am 18. 4. 1946 wurde ich infolge Denunzierung ehemaliger Lagerinsassen des Lagers Wulkow verhaftet." Vor Gericht verwies er zum Beweis auf die Prügel, die er nach der Rückkehr aus Schnarchenreuth in Theresienstadt von Mitgliedern des Arbeitskommandos bezogen hatte.

Otakar Růžička war der letzte im Reigen der sieben ehemaligen Häftlinge, die in der Verhandlung gegen Raphaelson persönlich als Zeugen auftraten. Lediglich der Auftritt des medizinischen Sachverständigen Dr. Josef Teplý hatte für ein kurzes Intermezzo gesorgt. Der Arzt hatte auf ein schriftliches Gutachten verwiesen, in dem er die Verletzungen, von denen die ehemaligen Häftlinge berichteten, als schwere Körperverletzung bewertete. Als Růžičkas Vernehmung abgeschlossen war, wurde mehr als ein Dutzend weiterer Zeugenaussagen verlesen. Der Staatsanwalt erweiterte seine Anklage daraufhin um den Vorwurf, Raphaelson habe Verbrechen gegen Personen nach dem Strafgesetzbuch begangen.

Dann griff Raphaelsons Anwalt ein – der Niederschrift zufolge zum ersten Mal während der Verhandlung. Er verlangte, weitere Zeugen zu hören: einen Autohändler namens Jindrich Korn, dessen Adresse mithilfe der Jüdischen Gemeinde ausfindig zu machen sei, und Ingenieur Kosiner. Dieser war bereits zur Verhandlung vorgeladen, hatte jedoch zwei Tage vorher dem Gericht mitgeteilt, er sei wegen dringender Angelegenheiten leider verhindert. Wäre das Gericht dem Antrag des Anwalts gefolgt, hätte Raphaelson durch die Suche nach den Zeugen ein wenig Zeit gewonnen. Vielleicht hatte er sich von einem Auftritt Kosiners ursprünglich sogar noch mehr erhofft. Denn schon bei seiner Vernehmung am 25. Januar hatte er erklärt, Kosiner könne Zeugnis über sein Benehmen ablegen. Zu Beginn der Gerichtsverhandlung hatte er behauptet, Kosiner habe einen Dankesbrief gelesen, den Raphaelson von der jüdischen Ghettoleitung für seine Arbeit bekommen haben wollte.

Dass der von ihm als Entlastungszeuge benannte Ingenieur längst mit den Ermittlern gesprochen hatte, erfuhr Raphaelson offenbar erst, als die Aussage Kosiners gegen Ende der Verhandlung verlesen wurde. Was der Ingenieur zu Protokoll gegeben hatte, war jedoch alles andere als entlastend. Raphaelson habe sich in die Gunst Stuschkas gearbeitet und sich sehr bemüht, dessen Befehle auszuführen, berichtete Kosiner. Er habe damit geprahlt, seine Kinder seien in der Hitlerjugend, und Fotos der Kinder in HJ-Uniformen gezeigt. Zwar konnte Kosiner nicht bezeugen, dass Raphaelson unmittelbar den Tod eines Häftlings verursacht habe. Aber auch der vermeintliche Entlastungszeuge vermutete, Raphaelson habe den Häftlingen Lebensmittelrationen gekürzt und sich selbst umso kräftiger bedient. Auch nahm Kosiner an, dass Raphaelson Häftlinge für die zu deportierenden Zehnergruppen vorgeschlagen hatte.

Dementsprechend war es wohl kein schwerer Schlag für die Verteidigung, dass der Antrag, Kosiner vor Gericht zu hören, abgelehnt wurde. Nach dem Zeugen Jindrich Korn mochte das Gericht ebenso wenig suchen, wie sich die Ermittler um jenen Ervin Smerdy bemüht hatten, dessen Anhörung Raphaelson am 4. Februar vor dem Untersuchungsrichter verlangt hatte.[523] Der Vorsitzende Jan Zahradnik war der Meinung, genug gehört zu haben, und schloss die Beweiserhebung ab. Plädoyers gab es offenbar nicht. Der Staatsanwalt befand Raphaelson für schuldig, Verteidiger Donát forderte einen Freispruch oder eine milde Strafe. Die vier Richter zogen sich zur Beratung zurück.

Dass er nichts Gutes zu erwarten hatte, dürfte Raphaelson klar gewesen sein, als die Richter den Saal verließen. Sämtliche Zeugen hatten ihn schwer belastet. Seine Forderung, weitere Zeugen anzuhören, war als unnötig zurückgewiesen worden. Und in der Tat erschien der Fall den Richtern eindeutig. „Nach reiflicher Erwägung aller Beweise schenkte das Gericht allen Zeugenaussagen Glauben, da diese sich gegenseitig stützen und ergänzen, sodass das Gericht an ihrer Glaubwürdigkeit nicht den geringsten Zweifel hat", lautete ihr einstimmiges Urteil.[524] Sie befanden Raphaelson in fast allen Punkten für schuldig. Er habe das NS-Regime unterstützt und sei daher nach Paragraph 3 des Retributionsdekrets zu bestrafen. Ferner habe er durch die brutale Misshandlung von Häftlingen gegen Paragraph 5 des Dekrets verstoßen und schließlich im Interesse Deutschlands und in Zusammenarbeit mit Stuschka den Tod mehrerer tschechoslowakischer Staatsangehöriger verursacht. Raphaelson habe Stuschka nicht nur Häftlinge zur Deportation vorgeschlagen. Er habe auch gewusst, dass Häftlinge, die er Stuschka anzeigte, zunächst in einem Bunker auf dem Lagergelände interniert und dann an einen Ort deportiert wurden, an dem sie zugrunde gehen würden. Mithin war Raphaelson auch nach Paragraph 7.3 des Dekrets schuldig. Demnach kam nur ein Strafmaß in Frage: der Tod.[525]

Es war 16.30 Uhr, als die Verhandlung geschlossen und Paul Raphaelson abgeführt wurde. Viel Zeit, sich zu besinnen und sich auf seinen Tod vorzubereiten, hatte er nicht. Das Urteil sollte um 18.30 Uhr auf dem Hof des Gefängnisses in Pankrác vollstreckt werden. Kaum war das Urteil gesprochen, stellte Verteidiger Zdeněk Donát ein Gnadengesuch. Dieses ist höchst bemerkenswert, denn es war – zumindest nach Aktenlage – der einzige wirklich nennenswerte Versuch des Anwalts, Paul Raphaelson zu verteidigen. Erst jetzt argumentierte Donát, Raphaelson habe als Lagerhäftling unter erheblichem psychischem Druck gestanden. Und erst jetzt betonte er, als Jude sei sein Mandant auch selbst ein Verfolgter und Opfer des NS-Regimes.

„Der Angeklagte wurde wegen seiner Herkunft rassisch verfolgt und deshalb in Theresienstadt und anderen Konzentrationslagern inhaftiert, in denen er Straftaten beging. Der Verurteilte handelte aus begründeter Furcht vor dem deutschen Kommandanten und stand unter einem Zwang, dem er sich kaum widersetzen konnte, und war in einem psychopathischen Zustand, so dass seine Handlungen nicht als bewusst in böser Absicht betrachtet werden können. Der Angeklagte war bis dahin unbescholten, er hat die Tat gestanden und hat teils die Hilfe der Mitinsassen gesucht. Wegen dieser Umstände wäre die Todesstrafe für den Verurteilten eine unverhältnismäßig schwere im Sinne § 29 des Retributionsdekrets. Aus diesen Gründen bitten wir, dem Wunsch des Sträflings entsprechend vom Begnadigungsrecht Gebrauch zu machen."[526]

Allzu große Hoffnungen dürfte sich Donát freilich nicht gemacht haben. Paragraph 29 des Dekrets erlaubte zwar, ein Todesurteil in eine mindestens 20-jährige Freiheitsstrafe umzuwandeln. Allerdings schränkte er dies auf bestimmte Fälle ein: wenn nur drei der vier Richter für einen Schuldspruch plädiert hatten, wenn der Angeklagte seine Handlung nachweislich begangen hatte, um dem Wohl der Tschechoslowakei zu dienen, und wenn er später Außerordentliches zur Befreiung vom Besatzungsregime geleistet hatte. Nichts davon traf auf Paul Raphaelson zu. Das Gericht unterrichtete das Justizministerium per Telefon über das Gnadengesuch und empfahl zugleich seine Ablehnung. Der Angeklagte und seine Straftaten seien von einer solchen Natur, dass er keine Gnade verdiene. Das Ministerium schloss sich um 17.30 Uhr dieser Empfehlung an.

Zu diesem Zeitpunkt saß Raphaelson womöglich schon in einem Auto, das ihn nach Pankrác brachte, wo der Henker Tomáš Stejskal auf ihn wartete. Wie Raphaelson seine letzte Stunde verbrachte, ist nicht zu sagen. Überliefert ist lediglich, dass er kurz vor der Hinrichtung zwei Wünsche äußerte: Er wolle auf dem jüdischen Friedhof in Prag begraben werden, und seine silberne Armbanduhr solle Viola Dörfler in Mönchengladbach erhalten. Die Richter, der Staatsanwalt, Verteidiger Donát, der Gefängnisdirektor, einige Wachtmeister und der Rabbiner Vojtěch Gottschal waren Zeugen, als Paul Raphaelson auf den Gefängnishof geführt wurde. Um 18.40 Uhr legte Stejskal ihm die Schlinge um den Hals. Sieben Minuten später stellte der Arzt Oldřich Navara Raphaelsons Tod fest.[527] 60 Kilometer entfernt, in Litoměřice, gab es am selben Tag eine weitere Hinrichtung. SS-Hauptscharführer Karl Rahm, vom 8. Februar 1944 bis 5. Mai 1945 Kommandant des Ghettos Theresienstadt, war vom Außerordentlichen Volksgericht der Bezirksstadt zur gleichen Strafe verurteilt worden wie der jüdische Kapo Paul Raphaelson. Auch Rahms Leben endete am 30. April am Galgen.

Raphaelsons Leichnam wurde am Morgen des 2. Mai auf dem jüdischen Friedhof im Prager Stadtteil Žižkov bestattet. An seinem Grab stand nur eine Handvoll Menschen. Die Behörden hatten strenge Auflagen erteilt. Musik durfte nicht erklingen, die Beerdigung musste in aller Stille und im engsten Kreis erfolgen. Höchstens zehn Personen waren zugelassen, die Namen der Teilnehmer mussten vorher gemeldet werden. Zu den wenigen Zeugen gehörte Polizei-Oberwachtmeister Jan Kříž, der darüber wachen sollte, dass die Auflagen von Rabbiner Gottschal und den übrigen Teilnehmern der Beerdigung eingehalten wurden. Außer Kříž und Gottschal waren noch vier Männer anwesend: der Friedhofsverwalter Jelínek Otta, die Totengräber Jaroslav Krčka und Emil Perl sowie Hugo Fischer, ein ehemaliger Mithäftling. Zwei Tage zuvor hatte er im Prozess gegen Raphaelson ausgesagt.

XV. Raphaelson und Jonas nach 1947: Ein anonymes Grab und eine Heimkehr

Paul Raphaelson war bereits seit zweieinhalb Jahren auf dem jüdischen Friedhof in Prag begraben, als ein Mitarbeiter des Mönchengladbacher Einwohnermeldeamtes in der Heimatstadt einen amtlichen Schlussstrich unter das Leben des Gehenkten zog. „Ist im März oder April in Prag CSR gehängt worden", notierte der Beamte in der linken Ecke der Meldekarte – gleich unter der Zeile, in der Jahrzehnte zuvor ein Kollege Louis Raphaelson als Vater des Paul Alexander Raphaelson eingetragen hatte. Die späte Nachricht von der Hinrichtung, auch das hielt die letzte Notiz fest, hatte der Verein der Verfolgten des Naziregimes dem Amt am 15. Oktober 1949 mitgeteilt. Raphaelsons Angehörige werden zu diesem Zeitpunkt schon längst vom Tod ihres Verwandten gewusst haben.

Das dürfte auch für Isidor Fürst gelten, der sich nach Raphaelsons Verhaftung für seinen ehemaligen Büromitarbeiter eingesetzt hatte. Dass dieses Engagement der Grund für Turbulenzen in der auf wenige Mitglieder geschrumpften Jüdischen Gemeinde Mönchengladbachs war, lässt sich nur vermuten. Jedenfalls: Noch bevor deren erster Nachkriegsvorsitzender in Prag hingerichtet wurde, hatte die Gemeinde einen neuen Vorsitzenden bekommen. Im Juni 1946, gut anderthalb Monate nach Raphaelsons Verhaftung, erfuhren die Leser des *Jüdischen Gemeindeblattes für die Nord-Rheinprovinz und Westfalen* davon in einer dreizeiligen Notiz in der rechten unteren Ecke des Blatts: „Die neue Anschrift der Gemeinde lautet: Vorstand, I. Fürst, Bismarckstraße 73; Büro: K. Hecht, Kaiserstraße 136".[528]

Lange übte Paul Raphaelsons Rechtsanwalt dieses Amt allerdings nicht aus. Schon in der Septemberausgabe des Blatts war ein kurzer Artikel zu lesen, der auf erhebliche Spannungen innerhalb der Gemeinde hindeutete. Fürst wurde abgesetzt:

„M.-Gladbach. Am Samstag, dem 7. 9. 1946 fand im Landgericht eine Gemeindemitgliederversammlung statt, die vom Vorsitzenden der Gemeinde, Herrn Rechtsanwalt Fürst, eröffnet wurde. In seiner Eröffnungsansprache protestierte der Vorsitzende gegen die gegen seinen Willen einberufene Versammlung, auf deren Tagesordnung die Neuwahl des Vorstandes stand. Er beantragte daher, die Versammlung möge beschließen, die Wahl zu vertagen. Der Vertreter des Landesverbandes unterstützte diesen Antrag und beantragte, eine geheime Wahl darüber stattfinden zu lassen. Der Antrag wurde angenommen und mit allen gegen drei Stimmen beschloß die Versammlung, eine Neuwahl des Vorstandes vorzunehmen, worauf der bisherige Vorsitzende Rechtsanwalt Fürst die Versammlung verließ. Die Neuwahl hatte folgendes Ergebnis: Erster Vorsitzender: Herr Hecht. Zweiter Vorsitzender: Herr Rubstein, Dritter Vorsitzender: Fräulein Lewen."[529]

Ob Fürsts Abwahl mit seinem Eintreten für Raphaelson zu tun hatte, erwähnte die Notiz ebensowenig wie den Fall des inzwischen als mutmaßlicher Kriegsverbrecher internierten ersten Gemeindevorsitzenden nach dem Holocaust.

Paul Raphaelsons Grab existiert noch heute – zumindest in den Aufzeichnungen der Friedhofsverwaltung. Sektor 33, Reihe 2, Nummer 37 wusste der Pförtner des Friedhofes die Koordinaten der Begräbnisstätte nach kurzer Suche im PC mitzuteilen. Dennoch ist das Grab kaum auffindbar. Es liegt am äußersten Ende des weitläufigen Geländes, gleich an der Friedhofsmauer. Viele Gräber dieses Winkels sind ungepflegt, knöcheltief bedeckt Efeu den Boden. Eine Grabplatte oder ein Stein mit dem Namen Raphaelson ist nicht zu entdecken. Die tschechische Republik verwahrt jedoch die Akten des Prozesses vor dem Außerordentlichen Volksgerichtshof in ihrem Nationalarchiv. Ebenfalls erhalten, in einem länglichen Kuvert, das Raphaelsons Unterschrift[530] trägt: der Strick, mit dem er gehenkt wurde.

*

Als Paul Raphaelson im April 1947 hingerichtet wurde, lebten Hans und Lore Jonas in dem Dorf Isawyja in den Hügeln oberhalb Jerusalems. Vom Komfort seines begüterten Elternhauses war auch diese Wohnung des Paares weit entfernt. Es gab weder Strom noch fließendes Wasser. Um duschen zu können, mussten die Jonas eine Handpumpe bedienen, die Wasser aus einer Zisterne schöpfte. Allerdings, befand Jonas später in seinen *Erinnerungen,* sei das von einem Araber vermietete Haus sehr schön gewesen. Bei gutem Wetter konnten die Bewohner sogar bisweilen das etwa 90 Kilometer entfernte Tote Meer sehen.[531]

Doch diese bescheidene Idylle bot dem Paar keine Perspektive. Jonas erhielt zwar hin und wieder Lehraufträge an der Universität Jerusalem und unterrichtete eine Zeit lang beim English Council of Higher Studies in Jerusalem Philosophie und Geschichte. Doch einen seinen Ambitionen entsprechenden Lehrstuhl in Philosophie – und somit eine gesicherte Existenz – bot ihm die Universität nicht. Mithin verfolgte Jonas von Palästina aus hartnäckig seine Ansprüche und die seines Bruders Georg auf Entschädigung für das Vermögen, das seiner Familie während der NS-Herrschaft geraubt worden war. Sein Bevollmächtigter in Deutschland in diesem zähen Ringen war Rechtsanwalt Isidor Fürst.

Zwar hielt Jonas mit Fürst brieflichen Kontakt, doch war es nicht der greise Rechtsanwalt, von dem er über Paul Raphaelsons Schicksal erfuhr, sondern ein Zeitungsbericht. Laut seinen *Erinnerungen* hörte Jonas erst davon, als er, einer Berufung an die McGill University in Montreal folgend, nach Kanada übergesiedelt war, also frühestens im Herbst oder Winter 1949.[532] Doch ein Brief, den Jonas am 9. Juli 1947 in Jerusalem verfasste und an einen Herrn Lamberts in Venlo sandte, beweist: Vom Tod Raphaelsons hatte Jonas schon kurz nach dessen Hinrichtung erfahren. Als Soldat der Jewish Brigade hatte Jonas den Venloer Lamberts 1945 kennengelernt und ihm etwa 30 Bücher anvertraut. In dem Brief bat er ihn, ihm die Bücher zu schicken. Und er kam auf ein Thema zu sprechen, das damals offenbar auch den Niederländer interessiert hatte.

„Erinnern Sie sich noch, dass wir von Paul Raphaelson aus M. Gl. sprachen? Ich erhielt damals in Venlo meine erste Warnung über ihn und hatte schon auf eigene Faust Nachforschungen eingeleitet, die ich wegen meiner Heimreise fallen lassen musste. Nun hat ihn das Schicksal, vermutlich wohlverdient, doch erreicht. Er ist, lt. Zeitungsbericht, in der Czechoslovakei gehängt worden."[533]

1989, als Jonas seine *Erinnerungen* diktierte, fiel sein Urteil wesentlich milder aus. 40 Jahre später bereitete ihm die Vorstellung, er habe mitgeholfen, Raphaelson dem Henker zuzuführen, Unbehagen.

„Es ist unmöglich zu sagen, ob das gerecht oder nicht gerecht war, denn die Kapos haben ja gewissermaßen selbst um ihr eigenes Leben gekämpft, wenn auch unter Opferung des Lebens anderer – Primo Levi hat das in seinem großen Essay *Die Untergegangenen und die Geretteten* schonungslos beschrieben. Da mußte ich wieder an Raffaelson denken. Er hat anscheinend eine solche Rolle gespielt. Ich weiß noch, wie unheimlich mir der Gedanke war, daß ich vielleicht sogar mit zur Verurteilung Raffaelsons beigetragen habe, indem ich das Kommunikationsnetz herzustellen half, das schließlich schwere Beweise gegen ihn zusammentrug."[534]

Als sich Israel am 14. Mai 1948 zu einem souveränen Staat erklärte, reagierten Ägypten, Jordanien, der Libanon, Syrien, der Irak und Saudi-Arabien umgehend mit einer Kriegserklärung. Weil sie sich in dem Dorf vor den Toren Jerusalems nicht mehr sicher fühlten, zogen die Jonas nach Jerusalem um. Auch dort waren sie keineswegs sicher, zumal auch Hans Jonas erneut in einen Krieg ziehen musste und aufgrund seiner Erfahrungen im Weltkrieg als Lehrer an einer Artillerie-Offiziers-Schule Verwendung fand. Lore Jonas war zu diesem Zeitpunkt schwanger. Wie bedrohlich die Lage war, schilderte Jonas am 4. Oktober 1948 seinem Onkel Leo:

„Lore und ich sind unbeschadet durch alle Gefahren des letzten Jahres hindurchgekommen und sehen in etwa 3 Wochen der Geburt unseres ersten Kindes entgegen, mit allem Glück der Vorfreude! Wir haben die schweren Wochen und Monate der Belagerung Jerusalems mitgemacht, abgeschnitten vom übrigen kämpfenden Israel, bei Brot- und Wassermangel, ohne Licht und Brennstoff, während Tag und Nacht die Granaten in die Strassen und Häuser einschlugen, die Opfer fielen, aber die hartnäckige jüdische Verteidigung nicht einen Fussbreit Boden aufgab."[535]

In diesem Brief bekannte sich Jonas als glühender Verfechter der Sache Israels. Diesen „zweiten jüdischen Krieg", wie er ihn in seinem Brief an den Onkel bezeichnete, hielt er zweifellos für gerechtfertigt. Gleichwohl schien ihm die Lage in dem neuen, seit Jugendtagen erhofften Staat der Juden zu prekär, um seiner nunmehr dreiköpfigen Familie eine sichere Zukunft zu bieten. Mithilfe von Bekannten in den USA bemühte er sich um eine Möglichkeit, zumindest zeitweise in den Vereinigten Staaten oder Kanada als Dozent arbeiten zu können. Als ihm eine Stiftung ein mit 5.000 Dollar dotiertes einjähriges Stipendium gewährte, mit dem er an der McGill Universität arbeiten konnte, griff er zu. Eine Nachricht, über die er seinen Onkel mit Freuden informierte:

„Ich habe soeben eine ehrenvolle und sehr gut dotierte akademische Einladung für ein Jahr nach Canada erhalten, und so werden wir denn, wenn erst Geburt und erste Säuglingszeit vorbei sind, also wohl gegen Ende des Winters, in die weite Welt ziehen. Wir freuen uns schon sehr, ich auf eine ungestörte Arbeitsperiode und Lore, die seit 15 Jahren nicht herausgekommen ist, auf ein neues Stück Welt."[536]

Für die Familie sollte es jedoch mehr werden, als eine Reise in ein neues Stück Welt, es wurde eine Reise in eine neue Heimat. Als die Hebräische Universität Jerusalem, auf deren Ruf er früher gehofft hatte, ihm 1952 endlich eine Professur antrug, lehnte Jonas ab. Die Angst, seine 1948 geborene Tochter Ayalah und sein 1951 geborener Sohn Jonathan würden in Israel in ständiger Kriegsgefahr leben müssen, waren wichtige Gründe für diesen Schritt. Seine zionistischen Freunde in Israel empfanden dies als Verrat.

Eine wesentliche Rolle spielte für Jonas' Entscheidung aber auch die erstmals vorhandene Chance, sich auf einem gesicherten akademischen Posten seinen Studien widmen zu können. Denn als er der Jerusalemer Universität absagte, arbeitete Jonas als Associate Professor am Carleton College in Ottawa. In Israel wieder neu anzufangen, schien ihm eine zu große Zumutung – zumal er fürchtete, sein Hebräisch sei zu schlecht, um auf angemessenem Niveau lehren und publizieren zu können. Vielleicht verstanden seine enttäuschten Kritiker in Jerusalem auch nicht, welch große Bedeutung diese Bedenken für Jonas hatten. Der empörte Religionshistoriker Gershom Scholem beispielsweise, der sich für Jonas' Berufung an die Jerusalemer Universität eingesetzt hatte, lehrte dort bereits seit 1933. 1952 war er ein längst etablierter Akademiker in einem Land, in das er bereits 1923 von Deutschland aus eingewandert war. Hans Jonas hingegen hatten Emigration, Kriege und die schwierigen Lebensumstände in Israel sehr lange den Weg versperrt, den er hatte beschreiten wollen, als er 1921 zum Studium der Philosophie nach Freiburg gezogen war. Der nicht zum Unternehmer, sondern zum Geisteswissenschaftler geborene Sohn des Gustav Jonas war 49 Jahre alt, als sich ihm zum ersten Mal der Einstieg in die gesicherte akademische Laufbahn eröffnete, von der er Jahrzehnte lang geträumt hatte und die ihm in Deutschland unmöglich gemacht worden war.

In den USA konnte sich der Einwanderer rasch etablieren. 1955 folgte er einem Ruf an die New School for Social Research, an der er – abgesehen von Gastprofessuren unter anderem an der Princeton University, der

Columbia University und der University of Chicago – bis 1976 unterrichtete. Die Verbindungen nach Deutschland rissen jedoch nicht ab. Bereits 1952, als er einen Philosophie-Kongress in Brüssel besuchte, machte Jonas einen Abstecher nach München. Sieben Jahre später hatte er sich mit dem Land seiner Väter offenbar innerlich so weit versöhnt, dass er 1959 mit seiner inzwischen fünfköpfigen Familie in die bayerische Landeshauptstadt zog und dort ein akademisches Sabbatical verbrachte. In den 1960er und 1970er Jahren kehrte er erneut zu Vorträgen nach Deutschland zurück, 1982/83 übernahm er eine Gastprofessur in München. Sein 1979 erschienenes Werk *Das Prinzip Verantwortung* hatte zu diesem Zeitpunkt über den Kreis der Fachgelehrten hinaus in Deutschland Wirkung gezeigt, sodass ihm in den folgenden Jahren zahlreiche Ehrungen und die Ehrendoktorwürden der Universitäten Berlin und Konstanz zuteil wurden. Wie sehr Jonas mit seinen Überlegungen zu einer Ethik im Zeitalter schier maßloser technischer und medizinischer Innovationen auch außerhalb der Philosophenzunft Anerkennung fand, erwies sich 1987. Jonas wurde mit dem Friedenspreis des deutschen Buchhandels ausgezeichnet – und bedankte sich mit einer Rede über „Technik, Freiheit und Pflicht".

Gänzlich verheilt waren die Wunden, die ihm im nationalsozialistischen Deutschland geschlagen worden waren, jedoch nicht. So wie er sich 1969 zu einem Treffen mit Martin Heidegger durchgerungen hatte, dem einstigen Lehrer seine Nähe zu den Nazis jedoch nie verzeihen konnte, blieb auch sein Verhältnis zu seiner Heimatstadt lange Zeit gestört. „Ihr Plädoyer für unsere Geburtsstadt hat mich gerührt. Ich hege gar keinen Groll, nur ein gewisses Abstandsgefühl", beschrieb Jonas im November 1983 dem Mönchengladbacher Günter Erckens seine

Empfindungen. Und so hat Jonas auch lange überlegt, als ihm die Stadt Mönchengladbach die Ehrenbürgerwürde antrug. „Natürlich waren schmerzliche Gedanken bei dieser Gelegenheit nicht fernzuhalten (eigentlich verschwinden sie nie) und hatten schon beim Wägen des Angebots der Ehre eine Rolle gespielt"[537], bekannte Jonas am 9. Dezember in einem Brief an den nordrhein-westfälischen Ministerpräsidenten Johannes Rau. Und von seinem Zögern berichtete er auch den Zuhörern, als er am 16. November 1989 die Ehrenbürgerschaft seiner Heimatstadt entgegennahm – im „Haus Erholung", dem repräsentativen Bau jener Honoratioren-Gesellschaft „Erholung", der einst Jonas Benjamin Jonas, der Onkel seines Vaters, als einziger Jude angehört hatte.

„Sehr geehrter Herr Oberbürgermeister, liebe Mitbürgerinnen und Mitbürger", hob der nunmehr berühmte Sohn der Stadt an – und machte im nächsten Atemzug sogleich deutlich, dass er trotz dieser versöhnlichen Anrede nicht gewillt war, die Verbrechen und erlittenen Verletzungen zu vergessen oder auch nur zu verschweigen.

„Letztere Anrede hätte ich bis vor wenigen Minuten, oder sagen wir bis vor wenigen Monaten, als der Stadtrat mir das Ehrenbürgerrecht zuerkannte, nicht in Anspruch nehmen können. Denn mein eigenes Bürgerrecht (und sogar Menschenrecht) war mir und den Meinen ja 1933 in aller Form aberkannt worden, und seitdem hatte ich zwar Bekannte und auch einige liebe Freunde, aber keine Mitbürger in Mönchengladbach. Nun soll ich also honoris causa doch wieder Bürger der Stadt sein, in der ich geboren wurde und aufwuchs; in der kaum noch jemand von denen am Leben ist, die einst mit mir dort jung waren; in der nur noch Grabsteine auf dem jüdischen Friedhof von meiner Familie zeugen – der letzte Name darauf der meiner Mutter mit dem Todesjahr 1942, dem Todesort Auschwitz. (...) Sagen kann ich, daß dies ein großer und nie erträumter Augenblick in meinem Leben ist. Alles Mögliche kann man sich erträumen, besonders in den Ruhmesträumen unreifer Jugend; aber wer träumt je davon, Ehrenbürger seiner Vaterstadt zu sein? Bei mir sind außerdem, nach kurzer schmerzlicher Wiederkehr 1945, Jahrzehnte dahingegangen, in denen ich nur selten und weniger treuer Freunde wegen hierher kam. Und nun soll ich doch wieder Bürger, ja soll Ehrenbürger dieser Stadt sein? Warum?"[538]

Jonas öffentliche Antwort auf die Frage nach dem Warum war eine diplomatische und bescheidene: Zwar habe für die Stadt gewiss auch sein Anteil an der „jüdischen Tragödie" eine Rolle gespielt, ihm die Ehrenbürgerwürde anzutragen. Doch annehmen wolle er die Würde aus einem anderen Grund. Da er keine anderen Verdienste vorweisen könne, als der Philosophie eine Stimme gegeben zu haben, würdige diese Ehrung also offenbar die Mission der Philosophie, „die Augen zu öffnen und Verantwortung zu predigen".[539] Im Namen der Philosophie nehme er die Ehrung dankbar an.

Den tieferen Grund, die Ehrenbürgerschaft anzunehmen, hat Jonas seinen neuen Mitbürgern jedoch verschwiegen. Erst nach seiner Heimkehr nach New Rochelle bei New York verriet er ihn Johannes Rau in einem Brief:

„Es war der Gedanke, wie überglücklich mein liebender und aufopferungsvoller Vater über diese Ehrung seines Sohnes gewesen wäre. In einem geheimnisvollen Sinne glaubte ich ihm eine solche entschädigende Freude nicht vorenthalten zu dürfen."[540]

Schluss

Die Lebenslinien von Hans Jonas und Paul Raphaelson nachzuzeichnen, gleicht einer Reise zu den Enden einer Parabel. Ihre Wege starteten zum beinahe gleichen Zeitpunkt, am gleichen Ort im gleichen Milieu – und entfernten sich nach kurzer Zeit immer weiter voneinander. Selbst als sich die beiden Männer 1945 noch einmal in Mönchengladbach begegneten, trennte sie eine große Kluft. Raphaelson begann augenscheinlich nach langen Entbehrungen und großem Leid in seiner Heimatstadt Fuß zu fassen – und war doch in Wahrheit nicht das makellose Opfer des Holocaust, das die meisten zu diesem Zeitpunkt in ihm sahen. Jonas hatte mit seiner Heimatstadt gebrochen, den Nationalsozialismus mit der Waffe in der Hand bekämpft und gehörte nun zu jenen, die sich mühten, Paul Raphaelsons Makel aufzudecken. Am Ende ihrer Wege gelangten die beiden an Ziele, die unterschiedlicher kaum sein konnten. Hans Jonas war ein international geachteter Philosoph, der sich vor allem mit einem Appell an das Verantwortungsbewusstsein des Menschen in einer breiten Öffentlichkeit einen Namen gemacht hatte: Die Möglichkeiten, die er sich durch die moderne Technik verschafft habe, dürfe der Mensch nicht total ausschöpfen, weil sie so groß geworden seien, dass er die möglichen Konsequenzen seines Handelns nicht mehr überblicken könne. Um die Menschheit und das Menschliche vor dem Untergang zu bewahren, müsse sich der Mensch Schranken auferlegen. So lautete das Credo eines Mannes, dessen Leben von den Erfahrungen mit einer totalitären Diktatur entscheidend geprägt war. Als Jonas 1993 starb, war er Ehrenbürger seiner Heimatstadt. Auch Paul Raphaelson hatte seine Erfahrungen mit der totalen Macht gemacht. Doch er endete 1947 an einem Strick, verurteilt als Handlanger dieser Macht.

Für diese so unterschiedliche Entwicklung bieten sich mindestens zwei Erklärungen an. Hans Jonas wuchs in einer intakten Familie auf und kannte bis weit in sein Erwachsenenleben hinein keine materiellen Sorgen. Auch nach dem Abschluss seines Studiums erlaubte ihm das beträchtliche Familienvermögen, das Leben eines Privatgelehrten zu führen, der es sich leisten konnte, seinen Horizont etwa bei Aufenthalten in Paris oder London zu erweitern. Paul Raphaelsons zunächst ebenso behütete bürgerliche Welt zerbrach hingegen früh. Dem Tod seines Vaters folgte ein materieller und sozialer Abstieg, der die Familie schwer belastete. So schwer, dass Paul Raphaelson zum Fürsorgezögling wurde. Die Zeit in den nach heutigen Maßstäben äußerst autoritär geführten Anstalten war für den Heranwachsenden wohl hart. Womöglich hat er in den Anstalten prägende Erfahrungen gemacht, wie man sich in einer erzwungenen Gemeinschaft unter einem autoritären Regiment behauptet. Vielleicht erlitt er in dieser Zeit aber auch eine Reihe von Demütigungen und Kränkungen. Die Zeit in den Anstalten machte Paul Raphaelson jedenfalls nicht zu einem Menschen, der sein Leben in „gutbürgerliche" Bahnen zu lenken vermochte. Die materielle Not der Jahre nach dem Ersten Weltkrieg dürfte erheblich dazu beigetragen haben, dass Paul Raphaelson nach der Entlassung aus der Fürsorgeerziehung keine gesicherte Existenz aufbauen konnte. Mithin trafen ihn die Folgen des katastrophalen Machtwechsels 1933 besonders hart. Während Hans Jonas, ausgestattet mit einem „Kapitalistenzertifikat", nach Palästina auswandern und sich dort zurechtfinden konnte, musste Paul Raphaelson ausharren – glück- und mittellos. Obendrein wurde er bald als „Rassenschänder" verfolgt und bekam den Terror des Regimes zu spüren.

Doch war es nicht nur die materielle und familiäre Situation, die die beiden Lebensläufe schon früh unterschied. Mag die heile Welt seines Elternhauses dem jungen Hans Jonas auch viel Halt gegeben haben – die Früchte seines Bildungsstrebens trugen ebenfalls erheblich dazu bei, dass er Orientierung fand. Schon früh hat Jonas antisemitische Kränkungen nicht nur erlitten, sondern sich gegen sie gewehrt. Diese Erfahrungen brachten ihn auch dazu, über das geistige Erbe des Judentums und seine Lage als junger Jude in einer Zeit nachzudenken, in der der Antisemitismus nicht nur im Lager der extremsten Rechten anschwoll. Seine intellektuelle Neugier führte ihn zum Zionismus. Diese Ideologie bot dem Heranwachsenden eine geistige Heimat unter Gleichgesinnten und ließ Jonas rechtzeitig erkennen, dass ein nationalsozialistisches Deutschland eine existenzielle Bedrohung für die jüdische Bevölkerung bedeutete.

Dank seiner materiellen Ausstattung und dank seines geistigen Rüstzeugs vermochte Hans Jonas sein Leben weitgehend nach eigenen Beschlüssen und Zielen zu gestalten. Das galt nicht nur für seine Emigration, sondern auch für seinen Entschluss, in den Krieg zu ziehen und das verhasste NS-Regime unter Einsatz seines Lebens zu bekämpfen. Dabei mischten sich zutiefst persönliche Motive mit allgemeineren philosophischen Überlegungen zur menschenverachtenden Natur des Nationalsozialismus, den Jonas als eine tödliche Gefahr für die „christlich-abendländische Humanität" ansah. Die Machtübernahme des NS-Regimes und die Emigration nach Palästina machten seinen Traum von einer Karriere als Gelehrter zwar zunächst zunichte, allen Widrigkeiten zum Trotz gelang es ihm im fortgeschrittenen Alter aber doch noch, sein ursprüngliches Ziel zu erreichen. Auch in diesem Sinne war Hans Jonas' Leben ein gelungenes.

Paul Raphaelson genoss hingegen nur wenig Bildung, auch wenn er kurze Zeit ein Gymnasium besuchte. Wie er über seine Zeit und sein Leben dachte, wissen wir nicht. Sein Weg lässt weder geistige Fixsterne erkennen, denen er folgte, noch einen Entwurf, den er sich zu verwirklichen bemühte. Der junge Paul Raphaelson, der vom Fürsorgezögling zum Fürsorgeempfänger wurde, der sich als Knecht und Kohlenschlepper über Wasser hielt, der wegen kleiner Delikte zu Geldstrafen verurteilt wurde, dessen erste Ehe scheiterte, weil er eine andere Frau schwängerte, der rastlos von einer Wohnung in die nächste zog – dieser Paul Raphaelson erscheint wie ein Spielball widriger Umstände in einer Kette von Unglück und Misserfolg, die er selbst mit herbeiführte, weil er seinen Schwächen erlag. Andererseits bewies Raphaelson trotz aller Schwierigkeiten Durchhaltevermögen und einen zähen Überlebenswillen. Auch wenn er eine Stelle in einem Textilhaus wegen dessen Pleite bald wieder verlor, auch wenn ihm Gestapo und *Stürmer* hart zusetzten, schlug er sich immer irgendwie durch. Paul Raphaelson – mal vom Schicksal zu Boden geworfen, mal über sich selbst strauchelnd und doch immer wieder aufstehend: Zu diesem Vexierbild setzt sich bereits sein Leben vor dem Sturz in die Hölle des Holocaust zusammen. Auch das macht es schwer, sein Verhalten in Wulkow zu bewerten. War der Kapo Paul Raphaelson dort Opfer der Umstände, die diesmal die Namen Lager und SS trugen? Oder war er in Wulkow ein rücksichtsloser Überlebenskämpfer, der seine Strategie mit Raffinesse wählte und auf Kosten seiner Mithäftlinge verfolgte?

Die Antwort hängt unter anderem davon ab, welchen Handlungsspielraum er in Theresienstadt und Wulkow besaß: Was musste Raphaelson unbedingt tun, um zu überleben? Was hätte er unterlassen können? Er selbst betonte immer wieder, er sei gegen seinen Willen Kapo geworden. Hätte man ihn bestraft oder gar getötet, wenn er sich geweigert hätte? Angesichts der Willkür, mit der die SS herrschte, lässt sich das mit völliger Sicherheit nicht beantworten. Aber ein Blick auf das Schicksal anderer leitender Häftlinge und Wachmänner zeigt: Zumindest einige von ihnen kamen ungeschoren davon, wenn sie sich in den Augen der SS als nicht brutal genug erwiesen. Willy Görner, der – eigenen Angaben zufolge – wegen zu großer Milde als Chef der Ghettowache abgesetzt wurde, ereilte anscheinend ebenso wenig eine Strafe wie Ingenieur Kosiner, der nach Angaben etlicher Häftlinge ebenfalls Kompetenzen verlor. So behutsam aus der Distanz von fast 70 Jahren über widersprüchlich überlieferte Ereignisse in einer Extremsituation zu urteilen ist: Hätte Raphaelson sich ebenfalls als „zu milder" Kapo gezeigt, hätte er sich von dem angeblich wider Willen ausgeübten Amt vielleicht befreien können, ohne größeren Schaden zu nehmen.

Neben Raphaelsons Beteuerungen, er sei gegen seinen Willen in die Rolle des Kapos gedrängt worden und habe sie allein unter der Knute Stuschkas ausgefüllt, gab es allerdings eine entlastende Aussage von überraschender Stelle: Franz Stuschka. Während einer Vernehmung als Beschuldigter im Juli 1947, zwei Jahre vor Beginn der Hauptverhandlung also, erklärte der ehemalige SS-Mann einem Richter, Paul Raphaelson sei ihm als „fleißig" bekannt gewesen. Er habe ihn als Lagerführer benannt, weil die Häftlinge mit der Führung des tschechischen Ingenieurs Kosiner nicht zufrieden gewesen seien. Stuschka fügte hinzu:

„Er arbeitete dann eine Zeitlang ohne Kocina, später jedoch wollte er es zurücklegen, weil er mit den Leuten nicht auskommen konnte. Ich trug ihm auf, nun wieder mit Kocina zusammenzuarbeiten."[541]

Trifft diese Aussage zu, hat Paul Raphaelson zumindest einmal versucht, sich seiner Rolle als Funktionshäftling zu entledigen. Stuschka ist allerdings ein fragwürdiger Zeuge. Womöglich war das nur seine Version der Episode, dass Raphaelson bei ihm vorübergehend in Ungnade gefallen war, sodass die Häftlinge den Kapo schon als seines Amtes endgültig enthoben betrachteten und ihn verprügelten. Stuschkas Aussage war das einzige Zeugnis dieses Inhalts und nicht mehr überprüfbar.

Einmal akzeptiert, erforderte die Rolle des Kapos allerdings ein gewisses Maß an Härte gegenüber den Mitgefangenen. Dies lag in der Logik des von der SS geschaffenen Systems. Wer die Rolle „erfolgreich" ausfüllen wollte, musste den Gehorsam der Mithäftlinge erzwingen. Auch wenn es nach der Logik des Lagerterrors daher nötig war, seine Dominanz wenigstens in Fällen von drohender Auflehnung mit Gewalt zu beweisen: Den Aussagen einiger Häftlinge zufolge hat Paul Raphaelson die Ausübung von Gewalt sogar genossen. Dem Häftling Richard Feigl zuerst einen Laib Brot zu geben und ihn dann zu verprügeln, mag zwar nach SS-Kalkül für einen „erfolgreichen" Kapo eine gelungene Machtdemonstration gewesen sein. Eine solche Handlungsweise ging jedoch weit über das hinaus, was ein Kapo hätte tun müssen, der sein Amt widerwillig versah und am liebsten losgeworden wäre. Ein Kapo, der in den Augen der Häftlinge als „guter Kapo" tolerierbar gewesen wäre, hätte sich bemühen müssen, das Schicksal der Mithäftlinge im Rahmen des Möglichen zu erleichtern oder wenigstens nicht zu verschlimmern. Ein solcher Kapo ist Paul Raphaelson nach den Aussagen vieler Häftlinge nicht gewesen.

Machtdemonstrationen wie im Fall Feigl und unnötige Brutalität verstießen gegen den Moralkodex, der sich in den Häftlings-Zwangsgemeinschaften der NS-Lager entwickelte. Auch wenn der Kampf ums Überleben mit Härte geführt wurde, existierten dort sehr wohl Vorstellungen einer zumindest rudimentären und relativen Moral. Egoismus war durchaus erlaubt, allerdings kein schrankenloser. Von solchen Unterscheidungen berichtete beispielsweise Arnold Mostowicz, ein Überlebender des Lodzer Ghettos.

„Hunger, Krankheit und ‚Aussiedlung' – das waren die drei apokalyptischen Reiter im Getto. Kann es Wunder nehmen, daß der Wunsch, sich vor diesen Bedingungen zu schützen, alles andere beherrschte, was im Getto vorging, daß dieser Wunsch zur Herausbildung einer eigenständigen Moral und einem eigenen Recht führte? (…) Alles war durch den Kampf ums Überleben begründet, und alles begründete dieser Kampf ums Überleben. Schon aus diesem Grund muss man sehr vorsichtig beim Fällen moralischer Urteile über das menschliche Verhalten unter Gettobedingungen sein. So könnte man zum Beispiel aufgrund der Zahl der Diebstähle, die im Getto stark verbreitet waren, zu übereilten Schlußfolgerungen kommen. Kleine Diebstähle infolge des Hungers oder aus dem Wunsch heraus, seiner Familie zu Hilfe zu kommen, sind nämlich anders zu beurteilen als die Diebstähle oder Korruptionserscheinungen innerhalb der jüdischen Getto-Administration, die enorme Möglichkeiten zu Mißbrauch bot."[542]

Anatol Chari, der mit kaum 19 Jahren begann, in der jüdischen Polizei im Ghetto von Lodz zu arbeiten, gab in seinen Memoiren dafür ein anschauliches Beispiel. „Organisować" – „organisieren" – galt unter Ghettobewohnern nicht als Stehlen.

„Stehlen war kraść – wenn man einem anderen Menschen etwas wegnahm. Nahm man einem anderen Nahrungsmittel weg, dann hatte das für ihn tödliche Folgen. Wenn man es hingegen aus der Küche nahm – aus dem gemeinsamen Topf sozusagen –, dann war das die einzige Möglichkeit zu überleben. Das war unser Ehrenkodex um 1942."[543]

Dass Paul Raphaelson aus der Gesellschaft der gewöhnlichen Häftlinge heraus in eine privilegierte Stellung aufgerückt war, machte ihn seinen Mithäftlingen suspekt. Der Gedanke, dass er Privilegien genoss – bessere Nahrung, ein eigenes Zimmer, Zeit für Schäferstündchen –, musste Neid und Verachtung wecken. Mit diesen Privilegien allein hätte sich Raphaelson aber vermutlich nicht mehr als die Prügel eingehandelt, die er bei der Befreiung des Ghettos von den Mithäftlingen bezog. Vielleicht hätten sie ihm später sogar die eine oder andere mindere Brutalität „durchgehen" lassen, hätte sie allein dem Ziel gedient, die von der SS diktierte Lagerordnung aufrechtzuerhalten. Dies zu tun, war schließlich Aufgabe eines Kapos. Dass Paul Raphaelson aber Fotos seiner Kinder in HJ-Uniformen zeigte und angeblich sogar in einem der SS-Kluft ähnlichen

Ledermantel herumlief, war mit dem ungeschriebenen Moralkodex der Zwangsgemeinschaft gewiss nicht vereinbar. Und nicht nur tschechische, auch deutsche Häftlinge wie Walter Grunwald und Klaus Scheurenberg bezichtigten Raphaelson eines brutalen Verhaltens, das allem Anschein nach auch geradezu sadistischer Lust an Machtausübung entsprang. Damit dürfte sich Raphaelson in den Augen der Mithäftlinge endgültig außerhalb der Grenzen des Erlaubten gestellt haben. Dass er nach Ansicht etlicher Gefangener sogar dafür sorgte, dass unliebsame Häftlinge in Konzentrationslager deportiert wurden, brachte das Fass zum Überlaufen.

Ließ der Hass auf den ehemaligen Kapo die Zeugen vor Gericht möglicherweise übertriebene Darstellungen geben? Verdichteten sich bei ihnen Vermutungen und Informationen aus zweiter Hand zu Gewissheiten, die sie als solche auch vor Gericht darstellten? Weil das nicht auszuschließen war, wäre es Aufgabe des Gerichts gewesen, dieser Frage nachzugehen. Die Richter im Prozess gegen Franz Stuschka taten dies. Am Ende kamen sie zwar zu dem Ergebnis, dass die meisten Aussagen glaubhaft seien. Aber sie stellten auch fest:

„Was die von dem Angeklagten behaupteten masslosen Übertreibungen der Zeugen betrifft, so hat das Gericht schon den Eindruck, dass manche Zeugenaussagen tatsächlich etwas übertrieben erschienen und dass zum Teil auch eine den Angeklagten belastende Tendenz in ihren Aussagen zu beobachten waren."[544]

Als ein Beispiel für Übertreibungen führten die Richter die Angabe eines ehemaligen Häftlings an, er habe zwei Stunden mit ausgestreckten Armen stehen müssen. Dies sei gar nicht möglich, merkten sie an. Auch die Aussagen der Zeugen zum Fall Herbert Grätzer erschienen den Wiener Richtern nicht ausreichend. Niemand habe die Leiche Grätzers gesehen, niemand könne also bezeugen, dass er tatsächlich von Stuschka getötet wurde.

Dass Stuschka die Todesstrafe erspart blieb, hatte er allerdings einem erstaunlichen Schluss des Gerichts zu verdanken. Es bezweifelte, dass das „Lager Theresienstadt" ein Konzentrationslager im Sinne des österreichischen Kriegsverbrechergesetzes gewesen sei. Theresienstadt sei „in den wesentlichsten Punkten grundsätzlich anders organisiert" gewesen als ein Konzentrationslager, befanden die Richter und führten als Beispiele „Selbstverwaltung, Zivilkleidung, usw." an. „Das Lager Wulkov-Zossen, bzw. Schnarchenreuth", so fuhren sie in der Urteilsbegründung fort, waren „aber zweifellos kein selbständiges Lager, sondern Baustellen, auf welchen Häftlinge des Lagers Theresienstadt verwendet wurden."[545] Da Paragraph 3,3 des Kriegsverbrechergesetzes die Todesstrafe nur für Kommandanten und leitende Funktionäre von Konzentrationslagern zwingend vorschrieb, wurde Stuschka auch in diesem Punkt freigesprochen. Wegen seiner übrigen Verbrechen erhielt er sieben Jahre Haft.[546]

Im Prager Prozess gegen Paul Raphaelson ging das Gericht weniger kritisch mit Zeugenaussagen um und unterschied nicht immer streng zwischen Berichten aus erster und zweiter Hand. Die Misshandelten Lederer und Rutar wurden zwar vor der Hauptverhandlung verhört, traten aber nicht persönlich vor Gericht auf. Rutar hatte von der Misshandlung, die er erlitten haben sollte, selbst gar nichts berichtet. Wie zutreffend die Vorwürfe gegen Raphaelson waren, war schon damals in vielen Einzelheiten nicht mit völliger Sicherheit aufzuklären. Schon das Prager Gericht stützte sich bei der Behandlung des Falls aus Mangel an Dokumenten allein auf die sich widersprechenden Angaben des Angeklagten und der Zeugen. Die Richter schenkten schließlich den zahlreichen Aussagen der ehemaligen Gefangenen Glauben. Nimmt man die Erinnerungen von Klaus Scheurenberg, Walter Grunwald und einiger Zeugen im Prozess gegen Stuschka hinzu, ist die Fülle der belastenden Aussagen allerdings erdrückend.

Erstaunlich ist auf den ersten Blick dennoch, dass den Prager Volksgerichtshof die Frage nach der Grauzone überhaupt nicht interessierte. Gerichte sprechen nicht Moral, sondern Recht. Gleichwohl erwogen die Richter nicht einmal, ob Paul Raphaelson nicht wenigstens beim Strafmaß mildernde Umstände zugebilligt werden mussten, weil auch er als Jude verfolgt und misshandelt worden war und um sein Leben hatte bangen müssen. Formaljuristisch betrachtet stellte sich diese Frage nicht, weil das Retributionsdekret dazu keinen Raum ließ. Die Paragraphen 16 und 29 legten die wenigen Bedingungen fest, die einem Angeklagten Strafmilderung verschaffen konnten.[547] Paul Raphaelson erfüllte diese Voraussetzungen nicht. Womöglich hatten sich die Verfasser des Dekrets gar nicht vorstellen können, dass Fälle wie der Raphaelsons vor die Volksgerichte geraten konnten. Unmittelbar unter dem Eindruck des NS-Regimes und des Terrors stehend, erschien ihnen die Grenze zwischen Gut und Böse, zwischen Schwarz und Weiß offenbar als saubere Trennlinie, die keine diffusen grauen Flächen entstehen ließ.

Eine differenziertere Auseinandersetzung mit den Motiven der Täter und den Umständen, unter denen sie handelten, war nicht das Ziel des Retributionsdekrets. Es sollte der lange angekündigten harten „Abrechnung" dienen. Nicht umsonst wurden die Verfahren vor den Volksgerichten am Prozedere des Kriegsrechts ausgerichtet, sollte schnell verhandelt und das Urteil ohne

Aufschub vollstreckt werden. Die erwünschte Härte verhinderte auch, dass das Gericht psychologische Argumente erwog, die einem Heutigen schnell in den Sinn kommen, wenn er den Fall Raphaelson betrachtet: Waren der Schrecken der Verfolgung durch die Nazis, die Deportation, der Hunger und die Krankheiten im Ghetto und die ständige Furcht vor einem Abtransport in ein Konzentrationslager nicht traumatisierende Erfahrungen? Versetzten sie Raphaelson nicht, wie sein Verteidiger Donát es in seinem Gnadengesuch formulierte – in einen „psychopathischen" Zustand? Oder zumindest in einen Zustand, der so manche Brutalität als Handlung unter einem außerordentlichen seelischen Stress und als Affekttat erscheinen lässt?

Solche Fragen ziehen Vorstellungen über die menschliche Psyche heran, die heute, fast 70 Jahre nach dem Prozess in Prag, weithin akzeptiert sind. Manche Neurobiologen, die alles menschliche Verhalten durch hirnphysiologische Vorgänge bestimmt sehen, bezweifeln sogar, dass Menschen überhaupt im strengen Sinne schuldfähig sind. Der Verhaltensphysiologe Gerhardt Roth plädiert beispielsweise dafür, den Begriff der „persönlichen Schuld" aus dem Strafrecht zu tilgen und durch den – durchaus strafbaren – Tatbestand der „Verletzung gesellschaftlicher Normen" zu ersetzen:

„Menschen können im Sinne eines persönlichen Verschuldens nicht für das, was sie wollen und wie sie sich entscheiden, und dies gilt unabhängig davon, ob ihnen die einwirkenden Faktoren bewusst sind oder nicht, ob sie sich schnell entscheiden oder lange hin und her überlegen. (...) Die Gene, die vor- und nachgeburtlichen Entwicklungen und Fehlentwicklungen, die frühkindlichen Erfahrungen und Traumatisierungen, die späteren Erfahrungen und Einflüsse aus Elternhaus, Freundeskreis, Schule und Gesellschaft –, all dies formt unser emotionales Erfahrungsgedächtnis und dessen Auswirkungen auf unser Handeln unterliegen nicht dem freien Willen."[548]

Wurde Paul Raphaelson also zu einem verhassten Kapo, weil der Fabrikantensohn früh den Vater und den Halt einer intakten Familie verlor? Weil er als Fürsorgezögling womöglich schon Gewalt in einer autoritär geführten Zwangsgemeinschaft erlebt hatte? Biederte er sich deshalb den Machthabern im Lager an? Oder genoss es der zum Knecht und Kohlenschlepper abgestiegene Sohn aus einst wohlhabendem Elternhaus, dass ihm nach einem an Misserfolgen und Demütigungen reichen Leben nun erstmals selbst etwas Macht zugefallen war?

Für Rudolf Höß, den Kommandanten des Lagers Auschwitz, lagen die Dinge simpler. Seiner Ansicht nach war das Konzentrationslager ein Ort, der Einflüsse von Erziehung und Sozialisation zunichtemachte und den „wahren" Charakter des Einzelnen auf das Äußerste herauskristallisierte:

„Nirgends kommt der wirkliche ‚Adam' so zum Vorschein wie in der Gefangenschaft. Alles Anerzogene, alles Angenommene, alles nicht zu ihm Gehörige fällt von ihm ab. Alles Versteckspielen, alles Vortäuschen aufzugeben zwingt ihn auf die Dauer die Haft. Nackt, so wie er wirklich ist, steht der Mensch da: gut oder schlecht."[549]

Dieses Fazit zog Höß in seinen autobiographischen Aufzeichnungen, nachdem er sich über die die Rolle der Kapos ausgelassen hatte. Deren Verhalten erstaunte angeblich auch ihn:

„Man mußte annehmen, daß das allen gleiche Los, das gemeinsame Leid zu einer unzerstörbaren, unzerreißbaren Gemeinschaft, zu einem felsenfesten Zusammenhalten führen müßte: – Weit gefehlt! Nirgends tritt der nackte Egoismus so kraß zutage wie in der Gefangenschaft. Und je härter das Leben in dieser, um so krasser das egoistische Verhalten. Aus Selbsterhaltungstrieb. – Selbst Naturen, die im gewöhnlichen Leben draußen stets hilfsbereit und gutmütig waren, können in der harten Haft ihre Mitgefangenen mitleidlos tyrannisieren, wenn sie sich dadurch ein klein wenig ihr Leben erträglicher gestalten können. Aber um wie viel herzloser schreiten Naturen, die an und für sich egoistisch, kalt, ja verbrecherisch veranlagt sind, unbarmherzig über die Not ihrer Mithäftlinge hinweg, wenn ihnen der winzigste Vorteil winkt. (...) Warum handeln die Häftlingsvorgesetzten so an ihren Mithäftlingen, an ihren Leidensgenossen? Weil sie ihre Person bei den gleichgesinnten Bewachern und Beaufsichtigern ins rechte Licht setzen wollen, weil sie zeigten wollen, wie tüchtig sie sind. Weil sie dadurch Vorteile erreichen können, ihr Haftleben angenehmer gestalten können. Aber immer auf Kosten ihrer Mithäftlinge. (...) Es gibt aber auch unter den Häftlingsvorgesetzten Kreaturen genug, die aus sich selbst heraus, aus gemeiner, roher, niederträchtiger Gesinnung verbrecherischer Veranlagung ihre Mithäftlinge physisch wie psychisch quälen, ja in den Tod hetzen aus purem Sadismus."[550]

Ob sich ein Mensch unter extremen Bedingungen gut oder schlecht verhält, hing nach Ansicht des Kommandanten des Vernichtungslagers Auschwitz von der individuellen charakterlichen und moralischen Konstitution ab. Doch selbst Höß übersah nicht, dass die extremen Bedingungen, unter denen die „schlechten" Häftlinge ihren üblen Charakter entfalteten, von anderen geschaffen waren:

„Aber die Möglichkeit sich so zu verhalten, so zu handeln, gibt ihnen der Bewacher, der Beaufsichtiger, der entweder gleichgültig diesem Treiben zusieht und zu bequem ist, dem Einhalt zu bieten, oder der selbst aus einer niedrigen, böswilligen Einstellung heraus dieses Verhalten billigt, ja sie sogar dazu veranlaßt, dem es satanische Freude bereitet, wenn er die Häftlinge gegeneinander ‚hetzen' kann." [551]

Waren es also am Ende doch weniger die individuellen Eigenschaften, sondern vielmehr die extremen Umstände im Lager, die das Verhalten der Häftlinge bestimmten? Kann die „Ordnung des Terrors", wenn sie so total ist wie in den Konzentrationslagern, im Prinzip jeden Menschen dazu bringen, gemäß dieser Ordnung zu handeln? War Paul Raphaelson also vor allem ein Rädchen in einer „sozialen Struktur"[552], angetrieben von der Macht der SS und der Furcht vor der Rache seiner Mithäftlinge?[553] Oder lässt sich einem noch pessimistischeren Weltbild folgend sogar behaupten, dass die extremen Umstände des Lagers Paul Raphaelson weniger zur Brutalität zwangen, sondern ihm vielmehr die Gelegenheit boten, sie auszuleben, weil Brutalität nun nicht mehr verboten, sondern erlaubt und sogar gefördert wurde? War Enthemmung das Resultat der sozialen Struktur der Lager – und nicht Verrohung?[554]

Und wie ist zu bewerten, wie sich Paul Raphaelson nach seiner Heimkehr aus Theresienstadt verhielt? War es kaltschnäuziges Kalkül, dass er Ratsherr und Leiter eines Amtes wurde, dessen Aufgabe ausgerechnet darin bestand, Nazi-Opfer zu betreuen? Wollte er damit Sühne leisten? Oder hielt er das einfach für nötig, um in der Not der Nachkriegsmonate sich und seinen nun wieder bei ihm lebenden Kindern Unterkunft und Nahrung zu sichern? Ließ er sich zum Vorsitzenden der

Jüdischen Gemeinde wählen, um seinen Makel hinter dieser respektierlichen Position verstecken zu können? Sah er sich außerstande abzulehnen, aus Angst, nach Gründen gefragt zu werden? Oder trieb ihn bei all dem der Gedanke, dass am besten davonkomme, wer über Ansehen und Macht verfüge? Was hatte ihn sein Leben auch anderes gelehrt?

Vielleicht dachte Paul Raphaelson auch nichts von alledem. Vielleicht hielt er sich für ein makelloses Opfer des Nationalsozialismus. Vielleicht hat er über die Frage, welche Moral in der Hölle gilt, nie nachgedacht. Vielleicht sogar nicht einmal an jenem Tag, an dem man ihn auf den Hof des Gefängnisses in Prag-Pankrác führte und ihm für immer die Möglichkeit nahm, die Frage zu finden – und eine mögliche Antwort wie diese: Am moralischen Ideal müssen auch in der Hölle keine Abstriche gemacht werden. Wo Millionen Menschen und jegliche Humanität vernichtet werden sollen, ist ein moralischer Gegenentwurf sogar besonders wichtig. Doch verfehlt ein Mensch in einer Hölle wie dem Holocaust das Ideal, sollte ein Urteil über ihn noch viel mehr Gnade walten lassen, als unter gewöhnlichen Umständen.

Anmerkungen

1 Mönchengladbach ist erst seit dem 11. Oktober 1960 die offizielle Schreibweise des Stadtnamens. Bis 1888 hieß die Stadt Gladbach, zwischen 1888 und 1929 lautete der Name München-Gladbach, häufig als M.Gladbach geschrieben. 1929 wurde die Stadt mit Rheydt zusammengelegt. Der Name der Gesamtstadt lautete Gladbach-Rheydt. 1933 wurde die Zusammenlegung rückgängig gemacht, Raphaelsons und Jonas' Heimatstadt hieß nun München Gladbach, geschrieben meist M.Gladbach. 1960 legte die Landesregierung den Namen Mönchengladbach fest. Diesen Namen behielt die Stadt auch, nachdem sie bei der kommunalen Neugliederung in NRW erneut mit der Stadt Rheydt zusammengelegt wurde. In diesem Buch wird meist der heutige Name Mönchengladbach benutzt, die Bezeichnung „Gladbach" wird nur verwendet, wenn es nötig ist, die Darstellung deutlich von Rheydt abzugrenzen – etwa bei Zahlenangaben und Institutionen, die sich nur auf Alt-Gladbach beziehen. Dies entspricht der in Mönchengladbach unter Alteingesessenen noch heute üblichen Denk- und Redeweise. Auch fast vierzig Jahre nach der kommunalen Neugliederung gibt es diesen Unterschied nicht nur im Bewusstsein vieler Einwohner. Noch heute haben Rheydt und Gladbach je einen eigenen Hauptbahnhof und unterschiedliche Telefon-Vorwahlen. Siehe dazu Vituspost 1, S. 2.

2 Als Kapo wurde im Jargon der Lager- und Ghettoinsassen ein Häftling bezeichnet, der von der SS als Aufseher seiner Mithäftlinge eingesetzt war. Ob sich diese Bezeichnung vom italienischen „Capo" ableitete oder einfach nur die Abkürzung von Kameradschaftspolizei war, ist umstritten.

3 Levi, Untergegangene, S. 37.

4 Perechodnik, Calel; Bin ich ein Mörder? Das Testament eines jüdischen Ghetto-Polizisten, Berlin 1999.

5 Chari, Anatol, und Braatz, Timothy; „Undermensch", München 2010.

6 Manes, Leben, S. 50.

7 SOA Praha, f: MLS Praha, k. 685, Ls. 414/1947.

8 Pleyer, Morgen, S. 264.

9 Scheurenberg, Leben, S. 219.

10 Erckens, Juden, Bd. 1, S. 232, Erckens hat sich der Familie Rapha-
    elson an mehreren Stellen seines Werks gewidmet: Bd. 1: S. 232 f.,
    264 f., 449, 463, 509 f., 712 f.; Bd. 2: 354, 379, 385, 513, 529, 543. Die
    hier gegebene Darstellung der Familiengeschichte bis zum Tod
    Louis Raphaelsons stützt sich – wo nicht anders vermerkt – im We-
    sentlichen auf Erckens' Angaben. Zur lokalen Historie Mönchen-
    gladbachs während des in diesem Kapitel behandelten Zeitraums
    siehe Stadtgeschichte MG, Bd. 3.1.

11 StA MG 1c/2834. Louis Raphaelson benutzte ein Blatt mit diesem
    Briefkopf seines Vaters, um am 22. Januar 1903 aus Herford an den
    Mönchengladbacher Bürgermeister Hermann Piecq zu schreiben.

12 Laut Grabstein auf dem Herforder Friedhof wurde Sybilla Kauf-
    mann am 7. März 1854 geboren, als Sybilla Raphaelson starb sie am
    21. Februar 1926.

13 Stadtgeschichte MG, 3.1, S. 45 ff.

14 Zit. n. Irmen, Musik, S. 28.

15 Zit. n. Irmen, Musik, S. 30.

16 Zit. n. Irmen, Musik, S. 32.

17 Erckens, Juden, Bd. 1, S. 456.

18 StA MG 17/718 Nr. 4039.

19 Abgedruckt in Erckens, Juden, Bd. 1, S. 462.

20 Westdeutsche Landeszeitung, Samstag, 24. Januar 1914.

21 Westdeutsche Landeszeitung, Montag, 26. Januar 1914.

22 Stadtgeschichte MG, 3.1, S. 659 ff.

23 StA MG 3/514.

24 Der Neuwerker Bürgermeister hatte Louis Raphaelson beispiels-
    weise am 10. Mai 1905 mitgeteilt: „Sie werden hierdurch benach-
    richtigt, daß Sie für das Steuerjahr vom 1. April 1905 bis 31. März
    1906 zu einem Einkommen von jährlich 8011 Mark aus Ihrem
    Grundbesitz resp. Gewerbebetrieb in der Gemeinde Neuwerk
    eingeschätzt worden sind". Für das Geschäftsjahr 1. April 1906
    bis 31. März 1907 lautete die Mitteilung 11.569 Mark, für das Ge-
    schäftsjahr 1907/08: 12.244 Mark und für 1908/09: 8.730 Mark. StA
    MG 3/514.

25 StA MG 3/514.

26 Erckens, Juden, Bd. 1. S. 405 f. Wolf war 1867 geboren und emig-
    rierte 1938 nach Palästina.

27 Die Adressbücher Berlins sind im Internet unter der Adresse http://
    adressbuch.zlb.de/viewAdressbuch.php im pdf.-Format zu finden.

28 Erckens, Juden, Bd. 1, S. 233.

29 PhilA UK, HJ 5-1-7.

30 Die Angaben zur Geschichte der Familie Jonas stützen sich auf
    Erckens, Juden, Bd. 2, S. 443 ff.

31 Jonas, Erinnerungen, S. 62 f.

32 Erckens, Juden, Bd. 2, S. 445, Stadtgeschichte MG, Bd. 3.1, S. 115 u. 159.
33 Jonas, Erinnerungen, S. 33.
34 PhilA UK, HJ-5-1-4.
35 Jonas, Erinnerungen, S. 39.
36 Jonas, Erinnerungen, S. 45.
37 Jonas, Erinnerungen, S. 28 f.
38 PhilA UK, HJ-5-1-4.
39 Stadtgeschichte MG, Bd. 3.1, S. 150.
40 Jonas, Erinnerungen, S. 32.
41 Jonas, Erinnerungen. S. 28.
42 Stadtgeschichte MG, Bd. 3.1, S. 152 f.
43 Jonas, Erinnerungen, S. 49.
44 Jonas, Erinnerungen, S. 48 f.
45 Wehler, Gesellschaftsgeschichte, Bd. IV, S. 128 ff.
46 Jonas, Erinnerungen, S. 58.
47 Jonas, Erinnerungen, S. 59.
48 Jonas, Erinnerungen, S. 70.
49 Eloni, Idee, S. 655 f.
50 Jonas, Erinnerungen, S. 65 f.
51 Koelbl, Portraits, S. 170.
52 Jonas, Erinnerungen, S. 72.
53 Jonas, Erinnerungen, S. 73.
54 Barkai, Wehr dich, S. 9, auch Paucker, Problematik.
55 Zit. n. Paucker, Problematik, S. 523.
56 StA MG 17/718 Nr. 4039.
57 Amtliches Adreßbuch MG 1927, II. Teil, S. 129.
58 Karl Raphaelson am 27. Juli 1921; Ernst Moritz am 25. Juni 1923 und Paul mehrfach – zunächst bis November 1925, dann noch einmal ab 7. 10. 1930. Ab diesem Datum ist aber auch seine Ehefrau Auguste unter dieser Adresse gemeldet. Ob die beiden dort gemeinsam mit Elisabeth Raphaelson oder allein wohnten, ist nicht zu sagen.
59 Wehler, Gesellschaftsgeschichte, Bd. 4, S. 99 u. 236.
60 Wehler, Gesellschaftsgeschichte, Bd. 4. S. 247.
61 Wehler, Gesellschaftsgeschichte, Bd. 4, S. 246 f.
62 HStA Ddorf, RW 58, Nr. 43362.
63 Stadtgeschichte MG, Bd. 3.1, S. 156 f.
64 Stadtgeschichte MG, Bd. 3.1, S. 170 ff.
65 Die hier gegebene Darstellung des Fürsorgewesens in der Preußischen Rheinprovinz folgt Blum-Geenen, Fürsorgeerziehung.
66 Zit. n. Blum-Geenen, Fürsorgeerziehung, S. 127.
67 Zit. n. Blum-Geenen, Fürsorgeerziehung, S. 148.
68 Mitteilungen des Archivs des Landschaftsverbands Rheinland an den Autor vom 29.12.2008 und 30.12.2008.
69 Zit. n. Blum-Geenen, Fürsorgeerziehung, S. 203 f.

70 Sabine Blum-Geenen kommt zu dem Schluss: „Einerseits ist wenig glaubhaft, daß alle erhobenen Vorwürfe gegenstandslos waren (…). Andererseits ging es vor allem der rheinischen KPD in erster Linie darum, ein Politikum aus der Anstaltserziehung zu machen und nicht um eine faktische Veränderung der Anstaltswelt." Blum-Geenen, Fürsorgeerziehung, S. 411.

71 Jonas, Erinnerungen, S. 219.

72 HStA Ddorf, RW 58, Nr. 43362.

73 HStA Ddorf, RW 58, Nr. 43362.

74 HStA Ddorf, RW 58, Nr. 43362. Rechtschreib- und Grammatikfehler in den Originaldokumenten wurden vom Autor in diesem Buch behutsam korrigiert.

75 HStA Ddorf, RW 58, Nr. 43362, Amtliches Adreßbuch 1929.

76 Vormals und heute wieder: Erzbergerstraße.

77 PhilA UK, HJ13–34a–9.

78 Boland, Armenfürsorge, S. 21.

79 Pickus, Identities, S. 156.

80 Pickus, Identities, S. 168 f.

81 Jonas, Erinnerungen, S. 90.

82 Jonas, Erinnerungen, S. 90.

83 Jonas, Erinnerungen, S. 107.

84 Jonas, Erinnerungen, S. 112.

85 Jonas, Erinnerungen, S. 113. Die Freundschaft der beiden erlitt zwar in den 1960er Jahren eine schwere Krise, weil Jonas entsetzt darüber war, was Arendt als Berichterstatterin beim Eichmann-Prozess in einer Artikel-Serie in der Zeitschrift *New Yorker* über den Zionismus und die „Banalität des Bösen" schrieb. Doch näherten sich beide nach einigen Jahren wieder an.

86 Jonas, Erinnerungen, S. 124.

87 Jonas, Erinnerungen, S. 173.

88 Jonas, Erinnerungen, S. 169 f.

89 Pyta, Hindenburg, S. 808.

90 Reuth, Goebbels-Tagebücher, Bd. 2, 758. Wie viele Menschen in dieser Nacht in Berlin tatsächlich das Ereignis feierten, darüber gehen die Berichte auseinander. Die NS-freundliche *Deutsche Zeitung* sprach am 31. Januar in ihrer Morgenausgabe von 700.000 Menschen. Andere Berichte sprechen von nur 61.000 Teilnehmern, darunter etwa 40.000 Zivilisten. Vgl. Evans, Aufstieg, S. 417. Dass der Aufmarsch tatsächlich so spontan war, wie Goebbels behauptet, darf ebenfalls bezweifelt werden. Immerhin war das Ganze seinem eigenen Zeugnis zufolge so gut organisiert, dass Goebbels über sämtliche Rundfunksender die Nachricht verbreiten konnte.

91 Jonas, Erinnerungen, S. 129 f. Angeblich handelte es sich um einen Faschingsball. Womöglich irrt sich Jonas aber. Der 30. Januar war ein Montag – selbst im rheinischen Karneval kein beliebter Termin für abendliche Bälle. Der Rosenmontag des Jahres 1933 war

der 27. Februar. Vielleicht ist Jonas' Erinnerung an den Tag der Machtübernahme mit Karneval verbunden, weil die Mönchengladbacher Lokalzeitungen in den Tagen rund um den 30. Januar von Vorschriften berichteten, die die Polizei in Vorbereitung auf den Höhepunkt der Karnevalssession erlassen hatte. Siehe Schüngeler, Widerstand, S. 16.

92 Stadtgeschichte MG, Bd. 3.1, S. 179; Schüngeler, Widerstand, S.15 f.

93 24,2 Prozent bei der Reichstagswahl am 31. Juli 1932, 20,6 Prozent bei der Wahl am 6. November und 36,1 Prozent am 5. März 1933, Schüngeler, Widerstand, Anhang, I.

94 Schüngeler, Widerstand, S. 16.

95 Zit. n. Vituspost, Nr. 5, 2003, S. 3.

96 Zit. n. Vituspost, Nr. 5, 2003, S. 7.

97 Evans, Aufstieg, S. 557.

98 Zit. n. Vituspost, Nr. 5, 2003, S. 7. Der Centralverein deutscher Staatsbürger jüdischen Glaubens hatte in einem Telegramm an das American Jewish Comittee darum gebeten, auf Demonstrationen mit „feindseligem Charakter gegenüber Deutschland" zu verzichten. Siehe Evans, Aufstieg, S. 559.

99 Das versicherte zumindest viele Jahre später Gerhart Jonas, der sich nach seiner Emigration Gerald nannte, in einem Brief an seinen inzwischen in den USA lebenden Vetter, der immer noch mit deutschen Behörden um Entschädigungen rang. Er könne nur mitteilen, so Gerald Jonas, „dass unsere Fabrik nach 1933 durch den Boykott nicht beträchtlich betroffen wurde. Wir haben sogar bis 1937 Regierungsaufträge bekommen und erhielten extra Leinen und Baumwolle zu deren Herstellung. Davon abgesehen war die Fabrik denselben Quoteneinschränkungen unterworfen wie die anderen. Meines Wissens waren nur sehr wenige unserer Kunden Nazis, die sich geweigert hätten, von uns zu kaufen." Brief vom 16. 9. 1958, HJ 13-34a-11.

100 Jonas, Erinnerungen, S. 131.

101 Jonas, Erinnerungen, S. 132.

102 PhilAUK, HJ 20-1-64.

103 Jonas, Erinnerungen, S. 135.

104 HstA Ddorf, RW 58, Nr. 43362. Eigene Angabe Raphaelsons. Er gibt dabei zwar nicht an, für welchen Zeitraum dieser Unterstützungssatz reichen musste, aber es muss sich um einen wöchentlichen Betrag gehandelt haben. Im April 1931 hatte die Stadtverwaltung von Gladbach-Rheydt den wöchentlichen Wohlfahrtssatz beispielsweise von 10 RM auf 9,25 RM gesenkt (Boland, Heillose Zeiten, S. 29) – allerdings für einen Alleinstehenden und nicht für einen Familienvater wie Paul Raphaelson. Preußische Staatskommissare, die im Juli desselben Jahres den Haushalt der Stadt nach Sparmöglichkeiten durchforstet hatten, hatten eine jährlichen städtischen Aufwand von durchschnittlich 800 RM pro Erwerbs-

losenpartei für ausreichend erklärt. Gladbach-Rheydt wandte mit 842,43 RM durchschnittlich jedoch etwas mehr auf, drückte diesen Betrag dann aber bis September auf 824,70 RM (Boland, Heillose Zeiten, S. 28).

105 Wehler, Gesellschaftsgeschichte, Bd. 4, S. 321 f.

106 Boland, Heillose Zeiten, S. 21.

107 Boland, Heillose Zeiten, S. 30.

108 Schüngeler, Widerstand, S. 1 ff.

109 Boland, Heillose Zeiten, S. 26.

110 Schüngeler, Widerstand, S. 48 ff.

111 Wildt, Volksgemeinschaft, S. 219 ff.

112 Wildt, Volksgemeinschaft, S. 224; Friedländer, Das Dritte Reich, S. 136.

113 Friedländer, Das Dritte Reich, S. 138.

114 Berschel, Bürokratie, S. 218 ff., nennt weitere Fälle, in denen die Gestapo im Bezirk Düsseldorf dem Vorwurf „Rassenschande" vor Inkrafttreten des Blutschutzgesetzes nachging, aber diese stammen alle aus dem Jahr 1935.

115 Berschel, Bürokratie, S. 71; Wilhelm, Die Polizei, S. 43, Dams/Stolle, Die Gestapo, S. 20.

116 *Westdeutsche Landeszeitung*, 21. April 1933. Zit n. Vituspost, Nr. 5, 2003, S. 9.

117 HstA Ddorf, RW 58, Nr. 43362. Die Verfolgung von „Rassenschande" übernahmen auch in späteren Jahren oft Kriminalpolizeibeamte – und nicht für Judenfragen zuständige Gestapo-Beamte, siehe Berschel, Bürokratie, S. 212 ff. Als „Kriminalkommissariat" wurden in Anlehnung an die traditionellen Organisationsstrukturen einzelne Abteilungen der Gestapo-Düsseldorf noch in deren Geschäftsverteilungsplan vom 31. März 1934 bezeichnet, s. Berschel, Bürokratie, S. 76 f.

118 HstA Ddorf, RW 58, Nr. 43362.

119 Berschel, Bürokratie, S. 93.

120 *Der Stürmer*, Nr. 13, 1934.

121 Wildt, Volksgemeinschaft, S. 241.

122 Beermann, Juden, S. 23.

123 SOA Praha, f: MLS Praha, k. 685, LS. 414/1947.

124 SOA Praha, f: MLS Praha, k. 685, LS. 414/1947.

125 Friedländer, Das Dritte Reich, S. 138.

126 Erckens, Juden, Bd. 1, S. 614.

127 Klemperer, Tagebücher, Bd. 2, S. 42.

128 Klemperer, Tagebücher, Bd. 2, S. 63.

129 HstA Ddorf, RW 58, Nr. 43362.

130 Dams, Stolle, Die Gestapo, S. 89.

131 Nolzen, Führer: in Süß u. Süß, Das Dritte Reich, S. 55 ff.

132 HstA Ddorf, RW 58, Nr. 43362.

133 HstA Ddorf, RW 58, Nr. 43362.

134 HstA Ddorf, RW 58, Nr. 43362.

135 Einwohnermeldebuch MG 1936/1937, III. Teil, S. 16. Elisabeth Raphaelson ist unter der Adresse Bebericher Str. 12 dort jedoch nicht eingetragen. Ihre Einwohnermeldekarte ist im Mönchengladbacher Stadtarchiv nicht überliefert. Auch Martha Raphaelson taucht nicht im Einwohnermeldebuch 1936/1937 an der Bebericher Straße 12 auf. Auf ihrer amtlichen Einwohnermeldekarte ist ebenfalls kein entsprechender Eintrag zu finden.

136 Verfahrensakte nach dem Bundesrückerstattungsgesetz, Elisabeth Raphaelson, im Bundesamt für zentrale Dienste und offene Vermögensfragen, VV 6299B/10570. Auch hier bezieht sich Martha Raphaelson ausdrücklich auf eine Wohnung an der Bebericher Straße, ohne allerdings eine Hausnummer anzugeben.

137 Boland, Heillose Zeiten, S. 42.

138 Boland, Heillose Zeiten, S. 42.

139 Boland, Heillose Zeiten, S. 46.

140 SOA Praha, f: MLS Praha, k. 685, LS. 414/1947.

141 SOA Praha, f: MLS Praha, k. 685, LS. 414/1947.

142 VEJ 1/254, S. 615–617.

143 VEJ 2/164, S. 472 f.: „Gewährt werden Unterkunft, Nahrung, Kleidung, Krankenpflege, Hilfe für Gebrechliche sowie für Schwangere und Wöchnerinnen Hebammenhilfe und, soweit erforderlich, ärztliche Behandlung. Nötigenfalls ist der Bestattungsaufwand zu bestreiten."

144 Jonas, Erinnerungen. S. 219.

145 Jonas, Erinnerungen, S. 162 f.

146 PhilAUK, HJ 20-1-48.

147 PhilAUK, HJ 20-1-50.

148 Siehe dazu Evans, In Power, S. 581 ff.

149 Erckens, Juden, Bd. 1, S. 657–663, liefert den detailreichen Bericht Neufelds, dem dieses Zitat entnommen ist.

150 Bericht Mauri Neufelds in Erckens, Juden, Bd. 1, S. 657–663.

151 Evans, In Power, S. 582 f.

152 Faksimilie des Fernschreibens: http://www.ns-archiv.de/verfolgung/pogrom/heydrich.php

153 Erckens, Juden, Bd. 1, S. 671.

154 Eine von Erckens zusammengestellte Liste von 54 Verhafteten ist zu finden in Erckens, Juden, Bd. 1, S. 679.

155 Erckens, Juden, Bd. 1, S. 683 ff.

156 Erckens, Juden, Bd. 1, S. 687.

157 Zámečník, Dachau, S. 136 f.

158 PhilAUK, HJ 13-34b-6.

159 Jonas, Erinnerungen, S. 138.

160 Erckens, Juden, Bd. 2, S. 451 f.

161 PhilAUK, HJ 20-1-1.

162 PhilAUK, HJ 20-1-2.

163 PhilAUK, HJ 10-1-58.

164 PhilAUK, HJ 13-34a-13.

165 PhilAUK, HJ 17-25-121.

166 Als Jonas' Anwalt Isidor Fürst 1948 Entschädigungsansprüche geltend machte, gab er als Einheitswert der Immobilie 32.000 RM an. Gezahlt habe der Käufer 29.000 RM. PhilAUK, HJ 13-34a-13.

167 Erckens, Juden, Bd. 1, S. 708.

168 PhilAUK, HJ 13-34a-13.

169 PhilAUK, HJ 10-1-58.

170 Erckens, Juden, Bd. 2, S. 453 u. 513.

171 Jonas, Erinnerungen, S. 139.

172 VEJ 1/191, S. 482–483.

173 SOA Praha, f: MLS Praha, k. 685, LS. 414/1947.

174 Gruner, Wohlfahrt, S. 215 f.

175 Meyer, Mischlinge, S. 27.

176 Meyer, Mischlinge, S. 30.

177 Maier, Arbeitseinsatz, S. 204.

178 VEJ 2/215, S. 583 f.

179 Maier, Arbeitseinsatz, S. 209.

180 StA MG 1c/2028.

181 Ein Telegrafen-Büro an der Straße „Unter den Linden".

182 StA MG 1 d 1181707 Charlotte Katz.

183 Erckens, Juden, Bd. 2, S. 354 f.

184 Gedenkbuch des Bundesarchivs Koblenz, www.bundesarchiv.de

185 PRO/HO396/71/168.

186 StA MG 1 d 118/1148.

187 Meldekarte StA MG.

188 PRO/HO396/71/168.

189 PRO/HO396/71/167.

190 Faksimilie des Protokolls: http://www.ghwk.de/deut/proto.htm

191 Goebbels, Tagebücher, Teil II, Band 3, S. 431 f.

192 Berschel, Bürokratie, S. 367.

193 HStA Ddorf, RW Mikrofilm, A28-2, Blatt 155.

194 Erckens, Bd. 2, S. 379 f.

195 Longerich, Himmler, 580 ff.

196 HStA Ddorf, RW 58, Nr, 43362. Verwirrend ist – allerdings nur auf den ersten Blick: Der Düsseldorfer Gestapo-Beamte Friedrich, der im November den Bericht über Raphaelson anforderte, meinte sich zu erinnern, dieser sei für einen Transport am 22. Juni eingeteilt gewesen und habe seine Tochter am 16. Juni umgemeldet. Am 22. Juni ging jedoch kein Transport aus Düsseldorf ab. In ihrer oben zitierten Antwort korrigierten die zu Rate gezogenen Mönchengladbacher Beamten den Fehler der Zentrale kommentarlos. Nach Ansicht von Erckens, Bd. 2, S. 379 f., war Raphaelson für den zweiten Transport nach Izbica am 15. Juni vorgesehen. Seiner Meinung nach wurden bereits für diesen

Transport auch Juden aus nicht mehr bestehenden „Mischehen" ausgewählt.

197 Erckens, Juden, Bd. 2, S. 347.
198 Mahn- und Gedenkstätte Düsseldorf, Deportationen, S. 31.
199 Erckens, Juden, Bd. 2, S. 373.
200 Berschel, Bürokratie, S. 379.
201 Berschel, Bürokratie, S. 383.
202 Maier, Arbeitseinsatz, S. 205. Meyer, Mischlinge, S. 25, nennt leicht abweichende Ergebnisse der Zählungen. Diese differenzieren nicht zwischen „privilegierten" und „nicht-privilegierten" Ehen und auch nicht zwischen den Zahlen für das Gebiet des „Altreiches" und das Gebiet inklusive Österreich.
203 Berschel, Bürokratie, S. 364.
204 Gruner, Widerstand, S. 187 f.
205 http://www.bundesarchiv.de/gedenkbuch/
206 http://www.bundesarchiv.de/gedenkbuch/
207 Adler, Theresienstadt, S. 108. Manes, Leben, S. 31.
208 Engwert, Kill: Sonderzüge, S. 26 f. u. S. 56.
209 Zimmermann, Regionale Organisation, S. 362.
210 Zimmermann, Regionale Organisation, S. 361.
211 Mahn- und Gedenkstätte Düsseldorf, Deportationen, S. 33.
212 Berschel, Bürokratie, S. 404.
213 Zimmermann, Gestapo, S. 364, Engwert, Kill: Sonderzüge, S. 47.
214 Telegrammbrief des Reichsverkehrsministers an die Reichsbahndirektionen, 26. Juli 1941, abgedruckt in: Engwert, Kill: Sonderzüge, S. 47.
215 Klemperer, Tagebücher 1937–1939, S. 159.
216 Zit. n. Jonas, Erinnerungen, S. 396.
217 Jonas, Erinnerungen, S. 188.
218 Jonas, Erinnerungen, S. 195.
219 Jonas, Erinnerungen, S. 194.
220 Jonas, Erinnerungen, S. 196.
221 Jonas, Erinnerungen, S. 186.
222 PRO Cab/66/51/44.
223 Jonas, Erinnerungen, S. 176 f.
224 Zit. n. Tobias, Zinke: Nakam, S. 56.
225 Zit. n. Jonas, Erinnerungen, S. 363.
226 Tobias, Zinke, Nakam, S. 57.
227 Jonas, Erinnerungen, S. 210.
228 Tobias, Zinke, Nakam, S. 61.
229 Beckman, Brigade, S. XII.
230 Tobias, Zinke, Nakam, S. 63.
231 Jonas, Erinnerungen, S. 217.
232 Tobias, Zinke, Nakam, S. 74 f.
233 Jonas, Erinnerungen, S. 216.
234 Jonas, Erinnerungen, S. 216.

235 "A. I want to impress the supreme importance of capturing alive German prisoners and sending them back quickly for interrogation. B. I realise that there are a large number of men who have every personal justification for revenge themselves, and wish to kill every German they come across. Our object is to hasten the defeat of the enemy. It has been proved that by taking prisoners and extracting information from them more is to be gained. C. However great the crimes committed by the German, I am determined that the Jewish Brigade Group shall act in accordance with recognised convention." Zit. n. Beckman, Brigade, S. 76.

236 Jonas, Erinnerungen, S. 217.

237 Goebbels, Tagebücher, Teil II, Band 5, S. 173.

238 Goebbels, Tagebücher, Teil II, Band 5, S. 193.

239 Engwert, Kill: Sonderzüge, S. 48 f.

240 HStA D'dorf, RW Mikrofilm, A 28-2, Bl. 157 f.

241 HStA D'dorf, RW Mikrofilm, A 28-2, Bl.182.

242 Bericht Liesel Frenkel, Stadtarchiv MG 16/467, Archiv und Schule VII b 10.

243 Friedlander, Milton: Archives of the Holocaust, Volume 22, Bl. 199. Der Autor dankt der Mahn- und Gedenkstätte Düsseldorf für den Hinweis auf dieses Dokument. Obwohl dermaßen vorbereitet, wurden drei Bewohner beim Transport am 24. Juli vergessen und erst im September deportiert, Erckens, Juden, Bd. 2, S. 379.

244 Rechtsanwalt Isidor Fürst, der sich 1946 um eine zumindest vorübergehende Freilassung Raphaelsons aus dem Internierungslager Neuengamme bemühte, machte in seinem Schreiben an den Lagerkommandanten eine seltsame Andeutung: Raphaelson sei vor seiner Deportation auf sein Ehrenwort hin von der Gestapo für 24 Stunden auf freien Fuß gesetzt worden und habe sein Ehrenwort gehalten. (SOA Praha, f: MLS Praha, k. 685, LS. 414/1947). Unklar bleibt in diesem Brief, ob Raphaelson aus dem bei den Deportationen üblichen Erfassungs- und Registrierungsprozess der Opfer vorübergehend entlassen worden sein soll, oder ob er sich zuvor schon in Gestapo-Haft befunden haben soll. Fürst machte diese undeutlichen Angaben, um gegenüber dem Kommandanten Raphaelsons Vertrauenswürdigkeit zu beteuern und nahezulegen, er werde sich bei einer erneuten vorläufigen Haftentlassung ähnlich zuverlässig verhalten. Der Wahrheitsgehalt dieser ungewöhnlichen Behauptung ist schwer einzuschätzen und war nicht überprüfbar. In Raphaelsons Gestapo-Akte findet sich dazu kein Vermerk.

245 Berschel, Bürokratie, S. 229.

246 Longerich, nichts gewusst, S. 226.

247 Berschel, Bürokratie, S. 408.

248 Feder, Tragödie, S. 41.

249 Klemperer, Tagebücher 1942, S. 47.

250 Klemperer, Tagebücher 1942, S. 176.

251 Klemperer, Tagebücher 1942, S. 199.

252 Auf Deutsch: „Morgen ich – keiner kommt zurück", Klemperer, Tagebücher 1942, S. 154 f.

253 Zimmermann, Regionale Organisation der Judendeportationen, S. 268.

254 Archiv und Schule, Nr. VII b 10.

255 Sherman-Zander, Tag und Dunkel, S. 29.

256 Berschel, Bürokratie, S. 398 ff.

257 Sherman-Zander, Tag und Dunkel, S. 30.

258 Sherman-Zander, Tag und Dunkel, S. 30.

259 Sherman-Zander, Tag und Dunkel, S. 30.

260 Sherman-Zander, Tag und Dunkel, S. 30 f.

261 Berschel, Bürokratie, S. 401.

262 Zimmermann, Regionale Organisation der Judendeportationen, S. 268.

263 Lichtenstein, Reichsbahn, S. 96. Zimmermann; Gestapo, und Eine Deportation, meint, dass die Deportationen im Juli 42 nach Theresienstadt mit Güterwagen durchgeführt wurden. Zu diesem Irrtum siehe Berschel, Bürokratie, S. 386, Anmerkung 742.

264 HstA D'dorf, RW Mikrofilm, A 28-2, Bl.182.

265 HstA D'dorf, RW Mikrofilm, A 28-2, Bl. 210.

266 HstA D'dorf, RW Mikrofilm, A 28-2, Bl. 31.

267 Augenblick Nr. 20/21, S. 32. Die Praxis, Transportleitern solch hohe Bargeldbeträge mitzugeben, erscheint rätselhaft. Denn das Geld wurde nur mitgenommen, um nach einem langen Transport in der Regel der Sicherheitspolizei am Ankunftsort übergeben zu werden. Dazu: Engwert, Kill: Sonderzüge, S. 84; Zimmermann, Eine Deportation, S. 60, Lichtenstein, Reichsbahn, S. 103.

268 Erckens, Juden, Bd. 2, S. 377 f.

269 Archiv und Schule, VII b7.

270 HStA D'dorf, RW 58, Nr. 43362.

271 HStA D'dorf, RW 58, Nr. 43362.

272 HStA D'dorf, RW 58, Nr. 43362.

273 Lepper, Emanzipation, Bd. 2, S. 1350.

274 Schupetta, Theresienstadt, S. 2.

275 Beermann, Juden, S. 48.

276 Manes, Leben, S. 33f.

277 Manes, Leben, S. 33.

278 Faksimilie des Protokolls: http://www.ghwk.de/deut/proto.htm

279 Faksimilie des Protokolls: http://www.ghwk.de/deut/proto.htm

280 Benz, Theresienstadt – Ort des Terrors, 454 f.

281 Adler, Theresienstadt, S. 24. Adler, der selbst im Ghetto inhaftiert war, hat die noch immer ausführlichste Schilderung der Verhältnisse in Theresienstadt vorgelegt. Die folgende Darstellung des Ghettoalltags stützt sich daneben vor allem auf den bereits zitier-

ten Aufsatz von Benz und Barbara Müller-Wesemanns Einleitung zu Martha Glass' Tagebuchaufzeichnungen „Jeder Tag in Theresin ist ein Geschenk".

282 Manes, Leben, S. 35.
283 Manes, Leben, S. 36.
284 Manes, Leben, S. 37.
285 Beermann, Juden, S. 48.
286 Adler, Theresienstadt, S. 13.
287 Adler, Theresienstadt, S. 302.
288 Feder, Tragödie, S. 51.
289 Adler, Theresienstadt, S. 325 f.
290 Feder, Tragödie, S. 51.
291 Manes, Leben, S. 61 f.
292 Adler, Theresienstadt. S. 513 und 112; Manes, Leben, S. 104.
293 Adler, Theresienstadt, S. 496 ff.
294 Feder, Tragödie, S. 45.
295 Zit. n. Adler, Theresienstadt, S. 514.
296 Adler, Theresienstadt, S. 118.
297 Manes, Leben, S. 104 und 107.
298 www.ghetto-theresienstadt.info
299 SOA Praha, f: MLS Praha, k. 685, LS. 414/1947.
300 SOA Praha, f: MLS Praha, k. 685, LS. 414/1947.
301 Adler, Theresienstadt, S. 522.
302 Adler, Theresienstadt, S. 282.
303 Zit. n. Adler, Theresienstadt, S. 284, siehe auch Manes, Leben, S. 226 ff.
304 Von Lang, Eichmann-Protokoll, S. 244 f.
305 SOA Praha, f: MLS Praha, k. 685, LS. 414/1947. Die gleiche Darstellung gab Raphaelson auch bei seiner Vernehmung am 25.1.1947.
306 So Zeuge Petr Bondy vor dem Prager Volksgericht. SOA Praha, f: MLS Praha, k. 685, LS. 414/1947.
307 SOA Praha, f: MLS Praha, k. 685, LS. 414/1947.
308 Scheurenberg, Leben, S. 174.
309 Franc, Arbeitskommando, S. 241 f.
310 Diese Zahl und die Personenstärke weiterer Transporte nach Wulkow und von dort nach Theresienstadt hat Franc, Arbeitskommando, S. 252, anhand von Unterlagen der Ghettoverwaltung und der Aussage eines Ghettohäftlings erstellt. Walter Grunwald, der seiner Autobiographie zufolge zu dieser ersten Gruppe gehörte, spricht hingegen von nur 50 Männern im Alter zwischen 18 und 45 Jahren, Grunwald, Erlebtes, S. 81.
311 Franc, Arbeitskommando, S. 242.
312 Grunwald, Erlebtes, S. 81.
313 Grunwald, Erlebtes, S. 82.
314 Das Häftlingslager zog laut Grunwald noch zweimal um, zunächst nach einigen Monaten in eine nahe gelegene Sandgrube und dann

ein weiteres Mal, weil dieses Terrain nicht genug Platz für mehr als 250 Häftlinge bot.

315 Cesarani, Eichmann, S. 229, erwähnt diesen Auftrag Müllers, ordnet das Lager jedoch dem gut zehn Kilometer entfernten Ort Müncheberg zu.

316 Franc, Arbeitskommando, S. 240.

317 Franc, Arbeitskommando, S. 246 ff.; Bericht des Häftlings W. Görner in Adler, Theresienstadt, S. 744.

318 Scheurenberg, Leben, S. 195.

319 Von Lang, Eichmann-Protokoll, S. 244 f.

320 Scheurenberg, Leben, S. 196. Scheurenbergs Erinnerungen scheinen in diesem Punkt von späterem Wissen durchsetzt und überlagert. Ob Eichmann den Häftlingen damals wirklich schon als Organisator des Holocaust bekannt war, ist fraglich.

321 So der ehemalige Häftling Herbert Neuhaus 1949, Stadt- und Landesarchiv Wien, LG Wien V g 2a Vr 6995/46. Auch andere ehemalige Wulkower Häftlinge, die 1949 vor Gericht gegen den SS-Lagerkommandanten Franz Stuschka aussagten, betonten, Eichmann sei im Vergleich zu Stuschka ein eher erträglicher Kommandant gewesen.

322 Grunwald, Erlebtes, S. 83.

323 Scheurenberg, Leben, S. 183.

324 So Stuschkas Aussage in der Hauptverhandlung 1949 vor dem Wiener Gericht, Stadt- und Landesarchiv Wien, LG Wien V g 2a Vr 6995/46.

325 Stadt- und Landesarchiv Wien, LG Wien V g 2a Vr 6995/46.

326 Eichmann war am 19. März 1906 in Solingen geboren und 1913 nach Linz umgezogen, wo sein Vater eine Stelle als kaufmännischer Direktor der Tramway- und Elektrizitätsgesellschaft übernahm, Cesarani, Eichmann, S. 30f.

327 Safrian, Gehilfen, S. 55.

328 Vor Gericht erklärte er, er sei „praktisch eigentlich dann von Deutschland nach Österreich geflüchtet", Stadt- und Landesarchiv Wien, LG Wien V g 2a Vr 6995/46.

329 Safrian, Gehilfen, S. 50.

330 Safrian, Gehilfen, S. 73. Stuschka behauptete, in Prag sei er „Personalsachbearbeiter" gewesen, Stadt- und Landesarchiv Wien, LG Wien V g 2a Vr 6995/46.

331 Safrian, Gehilfen, S. 113.

332 So Stuschkas Darstellung später vor Gericht. Stadt- und Landesarchiv Wien, LG Wien V g 2a Vr 6995/46.

333 Lozowick, Malice, S. 32. Bei einer Vernehmung durch die Gendarmerie in Bad Ischl 1946 räumte Stuschka ein, dass er „vielleicht in 2 Fällen Juden, die aus Faulheit nicht arbeiten wollten und zur Rede gestellt ein freches Benehmen zeigten, geohrfeigt habe". Ansonsten habe er sich aber mit diesen Juden „vom menschlichen Standpunkt

gesehen gut verstanden", ja ihnen sogar Überstundenlohn, Urlaub und die Erlaubnis verschafft, zu ihren Familien zu fahren, Stadt- und Landesarchiv Wien, LG Wien V g 2a Vr 6995/46. Als geradezu fürsorglicher SS-Mann suchte sich Stuschka dann auch im Fall Wulkow darzustellen.

334 Am 15. oder um den 20. Februar herum will er das Lager schon zum ersten Mal besucht haben. Er sei aber sofort wieder nach Berlin gefahren, Stadt- und Landesarchiv Wien, LG Wien V g 2a Vr 6995/46.

335 Stadt- und Landesarchiv Wien, LG Wien V g 2a Vr 6995/46.

336 Grunwald, Erlebtes, S. 90.

337 Franc, Arbeitskommando, S. 243.

338 Scheurenberg, S. 191, Grunwald, Erlebtes, S. 90.

339 Scheurenberg, Leben, S. 184. Auch im Wiener Prozess berichteten ehemalige Häftlinge immer wieder von dem Schloss.

340 Scheurenberg, S. 187, Grunwald, Erlebtes, S. 85.

341 Stadt- und Landesarchiv Wien, LG Wien V g 2a Vr 6995/46.

342 Scheurenberg, S. 199 f. Während dieses Vorfalls habe er zwei Räume weiter in der Tischlerei gearbeitet und die Schreie des Opfers gehört, berichtete Scheurenberg. Prinz sei von SS-Männern auf einer Bahre abtransportiert und im Lager nie wieder gesehen worden.

343 Der Häftling Mikuláš Deckner berichtete nach dem Krieg, Stuschka habe ihn und neun weitere Gefangene zu einer Sammelstelle in Berlin bringen lassen: „Sieben von uns fuhren weiter, was mit den Mithäftlingen geschah, weiß ich nicht. Wir sieben fuhren in die Kleine Festung Theresienstadt, woher ich nach Erkrankung an Typhus am 25. 5. 1945 allein zurückkehrte. Die sechs Mithäftlinge, die mit mir gefahren waren, wurden getötet. Ich selbst habe mich deswegen gerettet, weil ich mich freiwillig als Totengräber meldete." Zitiert nach Franc, Arbeitskommando, S. 244.

344 Franc, Arbeitskommando, S. 252 f.

345 Der Zeuge und ehemalige Lagerordner Alfred Weiß berichtete, der Angeklagte habe „öfter Leute weggebracht" und es wäre „sehr interessant zu hören, wohin diese gekommen sind". Weiß gab auch gleich eine Antwort: Einige seien wohl in die Kleine Festung gekommen, andere nach Sachsenhausen. Ob sie von Wulkow direkt nach Sachsenhausen deportiert wurden, konnte Weiß nicht sagen. Aber: „Ich weiss nur, dass Mitte eines Monats immer 8 bis 10 Mann zusammengestellt und vom Angeklagten weggebracht wurden oder hat er sie wegbringen lassen." Stadt- und Landesarchiv Wien, LG Wien V g 2a Vr 6995/46.

346 Stadt- und Landesarchiv Wien, LG Wien V g 2a Vr 6995/46.

347 Stadt- und Landesarchiv Wien, LG Wien V g 2a Vr 6995/46.

348 „Es wurde dann eine weitere Meldung gemacht, dass die Leute in Baracke III Schleichhandel mit Lebensmitteln gegen Zigaretten treiben, was ich alles geduldet habe usw. Dieser Schleichhandel

hat sich zwischen den Juden sowie einem Teil vom Personal und auch Zivilarbeitern, die dort beschäftigt werden mussten, abgespielt und wurde auch bei den Verladearbeiten auf dem Bahnhof betrieben, weil die Häftlinge da auch mit den Bauern und ausländischen Arbeitern, meist Polen und Franzosen, zusammenkamen. Weiters haben die Häftlinge auch verschiedenes Baumaterial von der Baustelle gestohlen, sie haben insbes. das Magazin aufgebrochen und zwei Radioapparate daraus entwendet, die sie einem Bauern in der Nachbarschaft, durch unverlässliche SS-Männer (Bewachungsmannschaft, die meistens aus volksdeutschen SS-Männern bestand) verkauft haben." Stadt- und Landesarchiv Wien, LG Wien V g 2a Vr 6995/46.

349 SOA Praha, f: MLS Praha, k. 685, LS. 414/1947.

350 SOA Praha, f: MLS Praha, k. 685, LS. 414/1947.

351 SOA Praha, f: MLS Praha, k. 685, LS. 414/1947. Vor dem Volksgericht Prag war es seiner Aussage zufolge zwar immer noch Stuschka, der ihm das Amt übertrug. Aber nun sprach Raphaelson von einem Boten, der ihm die Nachricht von seiner bevorstehenden „Beförderung" überbrachte: „Am 29. Juni 1944 wurde ich administrativer Leiter des Lagers. Zu dieser Funktion habe ich mich nicht gedrängt, sie wurde mir vom Leiter des Lagers, Stuschka, übertragen, obwohl ich krank war und als Maler arbeitete. Dass ich ernannt werden sollte, teilte mir der Häftling Neumann mit, ein Halbjude, ehemaliges Mitglied der SS, der dort als Gefangener war. Er forderte mich auf, dass ich keine Angst haben sollte, das Amt zu übernehmen."

352 Scheurenberg, Leben, S. 197 f.

353 SOA Praha, f: MLS Praha, k. 685, LS. 414/1947.

354 So Bondy vor Gericht, SOA Praha, f: MLS Praha, k. 685, LS. 414/1947.

355 HStA D'dorf, RW 58, Nr. 43362 Dass Raphaelson tschechischen Mitgefangenen von der HJ- und BdM- Mitgliedschaft seiner Kinder erzählt und Fotos gezeigt habe, bestätigten weitere Häftlinge dem Prager Gericht. Raphaelson wusste sich schließlich nur noch mit einer glatten Lüge zu helfen. In der Gerichtsverhandlung behauptete er, seine Kinder seien nicht in der Hitlerjugend gewesen. Den Vorwurf, Raphaelson habe sich Stuschka angedient, sollte auch eine Aussage stützen, die der Häftling Hugo Fischer im Prager Prozess machte: Im Juli 1944 sei er zu Stuschka gerufen worden, berichtete Fischer, doch er habe dort warten müssen. Von 6.15 bis 9 Uhr sei Raphaelson bei Stuschka gewesen. Raphaelson habe Fischer gesagt, dass er mit dem SS-Kommandanten eine Privatangelegenheit besprochen habe. Nach diesem Gespräch habe Stuschka den Ingenieur Ervin Kosiner von seiner Leitungsfunktion entbunden und diese Aufgabe Raphaelson übertragen. SOA Praha, f: MLS Praha, k. 685, LS. 414/1947.

356 Stadt- und Landesarchiv Wien, LG Wien V g 2a Vr 6995/46. Gemeint ist offenbar Ingenieur Ervin Kosiner. Die Schreibweise seines Namens weicht in Dokumenten unterschiedlicher Herkunft stark ab. An anderer Stelle heißt er beispielsweise Kozina. Der Autor hat in diesem Fall und in ähnlichen Fällen die Schreibweise von Namen angeglichen und sich dabei an dem Material der Prager Gerichtsakte orientiert. In Zitaten aus Dokumenten hat er die dort verwendete Schreibweise beibehalten.

357 Allerdings räumte er auf „eindringliches Befragen" ein: „Es kann möglich sein, dass ich den Zeugen in diesem Fall geschlagen habe." Stadt- und Landesarchiv Wien, LG Wien V g 2a Vr 6995/46.

358 Stadt- und Landesarchiv Wien, LG Wien V g 2a Vr 6995/46.

359 Stadt- und Landesarchiv Wien, LG Wien V g 2a Vr 6995/46. Den Lagerordner Alfred Weiß belastete Stuschka unmittelbar: Dieser sei ein „sehr gewissenhafter anständiger Mensch gewesen, der sich selbst bemüssigt gesehen hat, die Leute zu prügeln, weil er sie nicht anders zur Raison bringen konnte". Gegen Weiß ist nach dem Krieg auch ermittelt worden. Wegen einer Ohrfeige, erklärte er vor Gericht, sei ein Verfahren gegen ihn anhängig gewesen, das die Staatsanwaltschaft jedoch eingestellt habe.

360 Stadt- und Landesarchiv Wien, LG Wien V g 2a Vr 6995/46. Während der Befragung des Ex-Häftlings Anton Weiß hatte Stuschka zu einer Rauferei unter Häftlingen ausgesagt und erklärt, er habe die Streithähne aus einer Baracke herausgeholt und dann draußen stehen lassen. Das Verhandlungsprotokoll führt weiter aus: „Staatsanwalt: Warum haben Sie sich darum gekümmert, wenn Sie nicht Lagerleiter waren? Angeklagter: Die jüdische Lagerleitung hat mich darum gebeten, dass ich eingreife, weil so ein Wirbel war. Zeuge über Befragen des Staatsanwalts: Bei uns im Lager war keine Selbstverwaltung auf demokratischer Weise aufgebaut. Angeklagter: Raffaelsohn war doch eingesetzt. Zeuge: Ja, vielleicht vom Angeklagten, den hat der Angeklagte vorgeschlagen. Angeklagter: Er ist deshalb eingesetzt worden, weil vorher lauter tschechische Juden die Führung hatten und ich habe sie wählen lassen und da haben sie Raffaelsohn genommen. Der eigentliche Lagerleiter, ich will seinen Namen nicht nennen, war nachts in seiner Unterkunft als dieser Wirbel war, der sich in der Nähe meiner Baracke abgespielt hatte. Staatsanwalt: Wie hieß der Lagerleiter? Zeuge: Franz Stuschka. Ing. Kozina war ein Häftling wie wir und hatte nichts zu reden, er wurde genauso geschlagen wie wir."

361 In den unterschiedlichen Darstellungen werden zudem – ob bewusst oder auch nur irrtümlich – Begriffe und Funktionen vermischt und verwischt. Der Häftling Willy Görner beispielsweise bezeichnete zwar Ingenieur „Cosinier" als „jüdischen Arbeitsleiter". Er berichtete aber auch, im Lager habe es eine sechsköpfige jüdische Wachmannschaft gegeben, die zunächst von einem Georg

Einstein, „ein Enkel von Professor Dr. Einstein" und ab 26. April von ihm selbst geleitet wurde. Mit dieser Wache brachte Görner nach dem Krieg in einem Bericht über seine Erlebnisse in Theresienstadt und Wulkow Raphaelsons Funktion in Verbindung. Eine Ghettowache hatte es bereits in Theresienstadt gegeben. Dort war eine Art Polizei aus Häftlingen gebildet worden, die im Alltag die Ordnung im Lager aufrechterhalten sollten. Görner war in der Theresienstädter Ghettowache als Instrukteur tätig gewesen. In seinem Bericht erklärte er: „Am 26. 4. 1944 wurde dann eine Wachtruppe in Stärke von sechs Männern unter Leitung des Wachkommandanten Willy Görner nach Wulkow kommandiert. Görner übernahm dann als Polizeichef die Lagerleitung, wurde aber dann wegen zu großer Laschheit den Leidensgenossen gegenüber, abgesetzt und erhielt die Aufsicht über die neue Z-Baustelle. Die Gesamtlagerleitung wurde dann dem Leidensgenossen Rafaelsohn übertragen. Bis zu diesem Leitungswechsel hatte sich der Obersturmführer noch einigermaßen normal benommen, begann dann aber mit den furchtbarsten Schlägermethoden, wobei ihn Rafaelsohn oft unterstützte." (YVA, 02/443, S. 12 f.). Scheurenberg zufolge waren Görner und seine Männer unbewaffnet. „Also konnten sie uns nur überreden zu bleiben. Es dauerte auch nicht mehr lange, dann rückten SS-Männer zu unserer Bewachung an." Scheurenberg, Leben, S. 180 f. Von Einsteins Ablösung durch Görner spricht auch Grunwald, Erlebtes, S. 84. Neben Irrtümern und Erinnerungslücken spielt in den Berichten auch eine Rolle, was der Zeuge für wichtig und entscheidend hielt und welche Motive ihn antrieben. So berichtet Walter Grunwald in seinen Erinnerungen an die Zeit als Häftling zwar einiges Abträgliches über Raphaelson. Er erwähnt erstaunlicherweise aber nicht, dass der verhasste „Raffke" die Position eines Lagerleiters gehabt hat. Er spricht lediglich davon, Stuschka habe Raphaelson gedeckt: „Ein anderes sehr betrübliches Kapitel heißt Paul Raphaelson, genannt Raffke. Raffke lebte in Mischehe und wurde wegen Schwarzhandel verurteilt, kam nach Theresienstadt und später nach Wulkow. Raffke entwickelte sich zu einem der widerlichsten Typen in unserer Gruppe. Er denunzierte unsere Kameraden bei Stuschka, um sich selbst Vorteile zu verschaffen. Konnte Raffke jemanden nicht leiden – und davon gab es eine Menge –, war denen Strafe sicher. Er versuchte sich bei Frauen anzubiedern, aber ohne Erfolg. Auf irgendeine Weise verschaffte er sich einen Ledermantel à la Gestapo und versuchte, uns damit zu ‚imponieren' (lächerlich), auch das ging nicht. Je mehr Niederlagen er einstecken musste, desto schlimmer wurde er. Er hatte ja Deckung von Stuschka. Oft bekam Raffke selbst von ihm Ohrfeigen; für uns war das eine Genugtuung. Wir hatten keine anderen Möglichkeiten als ihn völlig zu ignorieren und auf den Zeitpunkt für eine Rückzahlung zu warten." Grunwald, Erlebtes, S. 75.

362 Dazu Niethammer, Antifaschismus, S. 27 ff.

363 Scheurenberg, Leben, S. 198; dazu auch Grunwald, Erlebtes, S. 74.

364 Zit. nach Ludewig-Ketmi, Moraldilemmata, S. 25.

365 SOA Praha, f: MLS Praha, k. 685, LS. 414/1947.

366 So Herbert Neuhaus 1949 im Prozess gegen Stuschka, Stadt- und Landesarchiv Wien, LG Wien V g 2a Vr 6995/46. Selbst vor dem Prager Volksgericht, als es nur am Rande um Stuschka ging und die Zeugen sich darum mühten, die Grausamkeit des Angeklagten Raphaelson darzustellen, räumten Ervin Pick und Hugo Fischer ein: Auch ihr Häftlingsvorgesetzter sei von Stuschka geschlagen worden. František Lukavský allerdings behauptete, Raphaelson sei von SS-Männern geprügelt worden, weil diese es nicht hätten mitansehen können, wie schlecht Raphaelson seine Mitgefangenen behandelte, SOA Praha, f: MLS Praha, k. 685, LS. 414/1947. Auch andere Funktionshäftlinge in Wulkow blieben nicht von den Brutalitäten Stuschkas verschont. Ludwig Breier berichtete 1949 dem Wiener Gericht über einen Häftling namens Tichauer, den andere Zeugen als „Lagerordner" bezeichneten. Dieser habe Stuschka auch auf dessen ausdrückliche Nachfrage einen Vorfall verschwiegen, den ein Wachposten dem SS-Kommandanten gemeldet hatte: Einer der Häftlinge hatte auf einem Feld Kartoffeln gestohlen. „Abends, beim Appell, fragte der Angeklagte Tichauer (ein weißhaariger gesetzter Mann, der wusste, was er zu tun hat), ob er ihm nichts zu sagen habe, was dieser verneinte. Als Tichauer die neuerliche Frage des Angeklagten verneinte, hat er ihn in die Wohnbaracke mitgenommen, dort in eine Ecke gestellt und dann mit einem Sessel so zugerichtet, dass wir ihn nachher 6 Wochen nicht sehen konnten." Stadt- und Landesarchiv Wien, LG Wien V g 2a Vr 6995/46. Eine in dieser Gerichtsakte erhaltene Namensliste von Angehörigen des Arbeitskommandos Wulkow, die der Häftling Alfred Neuhaus im Zuge der Ermittlungen gegen Stuschka vorgelegt hatte, nennt einen 1892 geborenen, aus Berlin stammenden Willi Tichauer. Laut Neuhaus gehörte Tichauer zu denen, die durch Stuschkas Schuld ums Leben kamen.

367 Stadt- und Landesarchiv Wien, LG Wien V g 2a Vr 6995/46. Mit diesem Capo kann nur Paul Raphaelson gemeint sein. Das geht auch aus der Aussage hervor, die Petr Bondy 1947 vor dem Prager Volksgericht machte. Demnach fiel Raphaelson bei Stuschka zeitweilig in Ungnade. Die Häftlinge hätten angenommen, er werde die Gunst des SS-Manns verlieren, und verprügelten Raphaelson. Doch der habe sich wieder Stuschkas Gunst erarbeitet und seine Funktion behalten. SOA Praha, f: MLS Praha, k. 685, LS. 414/1947.

368 Scheurenberg, Leben, S. 198.

369 Scheurenberg, Leben, S. 219.

370 Scheurenberg, Leben, S. 199.

371 Scheurenberg, Leben, S. 218.

372 Gemeint ist der Lagerfrisör Siegfried Schade.
373 Scheurenberg, Leben, S. 204.
374 Scheurenberg, Leben, S. 199.
375 Scheurenberg, Leben, S. 225. Diese denkwürdige Weihnachtsfeier hatte ein böses Nachspiel: Während die Häftlinge beisammen saßen, so Walter Grunwald, hatte Stuschka ihre Wohnbaracken durchsuchen lassen. Dabei wurde ein Beil gefunden, was Stuschka fürchten ließ, damit solle ein Attentat auf ihn verübt werden. Ein mehrstündiger Strafappell in eisiger Kälte sorgte dafür, dass die weihnachtliche Stimmung nicht lange vorhielt. Grunwald, Erlebtes, S. 93.
376 Scheurenberg, Leben, S. 226.
377 Scheurenberg, Leben, S. 226.
378 Grunwald, Erlebtes, S. 93.
379 Scheurenberg, Leben, S. 229 ff.
380 Grunwald, Erlebtes, S. 94.
381 Dieser Kaffee-Ersatz bestand aus gebrannten Gerstenkörnern.
382 Scheurenberg, Leben, S. 232.
383 Grunwald, Erlebtes, S. 95.
384 Scheurenberg, Leben, S. 236.
385 Scheurenberg, Leben, S. 240, Grunwald, S. 96.
386 Scheurenberg, Leben, S. 237 f.
387 Laut Scheurenberg in der Hannover-Kaserne, laut Grunwald in der Hamburger-Kaserne.
388 SOA Praha, f: MLS Praha, k. 685, LS. 414/1947.
389 Allerdings, so betonte er 1947, sei er in Schnarchenreuth nicht nur Lagerleiter gewesen. Er sei auch als Koch eingesetzt worden und habe auch bei der eigentlichen Bauarbeit mitmachen müssen, „da die Lagerbelegschaft nur aus 60 Mann bestand". SOA Praha, f: MLS Praha, k. 685, LS. 414/1947.
390 Scheurenberg, Leben, S. 248 ff.
391 Zemanova, Außenkommandos, S. 96F. Zemanovas Angaben decken sich nicht mit den Erinnerungen GrunwaldS. Seinen Ausführungen zufolge wurden die Wulkower am 12. März zur Auswahl für Schnarchenreuth einbestellt. Von dort seien sie dann am 22. April zu einem mehrtägigen Fußmarsch nach Theresienstadt aufgebrochen. Laut Zemanova war das Kommando Schnarchenreuth schon zwei Tage vor Grunwalds Abmarschtermin beendet.
392 Grunwald, Erlebtes, S. 99.
393 Zit. nach Zemanova, Außenkommandos, S. 98 f.
394 Zemanova, Außenkommandos, S. 98.
395 Grunwald, Erlebtes, S. 101.
396 Grunwald, Erlebtes, S. 102, Raphaelson im Verhör am 25. Januar 1947. Raphaelsons Erinnerung entspricht den Angaben Zemanovas, Außenkommandos, S. 96. Laut Zemanova, Außenkommandos, S. 98, legten die Häftlinge auf diesem Gewaltmarsch 195 Kilometer zurück.

397 Zit. n. Zemanova, Außenkommandos, S. 98.

398 Gottwaldt/Schulle, Judendeportationen, S. 465 u. 467.

399 Scheurenberg, Leben, S. 257.

400 SOA Praha, f: MLS Praha, k. 685, LS. 414/1947.

401 „In Theresienstadt seid Ihr sicher! Der Krieg ist noch nicht beendet! Wer Theresienstadt verlässt, setzt sich allen Kriegsgefahren
aus.", Abdruck in: Tagebuch Martha Glass, S. 117.

402 Scheurenberg, Leben, S. 261. Laut Grunwald wurde Raphaelson
nach tagelanger Suche in einem Keller gefunden, Grunwald, Erlebtes, S. 105.

403 Scheurenberg, Leben, S. 261.

404 Grunwald, Erlebtes, S. 88.

405 Scheurenberg, Leben, S. 262.

406 Tagebuch Martha Glass, S. 122.

407 Reichhardt/Zierenberg: Nach dem Krieg, S. 26 f.

408 Zu den Zahlen der Überlebenden und Rückkehrer siehe: Quast,
Befreiung, S. 50. Die meisten der Untergetauchten hatten in Berlin
überlebt.

409 SOA Praha, f: MLS Praha, k. 685, LS. 414/1947.

410 Hügen, Operation Granate, S. 65 f., Sollbach-Papeler, Kriegsende,
S. 19.

411 Stadtgeschichte MG, Bd. 3.1, S. 703.

412 Verwaltungsbericht der Stadt Mönchengladbach für die Zeit vom
1. April 1945 bis 31. März 1948.

413 Wochenbericht für die Zeit vom 9. 7. bis 15. 7. 1945 an die Militärregierung M. Gladbach, StA MG 1 d21/6 Bd. 1.

414 Abgedruckt bei Sollbach-Papeler, Kriegsende, S. 93.

415 Unter diesem Datum wird er im Hausbuch Ferdinandstraße 4 als
dort angemeldet geführt (StA MG 1 d120/992). Möglicherweise
wohnte er jedoch schon früher dort, denn seine Tochter aus erster
Ehe lebte laut den Einwohnermeldekarten seit dem 6. August 1945
dort.

416 StA MG 1d118/1149, StA MG 1d118/1152, StA MG 1d120/992. Vermutlich knüpfte er auch schon erfolgreich Kontakt zu seiner Tochter aus zweiter Ehe. Anderthalb Jahre später zumindest bemühte
sich die inzwischen 13-Jährige um die Freilassung ihres durch die
Briten internierten Vaters.

417 Stadtgeschichte, Bd. 3.1, S. 207.

418 StA MG 1e/540 (1945).

419 Verwaltungsbericht an die Militärregierung in M. Gladbach vom
4. 4. 1945, StA MG 1 d 21/20.

420 StA MG 1 d 118/1411.

421 StA MG 1 d 21/20.

422 Verwaltungsbericht der Stadt Rheydt für die Zeit vom 1. April 1945
bis 31. März 1945, S. 90 f., StA MG Hb Wf Rhe.

423 Hagit Lavsky, New Beginnings, S. 125, nennt 72 jüdische Bürger für Mönchengladbach im Jahr 1946. Unmittelbar nach Kriegsende dürfte die Zahl womöglich noch geringer gewesen sein.

424 SOA Praha, f: MLS Praha, k. 685, LS. 414/1947.

425 Name geändert.

426 SOA Praha, f: MLS Praha, k. 685, LS. 414/1947.

427 SOA Praha, f: MLS Praha, k. 685, LS. 414/1947.

428 Abgedruckt bei Sollbach-Papeler, Kriegsende, S. 110.

429 Wochenbericht für die Zeit vom 9. 7. bis 15. 7. 1945 an die Militärregierung M. Gladbach, StA MG 1 d21/6 Bd. 1.

430 Jonas, Erinnerungen, S. 220.

431 SOA Praha, f: MLS Praha, k. 685, LS. 414/1947.

432 Anfang 1947 wären sie auf dem illegalen Markt etwa 700 Drei-Pfund-Brote oder 300 Kilogramm Butter wert gewesen. Ein durchschnittlich entlohnter Facharbeiter hätte zu diesem Zeitpunkt etwa dreihundert Monate für diese Summe arbeiten müssen, Wehler, Gesellschaftsgeschichte, Bd. 4, S. 95.

433 Jonas, Erinnerungen, S. 228.

434 Brief an Lisel Haas, 20. Oktober 1945, Rheydter Jahrbuch, 24, S. 183.

435 Jonas, Erinnerungen, S. 221.

436 Jonas, Erinnerungen, S. 224.

437 Brief an Lisel Haas, 20. Oktober 1945, Rheydter Jahrbuch, 24, S. 183.

438 Jonas, Erinnerungen, S. 211 f.

439 PhilAUK, HJ 10-1-60.

440 PhilAUK, HJ 10-1-60.

441 PhilAUK, HJ 10-1-60.

442 PhilAUK, HJ 10-1-60.

443 Jonas, Erinnerungen, S. 227.

444 Brief an Lisel Haas, 20. Oktober 1945, Rheydter Jahrbuch, 24, S. 183.

445 Jonas, Erinnerungen. S. 218.

446 Jonas, Erinnerungen, S. 218 ff.

447 Jonas, Erinnerungen, S. 218 ff.

448 SOA Praha, f: MLS Praha, k. 685, LS. 414/1947.

449 Ihren ersten Nachkriegsstadtrat wählten die Mönchengladbacher erst am 13. Oktober 1946. Wie, warum und nach welchen Kriterien die Mitglieder der zuvor eingesetzten vorläufigen Stadtverordnetenversammlungen im Einzelfall ausgewählt wurden, liegt im Dunkel. Es ist mit Sicherheit jedoch davon auszugehen, dass ohne Zustimmung der Militärbehörde niemand in diesen Kreis gelangte. Wahrscheinlich ging es den meisten Ratsherren ähnlich wie Wilhelm Elfes. Den ehemaligen Zentrumspolitiker und ehemaligen Redakteur der in Mönchengladbach erscheinenden *Westdeutschen Arbeiterzeitung* hatten die Amerikaner im März in St. Tönis auf-

gespürt, wo er sich vor den Nazis versteckt hielt. Diese hatten ihn 1944 verhaftet, doch ihm war die Flucht gelungen. Die Amerikaner wollten Elfes zum Oberbürgermeister von Mönchengladbach ernennen, doch dieser weigerte sich, dieses Amt ohne eine Wahl zu übernehmen. Also traten „den Erfordernissen der Zeit gehorchend und den Befehlen des Stadtkommandanten folgend" am 4. April 1945 „unter Vorsitz des Fabrikanten Croon Vertreter aller Stände und Organisationen im Bürgermeisteramt, Mozartstraße 22, zusammen" und beschlossen, bis zur Wahl eines Rates Elfes das Amt des Oberbürgermeisters zu übertragen. So jedenfalls die offizielle Version im Verwaltungsbericht der Stadt Mönchengladbach für die Zeit vom 1. April 1945 bis 31. März 1948.

450 StA MG 1 d 19/52.

451 Zit. n. Eßer, Elfes, S. 129.

452 StA MG 1 b3/62a.

453 StA MG 1 b3/62a.

454 StA MG 1 b5/1.

455 SOA Praha, f: MLS Praha, k. 685, LS. 414/1947.

456 StA MG 1 d 118/1381.

457 Nach britischem Vorbild waren Verwaltungsführung und politische Führung inzwischen getrennt worden. Wilhelm Elfes war nun Oberstadtdirektor und damit Chef der Stadtverwaltung.

458 StA MG 1 b3/62a.

459 Name geändert.

460 SOA Praha, f: MLS Praha, k. 685, LS. 414/1947.

461 SOA Praha, f: MLS Praha, k. 685, LS. 414/1947.

462 SOA Praha, f: MLS Praha, k. 685, LS. 414/1947.

463 Henke, Besetzung, S. 587.

464 Zit. n. Henke, Besetzung, S. 587.

465 SOA Praha, f: MLS Praha, k. 685, LS. 414/1947.

466 Ihr Mann reiste nach Kriegsende sofort nach Theresienstadt, konnte seine Frau dort aber nicht finden. Ende Mai traf er sie in einem Lager in Wuppertal wieder. Ryan, Tuberculosis, S. 206 f.; Grundmann, First Man, S. 173 f.

467 Rheydter Jahrbuch, 24, S. 183.

468 PRO WO 309 1923.

469 PRO WO 309 1921.

470 Vom Autor aus dem Englischen übersetzt. SOA Praha, f: MLS Praha, k. 685, LS. 414/1947.

471 Vom Autor aus dem Englischen übersetzt. SOA Praha, f: MLS Praha, k. 685, LS. 414/1947.

472 Dies geht aus einem streng vertraulichen Bericht der Zensurbehörde hervor, der allerdings erst am 27. Juni zu Papier gebracht wurde und laut Eingangsstempel am 29. Juni im Hauptquartier der Britischen Rheinarmee in Bad Oeynhausen eintraf. Die vertrauliche Mitteilung der Amerikaner enthält – angefügt an Holms

Bericht – noch einige Passagen, bei denen es sich um eine offenbar leicht verkürzte Zusammenfassung des Schreibens handelt, das vermutlich Walter Grouls verfasst hatte, um die Betreuungsstellen und jüdischen Komitees zu aktivieren. Die Passagen sind mit dem einleitenden Vermerk: „Re.: Paul Raphaelson, Muenchen-Gladbach, Ferdinandstr. 7, formerly in charge of one hundred men in Theresienstadt Ghetto 1942" lediglich an Holms Ausführungen angehängt. „Re." dürfte für „Return" stehen, was darauf hindeutet, dass auch Holm Grouls Schreiben bekommen hatte und dessen Inhalt in seinem Brief nach Wien weitergab. SOA Praha, f: MLS Praha, k. 685, LS. 414/1947.

473 SOA Praha, f: MLS Praha, k. 685, LS. 414/1947.

474 SOA Praha, f: MLS Praha, k. 685, LS. 414/1947 Die Briten scheinen einen Moment tatsächlich daran gedacht zu haben, wie vom Sergeanten empfohlen, Raphaelson zu entlassen. Darauf deutet ein Vermerk auf einem Brief an den Kommandanten von Neuengamme hin, in dem ein Helmut Lenz, der nach eigenen Angaben 20 Monate mit Raphaelson in Wulkow gewesen war, darum bat, zu diesem Fall angehört zu werden. Seine Aussagen seien „von großer Wichtigkeit", versicherte er, ohne allerdings zu verraten, ob sie Raphaelson be- oder entlasten würden. Neben Lenz' Unterschrift findet sich von anderer Hand die Notiz: „release canceled" – Freilassung abgesagt. Auch dieser Brief befindet sich in der Prager Gerichtsakte.

475 Plachá/Plachý, Kollaborateur, S. 54.

476 Plachá/Plachý, Kollaborateur, S. 54.

477 SOA Praha, f: MLS Praha, k. 685, LS. 414/1947.

478 SOA Praha, f: MLS Praha, k. 685, LS. 414/1947.

479 PRO WO 309 1921. Der britische Major D. W. Pinkse habe ihn beauftragt, Erkundigungen über Raphaelson einzuziehen, gab Hanák 1947 in Prag zu Protokoll.

480 SOA Praha, f: MLS Praha, k. 685, LS. 414/1947.

481 SOA Praha, f: MLS Praha, k. 685, LS. 414/1947.

482 PRO WO 309 1924.

483 SOA Praha, f: MLS Praha, k. 685, LS. 414/1947.

484 Als 21-Jähriger war der 1901 in Westböhmen geborene Pleyer als Redner bei einer nationalsozialistischen Maifeier aufgetreten, später hatte er sich an einem von Nationalsozialisten inszenierten Streik gegen den jüdischen Präsidenten der Prager Universität beteiligt und am Aufbau einer akademischen NS-Ortsgruppe in Prag mitgewirkt. Wegen Teilnahme an gewalttätigen Ausschreitungen und illegaler Aktionen war er strafrechtlich verfolgt worden. Von 1926 bis 1929 war er Gaugeschäftsführer der Deutschen Nationalpartei in Böhmen. Hillesheim, Pleyer, S. 343; 1987 gehörte Pleyer laut einer 2005 erstellten Studie der SPD-Landtagsfraktion Brandenburgs zu den Gründern der rechtsextremen DVU.

485 Pleyer, Morgen, S. 263.

486 Pleyer, Morgen, S. 264.

487 Pleyer, Morgen, S. 264.

488 Zu Misshandlungen und Morden kam es in diesen ersten Wochen auch in vielen Lagern und Gefängnissen, in denen mutmaßliche NS-Verbrecher und Kollaborateure eingesperrt wurden. Nicht selten rächten sich nun ehemalige Häftlinge an ihren ehemaligen Peinigern. Frommer, Cleansing, S. 34.

489 Frommer, Cleansing, S. 40.

490 Kocová, Volksgerichte 2005, S. 2 ff. Einem im Mai 1947 für das Parlament erstellten Bericht des Justizministers Prokop Drtina zufolge war bis dahin in 38.316 Fällen Anklage vor Außerordentlichen Volksgerichten erhoben worden, in 21.342 Fällen waren die Beschuldigten von diesen verurteilt worden: 19.888 zu Freiheitsstrafen, 741 zu Lebenslänglich und 713 zum Tode. Der größte Teil der Verurteilten und mit Lebenslänglich oder Hinrichtungen Bestraften waren zwangsläufig Deutsche. Sie machten 1945 und 1946 fast zwei Drittel der Verurteilten aus und 1947 immerhin noch 39 Prozent; von den zum Tode Verurteilten waren ebenfalls 64 Prozent Deutsche.

491 Allerdings gibt es auch Berichte von Vorsitzenden, dass gerade diese Richter, die selbst Unrecht und Folter ertragen mussten, besonders sorgfältig urteilten, Frommer, Cleansing, 128 f.

492 Kocová, Volksgerichte, S. 2 f.

493 Auf Wunsch des Delinquenten konnte das Gericht nur eine zusätzliche Stunde Gnadenfrist gewähren. Gesuche um Begnadigung sollten keine aufschiebende Wirkung haben. In besonders ruchlosen Fällen konnte das Gericht aber auch eine öffentliche Hinrichtung anordnen. Dann konnte die Vollstreckung um einen Tag hinausgeschoben werden. Die tschechische Historikerin Katerina Kocová kommt daher auch zu dem Schluss: „Die tschechoslowakischen Normen legten einen stark standrechtlichen Charakter der Retributionsgerichte fest und ließen einen relativ schmalen Raum für die Untersuchung der Erfüllung des Tatbestands. Gemessen an der Zahl von Todesurteilen bzw. vollstreckten Todesurteilen gehörte die tschechische Retribution zu den härtesten Prozessen der Abrechnung mit der Vergangenheit in Europa." Kocová, Volksgerichte, S. 5.

494 Das Dekret ist – in englischer Sprache – abgedruckt in Frommer, Cleansing, S. 348–363.

495 SOA Praha, f: MLS Praha, k. 685, LS. 414/1947. Das vierseitige Dokument ist auf einer Schreibmaschine geschrieben und enthält auffallend wenige Korrekturen und Fehler. Raphaelson hat es vermutlich nicht eigenhändig getippt, doch es trägt seine Unterschrift.

496 SOA Praha, f: MLS Praha, k. 685, LS. 414/1947. Als ihn die tschechischen Ermittler bei ihrem Besuch in Neuengamme mit den Vor-

würfen konfrontiert hatten, hielt das von Raphaelson unterzeichnete, aber wohl nicht von ihm verfasste Protokoll fest: „Ich habe zwar öfters Mitgefangene mit der flachen Hand geschlagen, dies geschah ausschließlich auf Befehl des Obersturmführers und im Falle von Kameradschafts-Diebstahl."

497 SOA Praha, f: MLS Praha, k. 685, LS. 414/1947. Ähnliches hatte er bereits fünf Monate zuvor den Briten bei einem Verhör in Neuengamme erklärt: „Unser Lager war ein Straflager, und einige der Internierten waren sehr schlechte Typen." (Aus dem Englischen übersetzt)

498 SOA Praha, f: MLS Praha, k. 685, LS. 414/1947. Aussagen und Angaben in tschechischer Sprache wurden ins Deutsche übersetzt.

499 SOA Praha, f: MLS Praha, k. 685, LS. 414/1947.

500 SOA Praha, f: MLS Praha, k. 685, LS. 414/1947. Ob Weis aus eigenem Antrieb auf diese Ergänzung gedrängt hatte oder ob die Ermittler ihn erneut einbestellt und nach dieser Einschätzung gefragt hatten, sagt das Protokoll nicht.

501 SOA Praha, f: MLS Praha, k. 685, LS. 414/1947, Vernehmungsprotokoll 25.1.1947.

502 In der Prozessakte finden sich nur Aussagen von einigen der benannten möglichen Zeugen. Ob die Ermittler sämtliche in Betracht kommenden Zeugen befragten, ob einige von diesen keine Aussagen machen konnten oder wollten, oder ob sie nicht erreichbar waren, ist nicht zu sagen.

503 Pleyer, Morgen, S. 205 f.

504 Laut Frommer, Cleansing, S. 53, waren es 4.000.

505 Pleyer, Morgen, S. 209.

506 Kocová, Volksgerichte, S. 3; Frommer, Cleansing, 97 ff.

507 In der Gerichtsakte befinden sich zumindest keine Aufzeichnungen über weitere Vernehmungen.

508 Die Niederschrift enthält nur seine Aussage. Bei der Befragung der Zeugen wurde ebenso verfahren. Auch in diesen Fällen ist aus dem Protokoll nicht ersichtlich, wer ihnen Fragen stellte und welche. Mithin ist nicht mehr zu sagen, ob Richter oder Staatsanwalt die maßgebliche Rolle spielten und in welchem Umfang sich Raphaelsons Verteidiger zugunsten seines Mandanten in die Vernehmungen einschaltete.

509 SOA Praha, f: MLS Praha, k. 685, LS. 414/1947.

510 SOA Praha, f: MLS Praha, k. 685, LS. 414/1947.

511 SOA Praha, f: MLS Praha, k. 685, LS. 414/1947.

512 SOA Praha, f: MLS Praha, k. 685, LS. 414/1947. Im Prozess gegen Stuschka sagte der Zeuge Kurt Knopfmacher 1949 aus, Raphaelson, die „rechte Hand" des Angeklagten", habe den Häftlingen am nächsten Tag den Hergang geschildert, „nämlich, dass er den Rutar vor dem Brunnen im Hof über Auftrag des Angeklagten mit

einem Kübel Wasser übergießen musste." Stadt- und Landesarchiv Wien, LG Wien V g 2a Vr 6995/46.

513 SOA Praha, f: MLS Praha, k. 685, LS. 414/1947.

514 SOA Praha, f: MLS Praha, k. 685, LS. 414/1947.

515 SOA Praha, f: MLS Praha, k. 685, LS. 414/1947. Lederer bestätigte auch den Fall Rutar: Raphaelson habe diesen in Gegenwart Stuschkas mit einem Eimer kalten Wassers übergossen. Danach habe Rutar zwei Stunden lang in der Kälte stehen müssen. Auch Karel Rutar trat nicht persönlich vor Gericht auf. Von ihm hatten die Ermittler nur eine sehr kurze Aussage notiert, in der er seine Misshandlung mit kaltem Wasser jedoch überhaupt nicht erwähnt hatte. Die Aussage wurde vor Gericht gegen Ende der Verhandlung verlesen. Die Richter gaben sich damit zufrieden, die Berichte anderer Zeugen über die Wasser-Folter zu hören.

516 SOA Praha, f: MLS Praha, k. 685, LS. 414/1947. Das stellte der Zeuge Bondy – wie zuvor schon Pick – jedoch nachdrücklich infrage: Der Angeklagte habe die Tschechen gehasst und Stuschka habe wahrscheinlich auf Raphaelsons Wunsch verboten, dass im Lager Tschechisch gesprochen werde.

517 SOA Praha, f: MLS Praha, k. 685, LS. 414/1947.

518 Auch nach Ansicht Peter Bondys hatte Raphaelson die drei Männer denunziert und Stuschka damit gezeigt, wie brutal er sei. Daraufhin habe ihn Stuschka zum Lagerleiter gemacht.

519 SOA Praha, f: MLS Praha, k. 685, LS. 414/1947.

520 Nach Ansicht von Plachà und Plachý handelt es sich bei diesem Moskovič um Aaron – mitunter auch Avraham genannt – Moskovič, einen aus Karpatorussland stammenden Prager Jude, der am 20. Februar 1945 in die Kleine Festung überstellt wurde, wo er am 21. März ums Leben kam. Plachá, Plachý, Kollaborateur, S. 57. Einem dort sinngemäß wiedergegebenen, Anfang der 1990er Jahre gelieferten Bericht eines Zeugen zufolge hatte Moscovič Sex mit seiner Frau gehabt, die ebenfalls nach Wulkow geschickt worden war. Raphaelson habe dies Stuschka gemeldet, Moscovič sei daraufhin zusammengeschlagen worden.

521 SOA Praha, f: MLS Praha, k. 685, LS. 414/1947.

522 „I have to mention that denunciations were a daily appearance in camp as everybody tried to improve his fate." SOA Praha, f: MLS Praha, k. 685, LS. 414/1947.

523 Die Gerichtsakte lässt zumindest keinerlei Bemühen um Smerdy erkennen.

524 SOA Praha, f: MLS Praha, k. 685, LS. 414/1947.

525 Allerdings enthielt das Urteil auch einen Teil-Freispruch, der auf eine Weise begründet wurde, die ein bezeichnendes Licht auf den Charakter der Retribution wirft. In Fällen, in denen Raphaelson nach Ansicht der Richter zwar Häftlinge schwer verletzt oder den Tod von Gefangenen verursacht hatte, die Opfer aber nicht mit

Sicherheit tschechoslowakische Bürger waren, sprach das Gericht Raphaelson frei, „weil diese Tätigkeit außerhalb der tschechoslowakischen Republik stattfand und nicht erwiesen wurde, dass diese Tätigkeit gegen die tschechoslowakische Republik, deren Bürger bzw. Bewohner gerichtet war."

526 NA, Fond Justizministerium, Lst 243/47.

527 Offenbar waren zwei Ärzte beteiligt. Denn es existiert noch ein Formular, das der Arzt Dr. Josef Hampl ausfüllte und auf dem die Uhrzeit 18.30 Uhr vermerkt wurde. Zu dieser Uhrzeit sollte die Vollstreckung des Urteils beginnen. Womöglich wurde das Formular am Anfang der Prozedur ausgefüllt. Die meisten der Rubriken des Blatts ließ Hampl leer. Es enthält Angaben zur Person des Delinquenten und vermerkt zu den Umständen des Todes, dass es sich um Tod durch Ersticken, herbeigeführt durch Erhängen mit einem Seil, handele.

528 *Jüdisches Gemeindeblatt für die Nord-Rheinprovinz und Westfalen*, Heft 5, Juni 1946.

529 *Jüdisches Gemeindeblatt für die Nord-Rheinprovinz und Westfalen*, Heft 12, September 1946.

530 Möglicherweise wurde in dem Kuvert persönliche Habe Raphaelsons aufbewahrt und der Häftling hatte es schon bei seiner Einlieferung in Prag unterzeichnet.

531 Jonas, Erinnerungen, S. 244.

532 Jonas, Erinnerungen, S. 220.

533 PhilA UK, HJ 20-1-103.

534 Jonas, Erinnerungen, S. 220.

535 PhilA UK, HJ 20-1-120.

536 PhilA UK, HJ 20-1-120.

537 PhilA UK, HJ 5-3-14.

538 PhilA UK, HJ 5-3-51.

539 PhilA UK, HJ 5-3-51.

540 PhilA UK, HJ 5-3-14.

541 Stadt- und Landesarchiv Wien, LG Wien V g 2a Vr 6995/46. Stuschka betonte anschließend erneut: „Ich füge hinzu, dass die Führung von den Juden selbst gewählt war. Deren Haupt war Rafaelsohn, unter ihm gab es noch etwa ein Dutzend andere."

542 Mostowicz, Alltagsleben, S. 43 f.

543 Chari, Undermensch, S. 44.

544 Stadt- und Landesarchiv Wien, LG Wien V g 2a Vr 6995/46.

545 Stadt- und Landesarchiv Wien, LG Wien V g 2a Vr 6995/46.

546 Nach vier Jahren, acht Monaten und einem Tag in Untersuchungshaft und Strafhaft wurde er am 1. März 1951 zunächst „zur Probe" auf freien Fuß gesetzt. Im Dezember 1954 erklärte die Strafvollzugsbehörde die Strafe als verbüßt. Stadt- und Landesarchiv Wien, LG Wien V g 2a Vr 6995/46.

547 Die Strafe konnte beispielsweise gemildert werden, wenn der Angeklagte unverzüglich beweisen konnte, dass er in der Absicht gehandelt hatte, der Tschechoslowakischen Republik zu dienen.

548 Roth, Fühlen, S. 541.

549 Höß, Kommandant, S. 151.

550 Höß, Kommandant, S. 149 ff.

551 Höß, Kommandant, S. 150.

552 Sofsky, Ordnung, S. 160.

553 Der Soziologe Wolfgang Sofsky meint, moralischer Verfall oder sadistische Verrohung seien nur „im Einzelfall" die Ursachen für Grausamkeiten der Kapos gewesen. Sofsky, Ordnung, S. 173.

554 Trifft mithin auch für die Funktionshäftlinge zu, was der Sozialpsychologe Harald Welzer über „ganz normale Menschen" sagt, die in Kriegen und unter totalitären Regimen zu Tätern und Massenmördern werden? Welzer: „Die Verlockung, sich persönliche Vorteile zu verschaffen oder eskapistischen Bedürfnissen nachzugehen, ist ja überhaupt nichts, was uns aus unserer pazifizierten, harmloseren Wirklichkeit fremd wäre. Das gewöhnlich vielleicht noch harmlose oder nur in gesellschaftlichen Nischen tolerierte oder durch Sanktionsdrohungen eingehegte Bedürfnispotential ganz normaler Menschen kann sich *unter neuen Umständen* neu entfalten. Und das ganze Geheimnis, wieso es sich im Nationalsozialismus so gegenmenschlich entfaltete, liegt in der Öffnung sozialer Handlungsräume, in denen plötzlich erlaubt oder sogar gefordert war, was zuvor als verboten galt." Welzer, Täter, S. 257.

Abkürzungsverzeichnis

Anm.	Anmerkung
BBC	British Broadcasting Corporation
CDU	Christlich Demokratische Union
C.I.C.	Civil Internment Camp
CSR	Tschechoslowakische Republik
DIN	Deutsches Institut für Normung
Gestapo	Geheime Staatspolizei
HStA Ddorf	Hauptstaatsarchiv Düsseldorf
HJ	Hitlerjugend
KPD	Kommunistische Partei Deutschlands
KZ	Konzentrationslager
NA	Národní archiv v Praze
NSDAP	Nationalsozialistische Deutsche Arbeiterpartei
PhilA UK HJ	Philosophisches Archiv der Universität Konstanz, Nachlass Hans Jonas
PRO	Public Record Office London
RM	Reichsmark
RSHA	Reichssicherheitshauptamt
SPD	Sozialdemokratische Partei Deutschlands
SOA Praha	Státní oblastní archiv v Praze
SA	Sturmabteilung

SD	Sicherheitsdienst der SS
SS	Schutzstaffel
StA MG	Stadtarchiv Mönchengladbach
US	United States
USA	United States of America
VEJ	Die Verfolgung und Ermordung der europäischen Juden durch das nationalsozialistische Deutschland 1933–1945, Aly, Götz; Gruner, Wolf; Heim, Susanne; Herbert, Ulrich; Kreikamp, Hans-Dieter; Möller, Horst; Pohl, Dieter; Weber, Hartmut (Hrg.), München 2008 ff.
Verf.	Verfasser
YVA	Yad Vashem Archives

Quellenverzeichnis

Ungedruckte Quellen

Bericht Willy Görner, Yad Vashem Archives (YVA), 02/443

NA Praha, Fond Justizministerium, Sign. Lst 243/47.

PhilA UK, HJ 5-1-4; PhilA UK, HJ 5-1-7; PhilA UK, HJ 5-3-14; PhilA UK, HJ 5-3-51; PhilA UK, HJ 13-34a-9; PhilA UK, HJ 20-1-103; PhilA UK, HJ 20-1-120 (Zitiert mit Genehmigung des Philosophischen Archivs der Universität Konstanz. Alle Rechte vorbehalten.)

PRO Cab/66/51/44,

PRO/HO396/71/167, PRO/HO396/71/168,

PRO WO 309 1921, PRO WO 309 1923, PRO WO 309 1924

Stadt- und Landesarchiv Wien, LG Wien V g 2a Vr 6995/46

SOA Praha, f: MLS Praha, k. 685, Ls. 414/1947

Gedruckte Quellen

Adreßbuch für die Stadt M. Gladbach und die Landgemeinde Neuwerk 1916–1917

Adreßbuch für die Stadt M. Gladbach und die Landgemeinde Neuwerk 1919–1920

Adreßbuch für die Stadt M. Gladbach 1921–1922

Adreßbuch für die Stadt M. Gladbach 1925–1926

Aly, Götz; Gruner, Wolf et. al. (Hrg.): Die Verfolgung und Ermordung der europäischen Juden durch das nationalsozialistische Deutschland 1933–1945 (VEJ), Band 1: Deutsches Reich 1933–1937, München 2008; Band 2: Deutsches Reich 1938–August 1939, München 2009

Amtliches Adreßbuch für die Städte M. Gladbach und Rheydt sowie den Landkreis Gladbach 1927

Amtliches Adreßbuch für die Städte M. Gladbach und Rheydt sowie den Landkreis Gladbach (Odenkirchen und Viersen) 1929

Amtliches Einwohnermeldebuch der Stadt M.Gladbach 1939/1940, Ausgabe November 1939

Barkow, Ben; Leist, Klaus (Hrg.): Manes, Philipp: Als ob's ein Leben wär. Tatsachenbericht. Theresienstadt 1942–1944, Berlin 2005[2]

Beermann, Antonius u. a. (Hrg.): Juden in Krefeld. Quellen und Materialien zur Geschichte der Stadt Krefeld, Krefeld 1990

Chari, Anatol; Braatz, Timothy: „Undermensch", München 2010

Einwohnermeldebuch M. Gladbach 1936/1937 nach amtlichen Unterlagen, eigenen Ermittlungen und nach der für das ganze Stadtgebiet mit Hilfe der Postverwaltung durchgeführten eigenen Personenstandsaufnahme bearbeitet, Mönchengladbach 1937

Friedlander, H.; Milton, S. (Hrg.): Archives of the Holocaust. Volume 22. Zentrale Stelle der Landesjustizverwaltungen, Ludwigsburg, New York/London 1993

Fröhlich, Elke (Hrg.), Die Tagebücher von Joseph Goebbels, Tagebücher, Teil II Diktate, Band 3, Januar–März 1942, München, New Providence, London, Paris 1994

Fröhlich, Elke (Hrg.), Die Tagebücher von Joseph Goebbels, Tagebücher, Teil II Diktate, Band 5, Juli–September 1942, München, New Providence, London, Paris 1995

Grunwald, Walter: Erlebtes. Jugend, Verfolgung, Befreiung. Eine Autobiographie, o. O., 2000[3]

Jonas, Hans: Das Prinzip Verantwortung. Versuch einer Ethik für die technologische Zivilisation, Frankfurt a. M. 1984

Klemperer, Victor: Tagebücher 1933–1945, Berlin 1999

Koelbl, Herlinde: Jüdische Portraits. Photographien und Interviews, Frankfurt am Main 1998

Mahn- und Gedenkstätte Düsseldorf (Hrg.): Deportationen aus dem Rheinland, Augenblick. Berichte, Informationen und Dokumente der Mahn- und Gedenkstätte Düsseldorf, Nr. 20/21, 2002

Perechodnik, Calel: Bin ich ein Mörder? Das Testament eines jüdischen Ghetto-Polizisten, Berlin 1999

Philipp, Michael (Hrg.): Feder, Richard: Jüdische Tragödie – Letzter Akt. Theresienstadt 1941–1945. Bericht eines Rabbiners, Potsdam 2004 (Schriftenreihe des Wilhelm-Fraenger-Instituts Potsdam, Bd. 7)

Pleyer, Wilhelm, Aber wir grüßen den Morgen. Erlebnisse 1945–1947, Starnberg und Wels 1953

Reinharz, Jehuda (Hrg.): Dokumente zur Geschichte des deutschen Zionismus 1882–1933, Tübingen 1981 (Wissenschaftliche Abhandlungen des Leo-Baeck-Instituts 37)

Reuth, Georg (Hrg.): Joseph Goebbels. Tagebücher 1924–1925, Band 2: 1930–1934

Scheurenberg, Klaus: Ich will leben. Ein autobiographischer Bericht, Berlin 1982

Schilly, Doris: Mitten unter uns. Jüdisches Leben in Mönchengladbach, Erfurt 2006

Sherman-Zander, Hilde: Zwischen Tag und Dunkel. Mädchenjahre im Ghetto, Frankfurt a. Main, Berlin 1984

Stadtarchiv Mönchengladbach (Hrg.): Archiv und Schule I. Sie waren und sind unsere Nachbarn. Spuren jüdischen Lebens in Mönchengladbach. Unterrichtsmaterialien zur Mönchengladbacher Geschichte, Mönchengladbach 1990

Stadtarchiv Mönchengladbach (Hrg.): Vituspost 1, Willkommen in unserer Geschichte, Mönchengladbach 2002

Stadtarchiv Mönchengladbach (Hrg.): Vituspost 3, 1933 – Die Nazis vor Ort, Mönchengladbach 2003

von Lang, Jochen (Hrg.): Das Eichmann-Protokoll. Tonbandaufzeichnungen der israelischen Verhöre, Wien 2001[2]

Quellen im Internet

Fernschreiben Heydrich 9. November 1938 http://www. ns-archiv.de/verfolgung/pogrom/heydrich.php

Wannseeprotokoll: http://www.ghwk.de/deut/proto.htm

Literaturverzeichnis

Aly, Götz: Hitlers Volksstaat. Raub, Rassenkrieg und nationaler Sozialismus, Frankfurt am Main 2006

Bajohr, Frank: Über die Entwicklung eines schlechten Gewissens. Die deutsche Bevölkerung und die Deportationen 1941–1945, in: Dieckmann, Christoph; Gruner, Wolf u. a. (Hrg.): Die Deportation der Juden aus Deutschland. Pläne – Praxis – Reaktionen 1938–1945, Göttingen 2004 (Beiträge zur Geschichte des Nationalsozialismus 20), S. 180 – S. 195

Barkai, Avraham: „Wehr dich!" Der Centralverein deutscher Staatsbürger jüdischen Glaubens (C. V.) 1893–1938, München 2002

Beckman, Morris: The Jewish Brigade. An Army With Two Masters 1944–1945, Staplehurst 1998

Benz, Wolfgang; Königseder, Angelika (Hrg.): Der Ort des Terrors: Geschichte der nationalsozialistischen Konzentrationslager, Bd. 3: Sachsenhausen, Buchenwald, München 2006

Benz, Wolfgang: Theresienstadt, in: Benz, Wolfgang; Distel, Barbara (Hrg.): Der Ort des Terrors. Geschichte der nationalsozialistischen Konzentrationslager, Band 9: Arbeitserziehungslager, Ghettos, Jugendschutzlager, Polizeihaftlager, Sonderlager, Zigeunerlager, Zwangsarbeitslager, München 2009, S. 449–496

Benz, Wolfgang: Theresienstadt in der Geschichte der deutschen Juden, in: Kàrny, Miroslav; Blodig, Vojtěch; Kàrná, Margita (Hrg.): Theresienstadt in der „Endlösung der Judenfrage", Prag 1992, S. 70–78

Berschel, Holger: Bürokratie und Terror. Das Judenreferat der Gestapo Düsseldorf 1935–1945, Essen 2001, (Düsseldorfer Schriften zur Neueren Landesgeschichte und zur Geschichte Nordrhein-Westfalens, Bd. 58)

Blodig, Vojtěch; Chládková, Ludmila; Langhamerová, Miroslava: Theresienstadt. Leitmeritz. Stätten des Leidens und des Heldenmuts, Theresienstadt 2003

Blum-Geenen, Sabine: Fürsorgeerziehung in der Rheinprovinz von 1871–1933, Köln, Bonn 1997 (Landschaftsverband Rheinland, Rhein. Archiv- und Museumsamt [Hrg.]: Rheinprovinz 11 – Dokumente und Darstellungen zur Geschichte der Rheinischen Provinzialverwaltung und des Landschaftsverbands Rheinland)

Boland, Karl: Von der Armenfürsorge über die Wohlfahrtsfürsorge zur Volkswohlfahrt, in: Boland, Karl; Kowollik, Dagmar: Heillose Zeiten. Zur lokalen Sozial- und Gesundheitspolitik in Mönchengladbach und Rheydt von der Zeit der Wirtschaftskrise 1928 bis in die ersten Jahre der NS-Herrschaft, Mönchengladbach 1991, S. 9–50

Buggeln, Marc: Arbeit und Gewalt. Das Außenlagersystem des KZ Neuengamme, Göttingen 2009

Butterweck, Hellmut: Verurteilt und begnadigt. Österreich und seine NS-Straftäter, Wien 2003

Büttner, Ursula: Not nach der Befreiung. Die Situation der deutschen Juden in der britischen Besatzungszone 1945 bis 1948, Hamburg 1995[2]

Dams, Carsten; Stolle, Michael: Die Gestapo. Herrschaft und Terror im Dritten Reich, München 2008

Das Urteil von Nürnberg 1946. Mit einer Vorbemerkung von Lothar Gruchmann, München 1979[4]

Diekamp jr., Busso: Geschichte des städtischen Orchesters, in: Stadtarchiv Mönchengladbach (Hrg.): Allegro ma non troppo. Konzert und Oper in Mönchengladbach 1900–1980, Mönchengladbach 1980, S. 9–50 (Beiträge zur Geschichte der Stadt Mönchengladbach 14)

Diewald-Kerkmann, Gisela: Denunziantentum und Gestapo. Die freiwilligen „Helfer" aus der Bevölkerung, in: Paul, Gerhard; Mallmann, Klaus-Michael (Hrg.): Die Gestapo. Mythos und Realität, Darmstadt 1995, S. 288–305

Dirks, Christian: „Traurige Erlebnisse aus der Nazi-Hölle Deutschland". Zum Schicksal der Familie Scheurenberg, in: Meyer, Beate; Simon, Hermann (Hrg.): Juden in Berlin 1938–1945. Begleitband zur gleichnamigen Ausstellung in der Stiftung „Neue Synagoge Berlin – Centrum Judaicum", Berlin 2000, S. 204–215

Eckert, Rainer: Gestapo-Berichte. Abbildungen der Realität oder reine Spekulation?, in: Paul, Gerhard; Mallmann, Klaus-Michael (Hrg.): Die Gestapo. Mythos und Realität, Darmstadt 1995, S. 200–218

Eloni, Yehuda: Die umkämpfte nationaljüdische Idee, in: Mosse, Werner; Paucker, Arnold (Hrg.): Juden im Wilhelminischen Deutschland 1890–1914, Tübingen 1998[2] (Schriftenreihe wissenschaftlicher Abhandlungen des Leo Baeck Instituts, Bd. 33), S. 633–688

Engwert, Andrea; Kill, Susanne (Hrg.): Sonderzüge in den Tod. Die Deportationen der Deutschen Reichsbahn, Köln, Weimar, Wien 2009

Eßer, Albert: Wilhelm Elfes 1884–1969. Arbeiterführer und Politiker, Mainz 1990 (Veröffentlichungen der

Kommission für Zeitgeschichte, Reihe B: Forschungen, Bd. 53)

Evans, Richard J.: Das Dritte Reich. Aufstieg, München 2004

Evans, Richard J.: The Third Reich in Power 1933–1939, London 2006

Evans, Richard J.: The Third Reich at War, New York 2009

Faust, Anselm: Verfolgung und Widerstand im Rheinland und in Westfalen 1933–1945, Köln, Stuttgart, Berlin 1992 (Landeszentrale für politische Bildung (Hrg.): Schriftenreihe zur politischen Landeskunde Nordrhein-Westfalens, Bd. 7)

Festschrift zum 75jährigen Bestehen des Städt. Gesangvereins „Cäcilia" und zum 25jährigen Bestehen des Städtischen Orchesters in M.Gladbach 1927. Musikfest 13. bis 16. November 1927, Mönchengladbach 1927

Franc, Miroslav: Arbeitskommando Wulkow, in: Theresienstädter Studien und Dokumente, Prag, 1998, S. 239–256

Friedländer, Saul (Hrg.): Das Dritte Reich und die Juden. Gesamtausgabe, München 2008

Friedler, Eric; Siebert, Barbara; Kilian, Andreas: Zeugen aus der Todeszone. Das jüdische Sonderkommando in Auschwitz, München 2008[3]

Frommer, Benjamin: National Cleansing. Retribution against Nazi Collaborators in Postwar Czechoslovakia, Cambridge 2005 (Studies in the Social and Cultural History of Modern Warfare, 20)

Gelatelly, Robert: Allwissend und allgegenwärtig? Entstehung, Funktion und Wandel des Gestapo-Mythos, in: Paul, Gerhard; Mallmann, Klaus-Michael (Hrg.): Die Gestapo. Mythos und Realität, Darmstadt 1995, S. 47–72

Gelatelly, Robert: „In den Klauen der Gestapo". Die Bedeutung von Denunziationen für das nationalsozialistische Terrorsystem, in: Faust, Anselm: Verfolgung und Widerstand im Rheinland und in Westfalen 1933–1945, Köln, Stuttgart, Berlin 1992 (Landeszentrale für politische Bildung (Hrg.): Schriftenreihe zur politischen Landeskunde Nordrhein-Westfalens, Bd. 7), S. 40–49

Goldhagen, Daniel Jonah: Hitlers willige Vollstrecker. Ganz gewöhnliche Deutsche und der Holocaust, Berlin 1996[3]

Gottwaldt, Alfred; Schulle, Diana: Die „Judendeportationen" aus dem Deutschen Reich 1941–1945. Eine kommentierte Chronologie, Wiesbaden 2005

Graf, Christoph: Kontinuitäten und Brüche. Von der Politischen Polizei der Weimarer Republik zur Geheimen Staatspolizei, in: Paul, Gerhard; Mallmann, Klaus-Michael (Hrg.): Die Gestapo. Mythos und Realität, Darmstadt 1995, S. 73–83

Grundmann, Ekkehard: Gerhard Domagk: The First Man To Triumph Over Infectious Diseases, Berlin, Hamburg, München 2004

Gruner, Wolf: Von der Kollektivausweisung zur Deportation der Juden aus Deutschland (1938–1945). Neue Perspektiven und Dokumente, in: Dieckmann, Christoph; Gruner, Wolf u. a. (Hrg.): Die Deportation der Juden aus Deutschland. Pläne – Praxis – Reaktionen 1938–1945, Göttingen 2004 (Beiträge zur Geschichte des Nationalsozialismus 20), S. 21–62

Gruner, Wolf: Öffentliche Wohlfahrt und Judenverfolgung. Wechselwirkung lokaler und zentraler Politik im NS-Staat (1933–1942), München 2002

Gruner, Wolf: Widerstand in der Rosenstraße. Die Fabrik-Aktion und die Verfolgung der „Mischehen" 1943, Frankfurt am Main 2005

Heike, Irmtraud; Strebel, Bernhard: Häftlingsselbstverwaltung und Funktionshäftlinge im Konzentrationslager Ravensbrück, in: Füllberg-Stolberg, Claus; Jung, Martina; Riebe, Renate; Scheitenberger, Martina (Hrg.): Frauen in Konzentrationslagern. Bergen-Belsen. Ravensbrück, Bremen 1994

Henke, Klaus-Dietmar: Die amerikanische Besetzung Deutschlands, München 1996[2] (Quellen und Darstellungen zur Zeitgeschichte, Bd. 27)

Hilberg, Raul: Täter, Opfer, Zuschauer. Die Vernichtung der Juden 1933–1945, Frankfurt a. Main, 1992[3]

Hintze, Sibylle: Vom Schutzmann zum Schreibtischmörder. Die Staatspolizeistelle Potsdam, in: Paul, Gerhard; Mallmann, Klaus-Michael (Hrg.): Die Gestapo. Mythos und Realität, Darmstadt 1995, S. 118–132

Irmen, Hans-Josef: Musik und Musikpflege in der Kaiser-Friedrich-Halle. Ein Beitrag zur Musikgeschichte der Stadt Mönchengladbach, in: Stadtarchiv Mönchengladbach (Hrg.): Festschrift zur Wiedereröffnung der Kaiser-Friedrich-Halle, Mönchengladbach 1969, S. 23–60 (Beiträge zur Geschichte der Stadt Mönchengladbach 1)

Jahnke, Karl: Philipp Klee, in: Bergischer Geschichtsverein (Hrg.): Wuppertaler Biographien, Wuppertal 1987, S. 49–63

Jochmann, Werner: Struktur und Funktion des deutschen Antisemitismus, in: Mosse, Werner; Paucker, Arnold (Hrg.): Juden im Wilhelminischen Deutschland 1890–1914, Tübingen 1998[2] (Schriftenreihe wissenschaftlicher Abhandlungen des Leo Baeck Instituts, Bd. 33), S. 389–478

Kàrny, Miroslav; Blodig, Vojtěch; Kàrná, Margita (Hrg.): Theresienstadt in der „Endlösung der Judenfrage", Prag 1992

Kershaw, Ian: Der NS-Staat. Geschichtsinterpretationen und Kontroversen im Überblick, Hamburg 2002[3]

Kershaw, Ian: Hitler 1889–1936: Hubris, New York, London 2000

Kershaw, Ian: Hitler 1936–1945: Nemesis, New York, London 2001

Kocová, Katerina: Die Außerordentlichen Volksgerichte („MLS") in den böhmischen Ländern 1945–1948, in: Justiz und Erinnerung, Nr. 10, Wien 2005, S. 1–10

Kocová Katerina: Die Tätigkeit der Außerordentlichen Volksgerichte in den böhmischen Ländern 1945–1948 und die Ahndung von Holocaust-Verbrechen, in: Halbrainer, Heimo; Kuretsidis-Haider, Claudia (Hrg.): Kriegsverbrechen, NS-Gewaltverbrechen und die europäische Strafjustiz von Nürnberg bis Den Haag, Graz 2007

Kohlhaas, Elisabeth: Die Mitarbeiter der regionalen Staatspolizeileitstellen. Quantitative und qualitative Befunde zur Personalausstattung der Gestapo, in: Paul, Gerhard; Mallmann, Klaus-Michael (Hrg.): Die Gestapo. Mythos und Realität, Darmstadt 1995, S. 219–235

Kosmalla, Beate: Zwischen Ahnen und Wissen. Flucht vor der Deportation (1941–1943), in: Dieckmann, Christoph; Gruner, Wolf u. a. (Hrg.): Die Deportation der Juden aus Deutschland. Pläne – Praxis – Reaktionen 1938–1945, Göttingen 2004 (Beiträge zur Geschichte des Nationalsozialismus 20), S. 135–159

Krüger, Wolfgang: Entnazifiziert! Zur Praxis der politischen Säuberung in Nordrhein-Westfalen, Wuppertal 1982

Kuller, Christiane: „Erster Grundsatz: Horten für die Reichsfinanzverwaltung". Die Verwertung des Eigentums der deportierten Nürnberger Juden, in: Dieckmann, Christoph; Gruner, Wolf u. a. (Hrg.): Die Deportation der Juden aus Deutschland. Pläne – Praxis – Reaktionen 1938–1945, Göttingen 2004 (Beiträge zur Geschichte des Nationalsozialismus 20), S. 160–179

Kuretsidis-Haider, Claudia: Österreichische KZ-Prozesse. Eine Übersicht, in: Justiz und Erinnerung, Nr. 12, Wien 2006

Lavsky, Hagit: New Beginnings. Holocaust Survivors in Bergen-Belsen an the British Zone in Germany 1945–1950, Detroit 2002

Lepper, Herbert: Von der Emanzipation zum Holocaust. Die israelische Synagogengemeinde Aachen (2 Bde.), Aachen 1994 (Veröffentlichungen des Stadtarchivs Aachen, Bd. 7–8)

Levi, Primo: Die Untergegangenen und die Geretteten, München, Wien 1990

Lichtenstein, Heiner: Mit der Reichsbahn in den Tod. Massentransporte in den Holocaust 1941–1945, Köln 1985

Longerich, Peter: „Davon haben wir nichts gewusst". Die Deutschen und die Judenverfolgung 1933–1945, München 2007

Ludewig-Kedmi, Revital: Opfer und Täter zugleich? Moraldilemmata jüdischer Funktionshäftlinge in der Shoah, Gießen 2001 (Reihe Psyche und Gesellschaft)

Mallmann, Klaus-Michael: Die V-Leute der Gestapo. Umrisse einer kollektiven Biographie, in: Paul, Gerhard; Mallmann, Klaus-Michael (Hrg.): Die Gestapo. Mythos und Realität, Darmstadt 1995, S. 268–287

Mallmann, Klaus-Michael; Paul, Gerhard (Hrg.): Karrieren der Gewalt. Nationalsozialistische Täterbiographien, Darmstadt 2004 (Veröffentlichungen der Forschungsstelle Ludwigsburg der Universität Stuttgart, Bd. 2)

Meyer, Beate: Handlungsspielräume regionaler jüdischer Repräsentanten (1941–1945). Die Reichsvereinigung der Juden in Deutschland und die Deportationen, in: Dieckmann, Christoph; Gruner, Wolf u. a. (Hrg.): Die Deportation der Juden aus Deutschland. Pläne – Praxis – Reaktionen 1938–1945, Göttingen 2004 (Beiträge zur Geschichte des Nationalsozialismus 20), S. 63–85

Milton, Sybil: Theresienstadt und der SS-Massenmord an den Juden, in: Kàrny, Miroslav; Blodig, Vojtěch; Kàrná, Margita (Hrg.): Theresienstadt in der „Endlösung der Judenfrage", Prag 1992, S. 63–69

Mosse, Werner: Die Juden in Wirtschaft und Gesellschaft, in: Mosse, Werner; Paucker, Arnold (Hrg.): Juden im Wilhelminischen Deutschland 1890–1914, Tübingen 1998[2] (Schriftenreihe wissenschaftlicher Abhandlungen des Leo Baeck Instituts, Bd. 33), S. 57–114

Niethammer, Lutz (Hrg.): Der „gesäuberte" Antifaschismus. Die SED und die roten Kapos von Buchenwald. Dokumente, Berlin 1994

Nitschke, Peter: Polizei und Gestapo. Vorauseilender Gehorsam oder polykratischer Konflikt?, in: Paul, Gerhard; Mallmann, Klaus-Michael (Hrg.): Die Gestapo. Mythos und Realität, Darmstadt 1995, S. 306–324

Nolzen, Armin: Der „Führer" und seine Partei, in: Süß, Dietmar; Süß, Winfried (Hrg.), Das Dritte Reich. Eine Einführung, München 2008

Pätzold, Kurt: „Die vorbereitenden Arbeiten sind eingeleitet". Zum 50. Jahrestag der Wannseekonferenz, in: Kàrny, Miroslav; Blodig, Vojtěch; Kàrná, Margita (Hrg.): Theresienstadt in der „Endlösung der Judenfrage", Prag 1992, S. 51–62

Paucker, Arnold: Zur Problematik einer jüdischen Abwehrstrategie in der deutschen Gesellschaft, in: Mosse, Werner; Paucker, Arnold (Hrg.): Juden im Wilhelminischen Deutschland 1890–1914, Tübingen 1998[2] (Schriftenreihe wissenschaftlicher Abhandlungen des Leo Baeck Instituts. Bd. 33), S. 479–548

Paul, Gerhard; Mallmann, Klaus-Michael (Hrg.): Die Gestapo. Mythos und Realität, Darmstadt 1995

Paul, Gerhard; Mallmann, Klaus-Michael: Auf dem Weg zu einer Sozialgeschichte des Terrors. Eine Zwischenbilanz, in: Paul, Gerhard; Mallmann, Klaus-Michael (Hrg.): Die Gestapo. Mythos und Realität, Darmstadt 1995, S. 3–18

Paul, Gerhard: Ganz normale Akademiker. Eine Fallstudie zur regionalen staatspolizeilichen Funktionselite, in: Paul, Gerhard; Mallmann, Klaus-Michael (Hrg.): Die Gestapo. Mythos und Realität, Darmstadt 1995, S. 236–254

Pawelczynska, A.: Virtues and Violence in Auschwitz: A Sociological Analysis, Berkeley, Los Angeles, London 1979

Perzi, Niklas: Die Beneš-Dekrete. Eine europäische Tragödie, St. Pölten, Wien, Linz 2003

Pickus, Keith H.: Constructing modern identities: Jewish university students in Germany 1815–1914, Detroit 1999

Pingel, Falk: Häftlinge unter SS-Herrschaft. Widerstand, Selbstbehauptung und Vernichtung im Konzentrationslager, Hamburg 1978 (Historische Perspektiven, Bd. 12)

Plachá, Pavla; Plachý, Jiří: Der Wulkower Kollaborateur vor dem Außerordentlichen Volksgericht in Prag, in: Theresienstädter Studien und Dokumente, Prag 2008, S. 48–63

Pöschl, Gabriele: „Wir sind nicht aus dem Heiligen Land gekommen, um Rache zu fordern". Die Verbrechen in nationalsozialistischen Ghettos aus juristischer Sicht, in: Albrich, Thomas; Garscha, Winfried R.; Polaschek, Martin F. (Hrg.): Holocaust und Kriegsverbrechen vor Gericht. Der Fall Österreich, Innsbruck, Wien, Bozen 2006, S. 127–150

Przyrembel, Alexandra: „Rassenschande". Reinheitsmythos und Vernichtungslegitimation im Nationalsozialismus, Göttingen 2003 (Veröffentlichungen des Max-Planck-Instituts für Geschichte, Bd. 190)

Pulzer, Peter: Die jüdische Beteiligung an der Politik, in: Mosse, Werner; Paucker, Arnold (Hrg.): Juden im Wilhelminischen Deutschland 1890–1914, Tübingen 1998[2] (Schriftenreihe wissenschaftlicher Abhandlungen des Leo Baeck Instituts, Bd. 33), S. 143–240

Pyta, Wolfram: Hindenburg. Herrschaft zwischen Hohenzollern und Hitler, München 2009

Quast, Anke: Nach der Befreiung. Jüdische Gemeinden in Niedersachsen seit 1945 – das Beispiel Hannover, Göttingen 2001 (Veröffentlichungen des Arbeitskreises Geschichte des Landes Niedersachsen, Bd. 17)

Rosenblüth, Pinchas: Die geistigen und religiösen Strömungen in der deutschen Judenheit, in: Mosse, Werner; Paucker, Arnold (Hrg.): Juden im Wilhelminischen Deutschland 1890–1914, Tübingen 1998[2] (Schriftenreihe wissenschaftlicher Abhandlungen des Leo Baeck Instituts, Bd. 33), S. 549–598

Roth, Gerhard: Fühlen, Denken, Handeln. Wie das Gehirn unser Verhalten steuert, Frankfurt am Main 2003

Rürup, Miriam: Ehrensache. Jüdische Studentenverbindungen an deutschen Universitäten 1886–1937, Göttingen 2008 (Hamburger Beiträge zur Geschichte der deutschen Juden, Bd. 33)

Rürup, Reinhard: Emanzipation und Krise – Zur Geschichte der „Judenfrage" in Deutschland vor 1890, in: Mosse, Werner; Paucker, Arnold (Hrg.): Juden im Wilhelminischen Deutschland 1890–1914, Tübingen 1998[2] (Schriftenreihe wissenschaftlicher Abhandlungen des Leo Baeck Instituts, Bd. 33), S. 1–56

Ryan, Frank: Tuberculosis: The Greatest Story Never Told: The Human Story Of The Search For The Cure For Tuberculosis And The New Global Threat, o. Ort, 1992

Safranksi, Rüdiger: Ein Meister aus Deutschland. Heidegger und seine Zeit, Frankfurt am Main 2001

Safrian, Hans: Eichmann und seine Gehilfen, Frankfurt am Main 1995

Schemmel, M.: Funktionshäftlinge im KZ Neuengamme. Zwischen Kooperation und Widerstand, Saarbrücken 2007

Schilly, Doris: Mitten unter uns. Jüdisches Leben in Mönchengladbach, Erfurt 2006

Schmid, Hans-Dieter: „Anständige Beamte" und „üble Schläger". Die Staatspolizeistelle Hannover, in: Paul, Gerhard; Mallmann, Klaus-Michael (Hrg.): Die Gestapo. Mythos und Realität, Darmstadt 1995, S. 133–160

Schmidt, Herbert: „Rassenschande" vor Düsseldorfer Gerichten 1935–1945. Eine Dokumentation, Essen 2003

Scholz, Peter: „… im Wort ein Täter …" Über den Schriftsteller und Journalisten Wilhelm Pleyer (1901–1973), in: Brücken. Germanistisches Jahrbuch DDR-CSSR, Bd. 5, Prag 1988/89, S. 60–74

Schüngeler, Heribert: Widerstand und Verfolgung in Mönchengladbach und Rheydt, Mönchengladbach 1995[3] (Beiträge zur Geschichte der Stadt Mönchengladbach 22)

Schupetta, Ingrid: Theresienstadt – Tarnung und Täuschung, Krefeld 2004

Sofsky, Wolfgang: Die Ordnung des Terrors: Das Konzentrationslager, Frankfurt am Main 2008[6]

Sollbach-Papeler, Margrit: Kriegsende 1945 und frühe Besatzungszeit in Mönchengladbach und Rheydt, Mönchengladbach 1992 (Beiträge zur Geschichte der Stadt Mönchengladbach 30)

Suppan, Arnold: Zwischen Rache, Vergeltung und „ethnischer Säuberung". Flucht, Vertreibung und Zwangsaussiedlung der Deutschen aus der Tschechoslowakei und Jugoslawien 1944–1948, in: Zeitschrift für Geschichtswissenschaft, Bd. 51, Heft 1, 2003, S. 74–84

Süß, Dietmar; Süß, Winfried: Das „Dritte Reich". Eine Einführung, München 2008

Tausendfreund, Doris: Erzwungener Verrat. Jüdische „Greifer" im Dienst der Gestapo 1943–1945, Berlin 2006 (Dokumente, Texte, Materialien veröffentlicht vom Zentrum für Antisemitismusforschung der Technischen Universität Berlin, Bd. 62)

Tobias, Jim G.; Zinke, Peter: Nakam. Jüdische Rache an NS-Tätern, Berlin 2003

Wagner, Herbert: Die Gestapo war nicht allein ... Politische Sozialkontrolle und Staatsterror im deutsch-niederländischen Grenzgebiet 1929–1945, Münster 2004 (Fernuniversität Hagen, Diss. 2002; Anpassung – Selbstbehauptung – Widerstand, Bd. 22)

Wehler, Hans-Ulrich: Deutsche Gesellschaftsgeschichte, Dritter Band, Von der „Deutschen Doppelrevolution" bis zum Beginn des Ersten Weltkrieges, 1849–1914, München 2008

Wehler, Hans-Ulrich: Deutsche Gesellschaftsgeschichte, Vierter Band, Vom Beginn des Ersten Weltkrieges bis zur Gründung der beiden deutschen Staaten, 1914–1949, München 2008

Welzer, Harald: Täter. Wie aus ganz normalen Menschen Massenmörder werden, Frankfurt am Main 2008[2]

Wiese, Christian: The Life and Thought of Hans Jonas. Jewish Dimensions, University Press of New England, Hanover, London 2007

Wildt, Michael: Volksgemeinschaft als Selbstermächtigung. Gewalt gegen Juden in der deutschen Provinz 1919 bis 1939, Hamburg 2007

Wilhelm, Friedrich: Die Polizei im NS-Staat. Die Geschichte ihrer Organisation im Überblick, Paderborn, München, Wien, Zürich 1997

Wollenberg, Jörg: Die „roten Kapos". Hitler's unwilling executors? Vom Opfer zum Täter. Eine neue Sicht auf KZ-Funktionshäftlinge, in: Neue Sammlung, 37, 1997, S. 71–94

Zámečník, Stanislav: Das war Dachau, Luxemburg 2002

Zemanová, Pavla: Die Theresienstädter Außenkommandos, in: Theresienstädter Studien und Dokumente, Prag 2001, S. 75–105

Zimmermann, Michael: Eine Deportation nach Theresienstadt. Zur Rolle des Banalen bei der Durchsetzung des Monströsen, in: Theresienstädter Studien und Dokumente, Prag 1994, S. 54–73

Zimmermann, Michael: Die Gestapo und die regionale Organisation der Judendeportationen. Das Beispiel der Stapo-Leitstelle Düsseldorf, in: Paul, Gerhard; Mallmann, Klaus-Michael (Hrg.): Die Gestapo. Mythos und Realität, Darmstadt 1995, S. 357–372

Zimmermann, Moshe: Die deutschen Juden 1914–1945, München 1997 (Enzyklopädie deutscher Geschichte, Bd. 43)

Menschlich, berührend
und geistreich erzählt.

Luise Straus
Eine Frau blickt sich an
Reportagen und Erzählungen 1933–1941
Mit einführenden Beiträgen von
Jürgen Pech, Achim Sommer, Werner Spies
und Jürgen Wilhelm
Herausgegeben vom Max Ernst Museum Brühl
des LVR
176 Seiten mit 24 schwarz-weißen Abbildungen
Format 16,7 cm × 24 cm
Gebunden mit Schutzumschlag
19,90 Euro
978-3-7743-0494-9

GREVEN VERLAG KÖLN

Einfach schöne Bücher

Stadtgeschichte von unten

*Lebensnahe und
anschauliche Darstellungen
aus dem Leben des
„einfachen" Volkes:
eine ungewohnte Perspektive
auf die Kölner Geschichte.*

Klaus Schmidt
Kölns kleine Leute
Geschichten und Porträts
304 Seiten
Leinen mit Schutzumschlag
Format 17 × 24 cm
19,90 Euro
ISBN 978-3-7743-0469-7

GREVEN VERLAG KÖLN
Einfach schöne Bücher

> *„Solange das Historische Archiv Köln mit der Wiederherstellung*
> *seiner Bestände beschäftigt ist, wird die Bedeutung*
> *dieser Stadtgeschichte ins fast Unermessliche steigen."*
>
> Die Welt

Werner Eck
Kölner Stadtgeschichte Band 1
Köln in römischer Zeit
Geschichte einer Stadt im Rahmen des
Imperium Romanum
912 Seiten mit 400 Abbildungen
75,00 Euro
ISBN 978-3-7743-0357-7

Hans-Wolfgang Bergerhausen
Kölner Stadtgeschichte Band 6
Köln in einem eisernen Zeitalter
(1610 – 1686)
472 Seiten mit 121 Abbildungen
60,00 Euro
978-3-7743-0448-2

Klaus Müller
Kölner Stadtgeschichte Band 8
Köln von der französischen zur
preußischen Herrschaft (1794 – 1815)
520 Seiten mit 220 Abbildungen
60,00 Euro
ISBN 978-3-7743-0374-4

Horst Matzerath
Kölner Stadtgeschichte Band 12
Köln in der Zeit des National-
sozialismus (1933 – 1945)
680 Seiten mit 278 Abbildungen
60,00 Euro
ISBN 978-3-7743-0429-1

Alle Bände sind auch als Vorzugsausgabe erhältlich.